怒發衝冠
憑闌處
瀟瀟雨歇
抬望眼
仰天長嘯
壯懷激烈
三十功名塵與土
八千裏路雲和月
莫等閒
白了少年頭

王曾瑜 著

河南大学出版社

滿江紅

［壹］ 靖康奇恥

图书在版编目(CIP)数据

满江红.靖康奇耻/王曾瑜著. —郑州:河南大学出版社,2014.9
ISBN 978-7-5649-1622-0

Ⅰ.①满…　Ⅱ.①王…　Ⅲ.①长篇历史小说-中国-当代
Ⅳ.①I247.5

中国版本图书馆 CIP 数据核字(2014)第 222443 号

责任编辑　陈广胜
责任校对　王四朋
封面设计　王四朋

出　版　河南大学出版社
　　　　　地址:郑州市郑东新区商务外环中华大厦 2401 号　　邮编:450046
　　　　　电话:0371-86059701(营销部)
　　　　　网址:www.hupress.com
排　版　郑州市今日文教印制有限公司
印　刷　开封智圣印务有限公司
版　次　2014 年 10 月第 1 版　　　　　印　次　2014 年 10 月第 1 次印刷
开　本　710mm×1000mm　1/16　　　 印　张　21.5
字　数　310 千字　　　　　　　　　　 定　价　229.00 元(7 册)

(本书如有印装质量问题,请与河南大学出版社营销部联系调换)

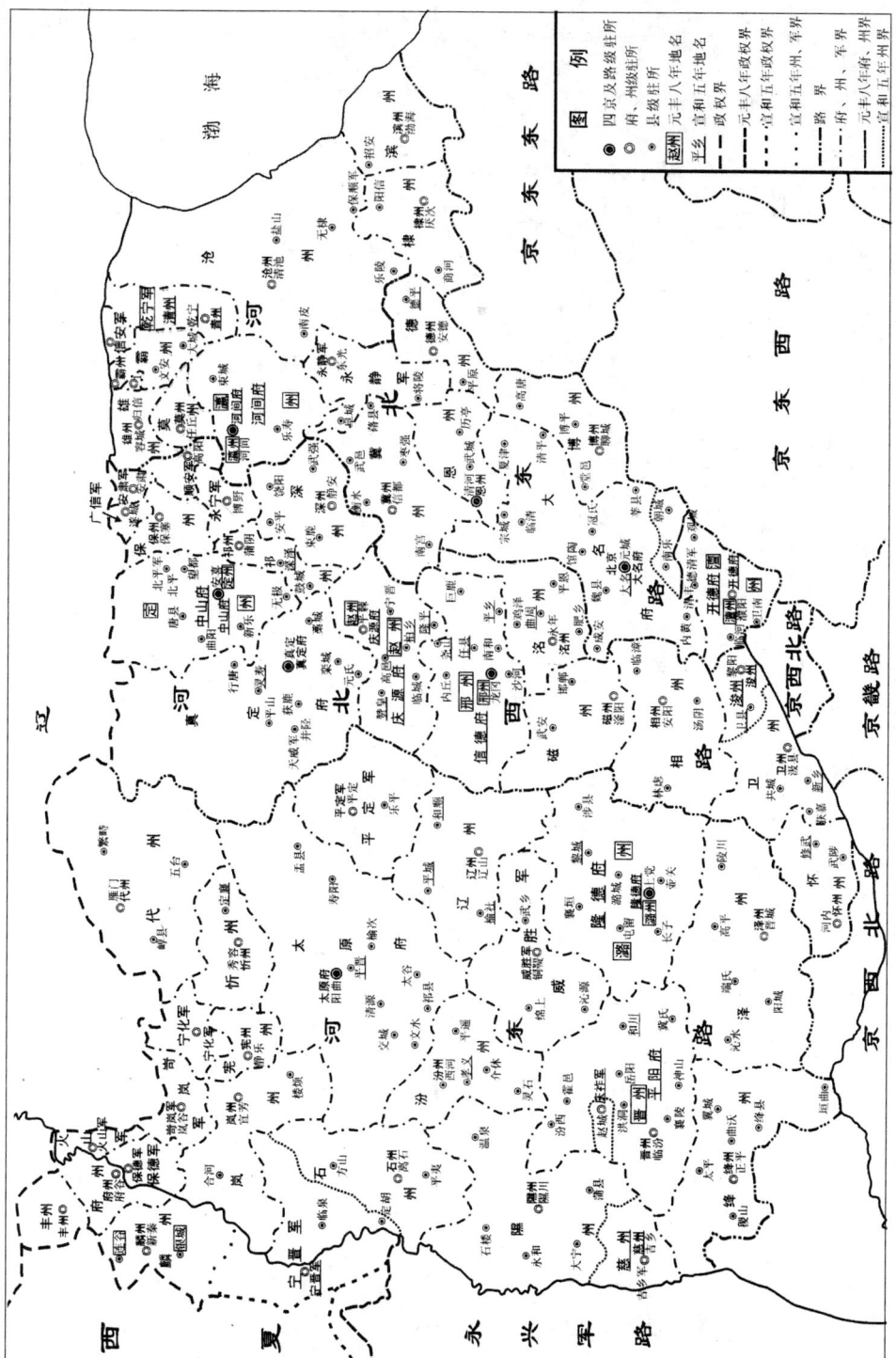

北宋末河北、河东路图

北宋京畿、京西路图

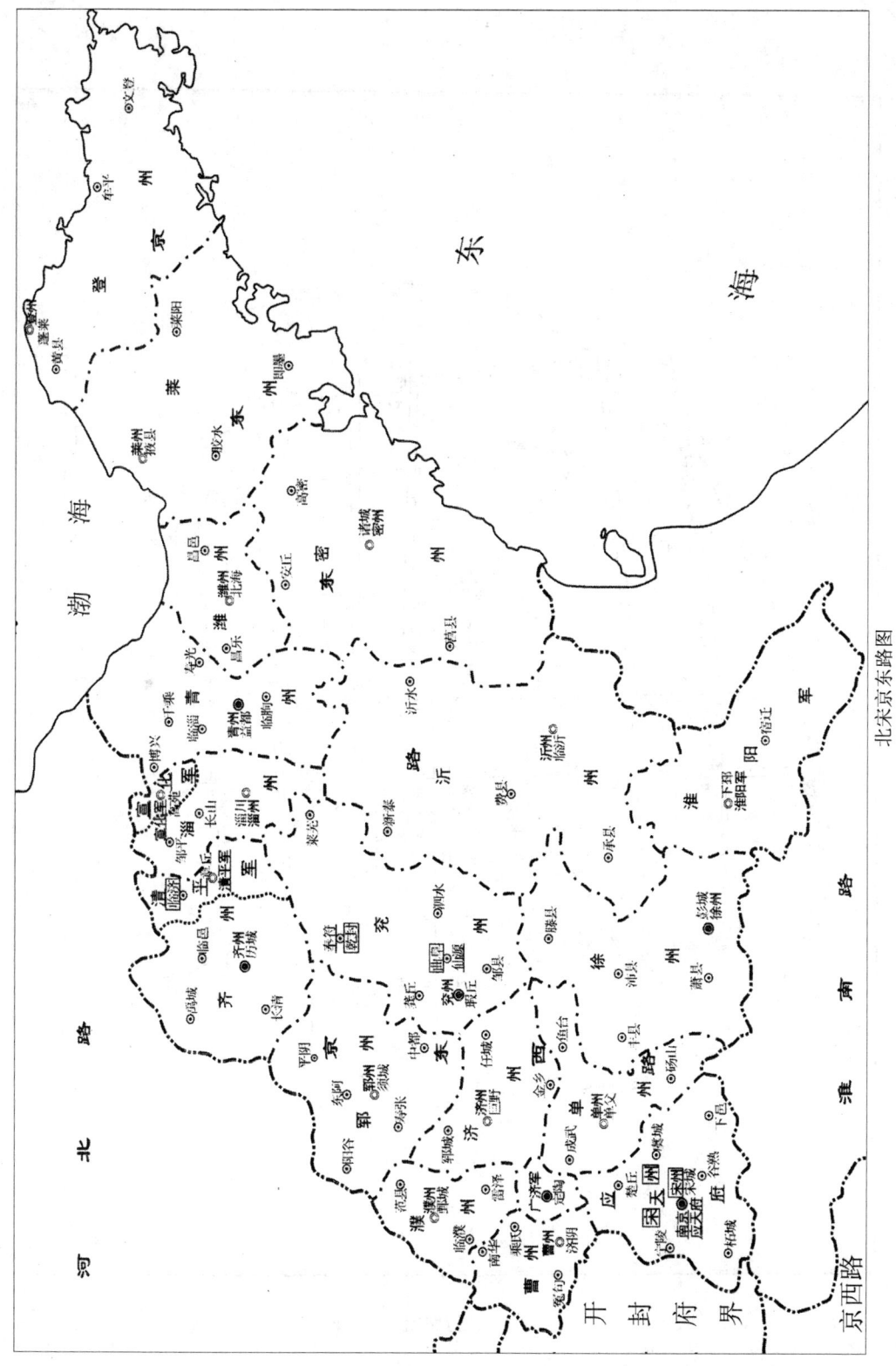

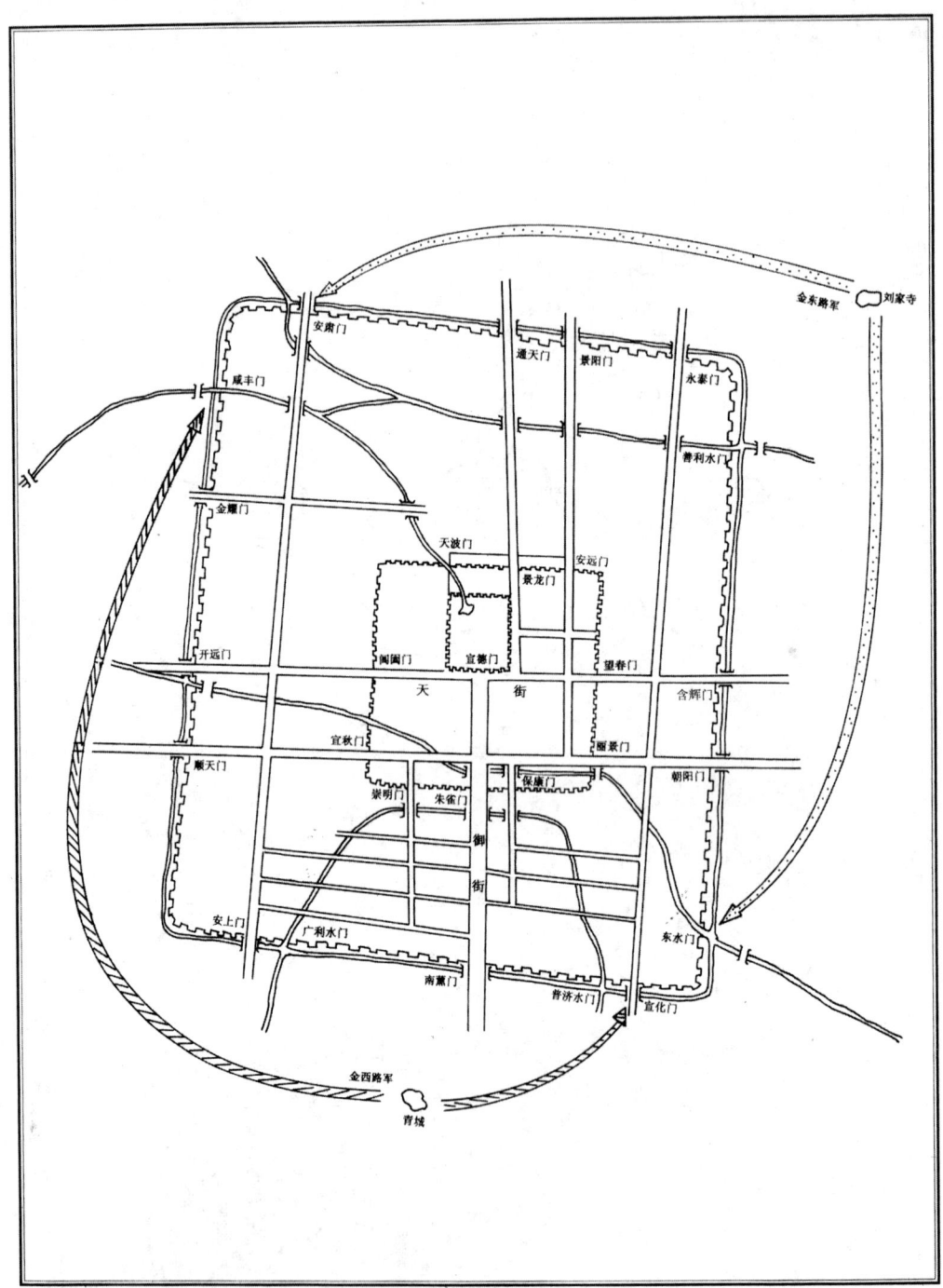

开封城图

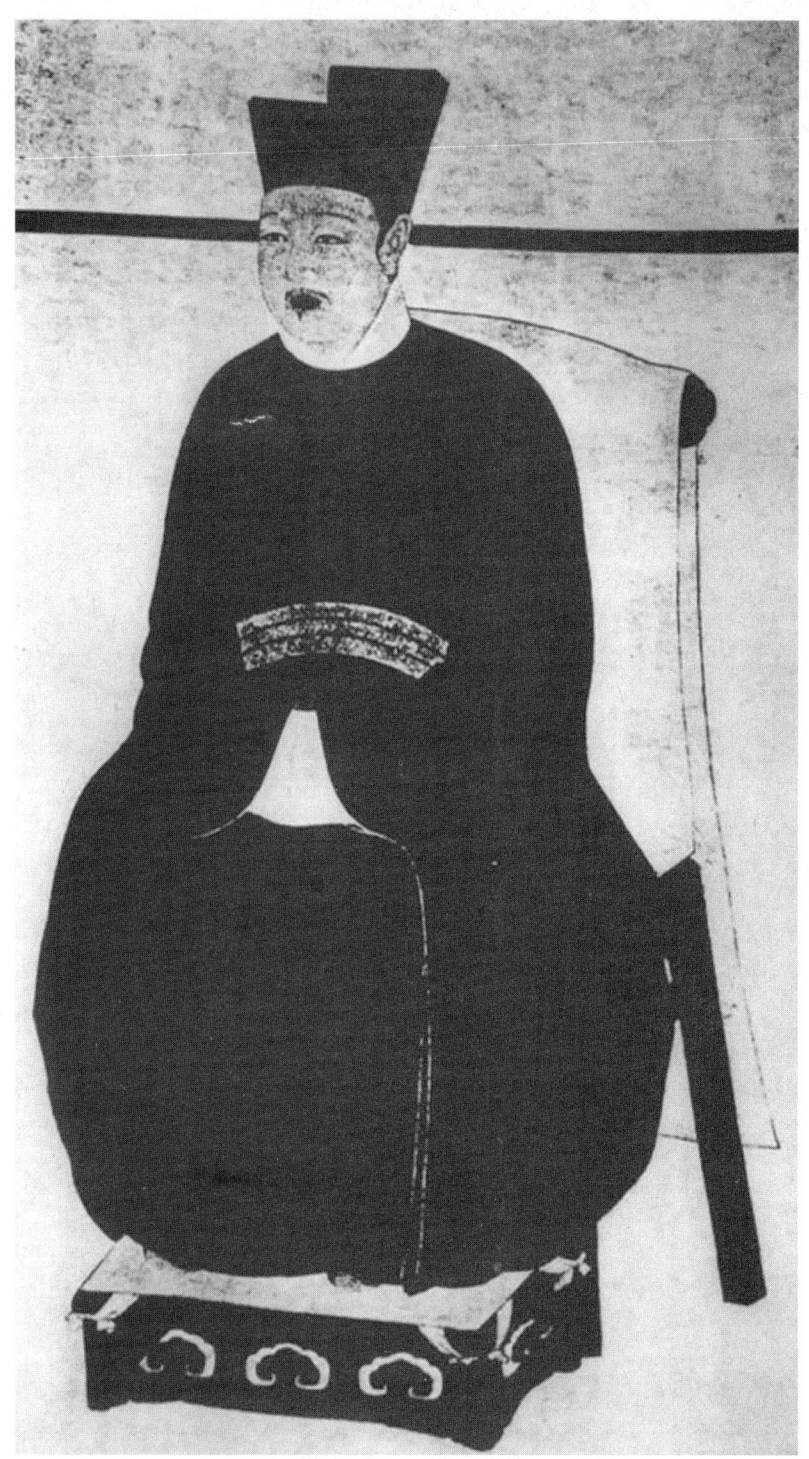

宋徽宗像

康王赵构之母韦贤妃像

宋钦宗像

宋钦宗朱皇后像

孟皇后像

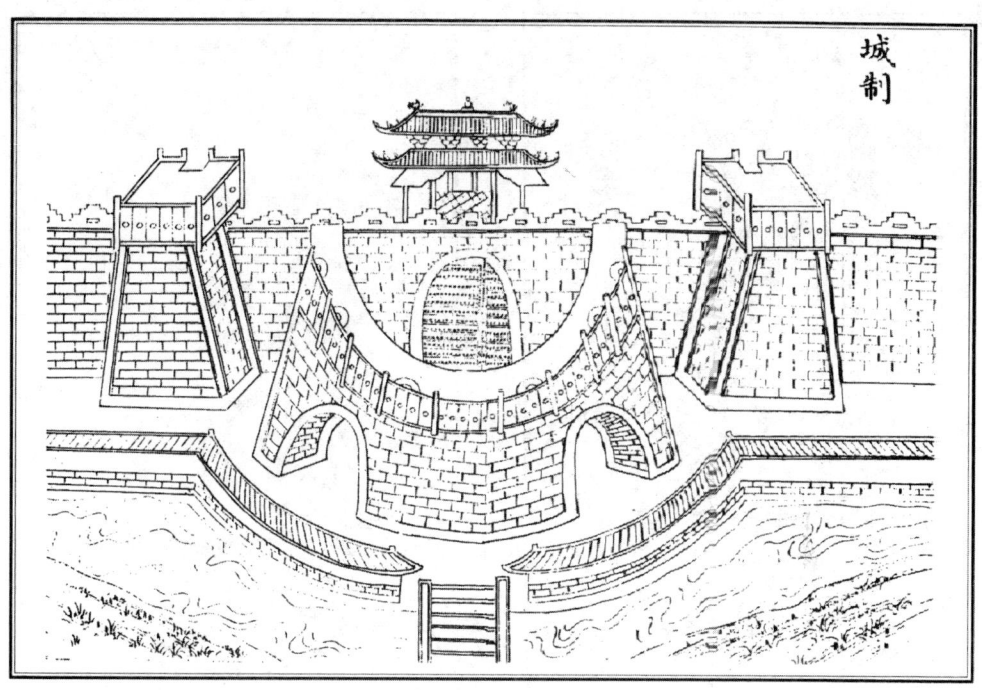

城制图

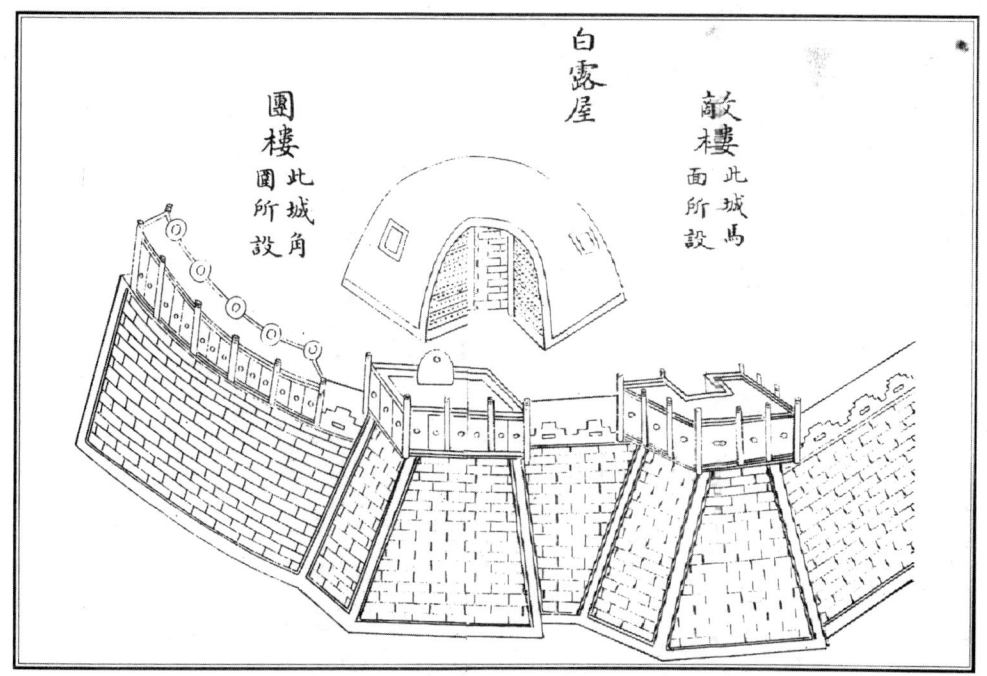

敌楼与战棚图

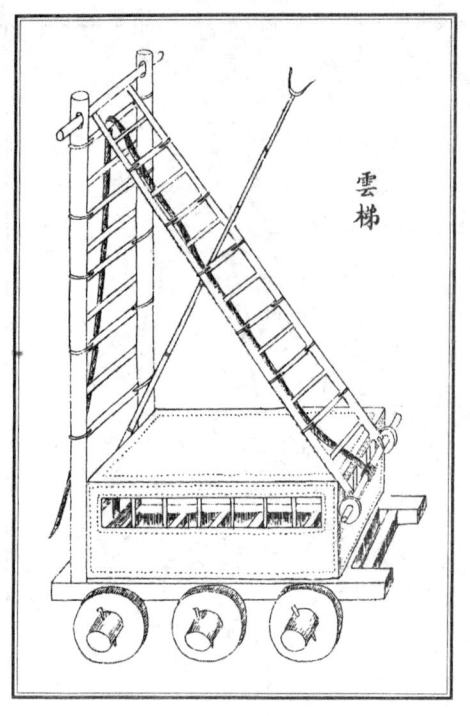

云梯图

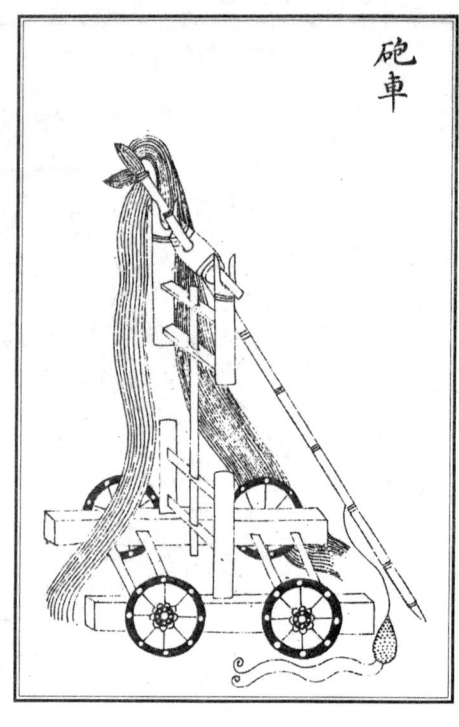

炮车图

七梢炮图

虎蹲炮图

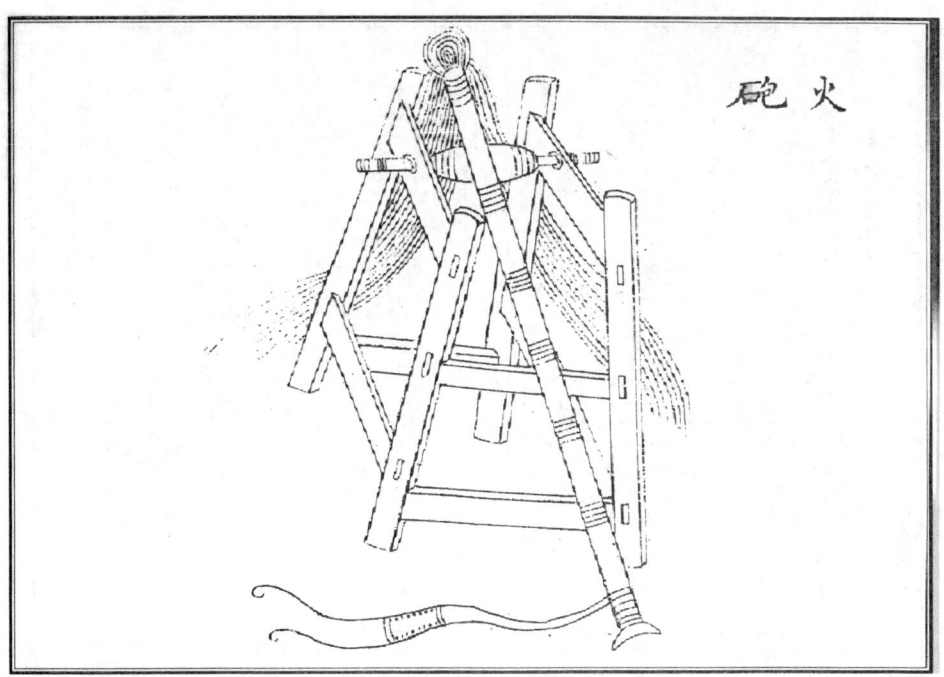

火炮图

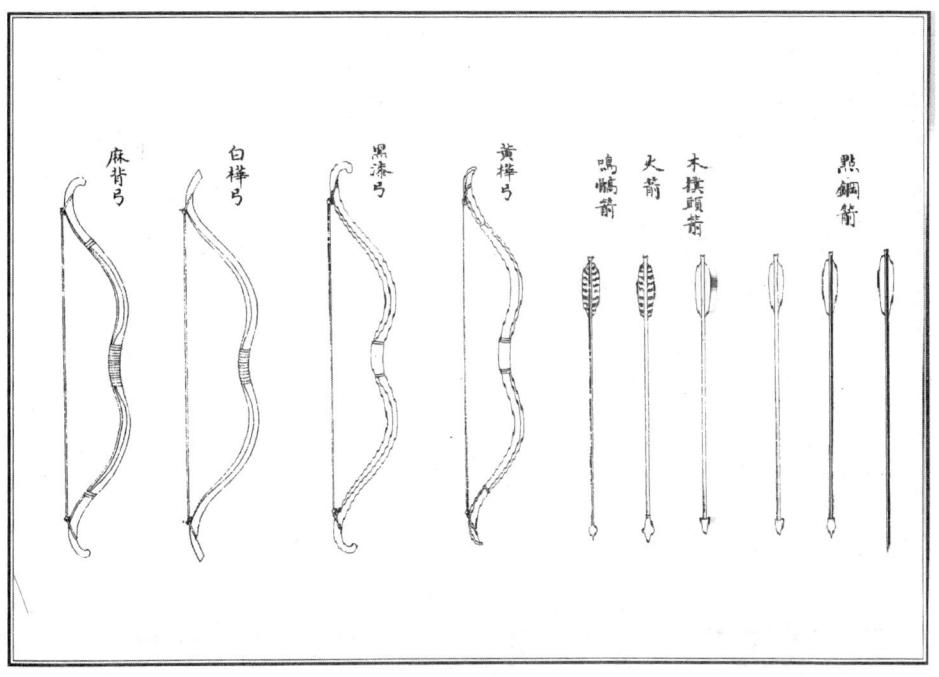

弓箭图

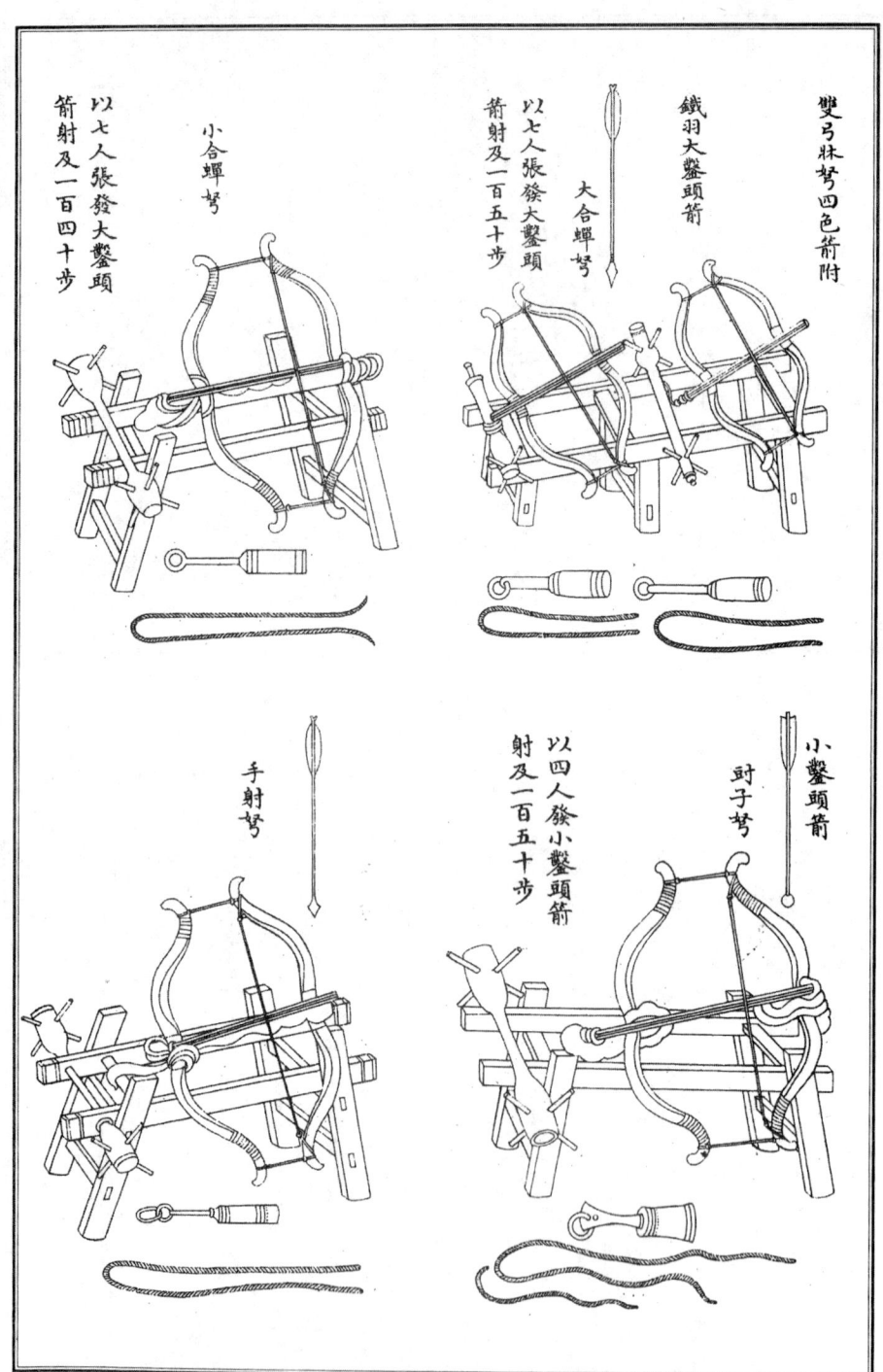

弩图

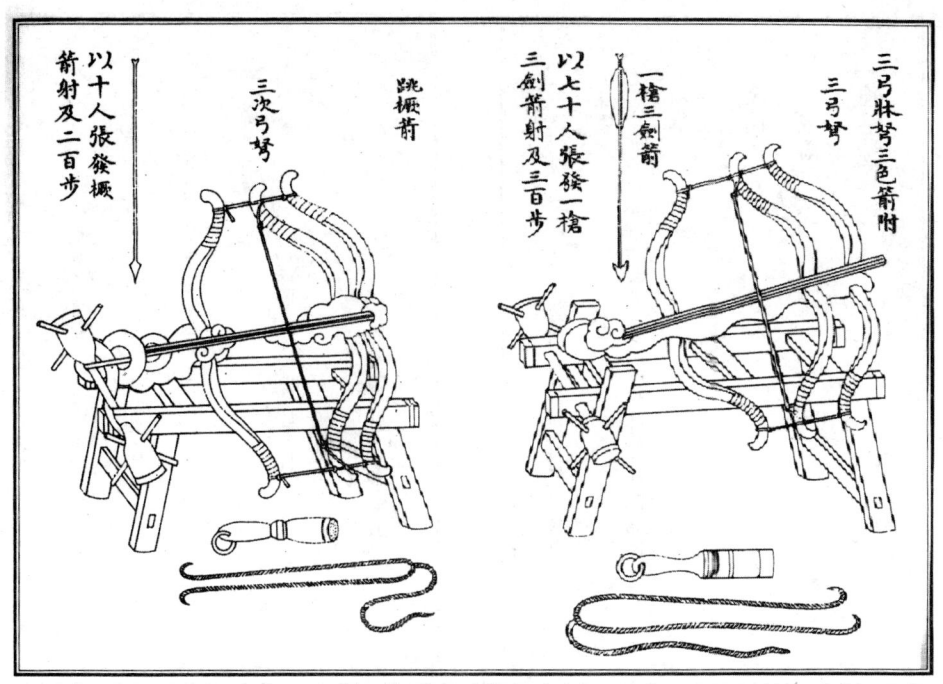

三弓弩图

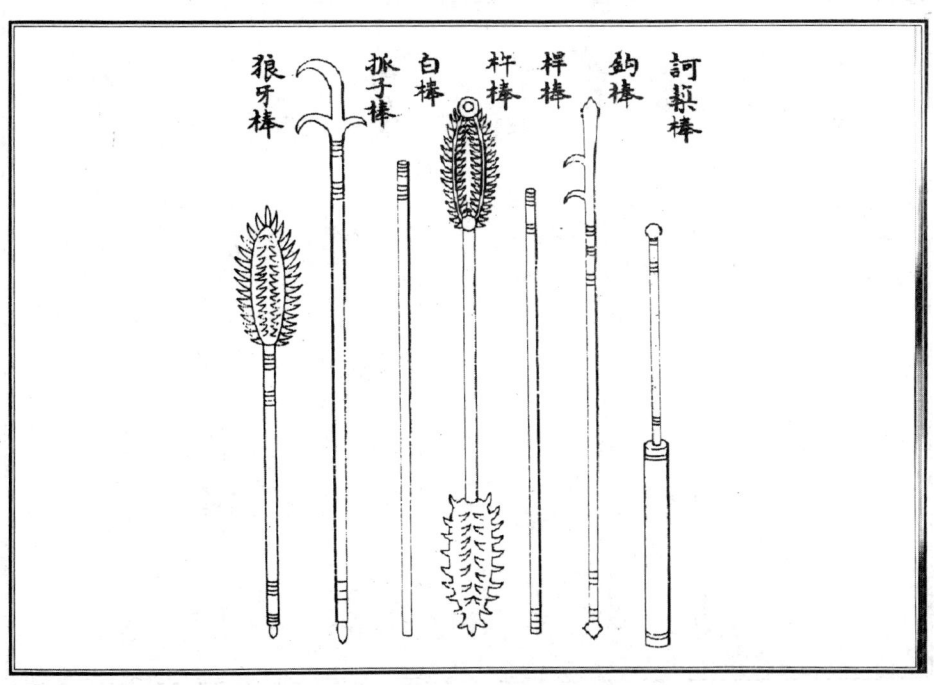

诃梨棒、狼牙棒等图

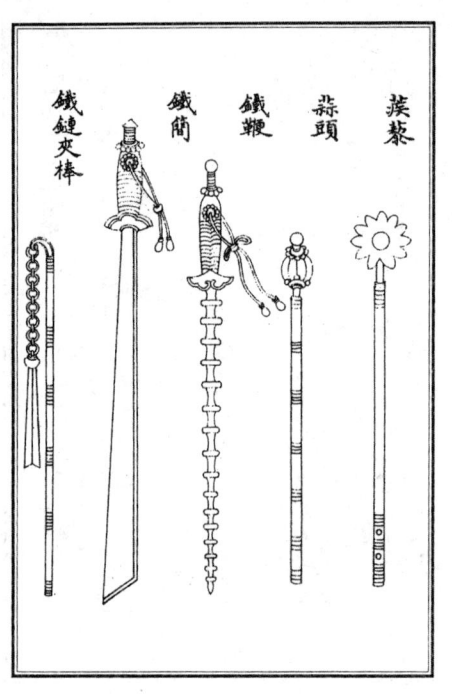

蒺藜、铁链夹棒等图

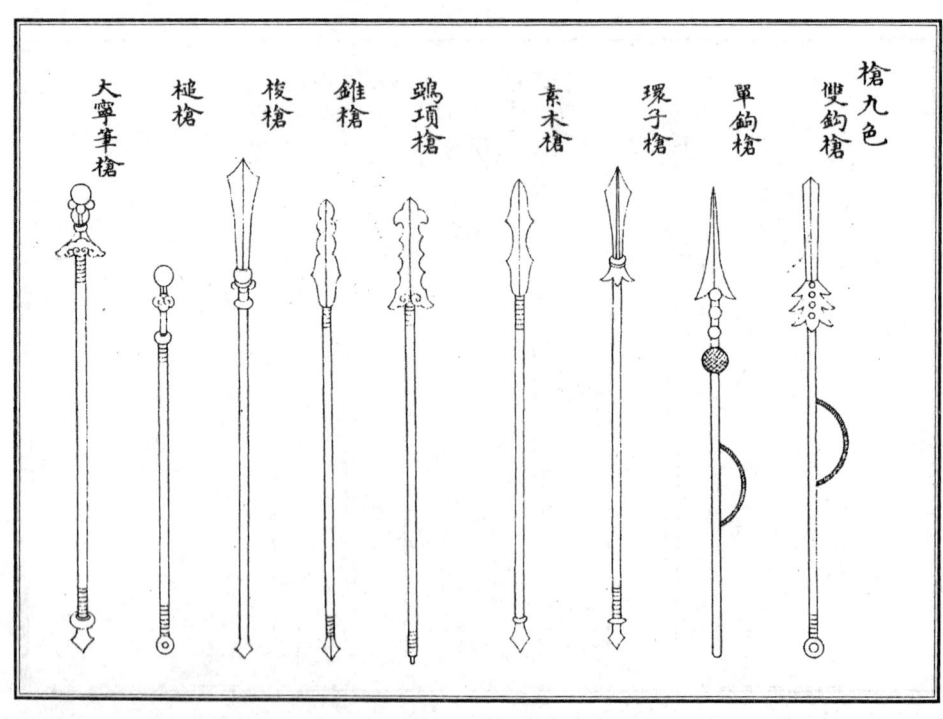

双钩枪、大宁笔枪等图

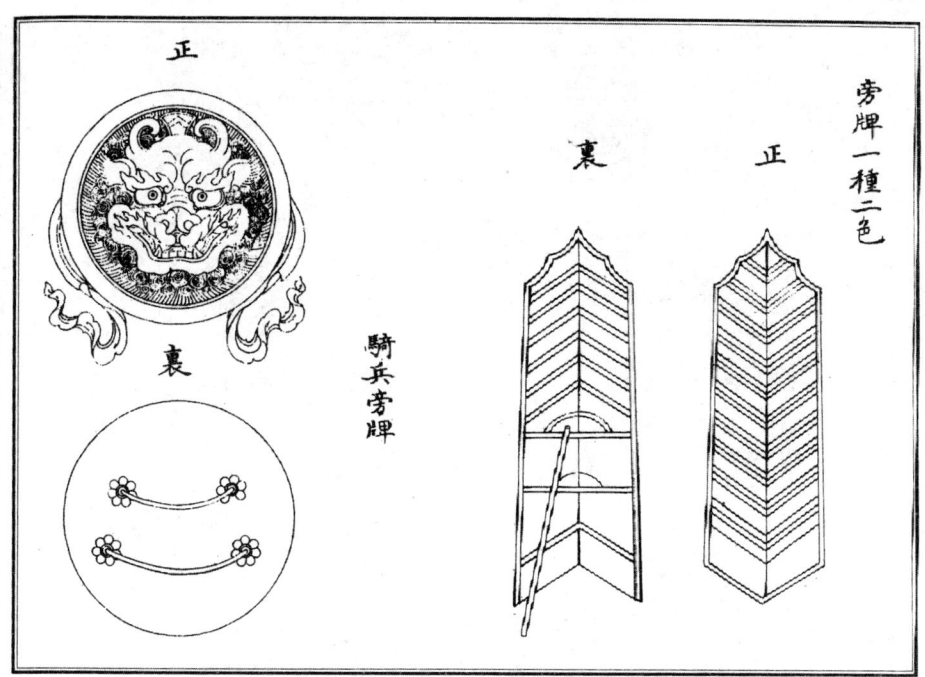

旁牌图

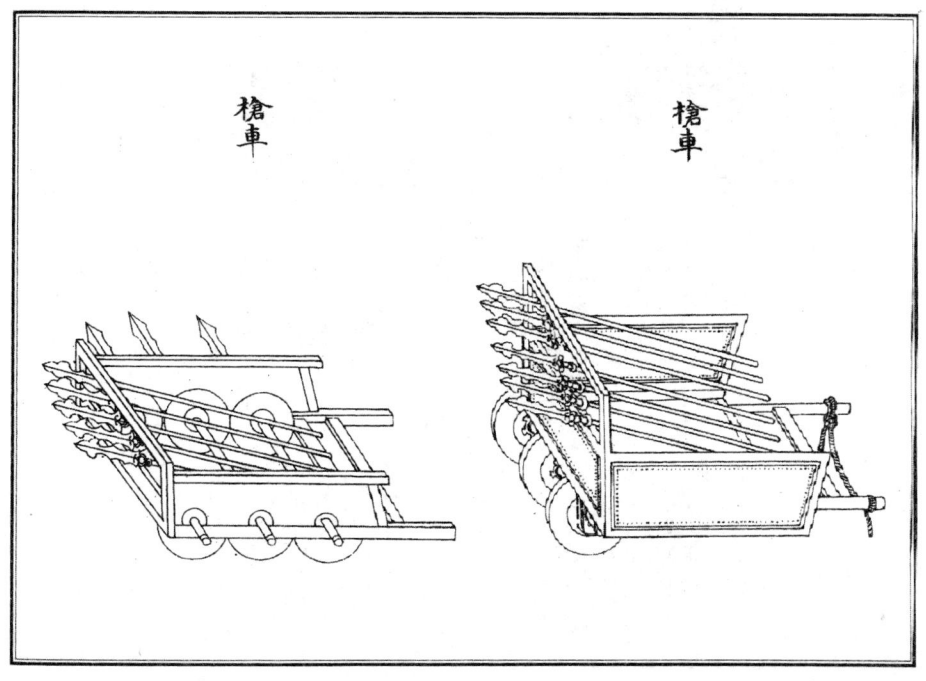

枪车图

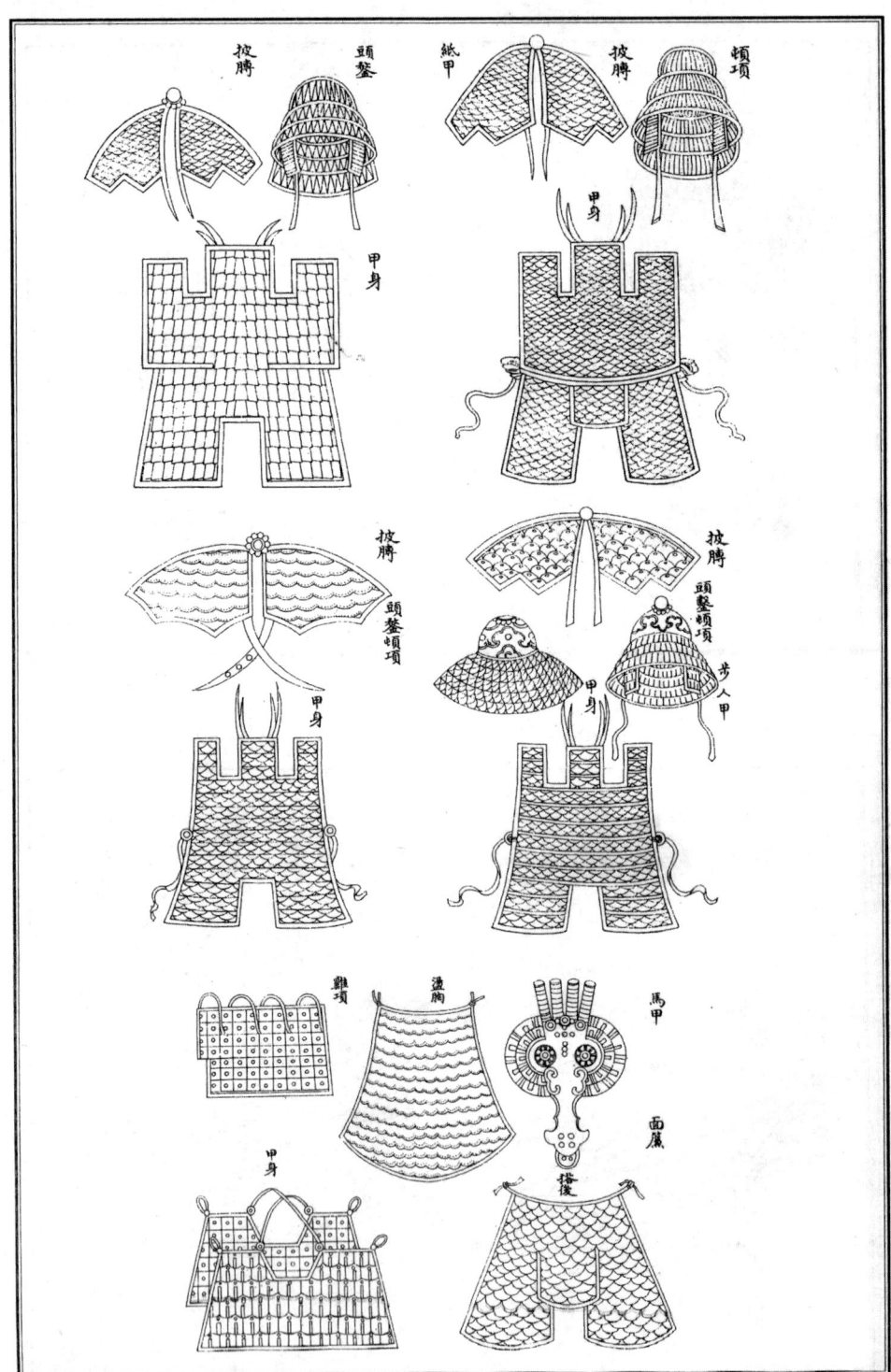

铠甲图

序

  我和王曾瑜先生至今尚未谋一面，只是看到他在吉林文史出版社出版的专著中的大照，儒雅风采、书卷气韵，拂拂扑面。我久知他是著名的宋史专家，又是历史小说家，深怀敬意。经著名的明史专家、杂文家王春瑜先生介绍，我和王曾瑜先生密切书信、电邮往来。他把他的历史研究代表著作《岳飞》《宋高宗》和煌煌巨帙的多卷本长篇历史小说《宋代纪实小说系列》赐贻于我。但凡他已发表和尚未发表的重要论文都寄我，我拜读后遂对他的史学观和文学观略窥一二。"相逢何必曾相识"，只要"心有灵犀一点通"，就会"天涯若比邻"。灵魂不通，虽然近在咫尺，却如隔霄壤。王先生资望、学养、阅历、令誉等等均大在我上。他不以我学浅为陋，雅嘱用序，我犹疑逡巡，不敢奉呈，只是略述片言只语的阅读心得而已。

  唐代刘知幾为史学家所确定的主体素质是：才、学、识。《旧唐书·刘子玄(刘知幾)传》载，刘知幾在回答礼部尚书郑维忠关于"自古以来，文士多而史才少"的原因时，说："史才须有三长，世无其人，故史才少也。"又说："三长谓才也、学也、识也。"他具体解释道："有学而无才，亦犹良田百顷，黄金满籝，而使愚者营生，终不能致于货殖者矣。"另一方面，"如有才而无学，亦犹思兼匠石，巧若公输，而家无梗楠、斧斤，终不果成其宫室者矣"。他主张史才须才、学、识三者兼备。《文史通义·文德》说："史有三才，才、学、识也。"这在中国史学史上极具影响，为史学家所恪遵，并为之终生努力。《文德》进一步给予确认并展开论述："夫才须学也,学贵识也。才而不学,是为小慧;小慧无识,是为不才。"又说:"夫识,生于心也;才,出于气也;学也者,凝心以养气,炼识而成其才者也。"三者相连,然而他更重"识"。非常值得提起的是,清代美学家袁枚的文学审美论完全接受了刘知幾的这一史学思想,连用语都完全一致。袁枚在《随园诗话》卷三中说:"作史三长,才、学、识缺一不可。余谓诗亦如之,而识最先。"其《〈蒋心余藏园诗〉序》说:"才、学、识三者宜兼。"《〈钱竹初诗〉序》又说:"作史三长,才、学、识……诗则三者宜兼。"可谓反复其言,"三致之焉",从而将史学家素质位移为美学家素质。清代另一位美学家叶燮提出胆、识、才、力,从语源上看,显然来自刘知幾,尽管稍有差异。《原诗·内篇》一开始就说:"大凡人无才,则心思不出;无胆,则笔墨萎缩;无识,则不能取舍;无力,则不能自成一家。"胆、识、才、力,是完整机体。承续史学,导入美学,建构为史学——美学。

王曾瑜先生是胆、识、才、力兼备的历史学家。就史学成就而言,他还是一位难得的马克思主义史学家,完全区别于那些冒牌或挂牌的人物。他对马克思巴黎公社的理论信仰之诚笃、解读之透彻、运用之娴熟,恐怕当今国内学者无有出其右者。王先生每每愤慨于假冒伪劣的史界谬论、坑蒙拐骗的史界人士,对师长亲友则殷殷意切、款款情深,我从他的文章中深有所感、深有所得。王先生是真正学者、纯粹学者、风骨学者。

写到这里,似乎离题万里,实际上桴鼓相应,特别是历史小说家和历史学家紧密相连,跟其他门类的作家还有所不同。就创作层面而言,王曾瑜先生则是一位胆、识、才、力兼备的小说家。王先生等一批职业性的历史学家"操刀"历史小说,实在是对历史小说界吹进了与之俱生的厚实之气和学者之风,对于扭转"戏说"、"论坛"风习发挥了拨乱反正的作用。王先生是在出版《岳飞》《宋高宗》等史学著作和大量的史学论文的基础上进入长篇历史小说创作的。他在《宋代纪实小说系列·自序》中说得好:"用小说的艺术手段反映和表现现代史学研究成果,换言之,是依托现代史学研究写历史小说。"这体现了历史小说创作的时代特色和创作主体的现代性。

坚守历史文化价值体系是史学观进而创作历史小说的文学观的核心。20世纪八九十年代所形成的对既有历史文化价值观的颠覆,以简单否定历史定评共识为时尚,出现一股思潮。这些作者不是以自由、民主、人的尊严,而是以专制、独裁、人被否定,作为价值评判的尺度。而对于人类和民族的文明所积淀的思想结晶表现出现代人所应有的虔诚、尊重和敬畏的态度,对于人类和民族的经典文化所表现的这种态度应当构合为现代性的人的素质之一。这就不会戏说"红楼"、瞎说"三国"、乱说"论语"。我曾浅涉历史小说评论,发表"当前长篇历史小说的现状分析"的系列文章,其中以《价值失范·满纸荒唐·遍体硬伤》为题(载《扬子江评论》2009年第五期),列数当前长篇历史小说所存在的种种问题。通观当前长篇历史小说的主要倾向,不能不正本清源,做史实、史鉴、史识的学术和创作的"启蒙"工作:回归历史本真,恢复历史生态现场,重建价值评判系统,甚至是价值底线和低线。历史小说家深沉地思考和分辨历史进步性、落后性和历史文化的正负值,极其重要。应当弘扬历史的本体精神意识,以长篇小说的形式追寻、确证历史本真。王先生明确地说:"我决心通过艺术的形式来让国人真实地了解历史,不忘国耻,从而振奋民族之精神。"(《面对精神抉择的心灵之河》,载《历史学家茶座》第一辑,山东人民出版社2005年版。以下引此文,不再注明出处)这种鲜明的理念奠定了坚实的创作基石。

王先生说,写历史小说"在动笔前,我是做到了'胸有千壑',而后才'下笔万言'"。这番话是名言警句!应当成为当今一些历史小说作家的座右。所谓胸有丘壑,所谓搜尽奇峰打草稿,是中国绘画美学的重要思想,王先生借用于历史小说的创作审美,可谓合若符契。他言出笔随,"查阅了大量的文献资料,从宋朝的经济、服饰、风俗到使用的语言,都考察得仔仔细细,有根有据"。小说的创作事实印验了他的创作宣言。就连美学史家所关注的宋代美学的特定范畴"韵"也在相关处触及到了,可见文心之细、用笔之实。小说的全部真实性,特别是细节的真实性、风俗的真实性达到惊人的程度,如同恩格斯所评价的巴尔扎克的小说那样。晚清小说大家吴趼人在《〈历史小说〉总序》中说:"今日读小说者,明日读正史如见故人;昨日读正史而不得入者,今日读小说而如身临其境。"历史小说应姓"史"。对于王曾瑜先生的这部长篇历史小说,我们完全可以从历史学的角度视为信史、正史来接受,当成科学的历史知识来传播。他牢牢扣合书题的"纪实"用笔。韩愈《答李翊书》云:"根之茂者其实遂,膏之沃者其光晔。"证之王先生的这部小说,确然。

　　历史小说家还应当是思想家,起码是有思想的小说家。植根史料、史实,通过史鉴,凝结成、提炼为思想和价值判断、取向,也就是史识。这是长篇历史小说的精髓和灵魂。没有思想或思想低下的历史小说只能是随看随弃的地铁读物或是一堆行尸走肉。历史学和历史小说都应当是思想启示录,不仅是感性的,而且是理性的;不仅人物栩栩如生,而且思想振聋发聩,令人血脉贲张和深长思之。而思想的闪光点又是文化批判精神,是对历史的教训加以剔抉,对历史的负面影响加以揭露,对历史人物的阴暗层面加以鞭挞,不是廉价的歌功颂德,不是低媚的涂脂抹粉。没有权力崇拜和艳羡心理,有的是严肃的思考和深邃的思虑。王先生表述了他创作长篇历史小说的核心价值观和文化批判观。他说:"任何一个时代都要尊重历史,借鉴历史,然而中华专制政治的首恶正是草菅人命,中华古今政治冤狱和残杀,至多至酷至惨。"提炼和确立了反专制主义的思想主题。而这一主题在形成之后,王先生把它难能可贵地与实际的小说创作热情融汇起来。他说:

　　　　我写着写着仿佛不是在写岳飞一狱,而是在写古今所有的冤狱,仿佛不是在揭露宋高宗和秦桧,而是在揭露所有杀人不眨眼的专制统治的刽子手,仿佛层出不穷的屠害所造成的全民族的心灵创伤仍在汩汩流血,那种痛苦让我实实在在地验证了这个真理:一旦启开了心扉,写作就不是在写,而是心河滚滚流淌而喷涌。尽管被岁月沉埋得发暗的血泪也滚滚有声,尽管它的每一个音符都是痛彻肺腑的悲歌或呼号,但倾诉的欲望满足后,谁都能体会虽死犹生的欢悦。

　　这是不可多得的长篇历史小说创作经验的热血文字,读来令人神旺。既有理性的穿透力,又有感性的激情澎湃;既有思想的深度,又有情绪的感染力,是切身的感受和体验;没有全身心的创作投入,决计无法写得这么真切、深切。

　　但历史小说并不是单纯的历史教科书,在创作本体上,是生机盎然的审美品。在历史和美学的构合关系上,该部长篇小说卓越地描画了大史诗,绘写了大悲剧。作为美学命题,史诗是宏大叙事,是宏阔境界,是宏放气象,是史和诗的撞击火花,历史真实和审美真实的融化结晶。单就小说每卷的标题:《靖康奇耻》、《河洛悲歌》、《大江风云》、《转战湖汉》、《扬威南北》、《关山怅望》、《忠贯天日》,就可以看出史诗般的规模。以200万字的浩大篇幅展开了波澜壮阔的连轴式的艺术画卷,令人手不释卷。小说塑造了众多的人物典型,形成了既具历史本来属性,又具性格生命的形象系谱。该部小说富于原创性,首开先河,择其数例:第一次展现了宋徽宗父子被掳金地的生活画面,打开了纷繁如织的历史扇面;第一次描绘了女词人李清照南渡后的生活场景;第一次刻画了宋高宗赵构的形象,发掘了作为特定历史时期封建独裁者的残忍、暴戾、虚伪、奸诈、荒淫等全部性格特征。这一形象蕴含着作者深刻的历史理念,进而澄清了历史真相。残害岳飞,传统的看法凶手是秦桧,小说却用大量令人信服的情节、细节,描写了和定格了宋高宗实为主犯、元凶,秦桧则是走狗、帮凶,在杭州岳坟遭万人唾骂的塑像中应当增加赵构,列为首恶。这就雄辩有力地纠偏了历代只反奸臣,不反暴君的认知定势。在当代长篇历史小说创作中,是继姚雪垠《李自成》的崇祯之后,刻画的又一个成功的帝王形象,集中体现了王先生深湛的历史功力和审美水平。全书所写岳飞大悲剧,有思想的内涵,直指封建专制制度,跟《说岳全传》等林林总总的作品,大相径庭。有审美的力度,全书既有金戈铁马,又有风帘翠幕;既有金鹓擘海,又有浅斟低唱。情节腾挪跌宕,语言雅洁净爽。总之,该部作品实现了历史科学性与小说审美性的高端融合,足可传世。

略陈管见,遥献刍辞,聊充弁言。

吴功正

2010年11月8日于南京

自　　序

　　将历史故事写成小说,古已有之。本书作为一种尝试,则是希望用小说的艺术手段反映和表现现代史学研究成果,换言之,是依托现代史学研究写历史小说。中国传统史学在本世纪内,已经历了脱胎换骨式的改造。中国人和外国人用现代科学观点和手段重新研究中国古史,其论述之精微,已达到了古人不可能具备的高度、深度和广度。惟有依托现代史学研究成果,才能使小说具有时代的特色,而从现代意识的高度去剖析古史。事实上,在本书的写作过程中,用于查找和分析史料的时间,参考现代史学论著的时间,就多于用电脑打字的时间。

　　《满江红》写的是从北宋亡国到南宋开国,与金朝和战的历史故事。在宋朝的三百二十年史中,这段历史无疑最富有戏剧性,深重的劫难,残忍的掠夺,英勇的抗争,卑怯的苟活,醉生梦死般的寻欢作乐,大祸临头时的贪污腐败,无可奈何下的痛苦抉择,视死如归式的慷慨赴难,构成了整个绵长的历史画卷。小说的大致轮廓完全依据历史记载,细节的虚构或在史籍中有蛛丝马迹可寻,至少也基于宋金时代的生活真实。小说中的人物,如宋钦宗赵桓、朱后、康王赵构、宗泽、张所、岳飞、吴革、梅执礼、李若水、宗室赵不试、宦官邵成章、韩世忠、秦桧、冠绝古今的女词人李清照等,绝大部分都是真有其人,他们的艺术形象大体符合真实的历史形象。其中岳飞可以说是家喻户晓的宋朝第一名人,但人们对他的知识,往往来源于《说岳全传》和戏曲的虚构故事。本书所写的,则大体是历史上的真事,而与人们熟知的故事迥异。人们在第一卷《靖康奇耻》中即可知道他的早期家庭生活,他如何从军,如何背刺"尽忠报国"。

　　由于宋代史书中的女子相当部分是有姓无名,本书只能为这些女子虚构一些名字。从史书的记载看,宋代女子的双名大大多于单名,女子的名字还喜用叠字,喜用"奴"、"哥"、"郎"、"儿"等字,有的可能反映了宋人重男轻女的心理,本书的取名也大致沿用此类习俗。

古代演义小说描写战争,给人们的印象是斗将往往对胜负起着决定作用,这并不符合古代战争的真实情况。古今战争固然差别极大,但将帅作为指挥者,兵士作为战斗者,却并无不同。古代战争中斗将的事例较少,一般也是选拔军中最骁勇的武士出阵。宋金时代的弓、弩、刀、枪之类冷兵器与明清时有所差别,火药兵器已经出现,但还没有管状火器。这类情况在本书中还是予以真实的反映。

人们所知的金朝第一名人,大约就是《说岳全传》中的金兀术。其实兀术不姓金,而姓完颜,他准确的女真姓名应是完颜兀术。文化上落后的女真族人又往往另用汉姓汉名,完颜兀术的汉姓名是王宗弼。完颜兀术很晚才任都元帅,灭亡北宋的主将则是完颜粘罕和完颜斡离不。古女真族是个很有活力的民族,在很短时间内勃兴于白山黑水,灭辽破宋,建立了东亚第一军事强国。自古迄今,掠夺战争的两项重要目标就是财宝和女子,由于女真民族在经济、文化等方面的落后,从黄河以北到大江以南,掠夺战争表现了很大的残酷性,这也是当时的客观史实。金朝入主中原后,女真族很快汉化,也加速腐化,其遗裔大多融合于汉族。今天的王姓汉人中,肯定有一部分就是当年完颜氏的后代。女真族另有很少量留在东北的遗裔,则成为后世的满族。女真语和满语的基本语汇和语法相同,但文字差别很大。女真文字是仿汉字的方块字,而满文字则是仿蒙古文字的拼音文字。清代的满人已经不懂金代的女真文。女真族男子和满族男子虽然都剃头辫发,但服饰却有很大差异。

依我个人的偏见,自"五四"以来所创造的新诗是一种失败的诗体,没有诗味,而古代的诗词之类确有其永恒的艺术魅力。在某些场合,诗歌语言简直就无法用小说语言取代。本书中采用了一些宋人诗词,也按情节的需要,为宋人杜撰了一些诗词。

中国古史悠久,各朝各代的制度、语言、称谓、服饰、饮食、居室、家具、婚丧习俗、礼节之类,其实差别很大。譬如从戏曲到现代生活中的"小姐"是尊称,而宋时的"小姐"主要用以称呼妓女之类;戏曲中称后妃为"娘娘"、"娘娘千岁"之类,而宋官却称皇后为"圣人",妃嫔为"娘子"。

唐宋时人们的称呼有时可用排行，如小说中韩世忠称韩五，宗室赵叔向排行十五之类。古时讲究避名讳，一般不能直呼人名，而宋朝赵氏皇族还不能呼姓，就需要呼排行加官名，如小说中称赵叔向为十五敦武之类。对官名的称呼也呈现复杂的情况，例如某姓任节度使称"某节使"，而任观察使却称"某观察"。现代仍有"画押"一词，但宋金时代的画押作为签名的特殊符号，往往非专治宋史者所能知晓。如宋徽宗的御押是"丮"，宋钦宗的御押是"囘"，宋高宗的御押是"㪿"。宋时贵妇出门，往往不是坐轿，而是坐牛车。本书的描述，力求反映宋金时代社会生活的原貌，人物的对话，也适当使用宋代口语。总之，笔者希望通过自己的努力，使小说接近于宋金一代生活的"原汁原味"。

应当特别指出，我的师兄周宝珠的《宋代东京研究》，还有朱瑞熙、张邦炜、刘复生、蔡崇榜诸先生与我合撰的《辽宋西夏金社会生活史》，给本书的写作帮了大忙，大大节省了笔者查阅史料的时间，谨在此公开致谢。

依我个人之见，历史决不是一个百依百顺、随人装扮的女孩子，写历史小说、戏剧之类的一条原则应是忠于史实，忠于古代的生活真实。我曾看过一位著名剧作家所写的话剧，在剧中，汉朝的开国皇帝是一位雄才大略的君主，他早已预见到吕氏家族有篡位的野心，而预做身后的人事安排，这在历史记载中当然没有任何根据。实际上，汉高祖是一个典型的流氓无赖，他经常自称"而公"，翻译成现代语，也就是"你老子"，看到有人戴儒冠，就摘下当众溲溺，有时一面叫女子为其洗脚，一面与人谈话。我们还是应当感谢司马迁传神的史笔，他的《史记》为今人保留了一个虽然成就帝业，却并无远见卓识，并且十分粗野的开国之君的真实形象。生拉硬扯、牵强附会地以这个违背历史真实的史剧，用以比附一个现代祸国女子的失败，只怕无此必要。再如有一个描写宋朝的历史电影，且不说其中出现了清代的瓷器、宋时还没有的管状炮之类，更令人惊讶的，是一个主人公居然在稠人广座之中，毫无顾忌地大骂"昏君"。其实，在几千年帝制时代，"昏君"岂容乱骂，当时不仅有整套的君臣、君民伦理，还专有"指斥乘舆"，即骂皇帝的峻法，罪在"十恶不赦"之列。年岁稍大的人，应当对二三十年前的那场史无前例的浩劫记忆犹新。一个昔日的二三流电影明星，转瞬间成了九天玄女护国娘娘，百姓们惟有对她歌功颂德、顶礼膜拜的义务,谁的言语稍涉不敬,便触犯了当时的"公安六条",成为"炮打无产阶级司令部"的罪人。在那个号称"大民主"的时代,其实真正抛弃和遗忘的,正是马克思主义的天条,著名的巴黎公社原则,新社会应有的社会主人与公仆的关系准则;真正复活和沿用的,却是早应发霉发臭的君臣、君民、官民关系准则。因为按照马克思主义的巴黎公社原则,社会主人对公仆的指责以至罢免,无疑是天经地义的事。

不少欠缺真实感的历史题材作品,出现在出版物、舞台、银幕和屏幕之上,不能不认为是一件憾事。这也是笔者勉竭驽钝,愿意从事一项缺乏经验的古史普及工作的原因。笔者虽然在此批评了一些历史题材的作品,也许本书也不能免于志大才疏、眼高手低之讥。但就笔者的态度而言,是宁愿受到讥诮,也不能因噎废食。

按正常的工作环境和写作速度,这部系列小说的撰写要延续到西元的下一世纪。在自序的结尾,想对本书第一卷书名所用"耻"字作一些解释。作为伟大的中华民族的一员,在西元的本世纪行将结束之际,不能不回顾本民族在本世纪的历程。从正面看来,中华民族在本世纪的得分确是比上世纪多,我们实现了半复兴,尽管我们与先进民族尚有相当大的差距,但毕竟已摆脱了任人欺凌和宰割的惨境。从反面看来,中华民族在本世纪的祸难之烈,只怕也超过了上一世纪。三次奇灾惨祸,亘古未有,其中一次是日本军国主义强加于我们民族,而另两次却是自己制造的,其劫难之深重,破坏之广泛,只怕也不亚于前一次。记得在所谓"文化革命"的后期,笔者在十分痛苦和沉重的心境中从事《岳飞新传》的写作,却慢慢地领悟了一个道理,原来古今的祸难虽然有很大的差异,却也有相通之处。

毋忘国耻是很对的,依笔者的理解,外国侵略中国,固然是国耻,中国人自己干了乌七八糟的、祸国殃民的事,也同样是国耻。难道沦肌浃髓般的贪污腐败,就不是中华民族的奇耻大辱?每个正直的中国人,难道就不应当有对天下后世无法交待的沉痛感、羞愧感和负疚感?难道就应当油嘴滑舌地文过饰非、姑息养奸?难道就应当理直气壮地随波逐流、浑水摸鱼?

"靖康耻",是岳飞《满江红》词中的一句,他还是深深懂得致耻之由,而留下了"文臣不爱钱,武臣不惜命,天下当太平"的名言。本书正是从更广的涵义上写宋金时代的一个"耻"字。由于古代的历史条件,宋人和金人都做不到洗雪自己的耻辱。但生活在现代的中国人却应当有勇气、有信心洗雪自己的耻辱。应当弘扬爱国主义,任何一个真正的爱国者,应当绝对正视本民族的一切缺陷和错误。惟有正视自己所有重要的历史教训,克服和改正自己所有重要的缺陷和错误,中华民族才能成为真正伟大的、不可侮的现代民族。温故而知新,通过艺术手段反省中华民族的过去,解剖古代的专制腐败政治,希望能对开创未来起一点小小的作用,这就是笔者写这部小说的宗旨。

此序写于1996年12月9日,"一二·九"运动六十一周年纪念日,原来仅作《靖康奇耻》的自序,在再版时略作修改。

王曾瑜

2013年1月

再 序

　　历史小说,顾名思义,是否可说是历史故事小说化,小说历史化。但是,人们的创作观念显然各不相同。文史古称不分家,时至今日,又是非分家不可。当然历史和小说最好自然是两者实现和谐的、完善的结合,但如果出现凿枘的情况,笔者因专业的关系,还是倾向于以史压文。例如在笔者写作过程中,一个相当苦恼的问题,就是人物太多,按写小说的角度看,是对质量不利的,最好进行精简和归并,但本书为保持历史真实面貌,只对很多次要人物实行精简。又如本书第四卷叙述诸如富平、缩头湖、和尚原、仙人关之战,如果按写小说的角度,似为赘笔,影响故事的连贯性。但按反映重大战役的史学要求,还是非写不可。尽管如缩头湖之战的指挥者张荣,本书只可能出现一次,也必须出现。也许一些文艺家会说,本书至少有一部分不像小说,像文学性的历史叙事。这种说法没有错。本书以说史系列定位,是确切的。文以载道,用什么笔法得以表现这个耻辱和悲壮的时代,自己决不敢以高手自诩,限于能力,也只得如此。然而文学体裁,包括历史小说,是否可以不拘一格,有各种模式,笔者曾见到得诺贝尔文学奖的前苏联作家索尔仁尼契的《古拉格群岛》一书,最初以为是小说,按译文看,简直是毫无文学情节的、松散的纪实文字,也许原来俄语的文字相当美,而翻译的文字却相当枯燥。又如若以本书与古代某些历史演义小说,与近代蔡东藩、许啸天等的历史小说相比,也许小说味又稍重些。至于本书的成败得失,当然须得自文学家和史学家两方面的鉴裁,也更须广大读者的品评。

笔者曾见到现代一些以岳飞为题材的文学作品,都感到不满意,其缺点依个人之见,在于失真。一些文艺家往往认为史实束缚自己的创作自由,喜欢撇开史实,另外杜撰一些吸引人的、却又是失真的故事情节。因专业关系,笔者撰写此书,是尽量在搜罗史料,考证史实的基础上,进行适当的文艺加工。这是与他们的作品的最大区别。

写历史作品往往可以忽略一些细节的考证,而为了本书的写作,笔者对不少以往忽略的历史细节必须重新进行考证。例如张叔夜,或说在雄州白沟自杀,或说是在黄河边自杀,笔者确定了后一说正确,然后才动笔。又如金初的燕京城的西城显西门,其实是宫城和外城共为一门,拘押宋徽宗的仙寿寺不在城外,而在城里,这也是笔者经过考证,而与《北京通史》之说不同。笔者写每一个战役,都是查阅了当地的方志等书,然后才动笔的。为了此类似乎是过于繁琐的考证,笔者花费了大量精力和时间。

笔者写作的初意当然是力争雅俗共赏。但是,要做到俗,也并不容易。首先,既要尊重史实,就不能使用人们耳濡目染的诸如老爷、大人、少爷之类程式化的称呼,而须代之以真实的,却使人们感到别扭的称呼,例如皇后称"圣人",还要使用当时人习惯的排行,也许是相当别扭的实例。又如书中人物对话稍稍接近宋代口语,当时并无现代人作为形容词末的"的",而是用"底","小底"就是小的。虽然每卷设有宋金时代语汇简释,但也必然影响到俗的鉴赏。最初,笔者对此曾犹豫不决,后来蒙前山东大学副校长乔幼梅先生来信,坚决主张我按历史真实写作,不要迁就目前的历史题材文学普遍存在的,将各朝各代故事乱煮一锅粥的模式,而保持辽宋金时代的特点。依本书目前的状况,读者大致能看懂《水浒》,就可以看懂本书。

以下对本书中历史人物的真实情况稍作介绍。

本书中的正面人物,主要是张所、宗泽、李纲和岳飞四人。张所的相关历史记载很少,但他无疑是一个有风骨、有见识、有才智的人物,与岳飞虽然接触时间很短,却对岳飞的成长产生重要影响,可惜是专制腐败政治扼杀了这个雄才。本书对他是作了一些铺叙。宗泽的形象,大致是依照史实。可惜的是李纲,他任相只有七十五天,此后长期受宋高宗的扼制,无法起应有的作用。

从历史记载看,岳飞确是个人品极高、不世出的将才,在南宋民间已经极受尊崇。但处理这个历史人物也有难度,历史记载说他"沉毅",即少言寡语,但说话很精辟,例如传诵当时后世的"文臣不爱钱,武臣不惜命"即是一例。但对这种性格,笔者就深感不易表现。描写岳飞的家庭,笔者写《尽忠报国——岳飞新传》的处理是容易的,只须交待他有四个哥哥,都夭亡了,一个弟弟岳翻,至少有一个姐姐,后来外甥女婿高泽民在他军中,高泽民在历史记载中只有一处涉及。本书作为小说,只能杜撰出高芸香和芮红奴两人,并将高泽民改为外甥,以便精简一个外甥女,少费点笔墨。岳飞前妻刘氏,后妻李娃,书中所述五个儿子的年龄,全依史实。因年龄关系,唯有长子岳雲随父征战。其妻巩氏,岳雷妻温氏,依史书载,他们的父亲至少有一人是战死者,岳飞"以子婚其女"。

《说岳全传》中的岳飞部将,大部分在史书上无名。即以京剧中挑滑车闻名的高宠,根本无此人。从军事角度看,挑滑车的事是荒诞的。山路崎岖,一般无法使用滑车,除非是造一条坡度不大的笔直柏油路。此外,滑车也完全不须挑,只要躲即可。笔者从宋代史籍中稽考出百余名岳飞部将,三十余名幕僚,但多数只剩片断记载,还构不成简历。本书只能让他们部分登场。其中最重要的是王贵、张宪、徐庆、牛皋、董先五将和李若虚、于鹏、孙革等幕僚。本书的叙述,还反映历史上岳家军的战斗序列,包括背嵬军、前军、右军、中军、左军、后军、踏白军、游奕军、选锋军、破敌军、胜捷军、水军等。

女词人李清照,其实是本书不须出场的人物。本书让她出场,主要是考虑雅的需求。李清照与秦桧的亲戚关系,是笔者首先撰文考证的。另外,在写本书的过程中,又进一步考订了一些相关史实,另写《李清照事迹七题》一文。本书对李清照的处理,大体是符合历史真实的。例如在第四卷中,她赠韩肖胄和胡松年两诗的思想矛盾,笔者是通过她自己的话作了解释,这也许是以往文学史研究者所忽略的。在第三卷中,又将她传世的两首诗的断句,"南渡衣冠少王导,北来消息欠刘琨","南来尚怯吴江冷,北狩应悲易水寒",依据其韵律,补为七律二首。此属杜撰,并非是在另外的古籍中找到了原诗。

　　韩世忠当然是名将,他反对和议是应当肯定的,但其战功不如岳飞、吴玠等,亦是史实。他的人品是有一些缺点的,例如好色,自己不识字,对文士轻侮,称为"子曰",包括他说话喜欢吐舌头,都是有历史记载的。他的正妻是梁氏,史书上无名,后人杜撰了红玉的人名,遂以讹传讹,甚至一些水平不高的现代史书上也称梁红玉。其实,先师邓广铭先生早有考证。韩世忠妾茅氏、周氏等都有历史记载,本书写周氏归韩世忠的经过,是依据史书的。本书所以为梁氏另取"佛面"之名,主旨在于打破人们对梁红玉的误传。就中间人物而论,宋高宗在位前期的四个重要宰相朱胜非、吕颐浩、赵鼎、张浚都必须登场,其中赵鼎后来主和,而另外三人不同程度倾向主战,但都有缺点,特别是张浚。本书大致是按历史真实描写的。

　　宋钦宗作为一个亡国之君,尽管十分辛酸,而后世骂名不绝。本书主要在第一卷,还是实事求是地肯定他不好色、节俭等与其父迥异的品格,描写成一个可以在某种程度上同情的人。其后朱琏后来自杀,所以本书有意对她有所肯定。在他的兄弟中,景王赵杞的记载虽少,确是个相当贤德的人。

　　本书的第一个反面人物当然是宋高宗,笔者已经出版了《荒淫无道宋高宗》的传记,有兴趣的读者可以参对。他无疑是宋朝人品最坏、作恶最多的皇帝,即使在中国古代史上,像他那样在特殊条件下的特殊无道,也仅此一例。有关潘贤妃的记载很少,但推断起来,此后确是失宠了。张氏和吴氏是两个竞争皇后的对手,本来只怕难以判定鹿死谁手,后来张氏病死,就成全吴氏的后位。

　　黄潜善和汪伯彦是一对奸人,但今存历史记载中缺少一个情节。因为在康王元帅府里,所有的坏主意大致都是汪伯彦出的,黄潜善到元帅府较晚,看不到有出过什么坏主意的记录,但宋高宗即位后,官位反而居汪伯彦之上,其故何在?本书通过虚构,补足了史书上的欠缺,却无史实依据。宋高宗信从两人,最后扬州逃难,丧失生育能力。从史书分析,汪伯彦确是有将罪责推诿给黄潜善的企图。

　　秦桧当然是重要的反面人物。他号称长脚,默思冥想,习惯于嚼齿动腮。在杀害和排挤岳飞等三大将,完成对金屈辱和议后,由于金人保护他当终身宰相,事实上已有震主之威。尽管他不可一世,而最怕的还是莫过于妻子王氏。本书从第一卷开始,就对他害怕王氏的特点有所描述。

武将张俊是又一重要反面人物,他狡猾,善观风色,拥兵怯战,而其坏事主要集中在本书第六、七卷。他是杀害岳飞的重要帮凶。

医官王继先和一群宦官,无疑是城狐社鼠式的人物,是当时一股可怕的政治恶势力。书中的冯益喜欢乱说,是有依据的。他曾对一皇族坦率地说:"我皇似上皇(宋徽宗)。"他自己固然是一肚子坏水,但对一肚子坏水的皇帝事实上也是瞧不起的,却又必须奉承。当时一件伪柔福帝姬案牵连到他,因为是由他自告奋勇,对柔福帝姬验明正身,回奏皇帝,说是真帝姬。后来宋高宗母韦氏归宋,又认定是假帝姬,但冯益最后又免于处分。由于假帝姬案存在疑窦,一些宋人也认为,这是韦氏害怕柔福帝姬知道自己在北方的底细,而杀人灭口。为了增加故事情节,本书依真帝姬逃归处理。

当然,当时宦官中也有君子,本书中的邵成章、白锷和黄彦节,都是确有其人。

由于在北宋和南宋之交,历史事件纷繁复杂,头绪很多很乱,此篇序言,也许有助于读者阅读本书。

此序写于2001年1月16日,再版时删去第一段,另作个别删改。

王曾瑜

2013年1月

重要人物表

宋钦宗赵桓　宋徽宗长子,北宋末代皇帝。

朱琏　宋钦宗皇后。

赵谌　皇太子。

朱璇　宋钦宗德妃,因避父亲名讳,改称"慎妃"。

郑庆雲　宋钦宗夫人,后升才人。

狄玉辉　宋钦宗夫人,后升才人。

岳飞　宋军效用,后任宣抚使,为南宋方面军统帅。

王贵　宋军效用,后任岳家军统制、都统制等。

张宪　宋军效用,后任岳家军统制、副都统制等。

徐庆　宋军效用,后任岳家军统制。

刘巧娘　岳飞前妻。

岳雲　岳飞长子。

岳雷　岳飞次子。

完颜粘罕　汉名宗翰,金朝左副元帅、国论移赍字菫,人称国相。

完颜斡离不　汉名宗望,金太祖子,金朝右副元帅,人称二太子。

完颜挞懒　汉名昌,金朝元帅左监军。

完颜谷神　汉名希尹,金朝元帅右监军。

完颜阇母　金朝元帅左都监。

耶律余睹　契丹人,姓耶律,金朝元帅右都监。

完颜兀术　汉名宗弼,金太祖子,人称四太子。

高庆裔　渤海人，金朝兵部尚书。

萧庆　契丹人，金朝节度使。

耿南仲　宋钦宗当太子时的宫僚，门下侍郎。

何㮚　中书侍郎，右丞相。

梅执礼　户部尚书。

李若水　吏部侍郎。

王雲　刑部尚书。

宋徽宗赵佶　靖康时为太上皇。

郑太后　宋徽宗皇后。

乔媚媚　宋徽宗贵妃。

韦娇娇　宋徽宗婉容，宋钦宗进封贤妃。

景王赵杞　宋徽宗第六子，乔贵妃所生。

济王赵栩　宋徽宗第七子，乔贵妃所生。

康王赵构　宋徽宗第九子，韦贤妃所生，河北兵马大元帅，后为南宋开国
　　　　　皇帝宋高宗。

白锷　宦官。

韩公裔　康王府内知客，河北兵马元帅府主管机宜文字。

康履　宦官，康王府都监，河北兵马元帅府主管机宜文字。

蓝珪　宦官，康王府都监，河北兵马元帅府主管机宜文字。

吴金奴　康王侍妾，后为宋高宗皇后。

潘瑛瑛　康王侍妾，后为宋高宗贤妃。

邢秉懿　康王正妻，嘉国夫人。

田春罗　康王妾，郡君。

姜醉媚　康王妾，郡君。

耿延禧　耿南仲子，中书舍人，河北兵马元帅府参议官。

高世则　宋英宗高后侄孙，河北兵马元帅府参议官。

赵不试　宋朝皇族，相州通判，后任知州。

汪伯彦　相州知州，河北兵马副元帅。

刘浩　武将，河北兵马元帅府前军统制。

宗泽　磁州知州，河北兵马副元帅。

宗颖　宗泽子。

完颜奔睹　汉名昂,金朝皇族。

完颜赛里　汉名宗贤,金朝皇族,号盖天大王,金军万夫长。

王宗濋　宋钦宗表兄,殿前都指挥使。

吴革　宋军统制。

张所　监察御史。

郭京　宋军副兵马使。

冠成　宋军军士,后为岳家军统制。

王经　宋军军士,后为岳家军统制。

姚友仲　都统制。

陈过庭　中书侍郎。

冯澥　尚书左丞。

孙傅　同知枢密院事。

曹辅　签书枢密院事。

张叔夜　签书枢密院事。

杨再兴　宋军军士,后为岳飞部将。

王兰　宋军军士,后为岳飞部将。

高林　宋军军士,后为岳飞部将。

罗彦　宋军军士,后为岳飞部将。

姚侑　宋军军士,后为岳飞部将。

李德　宋军军士,后为岳飞部将。

张应　宋军军士,后为岳飞部将。

李璋　宋军军士,后为岳飞部将。

赵宏　宋军军士,后为岳飞部将。

岳亨　宋军军士,后为岳飞部将。

邵成章　宦官。

兀林答撒卢母　金使。

完颜娄室　金军万夫长。

完颜银术可　金军万夫长。

完颜活女　完颜娄室子,金军千夫长。

大挞不野　渤海人,姓大,汉名臭,金军万夫长。

朱梦说　太学生,后为岳飞幕僚。

李若虚　李若水兄,后为岳飞幕僚。

马伸　监察御史。

秦桧　御史中丞。

王癸癸　秦桧妻。

范琼　宋军统制。

王俊　范琼部属正将,后为岳家军副统制。

于鹏　钧容直押班,后为岳飞的部将和幕僚。

邓珪　宋朝降金宦官。

姚氏　岳飞母。

岳翻　岳飞弟。

芮红奴　岳翻妻。

岳银铃　岳飞姐。

高泽民　岳银铃子。

高芸香　张宪后妻。

李廷珪　宋军押队,后为岳飞部将。

霍坚　强盗,后为岳飞部将。

王敏求　强盗,后为岳飞部将。

秦仔　武学进士,后任相州通判。

陈淬　武将,河北兵马元帅府都统制。

张悫　北京大名府留守。

张莺哥　康王妾,后为宋高宗婉仪。

斜卯阿里　金将。

完颜阿鲁补　金将。

王燕哥　女将,绰号一丈青。

马皋　宋将,王燕哥丈夫。

刘彦宗　金朝知枢密院事。

茂德帝姬赵福金　宋徽宗第五女。

柔福帝姬赵嬛嬛　宋徽宗第二十女。

黄潜善　河间知府,河北兵马副元帅。

孟宝红　宋哲宗废后,又称元祐皇后,后尊为隆祐太后。

司马朴　兵部侍郎。

吴开　翰林学士承旨。

莫俦　翰林学士。

徐秉哲　开封府尹。

王时雍　吏部尚书。

徐揆　太学生。

完颜蒲鲁虎　金太宗长子。

吕好问　兵部尚书。

孙显　被掳当兵的金军百夫长,后为岳家军统领。

王晚　秦桧妻舅。

郑亿年　王晚妻舅。

张邦昌　宋朝前任太宰,金朝所立伪楚皇帝。

李春燕　宋徽宗的华国夫人。

赵明诚　淄州知州。

李清照　赵明诚妻,号易安居士。

朱胜非　南京应天府知府,后为宰相。

韩世忠　嘉州防御使,后任宣抚处置使,为南宋方面军统帅。

张俊　贵州防御使,后任宣抚使,为南宋方面军统帅。

赵士㒟　宋朝皇族,知南外宗正事。

赵子崧　宋朝皇族,淮宁知府。

赵叔向　宋朝皇族,敦武郎。

陈烈　赵叔向的谋士。

曹勋　武义大夫、管勾龙德宫。

陈遘　中山府知府、河北兵马元帅。

赵不尤　宋朝皇族,从义郎,后为岳飞部将。

信王赵榛　宋徽宗第十八子。

徐还　金朝通事。

金太宗完颜吴乞买　金朝第二代皇帝。

刘光世　威武军承宣使,后任宣抚使,为南宋方面军统帅。

王德　武翼郎,刘光世部将。

傅庆　刘光世部下效用,后为岳飞部将。

王渊　保大军承宣使,后任同签书枢密院事。

曾择　宦官。

冯益　宦官。

杨沂中　忠翊郎,张俊部将,后改名存中,任殿前都指挥使。

宋金时代语汇简释

内命妇　宋时宫中妃、嫔之类称内命妇。

外命妇　宋时官员的母、妻等,按官位而得的封号,如国夫人、郡夫人等。

底　的。

官家　皇帝。

圣人　皇后。

娘娘　太后。

娘子　妃嫔。

阁、阁分　宋宫妃嫔的居所。

石炭　煤。

阿翁、翁翁　祖父。

团练　团练使简称。

效用　宋军中的一种高级军士,宋时军士一般须刺字,而效用往往可免于刺字。

孛堇　女真语汇,官长。

忒母　女真语汇,金军编制单位,满员为一万人。

忒母孛堇　万夫长。

猛安　女真语汇,金军编制单位,满员为一千人。

猛安孛堇　千夫长。

谋克　女真语汇,金军编制单位,满员为一百人。

谋克孛堇　百夫长。

蒲辇　女真语汇,金军编制单位,满员为五十人。

蒲辇孛堇　五十夫长。

阿里喜　女真语汇,金军中正兵的随从。

洼勃辣骇　女真语汇,敲杀,这是女真人流行的处死方式。

通事　翻译。

珊蛮　女真语汇,巫师。

蒲察　女真姓。

裴满　女真姓。

兀林答　女真姓。

徒单　女真姓。

斜卯　女真姓。

古里甲　女真姓。

温敦　女真姓。

阿典　女真姓。

夹谷　女真姓。

纳刺　女真姓。

女奚烈　女真姓。

汉儿　金朝称原辽朝统治区的汉人。

南人　金朝称宋朝统治区的汉人。

勾抽　抽调。

大资　资政殿大学士简称。

诸班直　宋朝皇帝的卫队以班和直为编制单位,总称诸班直。

钧容直　诸班直之一,军乐队。

指挥　宋军编制单位,一般每指挥四百或五百人。

厮儿　小子、青年、青年僮仆。

女使　被雇的婢女。

小姐　妓女之类。

行首　美妓。

直阁　直龙图阁简称。

舍人　中书舍人简称。

观察　观察使简称。

修撰　秘阁修撰简称。

差遣　宋朝官员的实职总称差遣。

细作　奸细。

安泊　安住。

画押　宋代流行的签名符号。

小底　小的,身份较低者的谦称。

男女　平民或下级男子的谦称。

汉子　对男子的蔑称。

老汉　对老年男子的蔑称。

自家　我。

自家们　我们。

煞、煞是　真、真是。

怎生　怎么样。

甚底　什么。

莫须　岂不须,不是应当。

相公　宰相等高级官员的尊称,一般官员不得称相公。

察院　监察御史简称。

殿帅　殿前都指挥使简称。

拥项　围脖、脖套之类。

些少　少量。

质库　当铺。

户贯　籍贯。

都头、副都头、军使、副兵马使　宋军编制单位"都"的长官,一般每都有一百人。

剩员　宋军中的年老或疾病者,仍保留军籍,而减削军俸。

物事　东西。

理会　宋代理会一词使用较广,在不同场合有处置、负责等意。

消停　取消。

承节　承节郎简称。

合(音各)扎　女真语汇,侍卫。

生兵　生力军。

硬探　武装侦察。

浑家　妻子。

佃客　佃农。

长行　军士。

白身　主要指军中无官衔者。

修武　修武郎简称。

节使　节度使简称。

太尉　正二品高等武官,而在更多场合下则作为对武人的尊称。

内翰　翰林学士简称。

枢相　枢密院长官简称。

二府、两府　宰相的办事机构中书省、门下省、尚书省(三省)称东府,枢密院称西府,合称二府,为宋朝最高军政机构,也可作二府长官的合称。

中丞　御史中丞简称。

台官　御史台官员的合称。

待制　徽猷阁待制等简称。

都统　都统制简称。

大官　宦官的尊称。

旗头　军队中选拔壮勇者执旗,作战时麾众当先。

队　宋军编制单位,一队五十人。

押队　宋军编制单位"队"的军官。

拥队　宋军编制单位"队"的军官。

统制　宋军编制单位"军"的统兵官。

统领　宋军编制单位"军"的统兵官,地位低于统制。

将　宋军"军"之下的编制单位。

正将　宋军编制单位"将"的统兵官。

副将　宋军编制单位"将"的统兵官。

准备将　宋军编制单位"将"的统兵官。

将官　"将"一级统兵官通称。

大尹　府尹。

大卿　卫尉卿、司农卿等通称大卿。

郎主　金朝皇帝。

郎君　金朝完颜氏男性皇族。

历日　日历。

厮杀　战斗。

牙人、牙郎　商业交易的中间人。

敦武　敦武郎简称。

承宣　承宣使简称。

防御　防御使简称。

阁学　徽猷阁直学士等简称。

阿姑　儿媳称呼婆婆。

姆姆　妯娌之间互称。

婆婆　祖母。

小妮子　姑娘。

阿舅　儿媳称呼公公。

新妇　儿媳。

告报　报告。

抵准　抵押。

主张　主持。

淑人　外命妇，即宫外贵妇的一种称号。

硕人　外命妇，即宫外贵妇的一种称号。

安人　外命妇，即宫外贵妇的一种称号。

官人　对官员的尊称。

下官　官员自我谦称。

勾当　处理事情。

支捂　抵挡。

宫祠、宫观官　以主管道教宫观为名的闲官。

泰山　岳父。

舅子　妻兄弟。

射亲　射箭的准确度。

大 事 记

靖康元年十月末,面对金军再次南侵,宋钦宗和朱后议论国事。

十月,金军攻破平定军,岳飞、王贵、张宪、徐庆等突围。金帅举行军事会议,决定继续攻宋。

十一月,康王赵构奉旨出使金军求和,先后到相州和磁州,与磁州知州宗泽发生龃龉,折回相州。

东路金军抵达宋东京开封城。

岳飞、张宪等回到故乡相州汤阴县。张宪与高芸香在乱世成婚。岳飞背刺"尽忠报国",与张宪等前往相州,再次从军杀敌。

闰十一月,西路金军也至开封城下会师。金军攻城,姚友仲、吴革等率军奋死抵抗。

二十五日,六甲神兵出城战败,金军乘胜占领开封外城。

二十六日,宋钦宗决定投降。

三十日,宋钦宗亲自到金营出降。

十二月一日,康王在相州开设河北兵马大元帅府。

二日,金营举行宋钦宗奉献降表仪式,宋钦宗回开封内城宋宫。

十四日至十六日,康王逃往北京大名府。

十六日,宗泽率军攻破李固渡金营。

二十九日,经过激烈争论,康王和副元帅汪伯彦出北京城东逃,副元帅宗泽以孤军救援开封,岳飞等初隶宗泽。

靖康二年正月,宗泽军在开德府十三战,获胜。

三日,康王逃至东平府。

十日,宋钦宗再赴金营。

二月六日,金军宣布废除宋钦宗,并向开封城中索取宋徽宗和其他宗室、贵戚等。

御史张所逃出开封城,投奔宗泽。

依元帅府令,刘浩率岳飞等屯驻柏林镇,改隶康王亲信黄潜善。

二十三日,康王逃至济州。

二月至三月,宗泽军胜于卫南和韦城县,却败于南华县。

三月,张所到济州,与赵明诚、李清照夫妇相遇。

六日,吴革起兵抗金而殉难。

七日,金军立张邦昌伪楚政权。

下旬,金军俘宋徽宗、钦宗等宋宗室、贵戚、官员北撤,其中还挟带秦桧和王癸癸夫妇,大臣张叔夜中途自杀。

四月,张邦昌拥立宋哲宗废后孟宝红,宣布逊位。孟宝红决定康王称帝。

宋朝宗室赵叔向率军抵开封城近郊。

康王母韦娇娇、宋徽宗女柔福帝姬等被押往金会宁府。

二十一日,康王从济州前往南京应天府,准备称帝。

目 录

[壹] 坤宁殿夜语 3
[贰] 平定军血战 7
[叁] 延和殿集议 13
[肆] 谒告太庙 18
[伍] 康王出城 23
[陆] 乐而忘忧 31
[柒] 不辞而别 37
[捌] 悲歌《南乡子》 44
[玖] 父子释嫌 53
[壹零] 背城一战 61
[壹壹] 雪地长跪 68
[壹贰] 神兵之厄 76
[壹叁] 危难之际 90
[壹肆] 出降 100
[壹伍] 尽忠报国 113
[壹陆] 大元帅开府 124
[壹柒] 逃奔大名府 132
[壹捌] 李固渡鏖兵 144
[壹玖] 釜鱼之乐 149

[贰零]　哀兵出征　160
[贰一]　开德十三战　167
[贰二]　青城惊魂　172
[贰叁]　灯会和球会　180
[贰肆]　在劫难逃　193
[贰伍]　抗争和殉难　206
[贰陆]　阴错阳差　210
[贰柒]　从东平到济州　218
[贰捌]　卫南、韦城与南华三战　225
[贰玖]　"假官家"登基前后　233
[叁零]　乱世英豪　241
[叁壹]　宋俘吟　248
[叁贰]　泪洳场的爱与恨　263
[叁叁]　孟太后听政　270
[叁肆]　从济州到南京　275

轶汉跨周①曾漫诩,
凤孙转盼陷龙沙。
两河②遗老空啼血,
半壁独夫自赏花。
百代浩劫循旧辙,
千年雄气亘丹霞。
万竿恶竹终须斩,③
何日大同归一家?

---

① 宋徽宗御制《艮岳记》,称宋朝"世世修德,为万世不拔之基","足以跨周轶汉"。
② 宋代称当时的河北路和河东路为两河。
③ 杜甫诗:"新松恨不高千尺,恶竹应须斩万竿。"

宣和七年(1125年)冬,新兴的金朝大举进攻宋朝。四十四岁的宋徽宗匆忙退位南逃,二十六岁的长子赵桓在十二月十三日继位,后庙号钦宗。

靖康元年(1126年)正月,东路金军很快兵临国都开封城下。宋钦宗即位后的第一个念头,就是步迷信道教的父亲、教主道君太上皇帝的后尘,车驾南逃,却被尚书右丞李纲劝阻。李纲在危难时刻主持开封防御,几次打退攻城的金军。陕西的老将种师道率军入援。宋钦宗又希图发兵夜劫敌营,侥幸取胜。宋将姚平仲劫营失败后,宋钦宗慌忙与金人订立城下之盟,同意割让太原、中山与河间三镇。东路金军退走后,宋钦宗又翻悔割地。宋徽宗回到开封。

九月间,西路金军攻破了死守二百五十多天的太原城,守将王禀壮烈殉难,而宋朝的陕西精兵却在救援战中损耗殆尽,军事形势急转直下。

[壹]
坤宁殿夜语

北宋皇朝有四京,东京开封府、西京河南府(今洛阳)、北京大名府(今属河北)与南京应天府(今河南商丘),但只有东京作为国都。东京皇宫称大内,这大约是当时世界上最华丽、最庞大的建筑群和园林。光是朝会用的大殿就有大庆殿、紫宸殿、文德殿、垂拱殿、皇仪殿和集英殿,似乎比明清的故宫更为气派。其中皇后住所名坤宁殿。可惜整个大内如今已深埋在开封的地下水中,无法向人们展示昔日的壮丽和辉煌。

坤宁殿有东、西两个寝阁。宋钦宗即位后,与朱皇后住在东寝阁,东寝阁本是他的出生地,而西寝阁则住着他们的一儿一女。宋钦宗下令在东寝阁恢复自己母亲生前的陈设,特别是重新张挂了父亲宋徽宗为母亲所画的《鸳鸯沐春波》图,以表示自己的怀念之情。

宋钦宗的母亲王皇后,在入主坤宁殿的当年,即元符三年(1100年)生下赵桓。王皇后秉性懦弱,其下有两个厉害的郑妃和王妃,王皇后险些遭受一场不白之冤。她在大观二年(1108年)病死时,才二十五岁,而留下了九岁的赵桓。郑、王两妃争宠的结果,郑贵妃在两年后入主坤宁殿,而王贵妃却在多少年后病死。赵桓后来虽然当上皇太子,但一直过着提心吊胆的日子。因为宋徽宗最喜欢的不是他,而是王贵妃所生的三弟嘉王赵楷,后改封郓王。宋徽宗破例地让郓王提举皇城司,不限早晚,自由出入大内,显示要废立的迹象。金朝的南侵,在某种意义上倒是帮了赵桓的忙,促使宋徽宗匆忙地传位。

靖康元年十月二十九日夜是本月的最后一夜。按照惯例,开封人应在十月初一便开始生暖炉,烧石炭取暖,石炭后来改称煤。当夜屋外虽然寒气逼人,而两个寝阁内各有两个大暖炉,烧着炽红的石炭,温暖如春。宋时的夜间照明,灯油是普通消费品,而蜡烛却是高级消费品。大内所用的蜡烛由河阳县(今河南孟县南)专造,又用龙涎香等灌入烛心。平时分列一百二十枝,如今已降为二十四枝,却仍然幽香袭人,烛光所至,使华丽的陈设生辉。

四更时分,在西寝阁内,九岁的太子赵谌和六岁的柔嘉公主睡得正香,而东寝阁内的宋钦宗却被噩梦惊醒,他轻轻掀开床帐,蹑手蹑脚地走到《鸳鸯沐春波》图前,徘徊多时,又蹑手蹑脚坐到几案前,翻看同知枢密院事种师道的遗奏,不免轻声长吁短叹。种师道正是在当天病死,享年七十六岁。突然,一件鹅黄盘龙百花蜀锦的薄丝绵袍披到了钦宗的身上,原来皇后朱琏也起床了,说:"官家,留心受凉。"

宋钦宗看着烛光下的皇后,身穿一件绛红如意牡丹蜀锦薄丝绵背子,头发蓬松,在明晃晃的烛光下,别有一种妩媚,便拉着她的玉手,两人对坐在两张朱漆螺钿椅上。宋钦宗说:"朕夜来梦见惠恭娘娘,还是生前底模样,对朕如泣如诉。不料又惊动了圣人。"宋宫中称母后为娘娘,称皇后为圣人,惠恭是钦宗之母王皇后死后的谥号。

朱后说:"官家孝思,惠恭娘娘大贤大德,可惜天年不永。太上官家与娘娘既已退居龙德宫,切望官家以孝道垂范于天下后世。"朱后知道皇帝内心深处对父亲与郑太后的嫌恨,已是天长日久,根深蒂固,不免从旁劝解。

宋钦宗听皇后提到父亲,不免喟然长叹:"朕岂有太上底福分。太上在端邸时,便是快活藩王,身登大宝后,又是快活天子。朕在东宫,整日如临深渊,如履薄冰,登基于国难当头之时,又成天忧勤国事。"

朱后想给皇帝稍解愁闷,便嫣然一笑,说:"太上道君每五日、七日,必御幸一名处女。官家在东宫时,不近声色,只是埋头读书,臣妾便成了个伴读底差遣。央求了太上官家,方才纳十八妹入大内。如今臣妾为官家选定十夫人,又一个未得御幸。官家有福不享,却教他们一个个守着空阁。"

宋钦宗瞧着皇后说:"一个才、德、貌俱全底贤圣人,又有你十八妹为娘子,朕复有何求?"朱后说:"臣妾须有人老珠黄之时。官家宵衣旰食,也须一张一弛。依臣妾看来,郑夫人和狄夫人最惹人喜爱。官家明晚且去郑夫人阁分一回,也可散一散心。"

宋钦宗说:"难得圣人如此贤德。朕与尔恩爱夫妻十一年,年年岁岁,信誓旦旦,与圣人白头偕老,朕决不食言。国家患难,种师道薨逝,大宋又少一柱石,朕委实无兴味去夫人阁。"

朱后说:"臣妾守古人'牝鸡司晨'之训,从不敢妄议国政。如今国步维艰,臣妾实不忍缄默。种枢相之遗奏,臣妾亦曾详阅。在廷之臣,老谋深算,熟知军事,唯种枢相一人而已。枢相奏请官家巡幸长安,避虏人之锋,以李纲为东京留守,宗泽为副留守,实为今日至计。"

宋钦宗摇摇头,说:"祖宗之制,有留守,而无副留守。"朱后说:"太祖官家开国时亲征,便以吴廷祚为东京留守,知开封府吕馀庆为副留守。"

宋钦宗说:"难得圣人如此详熟国朝典故!然李纲徒有虚名,擅作威福。太学生陈东竟然扇摇无知小民数万,为此人伏阙上书,胁持君父,实为不臣之渐,此风不可长。何况李纲救援太原失律,已经罪废,何可再用!宗泽年纪老迈,生性迂拙,似不宜当此重任。"

在今天看来,陈东领导几万民众,伏阙上书,请求复用被罢免的李纲和种师道,当然是天经地义的爱国运动。然而在专制君主眼里,却是有损皇帝权威的不轨行为。朱后深知皇帝因此事对李纲产生的猜忌,不敢再为李纲多说,只能为宗泽进言:"宗泽乃臣妾阿翁至交,阿翁生前常称道宗泽忠义慷慨,真社稷之臣。他年纪虽老,乃大宋之廉颇。"

宋钦宗从不认为皇后会对军国大事有何真知灼见,听她引战国名将廉颇为喻,便说:"须知廉颇为勇将,宗泽为文臣,朕从不知宗泽尚能统兵。朕已决意巡幸,待早朝时与群臣面议。"到此地步,朱后也不能再为宗泽进言,就转了话题说:"官家自即位以来,日夜忧劳国事,敬天恤民。臣妾日日在惠恭娘娘所设大慈大悲观音像前焚香祷告,谅菩萨必能保佑官家。"

宋钦宗也说:"朕每三日、五日,便去太庙一回,敬告列祖列宗在天之灵。朕自问即位以来,以恭俭律己,并无失德,即便列祖列宗降罚于朕,亦当为大宋社稷江山消灾恤难。"他不便说出口的话是父亲失德太多,招致列祖列宗降罚,如今自己是在代父受过。

尚服宫人周男儿、程巧、徐宝莲和尚食宫人何红梅、杨调儿进入寝阁，说："慎妃娘子与十夫人已至大殿，恭候官家与圣人。请官家与圣人梳洗换装，共进点心。"

宋钦宗摇摇头，说："朕今早不用点心。"朱后连忙劝解道："官家，为社稷江山，亦当强进饮食，善保御体。"

按宋宫制度，皇后以下的内命妇主要有妃、嫔两等。妃有贵妃、淑妃、德妃和贤妃四等，而嫔的等级达十七等，嫔下又有婕妤为一等，美人为一等，才人和贵人为一等。朱后的堂妹朱璇才十七岁，封德妃，父名朱德材，是朱后父亲朱伯材的亲弟。按古人为长辈避名讳的习惯，就将德妃改称慎妃。至于国夫人、郡夫人之类，本来属于外命妇的封号，但也用于宫内，而所谓十夫人，还是临时设置的不入等的封号。但当了夫人后，都已安排了单独的居所，宋宫称为阁或阁分。

宋钦宗和朱后来到大殿，朱慎妃和十夫人上前拜见。有趣的是朱慎妃同堂姐依旧按朱家的排行，互称"十二姐"和"十八妹"。十夫人是十六岁的郑庆雲、十四岁的狄玉辉、十七岁的韩静、十四岁的刘月娥、十六岁的卢顺淑、十五岁的何凤龄、十九岁的戚玉、十八岁的郑月宫、十五岁的蒋长金和十八岁的鲍春蝶。古时都计虚岁，用今人的眼光看，除戚玉外，都算是未成年的少女，而宋时都算达到了正常的婚龄。

原先朱慎妃和十夫人可以在各人的阁分就餐，宋钦宗为节省开支，改为在坤宁殿共餐。他和朱后居中就坐，慎妃和十夫人分坐两边。大内御膳按规定每日一百品，朱后与宋钦宗商议，减为三十品。宋人不重视早餐，所以称为点心。尚食宫人何红梅和杨调儿吩咐宫女们依次捧上三十个朱漆大木盘，其中盛放了各式馒头、面饼、糕团、粥、羹之类。宋朝起于北方，其宫廷肉食以羊肉为主。宋钦宗最嗜羊肉，便选了一个羊肉饼，一碗七宝五味粥。朱后选了四个蟹黄馒头，一碗虾蕈羹。郑庆雲相当懂事，她只选了个羊肉饼，而贪嘴的朱慎妃和最不懂事的狄玉辉当着皇帝和皇后面，也毫无顾忌地挑三拣四，大吃大嚼。朱后从来认为自己应当母仪天下，对宫人一向宽厚，而娇憨的狄玉辉又在十夫人中最受她的宠爱。

宋钦宗却无心观赏这些如花似玉的女子，他匆匆吃过点心，就起驾前往紫宸殿。

[贰]
平定军血战

金太祖完颜阿骨打汉名旻,他死后,由其弟金太宗完颜吴乞买继位,汉名晟。他发兵攻宋,开始设立元帅府。都元帅是金太宗弟完颜斜也,汉名杲,他坐镇国都会宁府(今哈尔滨东南),用兵行师由左、右副元帅负责。西路军主将是国论移赉孛堇(国相)、左副元帅完颜粘罕,汉名宗翰;东路军主将是金太祖二太子、右副元帅完颜斡离不,汉名宗望。两路金军各有六万人马。

完颜粘罕攻破太原后,派金太祖女婿蒲察石家奴率领四名千夫长,向东进攻平定军(治今山西平定)。金军有六级编制,统兵官分别是万夫长(忒母孛堇)、千夫长(猛安孛堇)、百夫长(谋克孛堇)、五十夫长(蒲辇孛堇)、十夫长和五夫长。但由于各种原因,编制往往不满员,蒲察石家奴的队伍其实只有三千二百多人。

在宋朝的行政区划中,府、州、军、监大致是平级的,下面设县,上面设路,而路和今天的省却不相同,各种路有不同的长官和区划。平定军是连接河东与河北路的交通要冲,小小的军城只有几百户人家。文臣知军早已逃得无影无踪,而一个武官,武德大夫、祁州团练使季霆,却以河东路路分都监的差遣身份,率领当地五指挥残兵,死守军城。五指挥包括骑兵广锐军一指挥和步兵神锐军、宣毅军各两指挥,按正常情况,应当有骑兵四百人和步兵二千人,现在却不满一千人,骑兵也只有二十匹马。

金军乘着破太原的锐气,根本不把一个小军城放在眼里。不料蒲察石家奴到达的当夜,竟有二百宋军夜袭金营,焚烧了所有的炮具。蒲察石家奴不愧是员宿将,在遭受突击后,他马上挥兵反扑。最后只有六十多名宋兵退回城里,但殿后的四人,两个使铁锏,两个使铁鞭,十分勇悍,同他们交锋的金兵不死即伤,不得不停止追击。

蒲察石家奴在天明后统计损失,夜间竟有四百多金兵战死,其中包括三名百夫长,八名五十夫长以及十夫长、五夫长三十多人。他一怒之下,就按所谓"同命队"的军法,凡是死去的百夫长所属的五十夫长,五十夫长所属的十夫长,直到五夫长所属的兵士,统统"洼勃辣骇",用棍棒敲击头部而死。

守城者不再出战,金军天天用石炮、火炮和弓箭猛攻。当时虽然已经使用火药,但仍是以冷兵器为主,也没有管状火器,只是用人力抛石机抛射石块和火药球。由于两千军民拼死抵抗,虽然完颜粘罕不断增兵,从九月打到十月,蒲察石家奴还是无法攻破平定军城。东路金军攻占真定府(治今河北正定)后,完颜斡离不派金太祖四太子完颜兀术,汉名宗弼,率八猛安的兵力,突破承天军寨(今娘子关),同蒲察石家奴会师。

完颜兀术十分骁勇。在一次战斗中,箭已用尽,他居然空手夺下辽兵的长枪,又接连刺死八人。如今他骑着一匹乌骓骏马,绕城督战,看到云梯、鹅车之类攻具不断被烧、被毁,不由气愤填胸。完颜兀术大吼一声,摘下厚重的铁兜鍪,将脑后两条长长的辫子往头顶上一盘,飞马冲到城下,敏捷地跳下战骑,挥刀冲上云梯,捷足先登。一名宋兵持长枪向他刺来,他用刀架开枪尖,将这名宋兵砍倒在地。大群金兵乘机鼓勇而上。这是平定军可悲的末日,由于金军在军城下死亡三千多将士,残酷的屠城势不可免。城中剩下不到一千男女老少,包括季霆,或是战死,或是自尽,除很少数人突出重围外,无一幸免。

在平定军城东南方向的山路上,来了八名突围者,骑着六匹战马,其中有五匹还是从金军那里抢来的。四男两女,一男一女还带着两个孩子。第一个好汉是岳飞,字鹏举,二十四岁,户贯相州汤阴县永和乡孝悌里。岳飞头颅颇大,方脸大耳,眉宇开阔,眉毛较短,目光炯炯,身材中等偏高。他所带的一个男孩是长子岳雲,已有八岁。第二个好汉是王贵,字伯富,二十五岁,户贯相州汤阴县积善乡感化里。第三个好汉是张宪,字循礼,二十二岁,户贯大名府内黄县城荣庆坊。第四个好汉是徐庆,字祝康,二十一岁,户贯相州汤阴县积善乡同安里。张宪身材高大,容貌英俊,王贵和徐庆的身材与岳飞相仿,都长得浓眉大眼。两个女子分别是岳飞的妻子刘巧娘和张宪的妻子何春姑。何春姑容貌平常,而刘巧娘却是出众的艳丽,她带着一个七个月大的婴儿岳雷。四个男子本来都有家眷,王贵和徐庆的妻子分别在守城时中炮石、中箭而死,他们的三个孩子也在突围时中箭身亡。

四个壮士除弓箭外,随身的兵器是两条镔铁四棱锏和两条镔铁竹节鞭,各有四宋尺六宋寸(1宋尺约合31厘米),柄长一宋尺二宋寸。岳飞的锏重十八宋斤(1宋斤约合600克),张宪的锏和另两人的鞭各重十六宋斤。四人在救援太原的战斗中,曾充当"硬探",用现代的军事术语,就是武装侦察。女真骑兵惯披重甲,坚厚的铁兜鍪止露双目,同女真骑兵交锋后,他们感到普通的刀、剑、枪之类不适用。后来听说辽兵作战时,使用重棍专打金兵头部,倒有一定成效,就专门设计和打造了这四件特殊兵器,可用右手或双手灵活地步战和马战。

六骑马来到药岭山,此处岩石嵯峨,涧泉清冽,是当地的一个名胜,山上还有一处寺院。六个成年人无心观赏景致,他们下马后,就饮用涧泉,以糜饼充饥,并给六匹马喂豆。刘巧娘还须给饥饿啼哭的婴儿喂奶。徐庆吃了一会儿,说:"此间离军城不过三十里,尔们在此歇息,我且去山上观望。若有虏情,便举鞭为号。"说完就飞身上马,登上了北边一个小山,下马后,又从袋里取出黑豆喂起马来。这个年轻的军士已经很富于行阵经验,完全懂得保养马力的重要。

不一会儿,徐庆在山上举起铁鞭,岳飞等三人立即飞马登山。只见在他们的来路上,一队金兵已经来到山下的开阔地。有二十多人重甲全装,骑马缓行,另有二十多人却并无盔甲,牵马步行。岳飞等人明白,这应是一蒲辇的兵力,按金朝军制,一名正兵配备两马和一名随从阿里喜。眼看这队敌兵将进入山前的窄路,王贵说:"岳五哥,如何?"他们四人都以排行互称,岳飞乳名五郎,四个哥哥都已夭亡。其他三人也分别称"王大哥"、"张四哥"和"徐二哥"。

岳飞只是用眼神作了回答,便驰马下山。他取出老师周同所赠的硬弓,搭上一支点钢箭,看准最前面的一名敌人,张弓一发,敌人当胸被箭贯穿重甲而落马。王贵等也随之三箭射倒了三名敌人。金人正军猝不及防，慌忙拨马逃遁，阿里喜们也纷纷上马尾随。四名壮士又射死两名敌人，却也不便穷追。他们的要务是挽住六匹战马，并搜取死尸身上的箭和干粮。张宪发现，在岳飞射死的第一个敌人腰间有一块木牌，上有女真字写着"蒲辇谋良虎孛堇"。四个人都稍稍识点女真文。岳飞说："虏人是同命队，败后必定再来，自家们不宜久留。"

岳云坚持要自己另骑一马，小小年纪，两腿分开还不能过鞍，却已能灵活地驾驭骑乘。何春姑与四个男子每人骑一马，牵一马，来到一个山谷。突然，有两队金兵从前后谷口冲了出来。岳飞等估计来者正是刚才败退的敌人，尽管人少，也只能分两路迎敌。岳飞和张宪迎战后方之敌，他们弯弓射倒两名敌人，又敏捷地用弓拨开乱箭，挥锏冲入敌阵。前方的王贵和徐庆也射倒两个敌兵，而王贵的坐骑却中箭倒地。徐庆正准备上前营救，只见王贵从地上一跃而起，挥铁鞭将一个敌人打下马去，又飞身跃上敌马。女真正兵使用的三尺刀剑并不锋利，四名武艺高强的壮士使用较长的重锏和重鞭，便在短兵相接时发挥了威力。凡被鞭锏击中兜鍪，就脑浆迸流，击中前胸，就口喷鲜血，阿里喜们自然更不待论。在一片喊杀声中，金兵一个接一个落下马来。

有三名金军的阿里喜乘混战的机会，纵马驰向躲在山谷中部的妇女和儿童。这三人都是金太祖初起兵反辽时的老兵，女真人贵壮贱老，年过五十后，反而降充阿里喜。他们发现有两个年轻女子，更起了特殊的贪欲，下马后，就向刘巧娘和何春姑步步进逼，不料岳云手心里有一把沙子，被兜头盖脑撒来，第一个敌人一时被沙蒙了眼睛，何春姑乘机上前，当胸一剑结果性命。第二个敌人上前用剑将何春姑刺倒在地，而岳云又双手用短剑狠命刺中了他的腰部。第三个敌人冲上前去，用脚将岳云踢倒，刘巧娘正要营救，却飞来一箭，直贯敌兵的咽喉。原来张宪已飞马赶来。一场恶战结束了，死战不退的金兵最后遗弃了二十七具尸体，剩下十余人，也多半受伤，只得狼狈逃窜。

岳飞等打扫战场，主要是挑选上等战马，搜取敌人身上的箭和干粮。张宪将妻子抱到一棵松树下，大家找来了很多小石块，方才勉强垒起一个小坟。张宪跪在坟前，痛哭流涕，说："此仇不报，誓不为人！他日扫平敌寇,须要为浑家另行修坟。"岳飞等人也跪在坟前起誓。刘巧娘只是抽泣,小小的岳雲却起誓说:"我长大成人,终须为伯娘、叔娘、哥哥、妹妹报仇!为团练伯父报仇!"最后,六人分乘六马,四个壮汉又各牵一马,满载箭袋和干粮,顶着斜阳余辉,连夜南行。

在平定军城的官署中,金朝两支大军的首领们正举行会议。正厅内东边坐着二太子完颜斡离不,西边坐着国相完颜粘罕,他俩一个身材短小,面皮黑瘦,一个身材魁伟,面色红润。二太子一方,还有元帅左监军完颜挞懒(汉名昌)和元帅左都监完颜阇母。完颜挞懒身形高大,脸色微赤。国相一方,还有元帅右监军完颜谷神(汉名希尹)和元帅右都监耶律余睹。宋时身长六宋尺,已是超过一米八六的高个子,而完颜谷神居然身高近七宋尺,实属罕见。他长着一张黄长脸,声如巨钟,颌下少须,平时养神或睡觉时,都是环眼圆睁。此人其实十分聪明,是女真字的创制者。参加会议的还有蒲察石家奴、完颜兀术、渤海人兵部尚书高庆裔和契丹人宁昌军节度使萧庆。后两人是完颜粘罕和完颜谷神的心腹谋士和对宋谈判的通事,也就是翻译。

完颜粘罕的父亲最早与金太祖分治生女真族各部,当时女真人分生女真和熟女真,后来又主动拥戴金太祖称帝。如今完颜粘罕实际上代表了女真贵族的一大派系,他与完颜谷神关系最亲,凡是用兵行师,更是依赖其谋略。完颜挞懒是完颜粘罕等人的叔父辈,金太宗幼时曾过继给他的父亲,两人关系相当密切。完颜阇母是金太宗的异母弟。但女真人不像汉人那样讲究长幼尊卑之序,他们的权位反而不如两个侄儿。耶律余睹是辽朝降金的契丹皇族,他在女真人面前不免有点低声下气。

官署内的暖炉烧着石炭,不断窜跳着黄蓝相间的火苗。耐寒不耐热的女真人纷纷脱去狐裘和貂裘。西路将帅们穿的是被掳汉族女子缝制的白绸袍,按女真的习俗,绸袍紧身,前胸左边开襟,古时称为"左衽"。东路将帅们所穿却是清一色的白色木绵布袍。原来女真人衣着崇尚白色,本地又不产丝绸。当他们离开金廷时,都只穿着麻布袍。如今丰富的掳获,使他们的衣装都焕然一新。完颜粘罕惊奇地瞧着对方的袍说:"此是何物?"不等完颜斡离不回答,见多识广的耶律余睹说:"此是木绵布,南朝闽粤等地所产，比绸坚实，又比布柔暖。"木绵就是现代的棉花，宋时产量远远少于丝和麻，被人们视为稀世之珍。当时所谓布，都是指麻布。

完颜挞懒说："此是南朝赵皇所送底。"完颜斡离不说："粘罕，此处尚有十匹，可送与你们。"女真人作为一个落后民族，语汇不丰富，名字也简单。譬如粘罕的词义是心，兀术的词义是头，被岳飞射死的五十夫长谋良虎的词义竟是无赖，即使词义很坏，女真人也不忌讳。一些上层贵族虽已取了典雅的汉名，但他们彼此间，不分长幼，仍然习惯于用女真名互称。

完颜粘罕笑着说："不须，不须，待打破汴京，自家向赵皇索取。"完颜斡离不说："开封不易攻打，此回攻平定军，已损折了不少人马！"完颜谷神说："可先取两河，再取东京，为时不晚。先攻东京，若有不利，两河便非我所有。"完颜粘罕眉头一皱，将头上的貂皮帽往地上一扔，霍地站起身来，高声说："东京是南朝根本，不得东京，虽得两河也不可守。斡离不下东京而不能得，只因我不在，此回自家带儿郎们去！"他拾起地上的貂皮帽，说："我取东京，便如取此貂皮帽！"完颜兀术兴高采烈地说："闻得老赵皇有美女一万人，我此回至少也须取他三十人！"说得众人哈哈大笑。

一名千夫长进屋，他稍退一步，跪左膝，蹲右膝，拱手摇肘，连着用袖自肩拂膝三次，最后用双手按右膝，再报告其部下五十夫长谋良虎的伤亡情况。蒲察石家奴听后说："那厮四个南军端的厉害，第一夜便杀了我多少儿郎！"完颜粘罕大怒，说："如此损我兵威，将十多个败兵与阿里喜都洼勃辣骇！"完颜斡离不说："且慢！自家底儿郎，岂能由你处分！"他吩咐完颜兀术说："将他们都与蒙山不屈花不辣！""蒙山不屈花不辣"的女真语词义是拉胁，即击胸而死，这不是女真人的常用刑罚，完颜斡离不为显示自己统率本部人马的权威，有意用另一种处死方式。

军事会议后，金军仍分东、西两路，直逼开封。

[叁]
延和殿集议

延和殿是大内的便坐殿。十一月八日，百官云集，每人在廊庑下各占一个几案，条陈和战事宜。先后呈上一百零八份奏议，宋钦宗当场一一过目。按当时制度，宰相有太宰和少宰，副相有门下侍郎、中书侍郎、尚书左丞和尚书右丞，连同枢密院长官，合称宰执或宰辅，是最高的行政长官。然而因不断更替，如今只剩下少宰唐恪、门下侍郎耿南仲、中书侍郎何㮮、尚书右丞陈过庭和同知枢密院事聂昌五人，签书枢密院事李回督兵防守黄河，而太宰、尚书左丞和知枢密院事空缺。枢密院是最高军事机构，其长官却往往任命不知兵的文臣，一般不负责直接统兵。李回亲自督兵，是非常时期的特例。宰执大臣除自写条陈外，还帮皇帝分看奏议。

午饭后，唐恪首先口奏说："今有臣与耿南仲、聂昌、王雲等七十二人请割太原等三镇，以纾燃眉之急，何㮮、陈过庭、梅执礼、李若水、秦桧等三十六人，不主弃地。依臣愚见，三镇之地，已失太原。目前之忧不在三镇，而在京师。望陛下三思。"

刑部尚书王雲出班补充说："臣出使金二太子军前，虏人称十五日前得割地之书，另请康王出使议和，便可退兵。否则即于十五日出兵渡河。此事不容久议而不决，恭请陛下早作圣断。"

宋钦宗感伤地说："割地之事，便依众卿之奏，不必再议。然如何保全京师，还须从长计议。种师道遗奏，力主朕巡幸长安，以李纲与宗泽留守东京，不知众卿以为如何？"

唐恪说："唐朝自天宝以后，长安屡失而屡复，其故非他，天子在外，可以号召四方。如今宜用国朝真宗皇帝亲征故事,以太子居守,陛下西幸洛阳,以防万一,以图兴复。"

宋钦宗对以年幼的太子守东京是无法赞同的,但不便立即否决。耿南仲是皇帝在东宫时的僚属,两人整整相伴十四年。宋钦宗即位后,对他优先提拔。但耿南仲对自己未能拜相,一直耿耿于怀,而他最忌妒的人正是李纲。他连忙上前口奏道:"李纲专主用兵,而原无神机妙算。执政之后,作威作福,又暗中指使党羽扇动士民,伏阙上书,威逼陛下。赖陛下英断,将他罢黜。跋扈不恭而罪废之人,岂能复用!"

户部尚书梅执礼出班说:"依臣之愚见,太上帝、后与皇后、太子南幸建康,陛下亲征长安,以保万全。"宋钦宗本已决计"巡幸"长安,不料太上皇通过宦官传旨,说既然不许治兵西京,愿带龙德宫眷和亲王们去江南和两浙。宋钦宗猜疑父亲准备另立朝廷,当即写御批婉言敷衍和制止,他本人的"巡幸"计划也因而犹豫不决。梅执礼所奏正好说中了皇帝的心病,但宋钦宗还是克制自己,装出虚心倾听的神态。

梅执礼继续说:"李纲秉性忠义,过不掩功。所谓扇动士民伏阙之事,就臣所知,乃传闻不实之词,他与陈东其实素不相识。依臣愚见,今日正当命李纲镇守京师,将功补过。臣敢以全家老小三十二口保奏,若用李纲,京师决不致落入虏人之手。"

吏部侍郎李若水出奏说:"臣奉使河东,备见虏人奸诈。虏人自亡辽以来,便是一面用兵,一面通和,以和议佐攻战。狼子野心,割让三镇,岂能餍足其贪欲。臣出使回朝,途经磁州。知州宗泽当敌骑蹂躏,百姓涂炭之余,两河官员畏惧虏寇,不敢赴任之时,毅然匹马就任,召集军民,操练人马,修缮城池,措置有方。其人虽年近古稀,精神健旺,实为扶颠持危之才。种师道谙熟军事,不荐他人,独荐李纲、宗泽,此乃是为大宋江山深思熟计,望陛下详察。"

中书侍郎何㮚,四川仙井监(治今仁寿)人,状元出身,三十七岁,是年龄最小的一名执政,向来自视甚高,他说:"诚如李侍郎之言,虏人之师,割地亦来,不割亦来。昔日周平王避敌东迁,周室自此衰微,一蹶不能复振,陛下当引以为至戒。开封金城汤池,守备严固,前有大河。金虏用兵,秋来春去,不能持久。陛下坐镇京师,方可号召四方劲兵勤王。金虏如若南下,顿兵坚城,后有大河,义勇之师四面八方而至,乃自取灭亡。臣虽不才,愿领守城之责,必保宗庙社稷无虞!"他的语气虽略带乡音,却慷慨激昂,显示一种舍我其谁的气概。

说也奇怪,何㮚进入政府只有半年,而宋钦宗对他有一种愈来愈深的信任感和依赖感。见到皇帝不自觉地点头,唐恪和耿南仲虽然有满腹异议,都不愿发表。

李若水却说:"知己知彼,方能百战不殆。今春种师道发兵勤王,对陛下言道,京城可守,虏兵可败,如今遗奏力劝陛下大驾西幸。并非种师道前后反覆,乃彼一时也,此一时也。愿陛下听老于行阵、深知兵机者之忠言,社稷幸甚!"

大殿之上,只有李若水、梅执礼与何㮚争辩不已。宋钦宗听了半天,最后说:"众卿不必再论,朕意已决,当死守社稷!"

退朝后,梅执礼拉住李若水的手,一面摇头一面说:"圣上不用种枢相之计,而用一狂生之言,社稷难保!"李若水说:"和胜(梅执礼字),圣上以死守社稷,我等亦唯有以身许国,尚有何言!"梅执礼长长地叹口气,说:"清卿(李若水字),事已至此,我等亦只得以此共勉!"

宋钦宗回坤宁殿,朱后率众人接驾。宋钦宗见大殿内堆放了许多箱笼物件,不免感到意外。朱后连忙解释说:"请陛下恕臣妾僭越之罪,事势危急,臣妾已命十八妹与郑夫人收拾行装,与孩儿、公主同去建康。"宋钦宗有几分不悦,但他决不愿当着众人呵斥朱后,只是吩咐朱慎妃和郑夫人说:"你们且回自家阁分去!"接着又命令宫女带儿子和女儿去西寝阁玩耍,自己与朱后来到东寝阁,屏退众人说话。

宋钦宗向朱后简单介绍了延和殿集议的情况。朱后听到"死守社稷"四字,立时感到有一种不祥之兆,使她不寒而栗。一句"官家休出此不祥之言",话到嘴边,又咽了下去,因为说出来就更不吉利。她说:"叫孩儿们去建康,臣妾当陪伴官家。"宋钦宗摇摇头,说:"孩儿们去江南,太上与娘娘又何处安顿?"朱后想说:"官家不用臣妾之言,他时当有噬脐之悔。"却又因此语不祥,而没有说出口,只是泪流满面。这时,听得内侍隔帘口奏:"教主道君太上官家已自龙德宫入大内,下旨道须与官家计议。"坤宁殿本来就不是适当的会面场所,更何况宋钦宗根本不愿父亲见到大殿内堆放箱笼物件的景象,他说:"请太上去崇政殿。"他来不及劝慰朱后,就匆忙起驾。

崇政殿是皇帝平日办公的所在。宋徽宗从北边龙德宫进大内,抵达崇政殿时,宋钦宗已在殿内恭候。自从汉人改变了席地而坐的习俗后,在很多场合下,揖礼已取代了拜礼,但宋钦宗今天见父亲,仍用拜礼。他双膝下跪,两手触地,叩头时头在地上停顿时间稍长。两手触地称为拜,叩头时间较长称为稽首,这与叩后立即抬头的顿首不同,乃是当时最隆重的见面礼。这一对并不亲睦的父子,已有将近一月不见面。原来十月十日是宋徽宗的生日天宁节,宋钦宗前往龙德宫上寿。他早先拒绝太上皇去西京治兵的要求,已经造成不快。宋徽宗给儿子斟酒一杯,却有人私下踩宋钦宗一脚,宋钦宗会意,害怕酒中有毒,便坚辞不饮而退,结果太上皇嚎啕大哭一场。事后,倒是朱后还不时去龙德宫看望,宋徽宗钟爱的嫡长孙也三天两头去看祖父,承欢膝下。

宋钦宗毕恭毕敬地口称:"臣桓叩见太上官家。"宋徽宗对这种表面礼节反而感到不快,但也不得不虚与委蛇,说:"大哥,免礼。"父子就坐,宋徽宗屏退左右后,就开门见山地说:"老拙今日亲到大内见大哥,只望大哥给老拙通一线路。"宋钦宗听到父亲极不寻常地自称"老拙",也深知非同小可。他只能向父亲介绍当天集议的情况。宋徽宗长吁一声,说:"大哥,老拙劝尔一句,何桌之言听不得。大哥要力守宗庙、社稷,老拙还须去江南。"宋钦宗说:"太上官家要去,臣桓岂能拦阻。然而京师禁卫寡弱,委实难以勾抽诸班直,护卫太上与娘娘。"

这句话确实道破了问题的症结,使宋徽宗半天说不出话,他想了又想,就用近乎哀求的口吻说:"大哥,可否借与老拙一千人马?"宋钦宗叹口气,说:"太上官家用高俅主管殿前司,军政大坏,教阅、训练之事尽废,禁兵与诸班直有缺额而不补,军兵缺额底俸禄由他与童贯贪污自肥,如今三千六百人底诸班直仅剩一千余人!高俅原是个市井无赖……"他话到嘴边,还是把"太上官家竟如此恩宠"一句咽了下去。宋徽宗知道决无可能调遣负责皇帝宿卫的诸班直,却仍不死心,又说:"老拙只须大哥借捧日与龙卫马军各一指挥。"捧日军与龙卫军是分属殿前司和侍卫马军司的上等禁兵。宋钦宗拿定主意,决不给父亲一兵一卒。他说:"如今捧日与龙卫军三分有马,七分无马。在京禁军守京城四壁尚不足用,委实不可勾抽。京师城池高阔,如今唯有坚守,方可保太上官家万全。"

到此地步,宋徽宗再也无话可说,只能起身站立。宋钦宗却拦住了父亲,说:"太上官家,臣桓还有一事央求。"宋徽宗问:"何事?"宋钦宗说:"王雲自金虏二太子军前回朝,言道虏人须要九哥出使,割让三镇之地。王雲以全家百口,决保和议之后,虏人不留九哥为人质。然九哥与尚书左丞王寓皆畏缩不前,臣桓已将王寓罢免。此次出使,关系甚大,切望太上官家还须劝谕九哥,为国家社稷排难解忧,勉为此行。"宋徽宗子女太多,对九子康王赵构又并不宠爱,就说:"待老拙劝谕便是。但求列祖列宗在天之灵,佑他出使成功。"

[肆]
谒 告 太 庙

女真人虽是落后民族，却在灭辽战争中积累了相当丰富的政治军事经验。他们对宋作战，军事和外交双管齐下，以外交辅助军事，颇为得心应手。随着两路金军的深入，和议的筹码不断加高，而东、西两路使节的口径也并不一致。金朝的外交攻势对高明的敌手也许没有作用，而对宋钦宗君臣却起了作用，使他们举棋不定，穷于讨论和应付来使们反复变卦的各种要求。一个当时世界上屈指可数的、经济最发达的大帝国，却好似一艘在惊涛骇浪中并无舵手的航船。十一月十二日，西路金军兵临河阳，守黄河的宋军不战而溃，李回逃回京城。自十三日起，两路金军分别由河阳与北京大名府魏县李固渡渡河，完颜粘罕旋即派兵攻占汜水关和西京河南府，切断了宋钦宗西逃和陕西军东援之路。一时朝野大震，而宋钦宗却仍对康王的出使寄予莫大的希望。十四日，为保证出使成功，他特地请康王和景王入大内，并一同晋谒太庙。

宋朝有的皇帝无子，而宋徽宗子女之多，在本朝却算得上空前绝后，到宋钦宗在位时，已达三十二个儿子，三十四个女儿。后妃与众多的子女，形成复杂的关系。太上郑后生次子衮王柽，却幼年夭亡，她虽然渴望再生儿子，却一连生了五个帝姬。因此，她在宋钦宗与郓王的争位中完全持中立的态度。王贵妃所生除三子郓王与夭亡的四子荆王赵楫外，还有五子肃王赵枢、十四子徐王赵棣和二十三子相国公赵梴。宋钦宗自然与他们的关系最坏，肃王赵枢被送到金朝东路军中当人质。

在父亲的后妃中，宋钦宗最有好感的是乔贵妃。乔贵妃受宠而不骄，对郑后恭敬有礼,待其他妃嫔以至宫女都十分厚道,善于调和各种复杂关系,几乎博得宫内的一致好评。她表面上对宋钦宗与郓王之争也保持中立,实际上却同情幼年丧母的宋钦宗。有一回,宋徽宗在她面前夸奖郓王聪明过人,乔贵妃乘机巧妙地谏劝说:"道郎百伶百俐,一如他底三叔。"道郎是赵谌的乳名,因祖父宋徽宗崇拜道教而取名,在孙子辈中,他是宋徽宗最钟爱的长孙。如果废立皇太子,又将长孙置于何地呢?宋徽宗因此沉吟不语,为了长孙,他迟迟下不了废立的决心。

宋钦宗因此对乔贵妃有感激之情,他常对朱后称赞乔贵妃说:"做人须学乔娘子。"乔贵妃生六子景王赵杞、七子济王赵栩、十子郓王赵材、十三子仪王赵朴、十六子郓王赵栱、二十子安康郡王赵椳和二十四子瀛国公赵樾,而赵材、赵朴和赵栱先后夭亡。在诸兄弟中,宋钦宗又与景王和济王最亲。宋钦宗清楚乔贵妃同康王生母韦婉容的亲密关系,所以特别请景王作陪。

三个同父异母兄弟,面貌有几分相似,都说得上是仪表不凡。二十岁的康王身材高大,比宋钦宗高出半头,而二十三岁的景王却比长兄低半头,三人的身材恰好与各人生母的身材成正比。据历史记载,康王"目光如炬",特别有神,在众兄弟中,他是最健壮的一个。三兄弟骑着马,在宦官和诸班直的簇拥下,由大庆殿前的大庆门出大内宫城正南的宣德门。

宣德门是宫城最巍峨壮丽的正门,总计开五个门洞,城楼高耸,雕梁画栋,朱栏彩槛,城壁的砖石都镂刻龙凤飞云。宣德门南是一条御街,直通里城的朱雀门和外城的南薰门。这是开封最宽阔的街道,东西宽约二百多步(一步五宋尺,约合1.55米)。街上设置两行朱漆杈子,其旁又是两行黑漆杈子。平民只能在朱漆杈子与黑漆杈子之间行走。黑漆杈子以外,是两道砖石砌成的御沟,水中栽种莲荷,岸上种植桃、李、杏、梨等树,每年春夏之际,犹如铺锦堆绣一般。宋钦宗平日最喜欢在大庆门到宣德门之间漫步,这段路在平时,按规定不能骑马,而在宣德门外御街两行朱漆杈子间则可骑马。在他眼里,这个京师的中心地段,比诸后苑、延福宫、艮岳和外城南的玉津园、城东的宜春苑、城西的琼林苑、金明池、城北的瑞圣园等园林,更加赏心悦目。他每次行走其间,就陶醉在此处特有的雄奇壮观景象之中,激发起龙子凤孙的自豪感。如今严冬时节,御沟已经结冰,而宋钦宗更无心绪去观赏城楼和萧索的街景,他们沿着宫城南面东西向的天街,匆忙地走向里城正东的望春门,东京人俗称曹门,太庙正是在曹门以南。

太庙是历代皇朝最神圣的所在之一。京城东北的金水河水沿天街引入此处,在太庙的四周有砖石砌成的沟渠。太庙的建筑主要有两部分,一是堂,二是室。每个室平时分别安放着自宋太祖的高祖父以下,共计十一代皇帝和皇后的神座。第一代的神主面朝东方,其余各代神主按所谓"昭"与"穆"的次序,分别面朝南或朝北。遇到大典礼,须将神主抬到堂内,第一代神主居中,其余各代神主按左"昭"右"穆"的次序分列两旁,一律面朝南。

三兄弟下马后,进入太庙,而宦官、诸班直和看守太庙的官吏一律排列在庙门之外。三兄弟依次来到各室,每个神座前的牙床上,铺着紫绫,早已供上香烛。三兄弟逐室跪拜列祖列宗,最后,宋钦宗又带着两个弟弟,专门跪在六世伯祖父宋太祖的室内,祈告神灵,他显然对开国之主怀有更深的敬意,说:"不肖孙臣桓敬告太祖官家在天之灵,今金虏侵凌,不肖孙不能嗣守大宋尺地寸土,须割地纳贡,以救危急。恭惟太祖官家以英武之姿,南征北讨,削平僭伪,剙业垂统,立大宋万世不拔之基业。如今不肖孙败祖宗家业,既愧且耻,委实无地自容!"宋钦宗说到伤心处,竟恸哭起来。跪在后面的景王听得伤情,也陪着大哥失声痛哭。康王此时此刻,对长兄的痛苦其实相当麻木,但转念自己出使,吉凶祸福未卜,也流下了眼泪。

宋钦宗又转而慷慨激昂地说:"自今以后,不肖孙臣桓当效法越王勾践,卧薪尝胆,效法唐太宗,整军经武,少则五年,多则十年,誓雪此耻,复取大宋失地,奏告祖宗在天之灵!"景王听到兄长的誓词,心中也十分激动,而康王脸上却不由露出讥诮的神情,他心里说:"大哥此番言语,岂非痴人说梦!"

祈告祖宗神灵以后,宋钦宗又引领两个弟弟,来到太庙一个秘密夹室中。夹室的门平时上锁,封闭很严,如今按皇帝的命令,已经预先开锁。宋钦宗亲自拿起门外一支蜡烛,叫景王推门而入,又命康王取门外的香,插上香案。景王和康王只见香案后面有一个销金黄幔套着的东西,却不知是何物。宋钦宗同两个弟弟行跪拜礼后,方才命景王揭开黄幔,原来是宋太祖当年立下的誓碑。誓碑约七八宋尺高,四宋尺多阔,上有三行誓词。第一行说:"柴氏子孙有罪不得加刑,即使犯谋反大逆,止在狱中赐死,不得在闹市刑戮,不得连坐支属。"第二行说:"不得杀大臣、士大夫及上书言事人。"第三行说:"子孙有渝此誓,天诛地灭。"这是宋太祖欺负后周柴氏孤儿寡母,得天下后,所立的誓约,作为宋朝的最高秘密,只能由皇帝一人掌握。今天宋钦宗破例让两个弟弟看这块誓碑。

景王惊叹说:"足见太祖官家深谋远虑,以仁心治天下！国朝如此优礼士大夫,非汉唐可比。"宋钦宗说:"自太宗以下,列祖列宗恪守誓约,不敢有违。朕即位以来,自问并无失德,然而杀王黼、童贯等奸臣,虽然人心大快,毕竟违背太祖圣训,后悔不及。"他有一句害怕说出口的话,是因此遭受天诛地灭的报应。康王劝慰说:"太祖官家想必能体谅大哥底苦心,实是不得已而为之。"

三兄弟又回到大内,宋钦宗在安福殿内摆设午宴,话题自然而然地转到了最紧急的对金关系问题。康王说:"大哥,恕我直言。大哥方才言道,欲效法勾践与唐太宗。依我之见,却须效法汉文帝与真宗官家。"他的话不免使宋钦宗和景王惊愕,景王问:"九哥,此是何意?"康王说:"我观自古以来,唯有汉文帝待匈奴最为得体。匈奴书辞倨傲,他受而不较,匈奴军旅侵犯,他防而不攻。真宗官家与契丹定百年之好,虽然每年交付岁币,却造福于子子孙孙。我今春出使金营,备见虏人兵马雄盛,骁勇无敌,远非当年匈奴可比。虏军如虎,王师如羊,且不说十年,即便是二十年、三十年后,王师也断无可胜之理。大哥唯有割地纳贡,一意讲和,方可消灾免难,此为上策。如若三心二意,出尔反尔,乃是取祸之道,国无宁日,而宗庙、社稷难保。"

宋钦宗和景王都没料想到,自从今春康王出使金营以后,原先的勇锐之气全消,与从前简直判若两人。在文弱的众兄弟中,康王本是公认的壮士,他天生神力,能双手举两袋米,各重一斛,行走几百步,令人咋舌,可以挽弓一石五斗,善于骑射。宋钦宗只望康王出使成功,所以不便反驳,他还向景王使了个眼色。景王瞧着康王,一个雄健大丈夫的体魄内,竟是如此卑怯的灵魂,忍不住投以一瞥鄙夷不屑的目光,说:"九哥,何必长他人之志气,灭自家之威风!大哥有此宏誓大愿,他日必能收复失地,洗雪国耻。"康王反唇相讥说:"六哥,尔有此壮心,何不自统兵马,与番人厮杀?"

宋钦宗不愿两人作无谓的争论,而影响出使的大事,连忙说:"整军雪耻,乃是后事,亦须量力而行。如今宗社大计,却是系于九哥一身。"他解下身上的玉带,亲自围在康王的腰间,动情地说:"国家安危,在此一举。九哥临危受命,请受朕一揖。"他以帝王之尊,恭恭敬敬地对康王行了个揖礼,康王连忙还礼。宋钦宗看到九弟仍面有难色,想了一想,又说:"朕今将龙德宫婉容韦娘子加封贤妃。"康王听到自己的生母从嫔升为妃,超升八阶,只得说:"谢大哥皇恩!"宋钦宗和景王又反复劝勉,康王最后勉强地告辞出宫。

宋钦宗又吩咐景王说:"九哥后日出使,请六哥代朕饯行。好言好语送他出城,休得与他争议。"景王明白,宋钦宗的意思是叫自己督促九弟出使,便说:"谨遵大哥之命!"

[伍]
康王出城

十一月十六日，在康邸，即康王府门前，来了一群车马。骑马的有景王、二十一岁的济王、十五岁的安康郡王和十二岁的瀛国公，另有宦官白锷等人。一辆朱漆彩绘车，拱形顶盖，四角各有一个镀金的铜鸥吻，车厢左右各有鹅黄色的刺绣绸窗帘，前面是同样的门帘，车前有四条挽牛，分为两排，车中坐着龙德宫贵妃、四十一岁的乔媚媚和刚升为贤妃、四十七岁的韦娇娇。两人仍是按贵妇人平时的习俗，各人袖中手持两个香球，在车旁有两名宫女也手持香球。香球其实是球状小香炉，凡车马行经的街道，香烟如云，香气四溢。白锷下马，来到府门前，里面走出康邸的内知客韩公裔。白锷对他说："龙德宫乔娘子、韦娘子与四位大王、国公驾到。"韩公裔摇摇头，面有难色，说："九大王还在做他底好事，请两位娘子与六大王等稍候，我当命人禀报。"白锷完全明白他说的"好事"是什么，长叹一声，说："到此地步，九大王却是做他底好事！"

韦娇娇本是南方越州会稽县人。她的姐姐是宰相苏颂的女使，苏颂就是科学史上著名的水运仪象台的发明人之一。韦娇娇长大成人，也当苏家的女使。按当时规矩，在女使被雇期间，主人可以占有她的肉身。在韦娇娇陪伴苏颂的第一夜，居然整夜遗尿不止。苏颂说她有大富大贵之相，就放弃了她。韦娇娇的姐姐后来出家当尼姑，她也随尼姑来到京城，住在一个道观里。宋哲宗为各位藩王选一批处女，韦娇娇就进入了端邸，成为后来的郑皇后属下的一名侍女。乔媚媚本也是郑后的一名侍女。在古代宫廷幽闭的环境下，宫女们同性恋是由来已久的。韦娇娇和乔媚媚也很快成为一对同性恋者。乔媚媚身材娇小玲珑,肌肤犹如水仙花一般白嫩,而韦娇娇却是身材高大丰壮,相貌平常,肌肤也是普通的黄色。两人很快就达到如胶似漆的地步。公开场合以姐妹相称,私下甚至以兄妹相称,乔媚媚还打趣地称她为"假厮儿"。乔媚媚天生丽质,很快得到宋徽宗的宠爱。从宜春郡夫人连升美人、婕妤和婉容,自己有了单独的阁分,而韦娇娇却只能在乔媚媚的阁分里当一名侍女。

有一回,宋徽宗问乔婉容:"你阁分里可有个假厮儿?"乔媚媚只得双膝下跪,说:"臣妾有罪!"宋徽宗连忙将心爱的丽人扶起,说:"何罪之有。你们如何作爱,朕意欲一观。"于是,韦、乔两人竟当着皇帝的面,在床上恣意纵情。宋徽宗不久便升起一股欲火,他上前推开了韦娇娇。云雨过后,韦娇娇跪在皇帝面前,噙着泪水说:"奴家自十八岁入端邸,二十一岁入大内,侍候官家,前后十年,切望皇恩浩荡,御幸一回。"十年的幽闭和冷落,如今还是个老处女,激起她极深的悲哀。宋徽宗望着韦娇娇,她虽然相貌平常,却说不上丑陋,被自己御幸过的女子,有的还不如韦娇娇。但是,宋徽宗自己也说不清是什么缘故,他可以对别的处女有兴趣,却偏偏对这个处女从无兴趣,说:"今日朕已兴尽,日后另议。"他突然想起一个新奇的念头,亲自扶起韦娇娇,命她坐在自己对面,命乔媚媚用端砚磨着著名工匠张滋专造的宫廷墨宝,自己拿宣城笔在韦娇娇的左右大腿上,用瘦金体分别写上"一娇百媚"和"蜂狂蝶迷"八个字。他吩咐说:"明日传一个纹身匠,为宫女韦氏刺字。"

韦娇娇听说官家玩新花招,要给自己刺字,便焦急地望着乔媚媚,乔媚媚忙对她使一个眼色,韦娇娇就下跪叩谢皇恩。乔媚媚说:"官家,东京妓馆瓦舍之中,自有一等轻薄士人,在小姐身上题字,小姐们便请工匠刺字,引以为荣。古人言道,身体发肤,受之父母,不敢毁伤。国朝有令,宗室不得纹身,韦姐姐是官家底宫女,非秦楼楚馆底小姐们可比。"宋徽宗笑着说:"多亏娘子提醒,韦氏不必纹身。"

为了争取御幸一次,韦娇娇不知对乔媚媚哭了多少回,乔媚媚也对皇帝再三相劝,宋徽宗就是不允。时值八月中秋,宋徽宗酒醉后,进入乔媚媚阁分,乔媚媚乘机叫韦娇娇蒙混上床。皇帝酒醒后,乔媚媚又为义姐请封。宋徽宗为讨乔媚媚的喜欢,破例封韦娇娇为平昌郡夫人,得知她怀孕后,又封才人,生下赵构后,加封婕妤。在乔媚媚的不断央求下,韦娇娇最后升至婉容。但她的义妹却在此后三年内,由婉容连升贤妃、德妃和贵妃。

韦娇娇有了单独的阁分,她的发迹使成千上万名宫女称羡不已。但韦娇娇本人却陷入愈来愈深的苦恼之中,自那次宋徽宗中秋酒醉之后,却再无第二回御幸。韦娇娇异常壮健的体魄,仅有的一次异性爱,激发了她无比旺盛的欲火,使她天天承受着难以言喻的生理上和感情上的双重煎熬。在万般无奈之余,只能向宫女们如饥似渴般地发泄。生下赵构的下一年,韦娇娇正当二十九岁的盛年。有一次,她偶然在嫔妃院走廊边的假山外,见到一个小宦官在伤心哭泣,此人就是前述的白锷。白锷是开封府祥符县人,因为家境贫寒,不得不净身入宫。他家又欠了债,如不能偿还,就得将两个妹妹抵押给一个员外当女使。韦娇娇问明原由,就慷慨地赠钱五十贯。此后,韦娇娇经常给白锷各种关照,使白锷感激不尽。然而韦娇娇却是别有用意,有一回白锷到她的阁分,她支开宫女后,便紧紧地抱住白锷。白锷急得满头大汗,用力挣脱后,跪在韦娇娇的面前,连连叩头,口称:"使不得!使不得!"

韦娇娇伤心地抽泣起来,说:"白锷,你可知晓你娘子底苦楚?"白锷说:"小底知晓。然小底须遵守大内规矩,小底净了身,亦是爱莫能助。"韦娇娇痛苦地说:"早知如此,当初在东京后街小巷,嫁个卖油底、卖豆腐底,夫妻欢娱,白头偕老,须比大内底婕妤快活。"白锷说:"大内锦衣玉食,东京又有多少贫寒人家,柴米油盐尚无着落,吃得早餐便无午餐。"韦娇娇悲愤地说:"大内赛似锦衣玉食的大狱!"白锷对她百般劝慰,说:"娘子对小底恩重如山,日后有事,水里火里,小底也须往水里火里去"。

从此以后,韦娇娇与白锷的关系反而更加密切起来。大内的妃嫔阁分可以设置笺奏官,为妃嫔们撰写一些节日给皇帝、皇后致贺的诗文等类。韦娇娇文化修养不高,自从有了封号后,笺奏文字最初由多才多艺的乔媚媚代为草拟。在她的要求下,白锷为她找了一个笺奏官韩公裔。韩公裔本是史馆的小吏,宋时官和吏有严格的身分差别。韩公裔当笺奏官后,由吏升为无品小武官进义副尉。当时的"武官"同现代意义的军官不能混同,多数武官的差遣与军事无关。进义副尉的月俸只有一贯钱,而韦娇娇另出私房钱二十五贯,高于大多数知县的月俸。

按大内的规矩,韩公裔当然不得自由出入宫禁,韦娇娇与他只能由白锷来回传话和转送文字。韦娇娇有了封号后,她的娘家方才定居东京,家中只剩父亲韦安礼和幼弟韦渊。高俅为奉承乔贵妃,在殿前司给韦渊安插了一个武官差遣。乘着回娘家的机会,韦娇娇方才得以见到韩公裔,并与他在密室幽会。久而久之,韦婉容又设法买通守西华门的内侍。原来嫔妃院就在西华门内,而她的阁分又距离西华门最近,就经常在黑夜私出西华门。

白锷知道此事后,也曾私下劝过韦婉容,韦婉容却说:"人生在世,只图个快活,今朝有酒今朝醉。今日快活,明日杀头,也心甘情愿。"康王十六岁"出阁",离开大内,另住康邸,当时已经四十三岁的韦婉容却性欲未减,她特别安排韩公裔在康邸当差,自己经常去康邸,就更加名正言顺。

在韦娇娇的无比溺爱下,赵构从小就十分任性。他自十四岁开始,就喜欢玩弄宫女。有一次,竟色胆包天,闯进乔贵妃的阁分,搂住乔贵妃求欢。乔贵妃急中生智,说:"别胡做,官家即刻便到。"于是赵构又连忙下跪,捣蒜似地叩头告饶。乔贵妃事后私下告知义姐,说:"自家们是姐妹情分,望姐姐从严管教,以免招惹是非。"韦婉容对义妹千恩万谢,回阁以后,却仍舍不得训斥儿子,只是温言细语,晓以利害祸福。不料赵构竟吟咏起白居易的诗,说:"后宫佳丽三千人,三千宠爱在一身。爹爹底佳丽一万,却是抵不得乔娘子一人。孩儿只消与乔娘子睡一回,死也甘心。"韦婉容气得大骂,这是她平生第一回骂儿子,而赵构却反唇相讥,说:"你与韩公裔不尴不尬底事,难道就不怕招灾惹祸?"

到此地步,韦婉容只能私下央求白锷。出于对韦婉容的感激之情,从赵构的孩提时代开始,白锷就一直对他特别关照。说也奇怪,赵构不怕生母,却只怕这个从来对自己和颜悦色的家奴。只要白锷紧紧地跟随和监视赵构,赵构就不敢胡作非为。赵构一旦出阁,脱离了白锷的管束,就好像一只出笼的鸟,开始享受自由和欢乐。韦婉容的心头也如释重负,她只怕儿子在大内闯祸,却不怕他在宫外作恶,为非作歹正是天潢贵胄的特权。

前述赵构的"好事",就是与女人的性交。他如今已有正妻嘉国夫人邢秉懿和两个郡君田春罗、姜醉媚，分别比他大一岁、小两岁与四岁。但三个有封号的妻妾却完全不能满足他的需求。赵构天生有极强的性欲，每次少则五六人，多则十人以上，方才过瘾。他还有一种恶习，兴致愈浓，对女子就愈是粗暴。侍婢们难以承受其粗暴，喜怒无常的康王动辄将他们杀死。他出阁后的五年间，康邸的无辜女使也不知死了多少。

康王在两天前辞别宋钦宗后，一种醉生梦死、及时行乐的心态，使他终日狂饮暴食，恣意对女人们发泄情欲。今天来了一名太上皇新赐的十三岁宫女，名吴金奴，她的父亲是东京的大珠宝商，号称珠子吴员外。吴金奴到韦娇娇阁分中才一个月，又被送到康邸。康王同他父亲一样，最喜欢处女，今天把吴金奴排名第一。吴金奴容貌不算很美，但十分聪明乖巧，颇得韦娇娇的喜爱。她也打听到康王的恶习，尤其注意自己的言动举止。

第二个女子名叫潘瑛瑛，她入康邸还有一段故事。在今年正月，宋徽宗和郑太后、乔贵妃等已逃往南方，而康王和韩公裔也出使金营。当时韦娇娇已随太上皇搬出大内，在惶恐之中带一名宫女，逃出龙德宫，准备去自己娘家。韦家住在城南，韦娇娇慌慌张张，路过潘家，潘瑛瑛的母亲正好在门外见到，就招呼她到家中稍事休息。在交谈中，听说韦娇娇的身份，自然格外殷勤，叫女儿出来拜见，并派人去韦家报讯。韦娇娇见到潘瑛瑛的身材、容貌竟与乔贵妃有七八分相像，待金人退兵后，就设法给儿子纳潘瑛瑛为妾。潘瑛瑛很快成为康邸中最受宠爱的女子，但还来不及向宋钦宗请封号，她和邢秉懿都已怀有身孕。

康王同潘瑛瑛正在云雨之时，韩公裔叫宦官康履进来禀报，康王说了句"败兴"，却仍然云雨不止。门外的韦贤妃等得不耐烦，只得不待儿子出迎，自己先与乔贵妃下车，进入康邸。两个女子站立平地，竟差大半个头，都头披方幅紫罗，下有四根大红罗带，垂于前胸后背，宋时称为面帽或盖头。到厅堂后，宫女为两位贵妇卸脱面帽，只见韦贤妃的容貌大致与她的年龄相当，而乔贵妃驻颜有术，看上去与她的年龄大约相差十岁。两人头戴缕金花钗冠，上插用各色美玉雕琢的花九朵，身穿绛罗绣白梅丝绵大袖霞帔，装缀珠翠，下穿绛罗长裙，腰系绿锦的革带，白玉双佩，浑身珠光宝气。

康王与潘瑛瑛云雨过后，方才出来拜见母亲和乔贵妃，与四个兄弟互行揖礼。邢秉懿引领田春罗、姜醉媚和另外十四名没有封号的女子，也跟随康王之后，向两位妃子和四兄弟行礼。邢秉懿已依稀可看出她腹内有孕，而潘瑛瑛怀孕不久，依然是娇小玲珑的身材。乔贵妃早就听说潘瑛瑛酷似自己，她执着潘瑛瑛的手，从上到下，仔细端详，看着潘瑛瑛的花容月貌，不禁为自己的色衰产生淡淡的悲哀。韦贤妃对义妹说："她便似你底女儿。"邢秉懿笑着说："贵妃娘子面嫩，两人赛似姐妹。"田春罗也凑趣说："便是！活似两姐妹！"

乔贵妃明知是奉承话，却仍感到舒心快意。她命宫女托出两个朱漆描金匣，一个匣内放着十三对金耳环，另一个匣内放着四件金首饰，一个步摇、一根钗、一条项链和一把金梳，其上都有凤头，各用两颗小宝石做凤眼，步摇和项链上都缀满小宝石。乔贵妃对邢秉懿说："由你先选。"邢秉懿与田春罗、姜醉媚的关系还比较和睦，因为两人的容貌并未压倒自己，唯有对潘瑛瑛却有十分的妒意，对她恃宠而骄，更有十二分的不快。但她深知康王对女人的暴戾恣睢，在任何人面前决不敢稍有流露。她唯一的盼望，是自己早生贵子，以求在康邸稳居正妻的地位。邢秉懿一望便知，四件首饰中最贵重的是步摇，就取了步摇插在潘瑛瑛的头上，笑着说："此是贵妃娘子赐妹妹底见面礼。"又分别给田春罗和姜醉媚戴上金钗和项链，自己最后摘下脑后的象牙梳，换上金梳。四人谢过乔贵妃，另外十三对金耳环分赐十三名女子。两位妃子对邢秉懿投以赞许的目光。

景王对康王说："今日我等奉爹爹与大哥之命，设御宴为九哥饯行。"康王听得"饯行"两字，露出满脸不悦之色。韦贤妃忙说："莺哥，还不谢得皇恩！"莺哥是康王的乳名，因为他在婴儿时代啼声洪亮悦耳。康王只得说："谢爹爹与大哥底皇恩！"

韦贤妃趁着御宴摆设前的间隙，向韩公裔使个眼色，独自起身走向专为自己设置的小阁，韩公裔尾随而入。小阁分里外两间，平时也是两人幽会的所在。进入小阁后，韦贤妃立即向韩公裔行跪礼，这在两人关系中还是第一回，韩公裔慌忙将她扶起。韦贤妃说："儿子底性命，唯是求你保全！"奉命随康王出使的韩公裔苦笑着说："自家亦是性命难保，又有何能为？"韦贤妃说："我左思右想，若到番人军中，必定凶多吉少；唯有不进房营,方可保全。"韩公裔说:"此须是欺君抗旨之罪,我怎生担当得起?"韦贤妃说:"此自有莺哥担当,不须你担当。官家不杀王寓,岂有杀自家九弟之理? 出城之后,尔须与莺哥私下密议,随机应变。此事你知,我知,他知,切莫泄漏!"这件事也涉及韩公裔本人的安危,他自然诺诺连声。

在厅堂上,景王也抓紧时间,向康王传达宋钦宗的口谕。他说:"昨日金虏使节到此,出言不逊,声称已占西京,如今不求太原三镇,只求河北、河东,与我画河为界。"济王愤愤然地说:"虏使在文德殿内,气焰嚣张,竟辱骂大哥,言道是'奸臣辅暗主'。可叹唐恪、耿南仲、聂昌之辈,身为宰执大臣,一个个呆若木鸡,噤若寒蝉。唯有何㮚一人,尚能与虏使面折廷争。"康王听后,冷笑说:"人称'番人如虎,马如龙,上山如猿,下水如獭,其势如泰山,国朝危如累卵'。与他们唇枪舌剑,难道便能一决雌雄?"景王对康王说:"大哥有旨,九哥去番营,不可与虏人计较言语。如虏人决意须索河北、河东之地,听九哥便宜行事,割与他们。但求保全京师,即是成功。"

韩公裔进入厅堂,向康王耳语一句,康王就转身走向小阁。他见到母亲,顿时拜倒在地,泪如泉涌,韦贤妃抱住向来娇惯的儿子,说:"为娘底千思万想,在京城里,你做不得主,出了京城,官家却做不得主。入了虏营,吉凶祸福,由不得你;不入虏营,即便你大哥怪罪,却能保全性命。"寥寥数语,说得康王茅塞顿开,说:"多亏妈妈提醒!"这是他自出生以来,第一次对自己的母亲有如此深的感激之情。韦贤妃又叮咛一番,说:"路上有事,与韩公裔商量,此事切不可泄漏。"康王说:"谨遵母命!"两人一同走出小阁。

赴御宴者,还包括康王出使的随行官员,他们是刑部尚书王雲,耿南仲之子、龙图阁直学士、中书舍人耿延禧和宋英宗高后的侄孙、华州观察使、知东上阁门事高世则,后两人都作为康王的参议官。至于康邸宦官康履、蓝珪等和韩公裔也都列席。韩公裔如今已是正八品的修武郎。康王的情绪已由低沉转为兴奋,他命本府的歌童舞女上厅堂,以清歌曼舞助兴。

御宴过后,邢秉懿等人哭哭啼啼,把康王送出府门,由景王和济王送康王一行出城。安康郡王和瀛国公送两位妃子回龙德宫。在牛车上,乔贵妃问韦贤妃："姐姐,你有何奇谋妙策,使莺哥底精神为之一振?"对这位至亲至密的义妹,韦贤妃唯有两件事隐瞒,一是私通韩公裔,二是今天对儿子的嘱咐。她说："妹妹,我只是叮嘱他路上小心。"乔贵妃摇摇头,说："姐姐,你今日不说真话。唉!蝼蚁尚且贪生,何况人乎!你不说,我亦已猜得七八分。大宋之国运,原不系于莺哥出使底成败。但求列祖列宗佑我大宋江山社稷,莺哥一路平安。"韦贤妃内心不由不钦佩义妹聪明过人,善于察颜观色,但她今天咬紧牙关,就是不吐露真情。

康王等出开封外城东北的永泰门,俗称陈桥门,与景王、济王在门洞外告别。康王一行除了上述官员外,还包括三十名吏胥、三十名厢兵和十五辆驴车的行李与礼品。出城以后,王雲用马鞭指着城上高耸的楼橹说："京师底楼橹,天下第一,然而真定城比京城几乎高出一倍。我出使到二太子军前,虏人教我坐观,不过片刻,番兵便攻破城池。京城虽然楼橹如画,岂能有恃无恐!"众人听说后,心中更不免黯然。韩公裔乘机用言语试探,说："王尚书,依你之见,九大王可否成功?"王雲长吁一声,说："只得尽人事以听天命。虏人反覆变诈,何况今月十五日期限已过,虏人已出兵渡河。"耿延禧说："观虏人之意,不攻汴京,誓不罢休。如若和议不成,九大王以皇弟之尊,似可相机便宜行事,号召四方,起兵勤王。"高世则说："只怕进得虏营,便出不得。"康王听得另外三人都微露畏缩不前之意,心中有几分高兴。正待开口,韩公裔用马鞭在他大腿上一戳,他就不再说话。

中午以后,开封外城各门都用土塞门,进入紧急状态。二十二日,宋钦宗又派耿南仲和聂昌出使两路金军,割让河北与河东。然而两路金兵却仍按原计划,先后抵达开封,会师城下。

[陆]
乐 而 忘 忧

十一月十九日,康王一行来到河北的相州(治今河南安阳)。他们沿路已经得知,金军放弃很多州县的攻城战,径自李固渡渡黄河。于是,他们便越过满是冰凌的黄河河面,与金军反方向而行。按韩公裔的设计,康王只是下令北行,而不说明任何原委,王雲等三人心照不宣,谁也没有说穿,更不会表示反对。

康履先驰马到相州城下通报,通判赵不试率领五十名步兵出南门迎接。赵不试是宋太宗的六世孙,年近四十,与康王平辈,两人曾在开封见过几面。赵不试行礼毕,敛马侧立,康王就按宗室的排行第四十五称呼,说:"四五哥,我等出使虏营,途经此地,切望借个方便。"赵不试说:"九大王,你们可知,虏人于十四日便由李固渡渡河,直下开封。你等到此,正与虏人南辕而北辙。"康王只能佯装惊愕,说:"自家们尚不知有此事。"赵不试说:"你们既已到此,鞍马劳顿,且请入城安歇。我守城任重,不能相陪,你们可去正衙见汪直阁。"康王一行入城后,赵不试一面派人先去通报知州,一面命人给康王领路。

相州算是河北的大州,城周长达十九宋里。城南门的一条大街北向直贯牙城和州衙,颇为宽阔,沿路的酒楼,如康乐楼、月白风清楼、秦楼和翠楼,也相当壮观,都是雕栏画栋的精美建筑,而秦楼竟有三层高。耿延禧指着秦楼说:"此是相州第一楼。"高世则说:"秦楼与京师樊楼同为三层,秦楼毕竟不如樊楼。"康王对这个初来乍到的城市有一种新鲜感,说:"久闻此间有韩魏王所建底昼锦堂。"三朝宰相韩琦是相州人,按古代规定,本地人不得在本地当官,而皇帝为显示对韩琦的特恩,命他出任本州知州。韩琦按古时富贵不归故乡,如衣锦夜行的典故,修筑大堂,取名昼锦堂。王云说:"待大王到正衙,自可见此大堂。此外尚有韩魏王长孙韩治所建荣归堂,曾孙韩肖胄所建荣事堂。三世出任乡邦知州,如此殊荣,又有谁家尚能相比?"他们正说话间,知州汪伯彦和他的儿子汪召锡急匆匆地骑马出迎。

相州知州汪伯彦的职衔是直龙图阁,所以赵不试称他"汪直阁",这是宋时文官的荣誉头衔。他今年五十八岁,长子汪召嗣和女婿梁汝霖在朝任军器监丞和都水监丞,幼子汪召锡按父亲的官荫,已有一个从九品从政郎的官衔,却未有实职差遣,他跟随父亲,作为战乱年代对北方官员的特殊照顾。汪伯彦原在朝廷为官,为讨好宋钦宗,在奏对时特地上河北边防十策。待到皇帝发表他出任相州知州,已是后悔莫及。在半年之内,乌黑的须发竟白了大半。真定府被金军攻破后,汪伯彦又兼任主管真定府路安抚司公事,负责五个州的军事防务。按宋朝的制度,五个州的武将反而须听命于这个不懂军事的文官。

汪伯彦根本无心处理军务,本州的防守也完全交给通判赵不试。赵不试克尽己责,他几乎天天在城上巡视,措置战备。但汪伯彦却是整日在正衙,如坐针毡,只是盘算着如何逃命,又要逃命,又要保住官位,虽然绞尽脑汁,却想不出一个两全其美的方案。今天听到康王到来,便有一种绝处逢生之感,似乎是福星照临,将给自己带来一线生机。

汪伯彦父子把康王一行接到昼锦堂,只见堂前有一块碑,上有大名鼎鼎的欧阳修所撰《昼锦堂记》,由最享盛名的书法大家蔡襄书写,堂上的匾额则是韩琦本人的颜体字,笔势刚劲,落款自称"安阳懋叟"。一路风尘之余,进入如此宽敞华丽的大堂,又有汪伯彦父子过分的殷勤和热情,使康王产生一种宾至如归的快感。

汪伯彦吩咐"进茶",只见一个女使托出一个缕银大盒,另一个女使帮助取出一色白银茶具,一个小厮儿抬出一个烧石炭的火炉。一个女使将银瓶盛水,放在火炉上。银瓶有些像现在的水壶,而呈长瓶状。另一个女使取一个茶饼,裹上白纸,用小银杵在木砧板上初步捣碎后,放在一个狭长的银槽内,又用一个小银轮碾成茶末,放入一个银罗盒中筛一遍,极细的茶末便筛在盒底。女使将茶末逐一撒入烤热的银茶盏,银瓶水只经一沸,小厮儿立即将瓶提起,长长的瓶嘴在各个茶盏中倾入少许开水,女使用长柄银茶匙调成茶膏。瓶水再沸,小厮儿便将瓶水倒入女使所持烤热的银杓内,每一杓水正好注满一盏,一面注水,一面用银茶匙搅动,这种饮茶方式称为点茶。汪伯彦则亲自将银盏一一送到客人几案上。宋时的饼茶又称片茶、腊茶、团茶等,经过蒸、榨、磨、模压、焙等多道工序,加入香料,其实已破坏了茶的养分。然而当时名贵的茶却是团茶,保持原味的散茶反而不登大雅之堂。对这些风尘仆仆的客人而言,一盏香茗,更是甘美不可胜言。

汪伯彦说:"此是圣上所赐'龙苑报春'团茶,今日正宜敬献九大王与王尚书、耿舍人、高观察、韩知客。"王雲说:"果然是茶中绝品,令人口舌生香,回味无穷。"耿延禧问道:"茶具打造,如此纤巧精致,敢问何处所产?"汪伯彦说:"长沙所产,重白金五百两,专以待贵客,平日岂敢饮用。"他所没有交待的,是这套银茶具乃是受贿而得,自己不曾花费分文。高世则啧啧赞叹说:"久闻长沙茶具精妙甲天下,果然名不虚传,今日有幸,一睹为快。"汪伯彦说:"此茶敬奉九大王,只是聊表献芹之意而已。"康王举着手里的银盏,仔细观赏图案花纹,下意识说了一句:"我府中尚无此物。"汪伯彦马上说:"待虏人退兵后,当派人将此盒茶具送至康邸。"康王说:"蒙汪直阁厚意,恭敬不如从命,多谢!多谢!"

汪伯彦说:"九大王与诸公临危受命,不计利害祸福,以匹马单车直入龙潭虎穴。然而虏人渡河已有六日,其行踪难测。依伯彦愚见,九大王与诸公不如在此歇息数日,打探番人动静,共商国计。"康王面露喜色,正准备应允,而王雲毕竟更老于世故,他抢先说:"极感汪直阁盛情,然而社稷危难,臣子们岂敢图一日之安,如今唯有重渡大河,日夜兼程,前去虏人军前,方不负君父之重托。"耿延禧和高世则也应声附和,康王立即心领神会,说:"构等受命前去,不敢中止于路途。"

在荣事堂中,则有汪召锡招待康邸都监、入内东头供奉官康履、蓝珪等宦官。汪召锡说:"九大王与诸公光临,蓬荜生辉。敢问列位大官有何需求,自家父子当效犬马之劳。"康履说:"难得尔父子一片真情,自家们便不须客套。"蓝珪说:"九大王底嗜好,无非是酒色两字,而色字为第一。"康履说:"自家们离京已有四日,九大王无女子陪夜,实是苦不堪言。"汪召锡虽有妻妾,平时在相州城的妓馆瓦舍中厮混已久,他立即说:"府中底女使,并无姿色,如今在秦楼楚馆之中,却有两个小姐,色艺双全,由本州妓乐司差充行首。然而九大王金枝玉叶……"宋时妓女一般称呼是"小姐",官府的妓乐司可以委派容貌出众者担任所谓"行首",应付官府的各种需索。人称三百六十行,妓馆也算一行,久而久之,"行首"也就成了美妓的代名词,也叫行头。康履笑着截断汪召锡的话,说:"妓馆小姐,却是无妨,然而两个女子,如何应承得九大王?更说与你,今夜至少也须选得十名小姐。"汪召锡吃惊地吐了吐舌头,又问:"王尚书等当如何排办?"蓝珪说:"他们各传唤两名小姐侍候。"

汪伯彦父子在昼锦堂上安排晚宴,也煞费一番苦心。按宋时的豪华宴会的规格,有所谓四司六局:帐设司专管屏风、帘幕、书画等陈设,宾客司专管招待,厨司专管烹调,台盘司专管饮食器皿,果子局专管摆设和雕缕果品,蜜煎局专管蜜渍、咸腌各种干鲜果品,菜蔬局专管蔬菜和时新食品,油烛局专管灯火、暖炉之类,香药局专管香炉之类,焚龙涎、沈脑等香,排办局专管摆设桌椅之类。尽管是兵荒马乱时节,汪伯彦父子仍然分派私家人力、女使和州衙公吏,分四司六局掌管宴会,不得稍有怠慢。妓乐司临时挑选十八名妓女,组成一个乐队,未开宴之前,已在大堂上吹奏弹唱。

为掩人耳目,汪伯彦下令,所有本州和安抚司的属官,一律在荣归堂上拜见康王后回家,不赴宴会。昼锦堂上,只有汪氏父子和康王一行,包括康邸宦官在内,每人一个几案。第一道先送上鹅梨、金杏、冬桃、松子、莲子肉、银杏、蒸枣等十种果子,第二道有雕花蜜冬瓜、雕花蜜笋、雕花蜜姜、雕花蜜柿等十种"雕花蜜煎",第三道是咸酸紫樱桃、咸渍麝香李、咸酸林檎、咸酸石榴等十种"砌香咸酸",第四道是腊肉、腌鸡、腌兔、酒醋羊肉等十种腊脯。康王等吃过前四道后,宾客司开始敬酒。酒是相州本地所产的银光和碎玉两种名酒,都是黍米酒,酒色莹澈,银光酒甘醇,甜味颇重,而碎玉酒清香爽口。按今人的分类,宋代的粮食酒大都属酒精含量不高的黄酒。每一盏酒有劝盏菜两种。第一盏是炊乳羊肉和炙鸡腿,第二盏是金丝羊肚羹和羊头签(签是羹的一种),前后十五盏,计三十道菜,不相重复。按当时习俗,酒后还要进汤,汤是用甘草等药材煎煮,有时可加白糖(饴糖)或砂糖(红、黑色蔗糖)。筵席所用的食具全是胭脂红的上等钧瓷,其上有窑变后的美丽花纹,在明亮的烛光下,更显得鲜艳晶莹,光彩夺目。

康王一时兴高采烈,乐而忘忧,他对汪伯彦说:"一路辛苦,至今晚方有生意,蒙汪直阁厚爱,我委实感激不尽。"汪伯彦见他的一双眼睛,死死盯住两名最美的妓女,一个弹琵琶,一个吹箫,就吩咐两人:"为九大王敬酒!"两个浓妆艳服的女子款步上前,用娇声细语行礼喊"万福",说:"自家们得见九大王,实乃三生有幸!"康王此时已心神摇荡,难以自持,说:"不必敬酒,你们且为我清歌一曲。"两名女子便用鹂语莺声,唱了一曲艳词:

  春风捏就腰儿细,系的粉裙儿不起。从来只向掌中看,怎忍在烛花影里。酒红应是铅华褪,暗甃损,眉峰双翠,夜深沾两绣鞋儿,靠着那个屏风立地。

康王正拍手叫好,只见赵不试大步进入堂内,汪伯彦忙说:"季考(赵不试字),在城上终日辛苦,且坐下饮一盏。"赵不试摇摇手,说:"我曾读唐高适诗曰:'战士军前半死生,美人帐下犹歌舞。'今日方知诗人底深意。金虏以重兵压境,两河生灵涂炭,而在昼锦堂上,文恬武嬉,灯红酒绿,穷奢极侈,廷俊(汪伯彦字),你岂不辜负了圣上?"显然,他不愿再对康王作任何批评,便怒气冲冲地走出大堂。

他的一席话使众人一时面有惭色。年龄最大的汪伯彦毕竟老于世故,他想了一想,就自我解嘲地说:"季考之言,亦可谓肺腑忠言。然而九大王与诸公以身许国,冒九死一生之险,出使强虏军前,屈尊光临。伯彦又岂能不勉力侍奉,为圣上尽臣子之义。"在他的劝慰下,众人又心安理得地品尝美酒佳肴,宴会恢复了欢乐气氛。

康王酒食已足,刚才赵不试的批评多少使他扫兴,而酒力更刺激了他的淫兴。他离席时,汪氏父子早已安排了十名妓女,簇拥他进入寝室。康履、蓝珪等人在外侍候。不过片刻,只听得里面发出几声女子的尖叫,接着是康王的怒吼:"好一个不识抬举底婆娘!"又是一声女子的惨叫,康履叹息一声,跺脚说:"今夜忘了事先叮嘱小姐们,岂不败事!"言犹未了,只听得屋里康王大喊道:"蓝珪、康履,尔等还不进屋收尸!"宦官们进入寝室,只见那个吹箫的美妓已倒在血泊中,其余九个妓女都吓得浑身颤抖,面无人色。康王正在用妓女的衣服擦拭剑上的血,口中还喃喃自语:"可惜污了我底宝剑!"

宦官们命人抬出女尸,擦去地上血污后,康王又吩咐宦官们说:"尔等出屋去,九个雌儿且留在屋里。"蓝珪说:"小姐们不见世面,不懂规矩,待小底训斥一番,再回来侍奉九大王。"妓女们被召到屋外,告诫叮咛后,只能强颜欢笑,重返寝室,承受康王的粗暴蹂躏。

汪召锡听说自己心爱的妓女无辜被杀,不免愤愤然,说:"不料九大王竟如此凶悖!"汪伯彦却警告儿子说:"自家父子底前程性命,与康王关系甚大,切不可稍露不满之色,常言道,小不忍则乱大谋。"

康王兴尽而睡,起床很晚,王雲等人和汪氏父子早已在昼锦堂上等候。用过点心,康王一行又要启程。汪氏父子见他们不去南门,而去北门,心中已完全明白。送出北门后,汪伯彦在马上低声对康王说:"九大王北行,想必先去磁州?"康王有点尴尬地说:"自家们到得磁州,再议如何去房营。"汪伯彦说:"磁州宗泽,为人颇为迂腐,他曾亲率本州义兵救援真定,败了回来。如今又屡发公文到安抚司,力主合五州之兵,收复真定。"康王说:"这个老汉!煞是自不量力!"宋人称"汉子"或"老汉",都有轻蔑之意。王雲说:"此人不识大体,不知变通,执拗如牛。朝廷命他为和议使,他却说使名不正,非改名计议使不可。一字之差,竟与众人争个面红耳赤。"汪伯彦说:"九大王在磁州不如意,请速回相州。伯彦不能远送,今教儿子随九大王同去磁州,缓急亦可商量照应。九大王千金之躯,而无护卫,今特命武翼大夫刘浩率兵三百人,护送大王。"康王说:"极感汪直阁厚意,我回朝之后,定须奏明官家。"汪伯彦与康王一行告别,而汪召锡与刘浩便留在康王身边。

[柒]
不 辞 而 别

秘阁修撰、知磁州、河北义兵总管宗泽字汝霖,婺州义乌县(今属浙江)人,今年六十八岁。秘阁修撰也同直龙图阁等一样,是文官的荣誉职衔。在专制腐败政治下,黄金下沉,粪土上浮,便是官场的筛选规律。他三十三岁进士中举后,整整屈沉了三十五年,屡次被贬降。最后的一次因为修建劳民伤财的道教神霄宫"不虔",而遭宋徽宗的重罚,罢官四年。宗泽的三个成年的儿子都已去世,一个儿子幼时夭亡。心灰意懒的宗泽认为自己年近古稀,不必恋栈,本拟上章请求致仕。由于金人的进犯,才激发了宗泽为国效命的雄心,他把儿媳和孙子辈全部送往镇江府,自己和幼子宗颖单身前往河北前沿的磁州(治今河北磁县)赴任。

同相州相比,磁州是个小州,周长只有八宋里多,州城面积大约只及相州城的五分之一,宋时的城一般都是土城,只在城门等处铺设砖石。宗泽到任后,也只是将州城用泥土重新加固。金朝以五千人进攻州城,宗泽亲自披甲登城,指挥义兵用神臂弓击退金兵,斩敌几百人。

十一月二十日下午,宗泽巡视城防回衙,开始和儿子读《孙子兵法》和《武经总要》。这个年近七旬的老人,须发全白,身材矮小清癯,然而在国家危难之际,却似乎有用之不竭的精力,天天夙兴夜寐,在忙碌之余,就学习兵书,研讨军事。他常对人说:"我本不知兵,然而军兴之时,不知兵者又如何为朝廷效力!"在他的告诫和督促下,宗颖和本州其他文官也都学习兵法。父子俩正在讨论"上兵伐谋,其次伐交,其次伐兵,其下攻城"一句,有巡绰马兵进来报告,说康王一行将到,父子俩就放下兵书,出城迎接。

磁州西部有一条滏水，绕过州城的北、西、南三个城门，向东南注入漳河。当夏季水盛，正好成为州城的天然屏障。如今寒冬水枯，宗泽骑着马，率领二百兵士出南门，踏冰过河，行不数里，正逢康王一行。双方会面后，刘浩率本部人马回相州，而汪召锡与三名吏胥随同进城。众人来到城下，已近黄昏时分，康王望着城楼问："宗修撰上奏言道，磁州有兵一万五千人，为何城上兵卫如此寡弱？"王云笑着说："莫不是宗修撰妄言，欺诳朝廷！"宗泽正色说："臣子之道，岂有欺诳君父之理！磁州禁军，本有马兵三指挥，步兵六指挥，如今不足七百人。宗泽所能仰仗者，无非是本州底义兵，他们平时在家，有事点集。如今财困粮乏，区区磁州，如何支付得一万五千禁军底俸禄？宗泽身为义兵总管，屡发公文，可惜诸州至今都未团结义兵。"

康王等到州衙后，宗泽吩咐进膳，自己却退出厅堂。吏胥们送来了煎羊肉、炊饼和小米粥。炊饼本名蒸饼，因为避宋仁宗赵祯名讳，改称炊饼，类似今天的馒头或蒸面饼。康王见到晚饭如此简陋，食具又是清一色耀州粗黑瓷器，面露不悦之色，高世则问："宗修撰为何不与自家们共进晚餐？"一名吏胥回答："宗修撰晚食，从来不过是稠粥一碗，咸齑一碟。煎肉、炊饼，专用以待贵客。"到此地步，众人自然无话可说。

宗泽晚饭后方到厅堂陪客，按当时习惯，吏胥端来无糖甘草汤，供大家饭后饮用。宗泽一面喝汤，一面说："兵荒马乱之际，招待多有不周，切望九大王与诸公海涵。据被俘敌兵供称，金虏二太子已带兵渡河南下，九大王与诸公北上磁州，恐不得与二太子相会。"说得众人哑口无言。王云正待想话辩解，宗泽又说："据敌俘供称，肃王已被虏人所杀，九大王若去虏人军前，恐难逃肃王底下场。王尚书，闻得尔以全家百口力保九大王底性命，只怕到时虽斩尔全家，又有何益？"肃王被杀其实是不确实的情报。康王突然慷慨地说："为救宗庙、社稷，岂知有祸福，岂知有死生！"宗泽对言不由衷的康王报以微哂，因为他已通过吏胥，向康王的随从打听到来者明知金军渡河的消息。

王云曾与宗泽有过几次争议，他也知道宗泽曾专为康王出使上奏，说自己"张皇敌势"，是个"诞妄之士，必误国大计"。王云在官位较低的宗泽面前，必须维护自己的尊严和体面，他改用粗话强辩说："你这个不晓事底老汉！全然不识道理！如今唯有九大王出使，此外又有何救国底良方？"宗泽不愿同他争吵，说："我等身为大宋臣子，当同心协力，共赴国难。依泽之见，虏兵南向京师，后方空虚，倒不如合五州之兵，直捣真定。此亦是围魏救赵之计。泽虽不才，愿统本州义兵为前驱。如今京师消息不通，九大王在外，正可便宜行事。以九大王之尊，请相州汪直阁调遣五州之兵，知州们岂有不从之理？"按照制度，宗泽仅为一州之长，只有任主管真定府路安抚司公事的汪伯彦，才有五个州的调兵权。

不待康王开口，王雲抢先说："九大王奉命出使，主上未曾委以统兵之权。"汪召锡听宗泽提到父亲，也说："五州兵微将寡，但能尽守土之责，收复真定，非自家们底职事。"宗泽说："收复真定，非宗泽底职事，却是汪直阁底职事。不复真定，汪直阁岂不愧对朝廷？宗泽已至风烛残年，出守磁州，本非贪图禄位，当国家患难之际，不能扶危持颠，却是愧对朝廷！"他激昂慷慨的声调，使高世则有所感动，但他不便附议，只是向康王传递眼色，康王说："攻打真定，恐亦是远井不救近渴。"宗泽说："河北已下清野之令，虏人粮草不丰，即便到开封城下，亦不能持久。王师收复失地，断虏人后路，乃攻其所必救。"宗泽苦口婆心地劝说，而康王等却固执己见，最后只能不欢而散。

没有美女娇娃，没有好酒美食，使康王满腹不快，他与韩公裔商议，决定明天北上信德府。不料早晨用过点心，有吏胥进来报告说："今有虏骑直叩东门，自称迎接九大王。宗修撰已登城措置。"吓得康王一行个个面无人色，耿延禧忍不住说："事已至此，如何去得信德府？切恐未到信德府，自家们已被虏骑押送二太子军营。"

大约过了一个时辰，宗泽回衙，对康王等人说："我命人回话，九大王今在磁州城中，只因肃王被害，康王不去敌营。义兵们已将虏人杀退。"康王等人对杀退敌人感到宽慰，但又对宗泽坦白自己的行踪十分恼火。王雲责问说："宗修撰！你岂能对虏人说破自家们底行止？"宗泽对他微微一笑，说："王尚书，你既要奉九大王出使，何惧虏人得知你们底行止？"王雲自知失言，众人也无以对答。宗泽说："此处有一个嘉应侯祠，俗称崔府君庙，相传唐朝清官崔子玉任滏阳令，死后为神，州人信奉如慈父母。

占卜可以决疑,九大王与诸公何不去崔府君庙,为出兵真定求卜,问吉凶祸福。"康王说:"京师城北亦有崔府君祠,距自家府邸不远,敕封护国显应公,六月六日是神底生日,香火甚旺。久闻本庙正在磁州,我等且去焚香祷祝。"

众人乘马来到北城崔府君祠。北宋两个著名的崔府君祠,开封修建在磁州之后,然而同一个神,磁州的封侯,而开封的却封公。磁州的崔府君祠是本地第一大祠,建筑相当宏伟。崔府君俨然成了当地第一保护神,几乎百姓们的一切事情,都去求崔府君保佑。虽然皇帝下敕封崔府君为侯,而磁州人却称他为应王。康王等下马,只见约有几百个父老在庙前的空地上下拜,一个老人上前,代表众人说:"自家们知晓九大王出使,特为大王求卜,应王言道,不去虏营为吉,去虏营为凶。我等愿九大王留于本州,与宗修撰共抗金兵,同杀番人。"

王雲刚才被宗泽反唇相讥,自认为失了尊官的体面,如今正好拿百姓们出气,他大声喝道:"军国大事,非同儿戏,岂容你们胡言乱语,还不退下!"宗泽正想说话,不料人群中有人大喊:"你便是王尚书么?你诓骗九大王去番营,行李中又有番人头巾,不容我等抗番兵。你实是虏人底细作!"原来昨天康王一行到达时,王雲的行李掉在地上,人们看到其中竟有两条女真人的头巾,消息传开后,引起大家的怀疑。众人七嘴八舌,厉声谴责,王雲有几分狼狈。康王进入庭院后,对宗泽说:"如此顽民,竟敢诟责大臣,宗修撰何不弹压?"宗泽说:"事到如今,我大宋江山,全仗黎民百姓扶持,忠义之气可鼓而不可泄。王尚书不知自重,教我如何说话?"

众人进入殿堂,参拜神祇,焚香祷告。庙祝送上两块竹珓,形似蚌壳,宗泽对康王说:"请九大王为出师真定,一卜吉凶。"康王根本不愿为出兵而占卜,他心中默念道:"我赵构不去虏营,保全性命,此为大吉。"竹珓掷地,一俯一仰,庙祝看后高喊:"大吉!大吉!"康王和宗泽同时面露喜色。康王等离开殿堂,来到庭院,只见祠里已经准备了一顶轿子,朱漆描金,轿帘掀开,座位上是红绸丝绵褥,抬轿的竹竿前后都有螭首。庙祝毕恭毕敬地上前说:"应王有言,请九大王坐他底轿回衙,大吉大利。"原来祠里专备崔府君的轿子,虽然从不坐人,在举行一定的仪式后,抬着空轿进出,就算是应王上轿。康王犹豫了一会儿,还是欣然上轿,八名轿夫抬轿出门,宗泽与耿延禧、高世则等也骑马跟随，百姓们夹道欢呼，十分热闹。

惟有王雲去厕所出恭，离开崔府君祠较晚。他出门上马，人群中便有人骂他是"细作"，王雲大怒，喝道："无知刁民，胆敢辱骂朝廷命官，尔可知罪？"人群中另有人说："王尚书！你私通番贼，背叛朝廷，又该当何罪？"在吵嚷声中，有几个人上前，把王雲拉下马，混乱中一顿痛打，王雲当场气绝身亡。大群百姓接着又拥向州衙，要求搜检王雲的行李。

王雲的随从逃到州衙，向康王等报告，众人大吃一惊，康王命耿延禧说："你可出去，弹压凶民！"耿延禧吓得浑身瘫软，不敢应命。倒是韩公裔自告奋勇，说："我先去见宗修撰理会。"原来到午饭时分，宗泽已辞别康王，另外用餐。韩公裔打听宗泽下落，方知他已出州衙，会见百姓。韩公裔来到门外，宗泽已在对百姓们训话，他说："王尚书如是私通番人，自有朝廷处置，岂容你们胡作非为。王尚书底行李，自有本官命人搜检。"将百姓们遣散。

午饭后，有吏胥奉宗泽之命，送来了王雲行李中的可疑物品，除了两顶女真人的短黑头巾外，还有他两次奉使所带肃王等家眷的家书，都已启封。耿延禧问王雲的随从："王尚书何以有此头巾？"随从们回答："他平时有风眩病，睡时常戴短黑头巾。"高世则看着信说："肃王府任夫人底家书，他出使时并未交与肃王，却瞒昧朝廷。"

正议论间，宗泽进屋，他说："王尚书行李中即便有可疑之物，亦不能据此便认为细作。宗泽身为知州，未能保全王尚书，当上奏自劾。"康王说："宗修撰，你当追查凶手，以正典刑。"宗泽明知在混乱之中，根本无法追查，也只能表示从命，他又转过话题说："王尚书既死，九大王亦无由出使。宗泽昨夜思虑再三，虏人过河，在李固渡留有大寨，约计三千人马。自称迎接九大王的虏骑，即是来自李固渡。此寨虽属大名府地界，却亦是相州与磁州心腹之患。不如合大名府路与真定府路十余州之兵，东西夹攻，断虏人归路，然后再议收复真定府。除此大患，九大王也可安居磁州，高枕无忧。然而命令两路合击，又非九大王便宜行事不可。"宗泽的苦心，是希望康王即使为自己的安全着想，也能促成两个军区夹攻的计划。

康王想了一下，回答说："宗修撰，容明日再议。"宗泽到此也只能告退。他走后，耿延禧首先愤慨地说："李纲在京师鼓动士民伏阙上书，杀死内侍,威逼圣上;宗泽在此又煽动凶民,杀王尚书,图谋劫持九大王。两人邪谋诡计,如出一辙,九大王切不可听。"汪召锡说:"虏人既知九大王底行止,此处如何安泊?不如且回相州。"高世则却说:"王尚书遇害,宗修撰不能辞其咎,然而他忠肝义胆,世间少有。种枢相遗奏举荐他,煞是慧眼识英雄。依我之见,九大王可去相州,而两路夹攻李固渡,也当赞助宗修撰之议。自家们虽然出使不成,亦可稍分圣上之忧,日后回朝,对圣上亦有交待。"

有人进来通报,说汪伯彦派人驰马送来蜡书。两名军士拜见康王等人,一人摘下牛皮笠,从头顶发髻中取出一个蜡丸,韩公裔用火熔化后,里面是一块三寸见方的黄绢,上有密密麻麻的细字:"昨日大王既发相适磁,三更时分,本州之西,火炬连接二三里,照耀不绝。黎明有走探回报:虏人铁骑五百余,自魏县李固渡大寨前来,一路访问大王行止。金虏二太子率众已趋京城下,大王冲冒风雪,道路颠沛,难以袭逐。万一追及,计议亦失机会。又如前时质大王于军中,计无所出,为之奈何?大王不若回相州,兴起义师,牵制金人,以副二圣之望,是为上策。区区狂瞽,呕心沥血,实为国计。即差发刘浩领兵二千,赴相州迎请大王。"

康王看后说:"难得汪直阁如此诚心,我决计去相州。"耿延禧说:"切恐宗修撰为出兵李固渡,挽留九大王,纠缠不休。"韩公裔说:"不辞而别,此为上策。我已探问得城西有一小路,亦可通相州。不如今夜三更启程,由西门出城。"众人商议已定,当即命两名军士回报。

半夜时分,北风狂吼,天气严寒,康王一行悄悄向西城出发。康履命令守门将士开门,一名武将说:"无宗修撰令,男女不得开门,请九大王稍等片刻,待男女禀报宗修撰。"康王催马上前,厉声说:"我要去便去,要留便留,宗修撰岂能管得!还不与我开门!"那个武将无可奈何,打开西门,康王一行鱼贯而出。由于赶驴车的厢兵与部分吏胥无马,韩公裔吩咐他们缓行,而以康王为首的一群人却策马狂奔。

天亮以后,迎面来了一队人马,为首正是刘浩,康王一行方稍稍松了口气。韩公裔却说:"自家们还须倍道兼程,倘若遭遇虏骑,岂不前功尽弃?"众人都认为此说有理,然而刘浩所带的军队基本上都是步兵,只能催他们快步随行。康王等取出干粮,边吃边行,一路上提心吊胆。康王等到达相州城北结冰的洹水,又逢汪伯彦率一千人马出迎。康王一颗忐忑不安的心,至此才略为安定。汪伯彦在马上行礼,敛马侧立,康王还礼,说:"感荷汪直阁深情,他日见官家,当首先举荐。"汪伯彦笑着说:"保九大王平安,乃我职分。至于高官厚禄,则非伯彦所求。磁州人杀王尚书,此乃天意不容九大王出使。敢请耿舍人为九大王上奏,陈述原委,以俟圣裁。"康王拍手说:"汪直阁此说有理!"

康王在相州住了一个多月,整日花天酒地。奉命割让河北的耿南仲被卫州(治今河南汲县)人驱逐,也来到相州,与耿延禧父子团聚,而另一奉命割让河东的聂昌却被当地人杀死。

[捌]
悲歌《南乡子》

开封城有宫城、里城和外城,形成了古时的纵深防御。外城周长五十宋里一百六十五步,按现代的考古测量,东墙长7660米,南墙长6990米,西墙长7590米,北墙长6940米,略呈菱形。城墙底部厚五宋丈九宋尺,高四宋丈,城外的护龙河阔十多宋丈。惟有东、西、南、北四座正门设两重直门,供御路通行,其余偏门都按边城的瓮城门规范修建,里外三门,门道弯曲,若干水门也都设有铁闸门。城上每百步设马面战棚,密置女墙,除城上的通道外,城墙里还有一条内环路,便于运兵。从古代军事学的观点看,只要兵力和粮草充足,无疑是个易守难攻的庞大军事堡垒。

十一月二十五日,金朝东路军仍然由初攻开封时任前锋的完颜兀术和完颜奔睹,率三千骑,抵达开封城下,完颜斡离不大军继至,屯兵城东北的刘家寺。闰十一月二日,完颜粘罕也亲率西路军到达,屯兵在城南玉津园南边的青城,离城约五宋里。完颜斡离不为抢头功,不等西路军到,在十一月二十七日就开始攻击城东最南端的通津门,却被宋兵杀退。

两支金军,由于战斗的损耗,如今只剩下十万多兵员。其中半数以上竟是汉人,包括所谓"汉儿"和"南人",汉儿是指原辽朝统治区的汉人,南人是金军攻宋后沿途俘虏的壮丁,他们都被强行剃去顶发,脑后留辫。此外还有契丹人、奚人、渤海人等杂牌军,而女真精兵只有三万多人。聪明的女真将领指派汉人步兵,加上开封城附近强行抓来的汉人,从事搬运粮草,安装炮架,修筑寨栅等劳作,而女真兵却养精蓄锐。

闰十一月三日,金朝元帅府六名成员,由一千骑护卫,冒雪绕开封城一周，察看地形。完颜谷神首先说："偌大一座城池，岂能如太原另筑长围，围个水泄不通。"完颜粘罕笑着说："不待长围了毕，冬去春来，自家们便须回云中府白水泊避暑去。"起兵东北的女真人极不耐南方的暑热天气，从来认为夏季不是用兵的季节。完颜斡离不指着城墙说："东京城有卧牛之势，西北高而东南低，西北城壁坚厚。"完颜粘罕说："如此大城，岂可四壁同时用兵，可命赛里统本部人马，立寨专守西壁，不得透漏南人。你亦命一万夫长，守它北壁。"完颜赛里汉名宗贤，人称盖天大王，也是金朝皇族，如今任西路军的一名万夫长。完颜斡离不说："我命蒙适（音 kuo 扩）守北壁。"完颜蒙适是东路军的一名万夫长。

他们来到青城西路军大寨用午饭。由女真兵端来两大木盆粟米饭和粥，一大木盆油煎涂蜜炊饼，六人各一小木盆芥末、醋拌带血的半生猪羊肉，一木碗猪羊血和内脏羹，其中撒上了生韭菜，六个人各一把木勺，便开始进食。这是女真人常用的美食，作为契丹人的耶律余睹虽然不喜欢，但在这种场合，也只能入乡随俗。

完颜粘罕忽然心有所思，他不等吃完饭，就下令说："传太史官见我。"不一会儿，三名前辽朝太史官萧如忒、耶律孛萌和耶律末极母进来。他们虽是契丹人，现在却对元帅们行女真礼，跪左膝，蹲右膝，连着拱手摇肘三次，完颜粘罕说："你们夜观天象，占验羊骨，此回攻城，怎生底？"三人说："回禀国相，二十一日午时，必定破城。"六名元帅府成员一时兴高采烈，哈哈大笑。

完颜粘罕命三名太史官退下，转身对完颜谷神说："谷神，你是珊蛮，何不诅咒南朝底赵皇一番？"女真语"珊蛮"就是巫师。在金太祖起兵反辽前，完颜谷神原来是女真族中著名的珊蛮。完颜谷神吩咐说："将我底物事取来。"一名兵士拿来了一根木杖，其上捆一把杀猪尖刀。完颜谷神脱去头上的貂皮帽，露出光头和两条长辫，同众人走到外面空地上，脸朝北方，用女真语哀惋凄切地歌唱，歌词说："取你一角指天、一角指地底牛，另有无名底马，前看有花面，后看有白尾，横看有左右翼。"然后用杖头的尖刀划着雪地。按女真人的习俗，只要某人经过这种诅咒，必定家破人亡。

用现代军事术语说，对这个庞大的城市，金军显然无力全面进攻，只能将重兵集中在东、南两面,实施重点进攻。围绕着开封城四周,金军修建了连珠寨,派游骑来回巡逻,企图严密围闭封锁,断绝开封与外界的联络。然而在事实上,十万金兵也显然无力将这座城市围个水泄不通。城中仍不断派人缒城而出,下达诏令,请求援兵,固然也有被金军捕获的,但也有相当比例还是逃出了敌人的封锁。

开封城中笼罩着一片惊恐的气氛。当年正月,完颜斡离不初次兵临城下,只有六万兵力,而宋军最后集结了二十多万。此后两次救援太原,第一次动用兵力十七万,第二次动用兵力二十二万。在精锐的陕西军力损失之余,加上从京师不断调发军队去河北与河东,所剩的兵力就比较单薄。种师道临死前,曾下令南道总管司招集十四万八千人,陕西制置司招集十二万人。然而在他死后,唐恪和耿南仲认为和议可以成功,在京城屯驻几十万人,财力不支,他们通过管军政的同知枢密院事聂昌,撤销种师道的命令。于是京城总计只剩下七万兵力,其中还包括京东路和京西路的弓手。在宋廷仓促下令勤王后,只有南道总管张叔夜临时率兵一万三千人,冲破金军的阻截,抵达东京,加上临时征调的开封附近保甲,在市井招兵,最后拼凑了十七万人。按照宋制,弓手是各县的武装警察,而保甲则是民兵,都不算正规军。

宋钦宗临时设置了守御司,任命文臣、新任同知枢密院事孙傅为守御使,自己的表哥、殿前都指挥使王宗濋为守御副使,在外城四壁各设一文一武两名提举官,按照宋朝重文轻武的惯例,文官的地位总是在武官之上,实行以文制武。孙傅等部署兵力,在外城四壁各设三万守兵,另外将殿前司各种番号的禁兵一万人,临时组成前、后、左、中、右五军,作为机动增援兵力,前军屯驻城西正门顺天门,后军屯驻城北正门景阳门,右军屯驻在城东正门朝阳门附近的道教上清宫,左军和中军屯驻在城南正门南薰门以东的五岳观。

严冬雪夜,宋钦宗仍然在崇政殿里阅读奏章。为节省开支,在书案上只点着一支蜡烛,暖炉里的石炭火苗也显得微弱无力,空旷的殿堂内,温度已与屋外相差无几。他身穿狐裘,在两名内侍的陪伴下,一份又一份地认真阅读。在众多的奏议中,他印象最深的,是监察御史张所的上奏。

张所奏疏共计五条:第一条弹劾唐恪误国,昏懦无能;第二条说王宗渊自恃骄贵,不知军事,不恤士卒,信用妖人郭京,必定败坏大事;第三条建议召李纲回京,委以重任;第四条举荐正七品武功大夫、阁门宣赞舍人吴革,说他秉性忠义,谙熟兵机,提议破格用人,以吴革取代王宗渊,出任殿前都指挥使、兼守御副使;第五条强调绝不能放弃河北与河东,应当下诏收回割地的命令,号召两河民众组织义兵,抵抗金兵,南下勤王。

宋钦宗反复阅读这份言简意赅、不到一千字的奏议,沉吟多时。他即位后,首先就安排自己的表兄出任殿帅,多亏王宗渊掌握国都的禁卫,对自己忠心耿耿,有效地防止了父亲和郓王的分庭抗礼。王宗渊任殿帅已近一年,他对表兄也愈益信赖。昨天王宗渊举荐殿前司拱圣马军副兵马使郭京,说:"此人能施六甲法,只须招募神兵七千七百七十七人,便可斩金虏国相与二太子。"唐恪当即说:"妖人妄诞,如何可信!"孙傅却说:"城中有道士丘濬,擅长扶乩,甚为灵验,远近闻名。臣请他作法,便在沙箕写下'郭京杨适刘无忌,尽在东南卧白云'。如今郭京正应此谶,另须寻访杨适与刘无忌二人。"两人当着皇帝的面争辩起来。宋钦宗对这件事虽然将信将疑,但他决不愿因此而罢免王宗渊。

宋钦宗最后还是写了简单的御笔:"唐恪罢少宰。改太宰、少宰复为左、右仆射,何㮚为右仆射、中书侍郎。李纲复资政殿大学士、领开封府事,速回京师。"将太宰和少宰改名以后,何㮚的新官就是右相。他前些时候,因反对割让两河,而退出政府,领开封府尹。宋钦宗又在张所奏议后给新任右相何㮚写上御批:"吴革可量才录用,张所为提领两河民兵,何㮚为都大总领两河民兵,可依所奏措置两河。付何㮚。"他在两份御笔后画上御押。"押"是当时盛行的签名方式,各人用一个特殊的记号,宋钦宗的御押是画"叵"。一个宦官作为内符宝郎,取过"皇帝行宝"的玉玺盖印,当时皇帝御玺共计九个,分别按不同的情况而用印。宋钦宗命令宦官将前一份御笔送学士院,由翰林学士连夜起草唐恪的罢相制词和何㮚的拜相制词,后一份御笔直接送给何㮚。他又嘱咐宦官说:"李纲贬官南方,路途遥远,须命十人分道传旨,命他急速回开封,不得片刻滞留。"他担心传旨的人少,路上都被金军截获。

宋钦宗到此已感精疲力尽,他起身回坤宁殿。寒冷的坤宁殿里仍然点着一支蜡烛,朱后和两名尚寝宫人方芳香、陈文婉还在烛光下为守城将士缝制拥项,也就是围脖,外裹黄绸,里絮丝绵。三人见到皇帝回来,连忙起身接驾。宋钦宗看到皇后也拈针引线,心中顿时有一种酸楚感,但又不愿在宫人面前流露。待两人进入东寝阁后,宋钦宗爱怜地执着朱后冷冷的玉手,动情地说:"素手抽针冷,那堪把剪刀。朕身为九重之主,竟连累圣人受苦。"说着竟落下几滴清泪,朱后急忙安慰说:"臣妾委实无以为官家分忧,亦不能执干戈以卫社稷,只得率宫女做几个拥项,聊表寸心。"两人上床,朱后还是不断盘问,她听了宋钦宗的叙述后,说:"官家,用郭京神兵,切须小心!"宋钦宗说:"朕岂能轻信郭京。"

张所是益都(今属山东)人,字正方,他奉召来到政事堂,又称都堂,是宰相的办公处。何㮚取出皇帝御笔,张所看后说:"自军兴以来,朝廷之命反覆无常,朝令夕改,官吏、军民无所适从。宗泽已任河北义兵总管,敢问义兵与民兵有何分别?"何㮚被张所问住,他想了一会儿,说:"义兵即民兵,民兵即义兵,何分彼此。自家们在围城中,如何措置得两河民兵?张察院若能出得围城,亲往河北,与宗泽团结民兵,救援开封,是为上策。"宋时习惯,常称监察御史为"察院"。

张所想了一想,说:"社稷危急,非臣子辞难之时,然而此事须深思熟虑。"他详细谈了自己的计划,何㮚表示同意。张所当场起草一份号召两河民众起兵抗敌的檄书,最后落款画押,却犹豫了一下,问道:"宗修撰画押在前,抑或张所在前?"宋朝公文的习惯正好与现在相反,官位低的在前,官位高的在后。论官位,正七品的朝奉郎宗泽高于正八品的通直郎张所,但宗泽只是河北总管,而张所却是朝廷特命的河北与河东提领。何㮚说:"他画押在前。"于是,檄书上开列三个头衔,河北义兵总管宗,提领两河民兵、监察御史张和都大总领两河民兵、右仆射何。分别画押后,张所又强调说:"朝廷出令,岂容反汗。日后不论朝廷如何指挥,张所只依今日御批行事!"何㮚说:"便依此行事,不容出尔反尔。"

张所又问:"何相公,吴革的差遣,你作何安排?"何㮚说:"已命他为中军统制,如有战功,再行升迁。"张所说:"汉高祖尚能破格命韩信为将,艰难之时,相公岂可如此拘守资格?"何㮚表现得不耐烦,说:"你不须管得。"张所说:"不用吴革,乃是聚汴京之铁,铸就了一个大错。"何㮚带着哂笑的口吻说:"张察院,尔言重了!"张所还是不放心,说:"太上在位时,信用了多少道士,装神弄鬼。请相公千万莫信郭京!"何㮚说:"张察院但请安心,城中底事由我理会,必保无虞!"

书吏们已经用黄绢誊写了十二份檄书,由何㮚和张所一一画押。张所又取了十份空名的从九品承信郎官告和两份空名的从九品承节郎官告,另加一百二十贯铜钱,十三张驿券,就离开了政事堂。虽然同属最低品的武官,承节郎比承信郎高一阶。宋时出差,凭藉驿券,沿途官府可以供应马匹和住宿。

张所来到城南五岳观,找着新任中军统制吴革。吴革字义夫,华阴(今属陕西)人,是宋初勋臣吴廷祚的七世孙,长得一表人才。他与张所相识不过半年,却已成为至交。不久前,他奉命往陕西招兵,途中遇到张叔夜,又临时担任张叔夜的前锋,屡次击退金兵,直抵开封城下。张所说明来意,吴革下令,在本军招募自愿去磁州送信者。五岳观的庭院内进来了二十多人,向长官唱喏,张所一眼就看中两个壮士,问道:"你们姓甚名谁,户贯何处?"一人回答:"男女姓寇名成,磁州人氏。"另一人说:"男女姓王名经,相州人氏。"原来两人户贯虽属两州,其实却是邻村人,从小就是朋友。

张所又问:"你们可否识字?"两人回答:"自家们能读得官家诏书。"张所当场取出自己撰写的檄书,两人居然都能琅琅成诵。宋时行伍军人大都是文盲,这不能不使张所和吴革对两人刮目相看。

吴革问:"尔们能开得硬弓?"两人回答:"能开二石硬弓。"当时如康王能挽弓一石五斗,已算是武艺超群了。接连四天的大雪已经停止,吴革下令取来二石弓,在观前雪地上立靶。寇成和王经在一百步外,弯弓搭箭,各射三次,全部中红心,赢得围观军民的喝彩。吴革又问:"你们惯使甚底兵器?"两人说:"男女有祖传宝剑两口。"寇成和王经当众舞剑,张所虽是文官,平时也练习武技,忍不住拍手叫好,他最后问:"你们可骑得烈马?"两人回答:"自家们原是殿前司捧日马兵,可骑得烈马。"

张所到此对寇成和王经完全满意,当即取出两张空名的承节郎官告,分别填写"寇成"和"王经",授予两人,又另外选了十人,也给他们填写承信郎官告,每人发铜钱十贯,驿券一张。十二份檄书做成蜡丸,交付各人。张所命十人连夜出城,却将寇成和王经留下,问道:"你们可有老小?"两人说:"男女有妻儿在军营。"张所笑着说:"你们如今与我同朝为官,何须自称男女。先去军营,接你们老小。"

张所同寇成、王经先到军营,接两人的妻儿一同来到张家。宋朝官员游宦四方,除很少数人在京城建房或由皇帝赐第外,大都租用民房。张所也租赁了城西北角楼附近的一套民居。当夜张府设便宴,为三人饯行。张所的妻子徐缨络和八岁的儿子张宗本,还有寇成和王经的妻儿一齐入座。

在围城中,物资逐渐匮乏,然而宋徽宗修建的艮岳内却养着无数珍禽异兽,其中光是鹿就有几千头。户部尚书梅执礼临时掌管军需,他奏请皇帝宰杀此类禽兽,犒赏官军。张所家也分得鹿肉三斤,这算是便宴中惟一的肉食,此外还有汤饼(面条)、油煎环饼和小米粥,两碟蔬菜,三瓶开封出产的瑶泉名酒。

张所叮嘱妻子说:"日后腾出两间空房,请王承节与寇承节老小搬出营房,到我家住,彼此可照应。"寇成和王经不约而同地说:"此如何使得!"张所说:"彼此同朝为官,又是患难之交,如何使不得!"王经感动地说:"张察院待自家们恩重如山,自家们拚性舍命,亦须保察院杀出重围。"张所笑道:"我并非求你们保全我底性命,我只求你们将檄书送到磁州宗修撰堂前,即便有三长两短,我亦感恩于九泉!"这番肺腑之言使所有的人,包括两位男子汉都泣不成声。寇成感叹说:"世间又有多少官人,平日贪财,战时贪生,若为官底人人如张察院,我大宋朝何至有今日!"张所长吁一声,当即起立舞剑,悲歌《南乡子》一阕:

> 杀气亘皇州,铁马嘶风撼角楼。天下阽危如累卵,堪羞!政府诸公无远谋。
>
> 何处觅吴钩?洗净烟尘解国忧。相顾滴滴离别泪,休流!须断头时便断头!

张所歌罢,又取笔墨写同样文字的短简两封,分别交付王经和寇成说:"尔们到得磁州,面交宗修撰。信中已说,尔们官阶为承节郎,宗修撰定当重用。尔们两个官告,可留于家中。日后也可依凭官告,领取朝廷恩泽。"两人说:"难得张察院为自家们想得如此周全。"张所等酒足饭饱,就更换便装,张所只带一张驿券,而寇成和王经各自在头髻中藏了檄书蜡丸,衣服里缝了张所的书信和驿券,此外,三人又各带一口剑。

告别之时,三人同他们的妻儿免不了有一场生离死别的痛哭,连一直强忍泪水的张所也不免儿女情长。与亲人忍痛诀别后,三人快步来到开封城西最北的咸丰水门,水门之下有金水河流入城中。他们登上城墙,察看动静,最后选择了西北角楼以南,咸丰水门以北一处。寇成和王经凭藉武艺,贴着城墙纵身下城,而张所却须用麻绳攀缘下城。他们利用无月昏暗的夜色,踏着厚厚的积雪前行。

今年正月完颜斡离不军初攻开封,曾在城外西北的牟驼岗设立大寨。这回宋人决水灌牟驼岗一带,金军在卑湿冰冻的地区无法扎寨,只是来回用游骑持火把巡逻。张所等三人接连躲过了两队巡逻的金军,暗自庆幸。不料却被第三队金军发现,一谋克的金兵,约有八十余骑,用女真话大喊,向他们猛扑过来。在千钧一发的关头,张所低声对寇成和王经说:"我引开番人,你们夺路而走!"说完,就手持宝剑,大喊道:"我是大宋监察御史张所!"向敌军冲去。金骑包围张所,其中一人投来一个麻绳网,将张所套住,绊倒在地。趁着金兵们的注意力集中在张所身上,躲在一棵大树背后的王经和寇成袭击敌军的侧后,两人分别用剑刺倒敌兵,夺马而逃,然而却招来六十余敌骑,在后紧追不舍。

女真骑兵手持火把,大喊大叫。王经和寇成担心其喊声又招来更多的敌人,从前面拦截。他们所乘两匹马的鞍上都挂有敌人的弓箭,但女真兵配备的弓,弓力只有七斗,两人目测与追骑的距离,知道施放弓箭,对重甲骑兵并无威力。按金军的规定,弓箭不得虚发,所以追骑也不向两人施放弓箭,只是穷追。王经灵机一动,他想到金兵的马甲颇为轻薄,就喊一声:"放箭!射人先射马!"他略为放慢马速,背射一箭,一匹敌马顿时倒地。两人连放六箭,射倒六匹敌马,方才摆脱敌人的追击,消失在冰天雪地的黑夜之中。

张所被押解到城南的青城大寨。青城是宋朝皇帝举行南郊典礼,祭祀天地诸神的所在,类似北京的天坛。金军占领青城后,特意保护其中的斋宫、殿宇之类,连元帅行府也设在民房里。张所进屋,屋里坐着完颜粘罕、完颜谷神、耶律余睹和高庆裔、萧庆五人,只见进来的俘虏,气宇轩昂,并无丝毫萎靡之色,只是对五人一揖而已。完颜粘罕发问,由萧庆担任通事,翻译说:"你为何不跪?"张所说:"南揖北跪,礼仪有别,我是大宋朝臣子,你们是大金朝臣子,何跪之有!"完颜粘罕说:"看你煞是个好南人,若投拜我大金朝,可封你一个字堇。"张所神色慷慨地说:"既已被俘,唯有一死,以报国恩。"完颜粘罕听完萧庆的翻译,大喝一声:"将他洼勃辣骇!"完颜谷神却说:"他是个丈夫汉,且留他一命,将他与南朝李侍郎一同看押,日后或有使唤。"原来吏部侍郎李若水又奉命出使,而被金军扣押,如今被拘留在附近的道教冲虚观里。完颜粘罕表示同意。

张所被押到冲虚观,见到了李若水,两个秉性颇刚的人至此都涕泗纵横。李若水感叹说:"我此次奉使北上,沿途守边与防河将士都不战而溃,望风而逃,西道总管王襄败逃,东道总管胡直孺又被虏人生执,开封无援兵,国家如何有望?"张所介绍了城中和自己的情况,李若水说:"主上外不能授宗修撰以全权,而统两河之兵,内拜何桌为相,恐不济事。"张所说:"开封城池高深,急切不易攻。但求延捱至明春,南有李大资(李纲),北有宗修撰,他们必能尽忠竭力,兴师勤王。"李若水长吁一声:"但愿天地神祇,佑我大宋!"说着,他取出一纸,上面是他刚才所写的一首七律:

胡马南来久不归,
山河残破一身微。
功名误我闲云过,
岁月惊人迅鸟飞。
每事恐贻千古笑,
此生甘与众人违。
艰难重有君亲念,
血泪斑斑满客衣。

张所当即索取笔墨,用另一张纸填写了昨晚所歌的《南乡子》词。两人空有两颗焦虑的忧国之心,却又苦于一筹莫展,只是互相凝视着。

[玖]
父子释嫌

　　金军初攻开封时,莽撞地专攻西北,这回却完全掌握了这个城市的特点,力攻东南。东路军在十一月二十七日初攻失败后,连续发动了更猛烈的进攻。其攻击的重点,是城东最北的善利水门和最南的东水门,而东水门又包括汴河南北岸的上善门和通津门,这又是两个陆路便门。从十一月三十日开始,开封进入了多雪凝寒的天气,耐寒的女真兵就更加活跃。

　　闰十一月初,东道总管胡直孺和都统制隋师元率一万人,从南京应天府出发,救援开封,抵达拱州(治今河南睢县),却被金朝元帅左监军完颜挞懒率兵杀败,胡直孺等被俘。金人特意将胡直孺押到开封城下,扬言从此不可能再有一兵一卒增援东京,更加重了城内的惶恐气氛。金朝西路军从五日开始投入战斗,专攻城南最东的宣化门,俗称陈州门。完颜斡离不每战必定亲临前沿,而完颜粘罕的作风却完全不同,他只是坐镇青城大寨,前沿军事由完颜娄室和完颜银术可两名骁勇的万夫长指挥。完颜粘罕从来不离开自己的司令部,完颜斡离不有事只能去青城大寨商议。

　　历史记载说金人野战长于用骑,而攻城善于用炮。经历灭辽战争的锻炼,金军不仅擅长野战,还擅长大规模的攻坚战。他们在东水门外列炮二百多座,此类人力抛石机有很大的威力,用鼓声为号,同时抛射,飞石如雨,最大的七梢炮可以抛掷五十宋斤的大石,撒星炮可以同时发石数块,很多守城宋兵被飞石击伤或打死。金军搜罗城外几乎所有的石块,包括石碑、石磨、坟墓的石兽等,都用于攻城,半月之间,城下的炮石竟堆积了一丈多高。其他的攻城器械有云梯、火梯、偏桥、鹅车、洞子、对楼等。洞子也称洞屋,形状如上尖下宽的房屋,下有车轮,用圆木叠成,外面蒙上牛皮和铁叶,用水浸湿,不怕宋军的矢石和火攻,里面有人推行。洞子一节又一节连接起来,直到护龙河岸,然后在洞内运土、石、草、木之类,填塞护龙河,直逼城下。如果一旦贴近城下,就可以在城墙挖洞。鹅车形状如鹅,外面也蒙上皮和铁,冒矢石推到城下,车里的金兵就可从鹅头登城。云梯、火梯、偏桥、对楼也用车轮转动,到城下后用铁钩搭着城头,金军就可从梯下攀登,或从楼里冲入城头,火梯用于焚烧楼橹。金兵还在城外建筑望台,高约十丈,俯瞰城中动静,指挥作战。

守城的宋军也用各种战术抵抗。他们除了在城上施放矢石外,有时还缒城而下,焚烧敌人的炮座和其他攻城器械。宋军在城上用麻缆绳结网,上面悬挂麻袋,其中放了湿糠、马粪之类,马面上设木竹篱笆,其上悬挂湿毡,以防炮石和火攻,保护楼橹和人员。他们用撞竿钩住敌人的梯车之类,使之不得靠近城墙。在通津门下,一次就击毁金军的云梯、火梯、偏桥、鹅车几十座。直接指挥守城的宋将姚友仲和刘延庆都是世代将门,军事经验比较丰富。姚友仲守东水门一带,又设法在南北突出的拐子城墙上另开两门,上面用闸,便于守军机动迎敌。尽管金朝东路军的进攻愈来愈猛烈,而始终无法得手。

围在城中的宋钦宗,经历了他有生以来从未有过的精神煎熬,时常彻夜不眠,形容枯槁,有时头疼欲裂。焦急的朱后为他找御医诊治,服用安神药剂。吴革和姚友仲分别上奏,建议乘敌人初到开封,立足未稳,派兵出城立寨屯驻,随机应变,不让敌兵近城,保护东南通道。然而宋钦宗害怕出城迎战不利,影响军心士气,只命军队在城上防守。在万般无奈之余,宋钦宗接受何㮚的建议,决定在皇仪殿亲自召见郭京。

闰十一月六日下午,以右相何㮚为首的全体宰执大臣,中书侍郎陈过庭、尚书左丞冯澥、同知枢密院事孙傅、签书枢密院事曹辅和张叔夜,另外还有殿前都指挥使王宗濋,齐聚皇仪殿。按宋朝军制,一都有兵一百人,身为副兵马使的郭京年过六十五岁,已按规定降为"剩员",只支半俸,却仍在军中服役。他年龄虽大,却精神健旺,在此非常时刻,破例地进入大内,拜见皇帝和大臣,却无半点畏谨和拘束,显得十分自信。

宋钦宗给这个副兵马使赐坐后,问道:"虏人兵临城下,卿有何破敌良策？"郭京说："臣自幼遇异人传授，得六丁六甲神法，只须招得七千七百七十七名六甲神兵，便可破敌。"张叔夜素来不信郭京，曾与何㮑、孙傅等人屡次争议，就发问道："招募神兵，乃是未经战阵底乌合之众，如何便能破敌？"郭京不慌不忙地回答说："按六丁，即丁卯、丁巳、丁未、丁酉、丁亥、丁丑为阴神，而六甲，即甲子、甲戌、甲申、甲午、甲辰、甲寅为阳神，用符箓召请，便能为天帝所驱，行风雷，制鬼神。臣今用六甲神兵，何惧番兵！陛下与列位相公如若不信，臣可当面试练。"

郭京的两名助手也进入殿内，分别带了两个小木箱，里面放了一猫两鼠。郭京当即在殿上用白灰画了一个圆围，在西北开了一角，作为生门，又在东南开了一角，作为死门。在围内又画了一些曲折的道路。郭京作法念咒，焚烧符箓后，两名助手分别将一猫一鼠放入生、死两门，结果老鼠立即被猫所捕杀。接着，又将猫改由死门放入，而另一只老鼠从生门放入，结果猫似乎瞎了眼，无论如何也抓不到老鼠。面对如此神奇的表演，宋钦宗和众大臣无不折服。

惟独张叔夜还是不信，他说："此乃幻术，与虏人交兵，非猫鼠同围可比。"郭京说："天下之事，万殊一辙。当与虏人交战之际，我可作法，命六甲神兵入生道，番兵入死道。神兵不须战斗，只须斫取敌人首级，金虏国相与二太子可一战成擒。"宋钦宗从绝望中看到了生机，精神为之振奋，他说："朕授卿为武略大夫、兖州刺史，统制六甲正兵，如破得番兵，当官拜节度使。卿何时统六甲神兵出战？"郭京得意地说："六甲神兵不至危难时，不可轻用。况且如今招募神兵，未及半数，如何便能出战？"宋钦宗当场吩咐宰执大臣说："可命梅执礼供应钱、粮、绢帛，不得有误招募神兵。"宋时募兵，首先须发放钱、粮之类。

郭京叩谢皇恩下殿。张叔夜又说："依愚臣之见，使用神兵须慎之又慎。"他脑中翻滚着一句话："国之将亡，必有妖孽！"却无法说出口。何㮑却满怀信心地说："天生郭京，保我大宋灭金，张枢相，你过虑了！"王宗濋说："臣与郭京交谈多时，此人深谙兵机，熟知虏情。臣愿以全家七十口，力保郭京破敌。"宋钦宗说："众卿不必争论，可依郭京所言，不至危难时，不用神兵。何时用六甲神兵，由何㮑临机决断。"

孙傅口奏说："各地勤王兵马，兵分多处，势孤而力薄，如胡直孺进援京师,徒然以卵投石。依臣之见,康王目今在相州,正可以皇弟之尊,号召四方,合兵勤王。"宋钦宗问:"康王统兵,当授何差遣?"曹辅说:"国朝无此前例,若依唐朝旧典,则有天下兵马元帅。"宋钦宗立即联想到唐肃宗由天下兵马元帅而取代唐玄宗的故事,说:"此事当另作商议。"

宋钦宗回坤宁殿,朱后、朱慎妃和几名宫女还在缝制拥项。朱慎妃说:"奏禀官家,郑、狄二夫人因缝制拥项,夜以继日,劳累过度,卧病在床,已命太医诊治。"宋钦宗听后,不免一阵心酸。在朱后的怂恿下,郑庆雲和狄玉辉是十夫人中仅有的两个御幸过的女子,他对这两位夫人也有了感情。郑夫人颇有朱后之风,对皇帝温存体贴而可亲,而狄夫人却是天真烂漫而可爱。他动情而感慨地说:"国步维艰,有劳圣人、娘子、十夫人与众宫女受苦,由朕之不德,何以释怀!"朱后看到皇帝消瘦疲惫的面容,心中也有说不尽的酸楚,连忙劝慰说:"伤情则伤身,官家切宜为大宋社稷保重。两夫人偶得微恙,有臣妾调理,官家自可放心。"宋钦宗说:"朕当去两夫人阁分问病。"朱慎妃说:"天色已晚,官家不妨御膳后再去。"

朱后又说:"自虏人围城以来,众夫人与宫人日夜缝制军衣与拥项,十分辛劳,宜有恩赏。依臣妾之见,可否升郑、狄、韩、刘、卢、何六夫人为才人,以示圣恩?"宋钦宗犹豫了一会儿,因为按他父亲时的规矩,宫女须御幸过后,方得升迁。他不说话,只是用眼神向朱后询问,朱后会意,说:"韩、刘、卢、何四位夫人缝制拥项出力,似当升迁,以为褒奖。"宋钦宗说:"既然如此,便依圣人所奏。然而如今国库与内库空虚,六夫人升得位号,却增不得俸禄。"

朱后说:"官家放心,臣妾与十八妹当以私俸与首饰分赐六才人与有功宫人。"宋钦宗感动地说:"难得圣人与娘子如此贤德!"朱慎妃又将一张纸递给皇帝,宋钦宗看到其上有小诗一首:

郭北护龙壕,京南藏豹韬。破钱百万贯,贼虏欲何逃。

朱后解释说:"太庙南观音院内,有一个慧贞师姑,极善请紫姑神扶乩。臣妾等请她入禁中,紫姑神便在沙中写下此诗。"紫姑神相传是一个小妾,遭正妻虐待而自杀。宋时男女师巫扶乩,最流行的就是请紫姑神。在焚香祷告,请出紫姑神后,由两人扶着师巫,师巫就在沙箕中写字。宋钦宗说:"此为藏头诗,四句之首,正是'郭京破贼'四字。"他将刚才召见郭京的情形说了一通，朱后和朱慎妃都深感欣慰，以手加额，这是古时表示宽慰和庆幸的习惯性手势，说："但愿否极泰来，我大宋江山金瓯永固。"

晚饭时，仍然是四位新才人与四位旧夫人到坤宁殿共用御膳，只少了患病的郑、狄两才人。在围城期间，御膳已从三十品减为五品。朱后听说鹿肉补身，吩咐尚食宫人何红梅与杨调儿，每餐必定为皇帝进鹿肉。宋钦宗吃了几回，渐感厌腻，朱后却反复劝说皇帝食用。

开封的夜空又开始飘舞雪花，宋钦宗与朱后、朱慎妃用过晚膳，就冲风冒雪，去嫔妃院，看望郑、狄两才人。他们首先来到郑才人阁，宋钦宗不准宫女通报，径自进入，在床上强扶病体，缝制拥项的郑才人慌忙下床，拜见皇帝、皇后和慎妃，叩谢升迁才人之恩，宋钦宗看到她略带憔悴的病容，不由加倍怜爱，亲自扶她上床，说："才人保重！有病之身，不须再亲针黹。"郑才人激动地说："官家登基于危难之时，即位于败军之际，忧劳国事，虽古贤帝王，何以复加。如今天下安危，系于一身，官家切宜保重。但求大宋社稷无恙，臣妾受些少病苦，又有何妨！"她年龄比慎妃小一岁，而文化修养颇高，应答十分得体，并且确是出自肺腑之言，而非矫饰。

宋钦宗与后妃对郑才人抚慰一番，又来到狄才人阁。狄玉辉在原先的十夫人中不但年龄最小，而且体质最健，她服药后，身体便已平愈，正在床上津津有味地吃栗糕。她见到皇帝等人进入，连忙把栗糕塞进嘴里，跣足滚下床来拜见，轻捷如猫，却因满嘴食物，无法说话。宋钦宗看着她一团稚气，娇憨之态可掬，不由愁眉稍展，笑着问："才人病体如何？"狄才人以极大努力吞咽栗糕后，方得以开口说："我服药后昏沉沉底，醒来后又觉饥肠辘辘。"宋钦宗看着她裸露的脚，说："天气甚冷，留心跣足受寒。"狄才人又敏捷地跳上床，盖上丝绵被。大家见到她全无病态，也就放心了。朱慎妃调侃说："官家升尔为才人，还不谢恩。"宋钦宗"免礼"两字尚未出口，狄才人已滚下床来拜谢。朱后怜爱地说："小狄才人，速上床去！"

出狄才人阁分后，宋钦宗与朱后、朱慎妃分手，带四名内侍，来到崇政殿。稍过片刻，景王和济王奉召来到殿内。两兄弟知道，雪夜召见，必有要事。虽只有数日不见，景王和济王看到长兄已明显地消瘦。济王说：

"大哥,此时此刻,尤须善保御体!"宋钦宗说:"虏人未围城时,每日有阅不尽底奏议。如今虽章奏稀少,在殿内如坐针毡,食不甘味,寝不安席。"济王感叹说:"事已至此,群臣亦无奇谋妙策,以安天下。"景王看了济王一眼,示意不应对长兄说丧气话。宋钦宗明白景王的用意,他对景王说:"国势如此,七哥说又何妨!"

谈话进入了正题。宋钦宗说:"如今各处勤王兵马不少,然兵势分而不合,便不能救东京之围。臣僚建议,九哥既然未入虏营,可授天下兵马元帅,督各处勤王兵马,以解开封之围。六哥、七哥以为如何?"济王拍手说:"此计甚好!"景王却说:"大哥须知唐肃宗灵武即位底故事。切恐九哥以天下兵马元帅之便,拥兵自卫,坐视不救。"宋钦宗认为他的前一句话正与自己的想法暗合,而对后一句话却颇为惊愕,说:"何至于此!"

经景王说破后,济王又转而同意亲兄的意见,他进一步说:"妈妈自与九哥饯别回龙德宫,言道九哥此去,必定不入虏营,而另谋它就。如今九哥的行藏果不出妈妈所料。大哥不宜命九哥为元帅,还须另命他人。"景王由于自己母亲与韦贤妃的特殊关系,本不想对长兄说穿此事,现在济王既已坦白,他只能将饯别时的情况向长兄详细介绍。宋钦宗听后,有几分愠怒,顿足抵掌,说:"不料朕枉送一个贤妃、一条玉带!"

景王反而劝解说:"大哥,韦娘子终究是太上底娘子,九哥又是自家们底亲弟。国难当头,此事以隐忍为上。依我之见,九哥终是皇弟,以皇弟之尊,督率四方军马,此计可行。然当计其利而避其害,方为上策。"宋钦宗沉思片刻,他想,康王虽与自己关系平常,但还不至于完全置父母的安危于不顾,就说:"命他为河北兵马大元帅,另命一个元帅,一个副元帅,命他们从速进兵开封,以解燃眉之急。你们以为如何?"他把"天下"改成了"河北",景王想了一会儿,说:"亦只得如此,不知大哥命谁为元帅与副元帅?"宋钦宗说:"陈遘为中山府路安抚使,汪伯彦为主管真定府路安抚司公事,两人尽忠朝廷,可为元帅与副元帅。"景王说:"种师道遗奏曾力荐宗泽。"宋钦宗说:"亦可命他为副元帅。"

兄弟三人商量后,宋钦宗当即命宦官取来三寸黄绢八片,当场用御笔细字,写下诏书。景王看后称赞说:"大哥手诏写得甚好,九哥便是铁石心肠,亦当动心。"宋钦宗命令内侍,将八份诏书做成蜡丸,交付何桌,派可靠的人递发。

景王临别时才对宋钦宗说:"阿爹近日方闻知虏人兵临城下,气恼得病,大哥虽为国事忙碌,亦当看觑阿爹一回。"原来宋钦宗接受耿南仲的建议,严令龙德宫的官吏和内侍不得通报敌情,金军围城多日,宋徽宗方如梦初醒。父子天性,宋钦宗虽然对父亲成见颇深,也不由不感怆地说:"爹爹得病,罪在朕之不德。明日当去龙德宫请罪问病。"景王和济王完全清楚长兄与父亲之间的龃龉,但他们遵从母亲乔贵妃的嘱咐,从不正面劝解。如今见到长兄说话如此动情,也受了感动。景王说:"阿爹另有吩咐,大哥既然自去龙德宫,便不须自家们传语。"

第二天早朝过后,宋钦宗与朱后、朱慎妃、太子、柔嘉公主同去龙德宫。龙德宫在大内之北的景龙门外,其西的撷景园改名宁德宫,供郑太后居住。龙德宫南的景龙江两岸,都栽种奇花珍木,虽非大内,也属开封皇宫园林的一部分。宋钦宗沿途看到严冬的林木积雪凋谢,倍觉凄凉。自从两月前天宁节不愉快的上寿后,他还是初次来到此处。

此时,宋徽宗身边只留乔贵妃和十八岁的贵仪金秋月、十九岁的淑仪金弄玉侍候。乔贵妃固然是他最宠爱的女子之一,而此外还有两个王贵妃和两个刘贵妃,特别是其中的一个刘贵妃,最受宠爱,却都已病故。乔贵妃如今位居郑太后之下,众妃嫔之上,但毕竟是徐娘半老,而金贵仪和金淑仪则是新宠。

距离上月崇政殿的会面仅有一月,当父子再次相见时,儿子看到父亲竟衰老了许多,父亲看到儿子面容憔悴,都不胜感伤。宋钦宗率领朱后等下拜,口称:"不肖臣桓问病来迟,特向太上官家请罪!"宋徽宗说:"免礼,老拙知晓大哥操持国事,委实艰难。"他抱着自己最亲爱的长孙赵谌,泣不成声。在场所有的人也都啜泣起来。

宋徽宗屏退众人,单留下宋钦宗与乔贵妃,然后开口说:"老拙知晓,大哥为你妈妈与三弟底事,至今耿耿于怀。这亦是老拙一时糊涂,你三弟体弱多病,如何执掌国政?多亏乔娘子贤德,提醒老拙。如若你三弟继位,国事更不堪设想。只因老拙失德,宠信奸佞,败坏大政,连累大哥,虽悔何及!"宋钦宗说:"太上官家如此自责,臣桓不孝之罪更深!"到此地步,父子俩竟抱头痛哭起来,旁边的乔贵妃也陪着落泪。

宋徽宗又说:"老拙后宫一万,大贤大德唯乔娘子一人,是她力劝老拙与大哥释嫌,大哥当谢过乔娘子。"前面说过,宋钦宗一直对乔贵妃怀有很深的感激之情,却从来不便表达,他乘这个机会,向乔贵妃毕恭毕敬地作了个揖,说:"乔妈妈受朕一拜!"按宋宫规矩,对父亲的妃嫔,宋钦宗只称"娘子",改用"乔妈妈"的称呼,特别表示了谢意和敬意。乔贵妃连忙还礼,说:"折杀臣妾!臣妾有何才何德,唯有官家父子和好如初,臣妾方能卸脱罪愆。"

宋徽宗又说:"国势危殆,如今唯有老拙自去虏营求和,但救得列祖列宗江山社稷,大哥日后徐谋恢复。老拙作福二十六年,不孝之罪,上通于天,上帝降罚,老拙理宜祗受。"宋钦宗急忙制止说:"使不得!万万使不得!万方有难,罪在臣桓!要去虏营,亦只得由臣桓自去,岂能连累太上官家!臣桓自有退敌之策。"宋徽宗问:"如何退敌?"宋钦宗介绍了命康王为河北兵马大元帅和郭京神兵,宋徽宗摇摇头,说:"只恐亦未必济事。"宋钦宗说:"不论如何,亦断无太上官家自去虏营之理。请乔妈妈好生看觑太上官家,日后太上官家出龙德宫,须由乔妈妈陪伴,并关报臣桓。"宋钦宗最后辞别父亲与乔贵妃,自己与朱后、朱慎妃回大内,惟有太子和柔嘉公主仍留在龙德宫,承欢祖父的膝下。

[壹零]
背城一战

闰十一月九日,宋钦宗御文德殿常朝,得到报告,说金使萧庆又到。自金朝兵临城下后,金使已来过多次,但东路军和西路军各自派人,其提出的条款也略有差别。这回萧庆等人出使,特意带来了被俘的胡直孺和张所。宋钦宗下令安排金使去馆驿,先由冯澥、曹辅与萧庆谈判。他听说胡直孺和张所被释,特别在景福殿召见,何㮚等宰辅大臣都在殿内赐坐。胡直孺进入,只是俯伏在地,泪流满面地说:"臣率师救援开封失利,不料今日得以重睹天颜,死罪!死罪!"张所却竭力振作精神,说:"臣与寇、王二承节出城,不幸被俘。然寇、王二承节已夺马北上,料得宗泽必能尽忠体国,号召义兵勤王。"

宋钦宗问:"你们在虏营多日,敌势如何?"张所介绍了他与李若水的见闻,说:"臣与李若水多方打探,金虏攻城多日,死伤数千人。敌兵十万,而女真精骑仅有三万余。且不论被掳之汉兵,心向大宋,并无斗志,却有反戈一击之意。便是女真军亦有厌战之心,颇多怨言。官军只须用心守御,坚持忍耐,冬去春来,定能转危为安。李侍郎传语陛下,河东寿阳与平定军,尚能以弹丸之地重创强虏,岂有开封士民百万死守城池,而败于三万女真军之理!"

陈过庭说:"虏人扬言,金军不得已,不过国相与二太子死于城下,今冬且去,明年当命将出师,再犯东京,誓不罢兵。王师失律,则开封百万士庶流血盈城,全城灰飞烟灭。"张所说:"此乃虏人虚声恫吓。此次倾巢而出,若败于开封城下,明年焉有余力,再次进犯。"

言犹未了,冯澥和曹辅进来,两人当执政后,似乎与金人谈判成了他们的专职。冯澥说:"萧庆有言,自古有北,便不可无南,金军保护西京皇陵与青城殿宇、斋宫,以明并无吞灭南朝之意。然而前日已许割三镇之地,金军方退,我便爽约。此回须陛下亲自出城会盟,方可退师。不然,围城之军决不解,攻城之具决不退。城池未破,车驾出城,敌人二帅当行臣子之礼。若一旦城破,便休怪他们不执臣礼。"宋钦宗听了,顿时面如死灰。

张所激愤地说:"金虏纵臣等回城,保护青城,其意不过置陷阱以待陛下。陛下曾说当死守社稷,切望陛下言而必信,行而必果。兵法曰,置之死地而后生。如今陛下在开封围城之中,便与全城军民置身死地,唯有犯死,尚可求生。若心存侥幸,尚图苟且偷生,乃自取灭亡之道。好生恶死,人之常情,然而今日岂可讳言。陛下唯当逐走萧庆,从此不通来使,亲率全城军民死战。外城破,则守里城,里城破,则守宫城,宫城不守,则焚宫阙,以殉社稷,战至最后一兵一卒,一弓一矢,庶几上不愧祖宗,下不愧万民。京城士民百万,同仇敌忾,誓不与十万敌军俱生,粘罕与斡离不纵有三头六臂,可得志于辽,亦决不能得志于我大宋!"张所的话是尖锐的、直率的,但在古代的专制政治下,毕竟不能完全对君主直言无讳,他最后想说:"如若陛下尚图苟且偷生,臣恐陛下生不得其生,死不得其死!"话到嘴边,只能咽了下去。

宋钦宗的"死守社稷",其实不过是说一说而已,他的内心深处,总是希望敌人能发一点慈悲,开一线生路,张所的直言反而引起他的恶感,但一时又拿不出有分量的话回驳。冯澥却说:"依臣之见,仍须与敌通和,以为缓兵之计。"张所驳斥说:"自军兴以来,臣唯见敌使缓我之兵,未见我使缓敌之兵。"宋钦宗到此已无法忍耐,他用厌烦的口吻说:"军国大事,自有朕与宰辅大臣从长计议,卿可与胡直孺下殿去!"张所到此也只能同胡直孺下殿,宋钦宗又喊:"胡直孺!"胡直孺闻声转回身来,口称"臣在",皇帝说:"朕命卿权户部侍郎,与梅执礼一同供应军须。"胡直孺拜命而退。

张所回家,见到自己的妻儿和王经、寇成的家眷,免不了有一番劫后余生的悲喜和抚慰。张所为今天景福殿的面对,心中一直闷闷不乐,不想晚饭过后,竟有吴革来访。张所首先介绍自己的经历,最后悲叹说:"不料庙堂底举措,一如金虏初犯东京时,全无长进!"在古代的政治条件下,臣民必须讳言君主的过错,所以张所不能说"主上",只能说"庙堂",即政府大臣。吴革说:"当时文尚有李大资,武尚有种枢相,可惜不能委以全权,动辄掣肘。如今文有何㮮,武有王宗濋,却信用不疑!"他也是在说皇帝,却避免用"主上"一词。按当时的习俗,对尊敬的李纲和种师道用官称,避免使用名讳,对不敬者自然可直呼其名。

原来吴革出任中军统制仅有几天,纷至沓来的,竟是从内侍到王宗濋的各种请托,要求在军中安插他们的亲故,白拿官俸,冒请军功。吴革一概回绝,就得罪了权贵们。吴革的中军作为预备兵力,在南城宣化门吃紧时,也上城迎敌。他发现金兵最厉害的战术,就是用洞子推进,填塞护龙河。当时护龙河与惠民河相通,惠民河绕行城南,由西面的广利水门入城,又由东面的普济水门流出,而普济水门以东就是宣化门。吴革当即找南壁提举官李擢紧急建议,在夜间大开惠民河闸门,以猛涨的护龙河水淹灌敌人。李擢是文官中书舍人,他出任南壁提举官后,成天躲在城下,借酒浇愁。他在醉中接见吴革,只是三言两语地敷衍过去。两天后,吴革再次登城,发现护龙河水反而干涸,金军却冒着宋军的矢石,日夜填河不止,逐渐进逼城下。

吴革急忙去找王宗濋。自从开封被围以后,王宗濋除了陪同宋钦宗劳军外,从不登城。他正为吴革拒绝安插其亲故而恼火,反而把吴革抢白一顿。吴革无可奈何,又去找任守御使的孙傅。孙傅自从围城以来,倒恪尽职守,经常在城上夜宿。然而待他下令开闸时,金兵已从上流截住惠民河水,他们得以放心大胆地填塞水位低浅而冰冻的护龙河。就在张所回城的当天上午,吴革却被王宗濋罢免了统制的差遣。

张所听完吴革的叙述,拍案而起,怒不可遏,说:"一群醉生梦死之鼠辈,我大宋社稷又有何望!"吴革说:"当今之大患,不在虏兵雄盛,锐不可当,而在朝廷之无策,人心之不齐,士气之不振。"两人沉默许久,张所又起立,改用另一种语调说:"义夫,虽事已至此,自家们终不忍江山社稷,沦于敌手。你尚有何策?"吴革苦笑说:"我又有何策?护龙河为京城之屏障,有护龙河在,虏人云梯、对楼之类都近不得城头。我愿率死士,连夜出战,毁房人的洞子。如今天气严寒,而许多战士尚穿单衣。大内后妃与宫人为战士作绵拥项,便有人叹息道:'虽得拥项,奈何浑身单寒。'城上有军兵夜半冻死。使官军人人饱暖,亦是当务之急。"张所说:"自家们同去见何相公。"吴革说:"何相公从来轻视武人,我不须去。"

张所连夜去都堂。何㮚自任右相后,平时都夜宿都堂,准备皇帝不时召唤。但他只是每晚同哥哥何棠饮醇酒,谈笑自若,醉后就吟唱柳永的词,却从不上城。今夜兄弟俩又在对饮八仙楼所产的仙醪名酒,桌上铺陈了十盘菜肴,有艮岳宰杀的糟鹿脯、腌鹤腿、鸳鸯炸肚,还有花炊鹌子、荔枝白腰子、羊舌签、狗肉做成的假野狐、旋煎羊白肠,另有川菜淘煎燠猪肉和杂煎事件(猪鸡内脏)。何㮚认为,愈是在危难时刻,自己身为宰相,就愈需要有一种闲雅镇定、处变不惊的风度,以为百僚的表率。兄弟俩身为四川人,更嗜好川菜。不一会儿,两盘川菜首先吃个精光。何棠酒量不大,也不喜饮酒,他不过是偶尔用酒盏略为沾一沾唇,而何㮚却是标准的酒鬼,颇有海量。何棠在席间问他:"闻番人邀索,浩瀚无比。"何㮚略带醉意,笑着说:"便饶你漫天索价,待我略地酬伊。"

何棠同兄弟的感情自然不坏,但他对何㮚的轻狂也不时规劝,他到此又忍不住说:"十九,军国大事休出戏言!"用排行称呼,是当时的一种习惯。何㮚正待回答,张所不待通报,排门直入。何㮚见到张所,又起身举着酒盏说:"正方,'所亲惊老瘦,辛苦贼中来',我敬你一盏。"张所看到何㮚醉眼惺忪的模样,已有几分不快,他说:"相公,你在此钟鸣鼎食,可知城上战士有冻死者?"何㮚仍不在乎,笑着说:"此处无钟鸣,却有鼎食。"何棠感到有失体统,连忙对张所说:"十九哥酒后失言,恳望张察院海涵。"他命吏胥取来浸过冷水的面巾,给何㮚擦脸醒酒。何㮚清醒后,也对刚才的失言有点后悔,又换了一种声调,对张所说:"大内、裁造院等赶制军衣不及,当如何措置?"张所说:"可命全城店铺、质库,令每家三日内速备十人绵袄、绵裤、绵袜之类,不得有破衣,不得有薄绵。括一万家,便有十万人衣服。可晓谕店铺、质库,官军守得京城,乃全城百姓之福,若守御有疏漏,乃全城百姓之祸。"何㮚点头同意。

张所又介绍吴革的遭遇,愤愤不平地说:"我当上奏弹劾王宗濋与李擢!"何㮚说:"军中积弊,非止一端,积重难返,劾不胜劾。你已上了弹奏,而圣上仍对王殿帅信用不疑。围城之内,贵在人和。明日我当复命吴革为统制,与孙枢相商议,依吴革之议出战。"张所苦笑着说:"好一个息事宁人底何相公!"

在双方认真谈话时,何㮚一直叉手站立。宋人以左手中间三指握右手的大拇指,右手四指伸直,稍近胸前,称为叉手,可以表示认真、恭敬等意。如罪犯对官员、奴仆对主人说话时一般都是叉手正立。何㮚以此表示他后悔最初的失言。在这个十分讲究贵贱尊卑的社会里,上司对下级颐指气使,下级对上司阿谀逢迎,是司空见惯的事。但在另一方面,高官对卑官或士人虚心听纳,卑官或士人对高官直言敢谏,也被当做一种士大夫应有的风度和修养。更何况按当时的制度,官位卑下的监察御史有权弹奏宰相。何㮚虽然秉性轻狂,但他叉手站立,正是出于以上两方面的原因。

张所完全明白何㮚的用意。他回到家里,还是熬夜写劾奏。他对宰相实在不满意,但想到何㮚的前倨后恭,而毕竟采纳了自己的部分意见,又考虑到在围城之中,皇帝也不会任命一个比何㮚高明的人选,踌躇再三,还是只弹劾了王宗濋和李擢两人。

次日,何㮚召孙傅、张叔夜和王宗濋到都堂,提出吴革的建议,王宗濋首先表示反对说:"数日前,我命殿前司精兵一千人,下南城接战,以图激励士气。然而虏军甚锐,王师损折大半,统制高师旦战殁,如何再战?"张叔夜说:"然而不焚毁虏人底鹅车、炮架、洞子,又难以守城。"两人各持己见,相持不下,何㮚说:"且召来吴革,问他如何计议。"

吴革来到都堂,见宰执与王宗濋唱喏毕,提出具体建议,何㮚与孙傅马上表示赞同,王宗濋也不再表示反对。孙傅说:"重赏之下,必有勇夫,凡能焚毁金虏攻具八分以上,自身授团练使,其余依次受赏。吴武功此战成功,当授观察使。"团练使和观察使是从五品和正五品的武官,而吴革目前不过是正七品的武功大夫,这确是很重的奖赏。针对吴革毁艮岳,造炮石的建议,王宗濋说:"艮岳乃太上所造,花石纲耗费天下多少钱财,此事当奏禀圣上,自家们不可自作主张。"何㮚说:"此事由我口奏。"

围城中缺少炮石,宋钦宗也只能下诏同意,于是许多百姓手持斧和锥,纷纷前去凿艮岳,造炮石,官府又命城中富民与三省六部吏胥出钱,雇人夫将大量炮石搬上城头。由于城上已有多日无法抛射炮石，金军攻势更猛，不料宋军突然抛射大量炮石，金军死伤不少，攻势顿时受挫。

在孙傅下令出重赏后，吴革方能招集自愿应募者八百人，却只及他原计划的四成。吴革设计要从东水门和宣化门同时出击已无可能，只好改为先在宣化门一处出战。半夜时分，他和八百勇士饱餐一顿，就分别从城上和城门分头杀出城外。

八百勇士的前锋中有杨再兴、王兰、高林、罗彦、姚侑、李德、张应、李璋、赵宏和岳亨十位好汉。他们是义兄弟，其中以汤阴人杨再兴最为勇悍。岳飞早先因家境贫寒，决定从军谋生。他的外祖父姚大翁特别请来本县一位有名的枪手陈广，传授岳飞枪法。岳飞的枪法很快青出于蓝，闻名全县。一天杨再兴特地登门，要同岳飞比试。两名武士只用无铁刃的木枪对打，交手多时，不分胜负。岳飞看准对方一个破绽，用枪杆扫着杨再兴的小腿，把他打翻在地。岳飞连忙扔下枪，礼貌地将杨再兴扶起。杨再兴却愤愤然地离去，说："岳五哥，待一年后再与尔一决雌雄！"然而岳飞参军后，两人也不再有比武的机会。

金朝东路军初下河北时，杨再兴自愿从军杀敌。今年正月初二，金军前锋三千骑直取汤阴，统兵官正是四太子完颜兀术。汤阴本地临时组织三千保甲迎战，自然根本不是敌骑的对手，被女真骑兵冲个落花流水。然而出乎意外的是杨再兴居然单骑杀入敌阵。他的兵器是一杆虎头紫缨浑铁枪，在铁杆的顶端铸成虎头，而枪尖似乎是从虎口中吐出，有三十六宋斤重、一宋丈二尺长。他使用这杆枪连挑几名敌骑。完颜兀术看到来者勇猛，就亲自抡动素木红缨四棱铁锥枪，上前交锋。他与女真兵同样头戴铁兜鍪，止露双目，身披重甲，但杨再兴见到来骑所用兵器，并非是敌兵常用的三尺刀剑，就判断他是个敌将。在双枪猛击时，完颜兀术的木枪杆折断，杨再兴乘机在他胸前猛刺一枪，完颜兀术躲得快，幸免于致命的一击，却在左上臂连甲挑去一大块肉，顿时鲜血淋漓。完颜兀术虽然悍勇，也疼痛难忍，发出一声惨叫。大群金骑蜂拥而上，救护主将。最后在敌骑的包围中，杨再兴仍然刺死十多名敌人，杀出了一条血路。他辗转来到开封，又在军中结识了上述九个义兄弟。

今夜按吴革的组织和指挥，有六百壮健者专门迎敌，另有二百体质稍弱者负责焚烧和击毁金军的各种攻具,而杨再兴等五十名骑士更是六百人中的精锐。城门开处,五十骑都是清一色的长枪,其中义兄弟十人都使用浑铁枪,在一片喊杀声中冲向敌军。

金军在当夜停止攻城,只留下千夫长裴满什古乃率本猛安七百余人,守护炮架、云梯之类。见到宋军出战,连忙上马迎击。仓促之间,金兵来不及放箭,已与宋骑短兵相接。裴满什古乃跃马舞剑,向杨再兴砍来。杨再兴用铁枪用力一架,便将裴满千夫长的剑搕飞。杨再兴一枪,直贯裴满千夫长当胸,用力一挑,裴满千夫长的尸身竟从马上扔出几丈远,真是天生神力。在两军骑兵混战之际,五百五十名步兵也冲向敌人,按吴革的命令,他们专用麻扎刀砍敌马的小腿,敌马倒地,再与金兵步战。

这是金军自攻开封城以来,所遭遇的一次最激烈的抵抗。尽管女真兵也打得十分顽强,而宋军已占明显优势。担任前沿指挥的万夫长完颜娄室和完颜银术可闻讯后,急忙率五千铁骑前来增援,一半骑兵手持火把,马蹄声、喊杀声惊天动地。宋军虽然寡不敌众,还是完成了摧毁敌人攻具的任务,然后撤回城内。金军追近到护龙河边,就不敢再追,因为城上的炮石可以击碎他们戴铁兜鍪的头颅,而神臂弓和床子弩箭也可以洞穿他们的重甲。

在猛烈的搏战中,吴革本人也身中四箭,金军的箭镞像六七宋寸长的尖凿,被射中后,很不容易拔出。吴革尽管没有被射中要害部位,但已伤势不轻。最后点检军队,八百勇士生还者只有一百六十八人。在杨再兴的义兄弟中,也有张应、李璋、赵宏和岳亨四人没有还城,杨再兴等虽然都是刚强的好汉,到此也痛哭不已。

到天明时,从城上望去,只见宣化门外几乎遍地是人尸和马尸,殷红的血浸染着雪地,在阳光的照耀下,更令人惨不忍睹。金兵在当夜光战死者达八百多人,还不包括近千名伤员。在伤亡过重的情势下,加之吴革本人受伤,宋军在东水门出战的计划显然已无法实施。王宗濋掌管的功赏司,对吴革和生还的一百六十八名勇士,却一概不论功行赏,更引起军士们的普遍怨愤。

[壹壹]
雪地长跪

开封的积雪始终没有融化,而新的漫天大雪又降落到这个城市。闰十一月十三日,宋钦宗在文德殿召见金使。他们是契丹人萧庆、渤海人杨真和女真人兀林答撒卢母。兀林答撒卢母,汉名赞谟,他的妻子是完颜粘罕弟弟的乳母。三人进入文德殿后,一律行女真跪礼,跪左膝,蹲右膝,接连拱手摇肘三次,用汉语说:"国相元帅、皇子元帅问候南朝皇帝起居万福。"宋钦宗命宦官、入内内侍省副都知邵成章宣谕说:"朕亦亲问国相元帅与皇子元帅钧候起居万福,萧节使等劳趾远徙,不胜忻感,免礼!"

萧庆颇有口才,他注意在面对宋朝皇帝时,还是尽量保持对方的体面,所以语气相当委婉和客气,并且不再要求宋钦宗亲自去金营,说:"国相与皇子命庆等奏知皇帝,如车驾出城不便,更不烦车驾亲临敝寨。只须右相前去计议,太上皇、皇太子、越王与郓王为质,便行退兵。候河北、河东两路割地了毕,即送太上皇等归城,决无差失。"何㮚听说金人要自己出城,顿时变了脸色。原来金人已打听清楚,怂恿宋钦宗主战的主要是何㮚,他们认为,只要将何㮚诱出城外,宋廷也就失去了主心骨。越王是宋徽宗的弟弟、宋神宗十二子赵偲。

宋钦宗命邵成章宣谕说:"朕为人子,岂可以父皇为质。太子年方数岁,如何到得军前?"言犹未了,兀林答撒卢母就插话说:"此事亦有商量,上皇与皇太子不须去,只须亲王二人为质便可。"宋钦宗在与父亲释嫌之后,当然不能教三弟郓王为质,他通过邵成章宣谕说:"越王为朕之皇叔,郓王体弱多病,如何为质?朕当另命近上皇属出城。右相执掌大政,不可一日离朕左右,冯澥与曹辅身为执政,皆忠实可信,朕委任不疑,军前有事,但与商量。"按宋时所谓"近上皇属",是指血缘关系亲近、地位较高的宗室。

双方在殿上各执己见,相持不下,最后,萧庆决定让步,说:"自家们且与冯左丞、曹枢相前去寨中复命,然而此事尚须国相元帅、皇子元帅决断。如今宣化门下,城濠已填三分之二,长一里许,有攻具二百车。若有一个军人登城,庆等恐南朝有噬脐之悔。"其实,张所上奏中已经报告宣化门下的情况,宋钦宗因为对张所有了恶感,竟不看其奏议,因此他还是初次听说此事,不免大吃一惊。何㮚至此忍不住说话:"萧节使等有所不知,宣化门下底攻具,已被王师焚毁无余。"萧庆等人听后,也吃了一惊,他们进城数日,不知战局已有变化。

冯澥和曹辅代表右相,宗室赵仲温和赵士䚮代表亲王,随萧庆等到青城金营后,完颜粘罕拒不接见,只是命萧庆设酒宴招待,当天立即放回。这是个更加寒冷的雪夜,宋钦宗在崇政殿内的书案前,偶尔捡起几天前的张所上奏,阅后不免长吁短叹。他转过头来,对旁边的邵成章说:"张所言道,内侍有请托管军官员,以亲故窜名军中,冒领俸禄,虚报军功,你可查实,严加惩处。"邵成章字茂文,开封人,秉性耿直,博通经史,曾上奏弹劾势焰熏天的大宦官童贯,条列五十罪状。他不仅在宫内,就是在开封百姓中也颇有贤名。宋钦宗即位后,对父亲宠信的宦官多加贬斥,而惟独信用邵成章。

邵成章立即下跪说:"张察院忠义有素,决不妄言。内侍们行为不轨,小底误蒙陛下任使,罪责难逃。请官家处分小底,容小底日后用心查究。"宋钦宗叹息说:"数十年积弊,不能革于一日,你清白有素,朕所简拔,岂能加罪。唯有王宗濋在围城之中,尚不能秉公行事,辜负朕之厚望重托。"邵成章明白皇帝和他表兄王宗濋之间的特殊关系。当宋徽宗传位时,宋钦宗苦苦推辞,最后,宋徽宗降御笔,罢免郓王提举皇城司,并同意王宗濋主管殿前司军后,宋钦宗方到崇政殿登基。他早已听说王宗濋的一些劣迹,所以不向皇帝报告,倒不是出于持禄固宠的考虑。他估计自己无力奏免王宗濋,宋徽宗在位时的弊政,宦官们占有相当大的份额,宋钦宗即位后,邵成章认为,革新旧政,首先要恢复祖宗时不准宦官参政的传统,自己也就不便对朝政说三道四。现在趁皇帝提到王宗濋,他才乘机介绍了一些自己的听闻。宋钦宗不再说什么,只是长吁一声。

宋钦宗起立,徘徊移时,他走近殿门,吩咐内侍开门。殿外的狂风卷着大雪,竟吹到殿内,将殿内仅有的一枝蜡烛吹灭。内侍们忙将蜡烛重新点燃。邵成章说:"官家,小心受寒。"打算上前关门,宋钦宗用手势制止,他走到殿外,凝望着黑暗的夜空,听任风雪吹打,黯然神伤。邵成章明白皇帝此时此刻心境的感痛。宋钦宗伫立良久,口占一首五绝:

危城冻死骨,

玉殿愁吟人。

雪虐风饕夜,

折冲思虎臣。

吟毕,竟流下两行清泪。邵成章非常理解皇帝,却找不到半句话进行劝慰和宽解。宋钦宗终于回到书案前,内侍们也迅即将殿门关闭。皇帝写了两份御笔,命邵成章带往学士院,起草两份诏旨,一份是戒饬军中的各种弊端,另一份是宣布自己在大雪苦寒之时,再次亲巡京城四壁,慰劳将士。邵成章跪在书案前,说:"小底辜负官家,请官家贬降小底,以儆戒众内侍。"宋钦宗说:"你何须代人受过!"邵成章长跪不起,说:"小底不能钤束内侍,罪不容赦!官家不予处分,小底岂能安心侍奉官家!"不得已,皇帝同意将邵成章由副都知降为押班。入内内侍省有都知、副都知、押班等官,邵成章之上并无都知,他降官押班,却仍然是一省之长。

宋钦宗由两名宦官随从,前去坤宁殿。朱后听说皇帝要再次上城劳军,急忙劝阻说:"官家是一国之主,万金之躯,如何能亲临矢石交攻底险地?"宋钦宗说:"社稷安危,系于守城官军,朕不亲临,又如何激励士气!"朱后再三解劝,宋钦宗仍坚持不允。

第二天清晨,用过早点,朱后见殿外依旧风雪弥漫,又同朱慎妃、众才人、夫人劝阻,宋钦宗还是执意不从。朱后只能泪汪汪地对邵成章说:"邵九!官家底安危,如今只得托付你!"邵成章排行第九,宫人和宦官一般称他"邵九伯"。邵成章说:"圣人,但请宽心,小底们粉身碎骨,亦须保得官家无恙。"宋钦宗出坤宁殿,照例早朝。早朝过后,先上北壁最西的安肃门,然后沿着城墙东行。

从十一月二十九日到闰十一月三日,宋钦宗已经亲自上京城四壁劳军,这回是第二次。同上回一样,宣称按宋太祖的旧例,仪卫从简。宋钦宗由何㮚和王宗濋陪同,另带邵成章与八名内侍,大家都穿戴盔甲。王宗濋穿紫袍,手执木骨朵前行,邵成章与众宦官组成一面靠着城外的人墙,护卫着靠城里的皇帝。自张所建议后,军士们都得以穿上绵服,他们冒着严寒,执兵器,分列一个个女墙后,按规定不呼万岁,以免引起金军的注意。他们的神色大多萎靡不振,皇帝的亲临,也不能使之振奋。

天空灰暗,大雪纷飞,从城头望去,城内外都是冰雪世界,护龙河也被厚厚的积雪覆盖,却尚可依稀看到其轮廓。宋钦宗一行踏着城墙上的积雪前进。北壁的气氛并不紧张,只是不时见到敌人的游骑在远处出没,但宋钦宗望着很多军兵颓丧的神情,心头有一种愈来愈重的沉痛感。古代皇帝的仪卫,号称有千乘万骑之盛。宋徽宗时的"卤簿",其中最高等级的称"大驾",须用二万零六十一人。当时作为皇太子的赵桓,置身大驾的行列之中,是何等的体面和荣耀。他又联想到本朝官史的记载,当年真宗皇帝抵御辽军,亲临澶州,一面黄龙大旗出现在北城门上,迎风招展,于是诸军高呼万岁,声闻数十里,气势百倍。如今宋钦宗却只能偷偷上城,他的内心不由发出深长的哀叹:"如此亲幸城壁,成何体统!难道大宋炎精之盛,真成爝火之微!"原来按古代的五行说,宋朝算是以火德上承正统。

然而在此时此刻,宋钦宗在表面上尤须强颜欢笑,对军兵们嘘寒问暖,并颁赐犒军银。宋时的银尚须折钱,方能在市场行用。他和随从到达东北角楼时,正值中午。大内准备好的御膳,适时送上了城楼。宋钦宗下令将御膳分赐城上的将士,自己不进角楼,而在城头的冰天雪地之中,食用兵士们的伙饭。伙饭是江淮漕运京城的稻米,外加几根咸齑。宋钦宗嚼到冰冷的米饭中的砂粒,真想吐出,但还是勉为其难地咽了下去。宋时从宫禁到民间,在清明前后,虽然有断火三天的寒食习俗,却与今天的冷食迥然有异,连众内侍也感到这顿伙饭难以下咽。宋钦宗等人匆匆用完伙饭,只觉得浑身上下,有一种钻心透髓般的寒意。

在另一方面,一百名兵士有幸分享尚带微温的御膳。望着他们狼吞虎咽般的嚼食,王宗濋随便发问:"御膳滋味如何?"一个年长的兵士回答:"今日方知自家空活了四十五岁。吃一回御膳,死也甘心!"何㮚说:"尔们当感荷圣恩,拼死报效朝廷。"不料军士们竟没有一个响应,这特别使宋钦宗感到不快。邵成章说:"国家危难,全仗你们忠义效力。若虏人攻破城池,你们底老小亦岂有幸免之理?今日之事,唯有拼死,方能求生。"另一个兵士说:"大官说底有理。守城之苦,最苦于守夜,城楼禁火,自家们全身战栗,手不能执兵刃,昨夜又有一个弟兄,虽身著绵衣,而僵仆在城上。"宋钦宗沉默片刻,方挤出一句话:"众将士于风雪交加之际,执干戈以卫社稷,朕念之不忘!"

抚问战士后,宋钦宗一行方走进角楼,稍事休息。王宗濋进言:"东壁鏖兵,主上不须亲幸。"宋钦宗说:"鏖兵之际,朕岂有畏缩不前之理!"于是何㮚等人又簇拥皇帝沿东壁南行。他们行经善利水门与含辉门,两个城门都无战事,而抵达朝阳门时,此处的战斗却相当激烈。邵成章眼看城下一块炮石飞来,飞快转身,抱着皇帝后退。这块炮石不偏不倚,正打中一名内侍的头部,顿时脑浆迸流,倒在宋钦宗的面前。宋钦宗和何㮚、王宗濋一时都吓得面无人色。宋钦宗惊魂甫定,就激愤地说:"贼虏如此猖獗,不稍挫其锋,何以立国!何以示王师军威!可堆垛犒军银五千两,募壮士缒城出战!"王宗濋进言:"今日事势,只宜坚守,出战小有蹉跌,恐挫动王师锐气。"宋钦宗对表兄的不满,至此便化为一腔怒火:"卿身为殿帅,贪黩刻剥,忌贤妒能,赏罚不公,不亲行阵,辜负朕之重托,尚有何说!"这是王宗濋就任殿前都指挥使以来,第一次遭受皇帝的斥责,并且是当众的斥责,他一时面皮紫涨,无言以对。何㮚从中打圆场,吩咐王宗濋说:"速依圣旨行事!"

招募到三百人后,就出城迎战了。负责进攻朝阳门的金军万夫长是渤海人,姓大,名挞不野,汉名昊,在金军中,非女真族人担任万夫长,是少见的。他所部的七千多人,是由渤海人、契丹人、奚人和汉人混合编组的杂牌军,大多是步兵,战斗力不强,只承担助攻的角色。宋军出城后,金军中的汉兵首先逃退,契丹兵和奚兵也继踵逃退,这些金朝的被征服者都并无斗志,不愿为女真人效力,惟有渤海兵上前交锋。古渤海国早先亡于辽朝,金朝兴兵灭辽时,强调渤海人与女真人本是同族,于是金朝渤海人的地位提高,而优于其他非女真族。宋军为首的两名壮士,执持手刀,十分勇猛,冲入敌阵,连杀五六人。然而其余的军士却站立在城下,不上前支援。最后,这两名壮士竟被众多的渤海兵包围,砍成肉泥。另外的二百九十八名军士却退回城里。城上的守军用炮、神臂弓和床子弩打退了敌军。

在城上观战的宋钦宗,气得说不出话,他真想将退回的军士全部处斩,但最终还是不敢下此决断,只是愤愤地说:"可将两位壮士追赠武节大夫,赙银各三百两,荫其子弟各一人,为承信郎。其余坐视不战者不得颁发犒军银!"宋钦宗本拟亲临战斗激烈的东水门,激励士气,到此地步,只能败兴下城回宫。

坤宁殿里的朱后如坐针毡,她的心境比皇帝第一次上城劳军时更加紧张,更加害怕。她第一次体会到度日如年的滋味,艰难地延捱着一个又一个时辰。每隔一个时辰,就有一名内侍飞马回宫,报告皇帝的行止。她与朱慎妃、六位才人、四位夫人,还有太子与柔嘉公主,每听完一次报告,就一齐到观世音像前,焚香跪拜,祈求菩萨保佑官家平安。如今听说皇帝回宫,就冒着纷飞的大雪,一同到殿门外迎候。

宋钦宗见到在雪中伫立多时的皇后、妃嫔等,不由一阵心酸。拜见礼毕,太子和公主竟不顾礼仪,上前抱住父亲,不懂事的小公主更是泪流满面,她紧紧地搂着父亲的一条大腿,口中喃喃说道:"阿爹,孩儿无时无刻不挂念爹爹!"宋钦宗听后,不禁流下几滴清泪,但随即勉力克制自己,他身为九重之主,有眼泪可以对皇后流,却不愿对妃嫔和太子、公主流。

宋钦宗也不再顾及礼仪,他哀怜地抱起公主,同众人进入坤宁殿。他卸脱盔甲后,太子和公主各人手捧一个月白刻花莲叶瓷托,向父亲献上两盏'万寿龙芽'茶,说:"请阿爹官家吃茶暖身。"宋时的御茶有众多茶名,都专由福建建安县的北苑生产。今天殿内的大暖炉中加烧了石炭,加上子女的两盏热茶,使宋钦宗冰冷的身心开始有了暖意。他没有说话,只是向朱后和太子、公主投以深情的一瞥。仅此一瞥,朱后已足以明了皇帝心中的甜酸苦辣。官家的脸俨然如铁板一块,众妃嫔不难窥知其心境的沉重,也不敢多说,只是用最简单的话语,作礼貌性的问安。朱后还是忍不住问:"城上如何?"宋钦宗沉默多时,方才以感叹的语调回答说:"今日方知王师守城,如在地狱,尔等身居大内,如在天堂。"

宋钦宗与后妃们在十分沉闷的气氛中,食用御膳。他毫无滋味地咀嚼美食佳肴,脑中却不断回味午间那顿冰冷的伙饭。吃过御膳,众妃嫔告退,宋钦宗与朱后进入东寝阁后,才开始向皇后详述城上的见闻。朱后说:"官家亲幸城壁,虏人矢石未能伤官家底一丝毫毛,亦足见神祇、祖宗保佑之力。然而请官家恕臣妾妄议朝政之罪,事已至此,王宗濋岂可再居殿帅之位。"宋钦宗说:"圣人之言,正合朕意,容朕与宰执大臣商议。"

宋钦宗连夜在崇政殿召见宰执大臣,孙傅当即发表己见说:"姚友仲与刘延庆守城,甚为宣力。然两人上奏,说援兵不至,士气沮丧,方今之计,以遣使议和为便。恐不能当殿帅之重任。"事实上,从资历和军功看,要取代王宗濋,也只能是姚、刘两将中的一员。宋钦宗问:"吴革如何?"张叔夜说:"吴革委是赤胆忠心,深谙韬略,然如今在家养伤。"何㮚说:"臣愚以为,不如容臣戒饬王宗濋一番,由他暂守殿帅之位。待吴革伤势稍愈,陛下再颁新命。"宋钦宗长叹一声,说:"亦只得如此措置!祖宗养兵百年,一时竟无折冲御侮之将!然而功赏司岂能再由王宗濋执掌,自今可委孙傅提举。"他想了一会儿,又说:"李擢饮酒荒迷,不恤国事,定须重责!"陈过庭说:"国家危难之际,上下尤宜同心同德,责罚太峻,臣恐不利于御敌。"宋钦宗想到了自己白天对卖阵兵士的处置,说:"卿言之有理。待朕明日亲幸南壁,将李擢降官两阶,罢南壁提举官,以为弛慢不职者之戒!"

宰辅们告退了,时值深夜,暗空中的雪却愈下愈大。宋钦宗又伫立在殿门下,凝望着飞雪。邵成章上前说:"官家,明日尚须巡幸南壁,敢请车驾回慎妃娘子阁分歇息。"宋钦宗吩咐说:"可于殿内焚香,朕当敬祷昊天上帝、九宫贵神、列祖列宗诸神,避殿撤膳,唯进蔬食,以祈晴日。"按古代天人感应之说,自然灾害是由人君失德所致,昊天上帝为众神之首,而九宫贵神专管风、雨、霜、雪、雹、疫。遇到久雨久旱等情况,皇帝就下令在各寺观祠庙祈祷,本人不在正殿朝会,减少御膳或暂撤御膳。

如今祈祷仪式从简,在殿内焚香后,宋钦宗脱去鞋袜,赤脚跪在一尺多厚的殿前雪地,仰面昏暗的天穹,接连磕头九次,泪流满面地说:"万方有难,罪在朕躬。自金狄南侵,京师被围,已及二旬。大雪苦寒,守城军士、京师小民,啼饥号寒,有饥冻而死者。若大雪不止,京城势必难守。朕为人父母,忧心如焚,愿身为牺牲,以答天谴。今跪拜于雪地,精虔祈求昊天上帝、九宫贵神诸位神祇,列祖列宗在天之灵,普救苍生,佑我大宋江山社稷,早赐晴霁!"宋钦宗长跪不起,泪流不止,最后由邵成章上前说:"官家如此精虔,足以感天动地,敢请及时歇息。"他同另一名内侍将皇帝强扶入殿。

殿内准备好一盆热水,邵成章跪在地上,用热水给皇帝洗脚,用力揉搓。他一时声泪俱下,说:"当年太祖官家与太宗官家南征北讨,栉风沐雨,也未受官家今日底苦楚!苍天有目,木石有灵,亦当为我大宋排忧解难!"宋钦宗激动地望着邵成章。两人相处不足一年,但除了主奴关系之外,似乎都滋生了一种彼此难以说清的感情。宋钦宗对邵成章有一种极端的信赖感,在整个大内,他最信赖的自然是朱后,而第二就数邵成章了。邵成章受忠君思想的熏陶,向来认为,忠君爱君是自己的天职。他过去侍奉宋徽宗,现在侍奉宋钦宗,都是忠心不二。但是,他对宋钦宗似乎多了另一种感情,这就是同情和怜悯。张所和吴革也是忠君,但在他们的内心深处,对皇帝失策是抱怨的;而邵成章对皇帝的失策却是同情的,失策只是招致他更多更深的怜悯。

宋钦宗凝望着邵成章,突然下意识地说了一句:"艰难之际,蒙邵九如此忠心,朕委实感激不尽!"邵成章大吃一惊,连忙说:"忠君是小底职分,官家休得如此说,折杀小底!折杀小底!"

[壹贰]
神 兵 之 厄

闰十一月十一日清晨，完颜斡离不亲临东水门督战，他听到昨夜宋军出击，焚毁宣化门攻具的消息，忙将指挥责任交付元帅左都监完颜阇母，自己和完颜挞懒各率合扎猛安军三百骑，前去青城大寨。"合扎"的女真语义是侍卫（"合"音各），金朝的元帅们各有一合扎猛安兵力，作为亲兵。在一路上，完颜斡离不对族叔说："粘罕性暴，娄室与银术可随阿爹征战十年，出生入死，恐粘罕责罚太重，自家们须前去救护。"完颜挞懒笑着说："粘罕性暴，亦须仰仗娄室与银术可之力，你何必过虑！"

两人抵达青城，径入大寨，只见完颜娄室与完颜银术可跪左膝，蹲右膝，听受完颜粘罕的斥骂。完颜粘罕见完颜斡离不与完颜挞懒进入，也并不招呼，仍是用女真语继续斥骂，最后，他说："限尔们于二十一日前，另造攻具，填平护龙河，须管于当日午时破城！破不得城，两罪并罚，决不容情！"完颜娄室和完颜银术可不敢应命，只是向完颜谷神和两位东路军元帅投以哀求的目光。完颜谷神吩咐说："可发付全军汉儿与南人，不舍昼夜，赶造攻具。凡有死者，不论何人，将他们底冰尸填塞护龙河。尔们且退下！"完颜娄室和完颜银术可只得退出堂屋。

完颜挞懒对完颜粘罕说："斡离不恐你责罚太重，特与我前来救护。"完颜粘罕笑着说："两人是我底左右臂，我岂有折断自家左右臂之理。"正说话间，亲兵报告有太史官求见，完颜粘罕吩咐让他们进入。萧如忒、耶律孛萌和耶律未极母见到众位元帅，忙行女真跪礼。完颜粘罕问："尔们有何事禀告？"萧如忒代表三人说："自家们昨夜观天象，今晨占羊骨，军神言道,天象有变,须至十二月四日前,方得破城。"军神是契丹人尊奉的一位神祇。完颜粘罕听后,生气地把手一挥,说:"还不退下!"三名太史官满头是汗,诺诺连声而退。

金军重新赶造攻具,宣化门下的战斗又渐趋激烈。

单说郭京自从正式出任统制六甲神兵后,就每日在天清寺招兵。天清寺正好在宣化门里,寺中有著名的兴慈塔,就是今存的繁塔。他的六甲法被开封人愈传愈神。按他的官衔,不过是正七品的武略大夫、兖州刺史,而大家却纷纷称他为"郭相公",给予宰执大臣的尊称。人们呼叫"郭相公"时,还往往以手加额,以示敬意。有人甚至在谈话中有意避免"京"的名讳,而以"畿"代"京"。郭京平日深居简出,偶尔率领一群身穿奇装异服、面涂五颜六色的神兵上街,市民便夹道围观和欢呼。

杨再兴等六个义兄弟,自从宣化门出战立功后,却得不到应有的功赏,不免愤愤不平。王兰提议说:"我等可去投充神兵,也可博个一官半爵。"高林却表示反对说:"郭京装神弄鬼,岂可信他!"六人之中,五人都是目不识丁,惟有高林却粗通文墨,也只有他一人不信郭京的六甲法。李德说:"三哥不信,便尤须到天清寺,看个究竟。"高林拗不过众人,就随大家一起前去天清寺。

六甲神兵按甲子、甲戌、甲申、甲午、甲辰、甲寅六将编组。其中甲子将的正将原是京城中一个卖线的小贩。郭京认为他的年命好,有异相,就选用为正将,授以从八品秉义郎的武官。由于前来投募的人太多,郭京无法亲自一一选拔,就授权六员正将代他选拔。

六人抵达天清寺后,只见寺院内外,人群拥挤,摩肩接踵,连身材短弱以至残废者也来凑热闹。因为据说郭京选兵,只问生辰年命相合,不问身体是否健壮,武艺是否高强。凡被选中者,首先可领得一份相当丰厚的钱、粮和绢帛,宋时称为"招刺例物",穷苦百姓可用以养家糊口。杨再兴等六人挤到甲子正将的面前,姚侑认出此人,说:"你不是相国寺西廊内卖线底刘细九么?"原来刘细九有一回曾被一个无赖欺负,亏得姚侑救助,刘细九说:"好汉,我如今官居秉义郎,为朝廷命官。我贫寒半生,而今时来运转,此亦是苍天有目,又多蒙郭相公提携。"

姚侑向他介绍了自己的义兄弟。众人听说他寸功未立,却平步青云,而自己血战一场,却未得半点官赏,不平之气,油然而生,但也不好意思向刘细九发泄。高林问:"敢问六甲神兵有甲子等将,此为何意?"刘细九说:"六甲神兵以六人为保,六保为队,六队为部,六部为将,每将一千二百九十六人,连同郭相公,正合七千七百七十七之数。郭相公言道,此数正合天地运动之机,阴阳造化之妙,且不说番兵十万,便是百万,又有何惧?郭相公择日率自家们出城,已备下槛车数十乘,当生擒金虏国相、二太子,献俘于宣德门楼下。我追随郭相公,亦可博个封妻荫子,坐享半世富贵。"

杨再兴说:"自家们亦欲投募六甲神兵,不知郭相公可能收容?"刘细九说:"敢请列位好汉自报生辰八字。"他听了六人的自报后,就摇头叹息说:"可惜!可惜!六位好汉如此英雄,却是年命不合!"杨再兴等五人只能自叹命运不济,惟独高林说:"敢请关报郭相公,我欲一试他底神法。"刘细九说:"郭相公整日打坐云床,用十五岁以下童女,采阴补阳,颐养真气,以备朝廷一日之用。如何可轻试神法?"高林也听说郭京每天要用一名童女,并且须挑选面目姣好者,无数童女及其父母都争先恐后,自愿应聘,而以得不到"郭相公"的采撷为恨,就说:"仅此一端,郭京底幻术必是左道而无疑!敢烦告知郭京,如他不敢教我试他底神法,必是以妖怪诳惑世人!"刘细九说:"好汉如此说,岂不罪过!"但他认为,高林既然出言不逊,自己也不容不去报告。

郭京从一个行将退伍的"剩员",转眼之间成为开封城的救星。他对自己的神术也十分自信,每天在一间清净的房内修炼,修炼的方法有二,一是长时间静坐,调养精气,二是受用童女。道教炼丹,迷信所谓红铅黑汞,按照道家一个内丹派的理论,"真铅"藏于少女之身,他奸污童女,也并非完全出于淫心。

郭京得到朝廷官封后,人们已不能随便见他,只有刘细九等少数人,可以出入他的房寝。刘细九进屋后,向郭京毕恭毕敬地跪拜,虽然他用语尽量委婉,郭京听了,还是十分震怒。然而郭京既以真人自命,表面上就不得发怒,他用心平气和的语调说:"既然如此,我当一试六甲神法,管教高林心服口服。"

郭京头戴混元巾,身穿一件绣有白鹤图案的紫色丝绵氅,脚穿草鞋,走到天清寺庭院之中,他仍然如上回在皇仪殿那样,命从人在庭院用白灰画了一个大圆围,分别开了生门和死门。刘细九带高林等六人进入庭院,与郭京相见。郭京问刘细九:"你与高壮士何人力大?"刘细九说:"我身体羸瘦,岂能与高壮士角胜负!"郭京吩咐说:"尔与高壮士各自带麻绳一条,他入死门,尔入生门,管教尔生缚高壮士出阵!"于是在郭京作法念咒,焚烧符箓后,两人分别从死门和生门进入,而结果是高林轻而易举地将刘细九按倒在地,用麻绳捆缚,单手提刘细九出圈,简直就像提一只鸡,轻放在地。高林对刘细九说:"多有得罪!"当即为他解开绑绳,然后又对郭京说:"郭统制,你尚有何说?"

这是连郭京本人也不曾预料到的后果,众人都大吃一惊。但郭京毕竟老于世故,他很快就改口说:"高壮士,你于何人何处学得异术,能破我底神法?"罗彦笑着说:"三哥从幼至长,何曾遇得异人,学得异术。"郭京又对杨再兴等六人,逐一仔细观察相貌,十分郑重地说:"六位壮士请报自家底年命八字!"他听了各人的自报,然后说:"我阅人多矣,如六位壮士,都有异相,虎步熊行,满面红光,他日腰金纡紫,后福不可限量!故我底神法,被高壮士不攻自破。"姚侑当即对郭京诉说有功不得赏的事,郭京说:"此是列位一时之厄,如今正值时来福至,建立功名之际。你们底年命不得充神兵,却可任训练官。待我禀明孙枢相,先以你们底前功升官。日后破番兵,直抵阴山,壮士们必是官至节度使!"于是,杨再兴等六人立即成为甲子等六将的训练官。

杨再兴等五人满心欢喜,惟独高林私下对义兄弟们说:"我观郭京此人,煞是妄诞。他见自家底幻术败露,便以封官许愿,缄我等之口。官家、何相公若信他底幻术,必是败事!自家们不妨将计就计,便在天清寺看觑他底行藏。"

自从宋钦宗跣足祈晴之后,开封果然出现几天晴霁。闰十一月二十日,在前沿督战的完颜娄室和完颜银术可不管护龙河尚未填平,派敢死士三十六人,他们一律左手持黑旗,右手执刀剑,踏冰过护龙河。按照汉族文士奉献的五行说,金朝属水德,所以金军的旗帜崇尚黑色,黑色代表水。

三十六面黑旗的用意,是以自己的水德,克制宋朝的火德。

都统制姚友仲当即派近一千名官兵下城,杀敌数人,其余的金兵逃过了护龙河。完颜娄室眼见前锋败退,马上发兵一猛安,由自己的儿子、千夫长完颜活女指挥,约有六七百人,前来增援。宰相何㮚今天也在城头,他下令用神臂弓、床子弩等向金军攒射。完颜活女命令部兵冒着城上的箭雨冲锋,他认为,只要两军短兵相接,城上就不能射箭。宋军见大队金兵出战,立即望风而逃,虽然城上的人厉声呼喝,教他们回身迎战,也全然无用。于是,完颜活女又命部兵停止前进,向宋军弯弓发箭。宋军中箭死伤者有几百人,而落入陷马坑,被坑中断枪残刀戳死者,又有一百多人。金军在一片哂笑声中得胜退兵。

何㮚见到这种情景,不由长吁短叹。他走下城头,立即在都堂召见郭京,说:"事已至此,神兵不出战,如何力挽危局?"郭京自从被高林试验失败后,开始对自己的神法丧失信心,他只能以从容不迫掩饰怯意,说:"我镇日修炼元神,摄取天魂地魄、日精月华,只为六甲神法得以灵验于一朝。然我有言在先,非朝廷危急,神兵不得轻用。"由于郭京已经推诿再三,何㮚显得不耐烦,他命令从吏说:"取历日来!"历日现在已改称日历。他接过历日,翻阅后说:"明日便是吉日,正可用兵!"郭京取过历日,看着说:"明日出兵,似太仓卒,二十五日更是大吉之日。"何㮚说:"如此便择二十五日,不可更改!若能稍挫虏人军威,便是奇功!"郭京说:"我不出师则已,若出师,岂但稍挫番兵而已。相公可于二十五日,在政事堂静候佳音,安排天子乘舆亲御宣德门楼,行兵捷献俘之礼。然后将金虏国相、二太子等奏献太庙,奏献太社、太稷。"何㮚听了,十分高兴,说:"壮哉此言!"

当夜,何㮚又在都堂与何棠饮酒,他醉后一反常态,不唱柳永的词,而唱起了苏轼的《念奴娇》,"大江东去,浪淘尽,千古风流人物","谈笑间,狂虏灰飞烟灭",他有意将"强虏"改唱成"狂虏"。唱完词,又哈哈大笑,按何棠的排行问道:"十五,我可比古时底何人?"何棠说:"难有其比。"何㮚说:"我当比东晋底谢安,运筹帷幄,从容颐指,破苻坚底雄师百万!"何棠说:"你比谢安,还须在破敌之后,我却比不得谢奕!"

从闰十一月二十一日开始,开封又连着刮大风,下大雪,雪势之猛,更超过前一回,即使在白天也是天色晦冥。宋钦宗又不得不在大内避殿撤膳,跣足祈晴,但这次天公却似乎毫不感动,依然风雪不止。

高林与义兄弟听说神兵行将出战,决定去找吴革。吴革家在城南西部安上门附近,安上门俗称戴楼门。吴革自从身中四箭,一直在家养伤,如今伤势稍愈。杨再兴等六人到他家时,还有两个客人在座。一个是太学生,名叫朱梦说,字肖隐,桐庐县(今属浙江)人。他曾上书言事,痛陈宦官乱政等时弊,被宋徽宗下令"编管"远方。宋钦宗即位后,将他召到开封。另一个名叫李若虚,字洵卿,是李若水的亲兄。他的文章学问并不在其弟之下,却命运不济,科举屡次落第,李若水出使,由他侍奉老父李恬和老母张氏。

北宋立国一百六十年,养成一种浓重的重文轻武风气。大臣礼贤下士,可以包括在野的文人,却并不包括已居高官显位的武人。杨再兴等初见朱梦说和李若虚,不免有点自惭形秽。但朱梦说和李若虚听了吴革的介绍后,首先向杨再兴等深深作揖,说:"国难当头,你们都是斩将刈旗底英雄,请受自家们一拜!"杨再兴等也深深作揖,说:"自家们是粗人,若伏事两位秀才不周,乞做一床锦被遮盖!"吴革笑着说:"涸辙之鲋,尚须相濡以沫。自家们同处危城之中,尤须同袍同泽,何分彼此!"

高林坐定后,就向吴革和两位秀才说明来意。李若虚感叹说:"我曾上书孙枢相,说神兵之事,自古未有,万一失利,其祸叵测!不料孙枢相召见言道:'郭京乃不世出之奇士,敌中情伪,了如指掌,今为时用,真乃大宋天子底洪福!你今日有幸,上书于我,若上书于他人,定坐沮师之罪!'"朱梦说也叹息说:"何相公、孙枢相如此笃信郭京,直如痴人说梦,只是可惜了大宋底社稷!"吴革说:"为今之计,亦只得于明日上城,与张枢相计议,闻得张枢相尚不信郭京底妖术。"朱梦说想了一会儿,对杨再兴等说:"自家们且去见张察院计议,亦是一法。"于是,两个秀才和六条好汉又辞别吴革,冒着大雪,赶到张所家。张所听了高林等人的叙述,又连夜起草奏议。

翌日二十四日又是狂风呼啸,急雪乱舞,避殿撤膳的宋钦宗不赴早朝。张所带了他的奏议来到御史台。御史台有台院、殿院和察院,合称三院,分别设侍御史、殿中侍御史和监察御史,今任长官是御史中丞秦桧。

张所到御史台供职最晚,他最要好的同僚是另一监察御史马伸,而对一台之长秦桧,却有几分厌恶。秦桧字会之,建康府(治今南京)人,在他的四兄弟中排行第三,今年三十七岁,身材瘦长。他在建康府学和太学读书期间,同学给他起个诨名,叫秦长脚。秦桧平时端居默坐,常嚼齿动腮,看相者称为马啖。张所认为,有马啖之相,必定为人阴险,与秦桧接触稍久,更感到此人矫饰虚伪。然而目前正是秦桧宦运亨通之时,一年之内,已被皇帝几次破格提升。

张所将奏议给同僚们传看,马伸立即响应,说:"郭京明日便要出战,若不及时制止,岂免败事!依我之见,合台官员自当连名上奏。"他的眼睛盯着秦桧,等待他的表态。张所也明白马伸的苦心,在皇帝对自己有几分嫌恶的情势下,全台官员联名上奏,可以大大加强谏诤的力量,他也等待秦桧的表态。秦桧看了众人一眼,用细长的手指捋着胡子说:"目前围城之时,贵于和衷共济,若台官连名,便成与二府相抗之势,使不得!使不得!"当时宰相、副相掌管的三省称东府,枢密院称西府,合称二府。秦桧对郭京神兵也将信将疑,但他知道何㮚的脾性,不愿同他唱对台戏。另外几名台官也附和秦桧,最后,只剩下张所和马伸两人联名上奏。张所和马伸离开御史台,两人在雪中骑马并行,马伸叹息说:"正方真有知人之明!仅此一端,足见会之并非是直道事主之人。"张所说:"但愿义夫说动张枢相,且更消停此战。"马伸说:"只恐何相公、孙枢相不依,张枢相亦难自作主张。自家们不能曲突徙薪,但求亡羊补牢。"张所长吁一声,说:"我恐亡羊之后,不得补牢!"

在张所和马伸上奏的同时,吴革来到了南城城壁。接连三天大雪之后,完颜粘罕的情绪格外振奋。这又是一个十分昏暗的清晨,在明亮的火把与灯光中,完颜粘罕召见了完颜娄室和完颜银术可,说:"雪势如此,犹如添二十万生兵,今日必须破城!"连续三天的猛攻,金军的伤亡不小,完颜娄室和完颜银术可都面有难色。完颜谷神从旁鼓励说:"破得汴京,记你们头功。掳得赵皇妃嫔,由你们首选四人,收得赵皇宝器,由你们首选四件。"古代的掠夺战争,无非是女子和财宝,完颜谷神的许愿,对两名万夫长当然是极大的刺激,完颜娄室和完颜银术可当即回以响亮的声调,秉命而行。

　　这是自南城开战以来最厉害的一次进攻。乘着天色的晦暗,风势的猛烈,金军冒着宋军的矢石,直逼城下,用火梯燃烧宣化门城楼东面和西面的三座敌楼,由于水桶中的水都已结冰,一时难以扑救,顷刻之间,三座敌楼成了三个大火炬。上百名金兵乘机沿云梯冲上宣化门以东的城头,这是围城近一个月来首次登城。统制范琼见势不妙,竟第一个下城逃遁。这次参战者都是女真精锐正兵,他们头戴止露双目的铁兜鍪,身披重甲。其中有一个旗头,手持一面等边三角形、绣白日的黑旗,其上还缀着一条长长的黑飘带,在城上迎风挥舞,使金军士气大振,更多的金军在鼓噪声中拥向城下。

　　在千钧一发的时刻,张叔夜和都统制姚友仲亲自挥剑,指挥宋军用短兵迎战上城的敌兵,用弓弩射击城下的敌兵。吴革自己也没有料到,他上城的第一件事,就是带伤参战。他抡动随身的一口利剑,凭着军人特有的敏锐,直奔金军的旗头。一名金兵迎战,吴革挥剑向他颈部劈去,顿时一道血光,一颗戴着铁兜鍪的人头落地,发出金属特有的碰击声。接着,吴革又刺倒敌人的旗头,那面白日黑旗倒在城头女墙。吴革上前,用左脚踩住旗杆,右手抡剑用力一劈,被劈断的黑旗立即掉落城下。一名金兵上前,用剑刺中吴革的左肩,流血盈襟。吴革还击一剑,那名金兵惨叫一声,跌下城去。白日黑旗的坠落,被迷信的女真兵视为不祥之兆,金军的士气受挫。最后,姚友仲总算挥兵消灭了上城之敌。登城的金兵一部分死在城头,一部分坠落城下,五座云梯都被烧毁或捶坏。

　　中午时分,战斗暂时休止。张叔夜和姚友仲坐在宣化门城楼,姚友仲吩咐说:"将范琼押来!"范琼被押进楼内,急忙下跪,连声乞求饶命,他还不断向吴革投以哀求的目光。吴革忍不住进言说:"张枢相、姚都统,按军法,临阵先退者斩。然而范琼自围城以来,尚能用心宣力,可否将功折罪?"姚友仲向来把范琼看成是自己的左右臂,现在有吴革求情,正好顺水推舟,他说:"既有吴观察求情,权且寄你一颗人头,日后须戴罪立功!"自从孙傅提举功赏司后,已将吴革升为中卫大夫、安州观察使。范琼诺诺连声,叩谢不斩之恩,退出城楼。

　　由于流血太多,吴革的脸色十分苍白,但他还是坚持向张叔夜转述高林的报告。张叔夜安慰说:"义夫,你且回家养伤,我自当力沮郭京神兵出战。"吴革被两名兵士扶下城,他还须忍住伤痛,骑马回家。张叔夜接连五天,未离开宣化门一步,现在他感到事态严重,匆匆吃完午饭,嘱咐了姚友仲几句,就下城上马,冲风冒雪,直奔都堂。

当天下午,完颜斡离不和完颜挞懒又率合扎骑兵,来到青城大寨。完颜挞懒见到完颜粘罕,便故意发问:"今日用兵,胜负如何?"完颜粘罕满脸不悦,不予回答,完颜挞懒又用略带讥诮的口吻说:"尔曾言道,只消一个儿郎登城,南人便可不战而溃。今日登城底儿郎已有百人,南人可曾不战而溃?"完颜粘罕对族叔的奚落十分气恼,却又无言以对。东路军的元帅们,对攻打开封,本来就没有信心,完颜斡离不乘机说:"自家们底军马、粮草多有不济,不如且回。候明年秋高马肥,再行出兵渡河。"完颜粘罕沉吟不语,他的信心也已动摇,准备表示同意。完颜谷神却抢先说:"且再候十日,若十日内不能破城,先将三个太史洼勃辣骇,再退师不迟。"他的意思,还是要等到十二月四日,看太史官的预卜是否灵验。

完颜斡离不回刘家寺大寨后,急命刘晏出使。刘晏原是辽朝的汉儿,由于民族的关系,他在感情上其实偏向宋朝,所以在众多的金使中,不仅态度最好,甚至还有意向宋方透露一些军情。他们一行来到朝阳门,已近傍晚,而大风雪的天色却已全黑。如果刘晏得知金军准备十天内退兵的消息,他肯定会向宋方透露。然而十天内退兵的决定,却是金军的最高机密,连完颜娄室等万夫长也被瞒过,且不用说像刘晏那样的汉儿。金朝的元帅们担心这个决定泄漏出去,更会影响军队的业已不振的士气。

当夜冯澥和曹辅来到馆驿,刘晏对这两名宋朝执政说:"皇子元帅令我急急入城,不及修书。大金军马今日已登城,如南朝捍御得住,且极力捍御。若捍御力有不加,即请南朝皇帝及早出城相见,皇子元帅当悉心保全尔宗庙、社稷。如今尤须急遣宰相、亲王,以免攻破。若一旦破城,玉石俱焚,悔之晚矣!"冯澥和曹辅照例不作正面回答,说:"待自家们回报,请天子圣断。"他们对刘晏礼节性的问候一番,就退出馆驿。

宋钦宗连夜在崇政殿召见全体宰执大臣。金军的首次登城,使宋钦宗受到了极大的精神压力,凭自己在朝阳门犒劳官兵的经历,他对守城已完全丧失信心,而百分之百地寄希望于郭京的神兵,他心里想:"社稷存亡,在兹一举!"宋钦宗急于动用神兵,然而关于六甲神法不灵的报告,又使他犹豫不决。在六名宰执中,何㮮、孙傅和张叔夜争论得面红耳赤,陈过庭、冯澥和曹辅却长时间一言不发,他们也与皇帝同样举棋不定。最后,张叔夜说:"何相公,你若以神兵出战,便成千古罪人!"何㮮想回驳说:"我若以神兵出战,便成千古功臣!"但当着皇帝的面,"千古功臣"四字难以出口。孙傅说:"臣愿以全家老小五十七口,力保郭京。依臣之见,如今京师已成累卵之势,唯有以神兵迎敌,国家方获泰山之安。"

陈过庭想出了一个折衷方案,他说:"依臣愚见,目今事势,神兵已不可不用。然兵家之事,不虑胜,唯虑败,万一小有蹉跌,亦须预为关防,而城守不致疏虞。"宋钦宗立即表示赞同,说:"卿言极是。郭京神兵明日于何处出战?"孙傅说:"定于宣化门。"宋钦宗说:"明日卿可与张叔夜同去宣化门,依陈过庭所言,曲尽关防,不得疏失!"

六名宰执退出崇政殿,宋钦宗也起驾回坤宁殿。朱后听说六甲神兵明天出动,就对皇帝说:"明日出师,所系甚重。请官家与臣妾同至观音像前,焚香敬祷,祈告佑我王师,早日破敌!"宋钦宗想:"郭京底神法是道,而观音大士是佛,道法如何求佛?"但他不忍拂逆朱后,夫妻俩一同到观音像前跪拜祈祷。

深夜里,宋钦宗轻轻推醒了朱后,说:"适才朕梦见列祖列宗腾云驾雾,来至殿前,真宗官家言道,圣祖天尊大帝为保我大宋社稷,专授郭京六甲神法,可于期日破敌。列祖列宗圣颜慈祥,朕唯有稽首谢恩而已。"原来唐朝尊崇道教,就认老子为鼻祖,而宋真宗尊奉道教,又认道教九个人皇之一的赵玄朗为鼻祖,上尊号为圣祖上灵高道九天司命保生天尊大帝。宋钦宗梦见宋真宗所说的梦话,就是指这位赵氏始祖,尽管宋钦宗本人也说不清楚,自己究竟是赵玄朗的多少代孙子。朱后高兴地说:"此亦是官家宵衣旰食,感通祖宗,大宋江山,洪福齐天!"

大风雪仍然不止,情绪振奋的宋钦宗和朱后早早起床,与朱慎妃、六才人、四夫人用过素膳。后妃们留在坤宁殿,而宋钦宗起驾前往崇政殿。在避殿撤膳期间,宋钦宗不举行朝会,他头戴直脚幞头,身穿淡黄色窄绵袍,这是宫中的便服。但为了准备献俘仪式,他又特别命内侍预备了专用于大典的衮冕服。在殿外的雪地,也已停放了特制的大辇。大辇用黄漆,车厢里面设御坐、扶几、香炉、屏风等,顶部盘镀金银龙一条,外面四壁有十六条行龙和四枚火珠的图案,四角龙头各口含香穗球三个。车后插黄龙大旗一面,旗心用素绸绘日月,有十二条长旒。大辇需用六十四人牵挽,宫中的导从和车夫已时刻待命。只等郭京捷报传来,宋钦宗就立即换上衮冕服,乘坐大辇,由导从簇拥,车夫们把大辇一直拉上宣德门城楼。

何㮚不去都堂,他清晨来到宣德门城楼,安排兵捷献俘典礼。他命令吏胥查阅宋徽宗时制订的礼仪,竟只有受降仪,而没有献俘仪。于是他下令参照受降仪,临时制订兵捷献俘仪。何㮚别出心裁,将钧容直二百三十二人,安置城上,又将舞郎一百二十八人,安置城下。钧容直在编制上,是护卫皇帝的诸班直之一,其实是军乐队。何㮚准备在兵捷献俘时,城上由钧容直奏乐,城下由舞郎六十四人表演文德舞,另六十四人表演武功舞,以增加欢庆气氛。

何㮚今天头戴直脚幞头,身穿曲领大袖的紫色绵袍,腰系革带,后腰挂金鱼袋,脚穿乌皮靴。这是标准的高官常服。随从另为他带一套进贤冠等朝服,准备在举行兵捷献俘时更换。宣德门城上是厚厚的积雪,从城上俯瞰大内,冰宫玉殿,鳞次栉比,在阴暗的雪天,别有一种旖旎风光。何㮚也无心观赏那种前所未见的美景,他下令内侍、吏胥和钧容直扫除城头和上城慢道的积雪,以备皇帝大驾登城。自己进入城楼的一间厢房休息。

在这个焦急等待捷报的时刻,何㮚其实也无法安心养神。他喝了一盏皇帝所赐的"太平嘉瑞"御茶,就在房内来回踱步,突然心有所思,就吩咐从吏取过笔墨,在一纸精美的蜀笺上写下了两句诗:

神兵六甲挽天弓,城下狼烟一扫空。

一首欢喜口号的七绝,是准备在祝捷时献给皇帝的,而后两句却一时写不出来。何㮚想了一会儿,心有所悟,就自言自语说:"且待神兵以数十槛车,押金虏国相、二太子前来,御街上万民欢呼之时,再行续写。"

孙傅和张叔夜远比何㮚辛苦,他们离开崇政殿后,连夜冒雪步行到大庆殿外廊横门,然后再骑马直奔宣化门。两人登城后,第一件事就是召见姚友仲,说明翌日的神兵出战部署。姚友仲对神兵的态度介乎两人之间,他说:"汴京苦守无援,若要延迟至明年二月、三月,委实难保。六甲神兵如能成功,乃社稷江山之福。万一不能奏功,番人今日登城新败,锐气方挫,只须用心守御,十数日之内,亦可必保无虞。"有了姚友仲的保证,孙傅和张叔夜都感到放心,孙傅说:"自围城以来,姚都统劳苦功高,众所周知,切望明日守得城池,以成大功,圣上当不吝重赏!"

孙傅、张叔夜和姚友仲夜宿城楼,清早急急起身,检查官兵守备,等待郭京的神兵。然而郭京神兵的出动,却迟至天色大明。七千七百七十六人中,只有少数军人,其余都是在开封市井临时招募者,幸亏有杨再兴等六名训练官,才使神兵略成部伍。神兵从正将到军士,都是清一色步兵,没有一人骑马,骑马者惟有郭京和杨再兴等六兄弟。每将各有一面四方旗帜为先导,甲子旗红色,上绣"青公元德真君"六字;甲戌旗绿色,上绣"林齐虚逸真君"六字;甲申旗白色,上绣"权衡节略真君"六字;甲午旗紫色,上绣"子卿潺仁真君"六字;甲辰旗黑色,上绣"衮昌通元真君"六字;甲寅旗黄色,上绣"子靡化石真君"六字。按道家的说法,六甲神的前两字是他们的字,后两字是他们的名,譬如青公元德真君名元德,字青公。神兵们所穿的绵袄、绵裤、绵袜之类都与将旗同色,由开封市民日夜缝制,十分鲜洁,所持的兵刃也都在临阵前新磨,相当锋利。他们一个个面涂五颜六色,精神饱满。

郭京头戴芙蓉冠,身披天地云雷、九宫八卦的绵鹤氅,骑一匹白马,在部伍之前缓行。京城百姓都把他当作救苦救难的下凡天神,大家冒着大雪,夹道欢呼,有的甚至还焚香跪拜。郭京面露得意之色,心安理得地承受众人的顶礼膜拜。

孙傅、张叔夜和姚友仲都亲自下城迎接,并且陪同郭京登城。金军新败之后,暂时还不能发动进攻,只是在远处有游骑出没,然而宋军按姚友仲的部署,城头的每个女墙后,都站立着军士,戒备森严。郭京见到这种情景,首先摇摇头,说:"启禀两位枢相、姚都统,城上人多口杂,便行不得神法。须请枢相、都统与众军兵下城,宣化门城楼左右三百步内,不得有闲杂人等。下城军兵也须静坐,不得交头接耳,不得探头张望城外。"姚友仲面有难色,他说:"城上无人守备,若虏人乘机登城,如之奈何?"郭京笑着说:"姚都统但请宽心,只须郭京在城头,便决无疏失!"张叔夜说:"便是官兵下城,我与孙枢相、姚都统也须在城头,观统制破敌。"郭京说:

"我作法破得虏人,再请枢相与都统登城。"孙傅对张叔夜和姚友仲说:"事已至此,不容功亏一篑,自家们且下城去!"于是,偌大一座城楼,左右共三百步内,只留下郭京和二十名神兵。

城门洞开,吊桥放下,城楼内打扫干净,郭京指挥神兵在地上铺竹箪二十领,其上又安放新席二十领,向南并排放条桌四张,桌上共有柏木牌位二十三个,其上用朱砂分别写了玉皇大帝、太上老君、六甲贵神等名字,排列鲜果五十小碟,细茶和枣汤各十五盏,素食二十五份,点上蜡烛十枝,另有六甲神木印六枚。最后,郭京又亲自在中间两张桌子的接合部位,铺上鸦青纸一张,上有朱笔写就的一份道家青词。十八名神兵下城,郭京只留两名神兵在身边,开始作法念咒,焚烧符箓,然后亲自念给道教玉皇大帝的青词说:

维大宋靖康元年闰十一月二十五日,武略大夫、兖州刺史、统制六甲神兵臣郭京诚惶诚恐,顿首顿首,再拜上言高上玉清、神霄九阳、总真自然金阙下。日者金狄犯阙,宗庙贴危,万民苦兵戈之灾,天子有宵旰之忧。臣谨因神霄值日功曹,赉臣表一通,上神霄玉府玉清,别进仙曹,伏须告报。祈请六甲天神,总率天兵,扫灭狂寇,肃清京阙,俾社稷保无疆之休,中外复升平之乐。

郭京念完青词,独自走出城楼,站立城头。两名神兵下城传令,六甲神兵出城。甲子正将刘细九手擎甲子红旗,率领本将神兵走过吊桥,然后排列成纵横各三十六人的方队,刘细九又在方队的中心,仍然执旗。这群乌合之众的队形自然不可能整齐,但郭京从城上望去,还勉强凑成方形。其他五将也先后出城,六个不规则的方队依次向南行进。

自围城以来,完颜娄室和完颜银术可还未见到如此众多的宋军出战,他们派人驰骑飞报青城大寨。完颜粘罕下令只留一猛安兵力守寨,自己与完颜谷神、耶律余睹率军出寨增援。他们的大队人马还未到达战场,完颜娄室已在前沿迎战。他亲自率两猛安骑兵诱敌,女真精骑驰至甲子将方队前放箭,立时有十多名神兵倒地。然而女真兵却拨回马头,向南退去。于是,甲子将神兵就乱哄哄地追奔,其余五将也跟着乱哄哄地尾追。突然,完颜银术可和完颜活女各率九猛安骑兵,分左右翼向神兵夹击,完颜娄室也回兵反攻。以左右翼骑兵侧击敌人,正是金军的拿手好戏,万马奔腾,远则乱箭攒射,近则刀剑齐举。

可怜七千七百七十六名神兵,转眼间便成刀俎间的鱼肉。他们有的死于箭镝,有的死于刀剑,有的被敌马践踏而死,有的自相践踏而死,仅有很少数人死里逃生。作为后队的甲寅将,在女真骑兵的冲击之下,许多人尸填塞了护龙河。马蹄声、喊杀声、哀号声、惨叫声等,汇成强烈的、可怖的噪音,震天动地。

城上的郭京最初远远见到金军败逃,喜形于色,他一人走到城楼后面,对城下的孙傅等人大声喊道:"神兵初战告捷,如今已向虏人大寨追击,可速奏禀圣上与何相公!"等他再回城楼前,却见到了另一种景象。郭京的内心对此也早有思想准备,他长叹一声,匆忙下城,只对孙傅说了句:"我须亲自出城措置!"孙傅问道:"如今自家们可否登城?"郭京根本不予理睬,他一人飞马出城,在乱军中逃遁。

姚友仲听到城外愈来愈大的喧嚣声,敏感到形势不妙,急忙与孙傅、张叔夜等上城,他们眼见神兵惨遭杀戮的情景,都目瞪口呆。还是姚友仲能随机应变,他连忙下令军士关闭城门,拽上吊桥。不料吊桥上堆满神兵的尸体,已经拽拉不动。大群女真骑兵接近了护龙河,突然,城里杀出了以杨再兴为首的四十名骑士,拦击金军。守城军士乘着混战之际,方得以关上城门。杨再兴等六名义兄弟确是骁悍非凡,六杆浑铁枪,不知杀死了多少敌人。然而大队金军仍然蜂拥而来,骑士们大多战死,王兰的大腿也中了一箭。最后,杨再兴等五人护卫着王兰,杀开了一条血路,投奔他乡。金军在歼灭神兵后,又乘得胜之威,再次登城。

[壹叁]
危难之际

正值中午时分，在混乱之中，金军一座云梯首先搭在城头，好几十名甲士鱼贯而上，其中一个身高力大的旗头手擎黑旗，其形制与首次登城者一模一样，在风雪中挥舞。接着，二三十座云梯一拥而前，姚友仲指挥军士用撞竿击碎一些云梯，而另一些云梯还是牢牢搭在城头。当几百名甲士登城后，宋军便丧失斗志，纷纷逃下城去。张叔夜仗剑约束溃兵，反而被乱兵在臂上砍了三刀，幸好伤势不重，在万般无奈之中，他由亲兵扶掖，与孙傅、姚友仲退下城来。金军乘胜扩大战果，他们下城打开城门，大批精骑源源不断，蜂拥而入，向宣化门附近的街巷迅猛穿插。

吴革听到神兵出战的消息，就强忍伤痛，前来宣化门。在宣化门下，既有逃兵，又有原先观战助威的百姓，乱成一团。吴革拔剑大喊："番人进城，全城军民决无生理！唯有奋死血战，将他们逐出，方能保全你们底老小！"在他的号召和指挥下，很多逃兵又反戈回击，百姓们也手持棍棒、扁担之类参战。在巷战中，女真骑兵很快暴露出不能纵横驰突的弱点，在不太长的时间内，姚友仲和吴革指挥军民，依仗兵力和人群的密集，歼灭了深入各街巷的七百多敌人，夺到战马四百多匹，反攻到宣化门下。然而占据城门的金军反客为主，居高临下，以弓箭攒射，还动用了宋军遗弃在城上的装备，包括床子弩、神臂弓等，一次又一次地打退开封军民的反击。双方在宣化门一带苦战相持。

完颜粘罕、完颜谷神、耶律余睹和完颜娄室、完颜银术可由云梯登上城头。完颜粘罕毕竟是极富军事经验的宿将,他得知自己的精兵在巷战中失利,下令说:"可令儿郎们不得下城巷战,当务之急是攻占汴京底四壁,若占得四壁,赵皇便如瓮中之鳖。"完颜谷神补充下令:"凡占得一座敌楼,便焚毁一座。"

金军很快调整军事部署,他们分东西两个方向,迅速沿南壁城墙向守城的宋军进击,而宣化门的巍峨城楼和附近的敌楼战棚,在大风雪中,首先升起了烈焰和浓烟。乘着西路军登城之威,完颜斡离不等也指挥东路军杀上了东水门和朝阳门,两路金军在城上会师后,又分头占领了开封城的整个东壁和南壁。

在非常时刻,人们的情欲,不论是高尚的,还是卑劣的,都更容易表现和暴露。统制何庆彦、陈克礼,还有接替李擢任南壁提举官的文官、中书舍人高振都相继战死。内侍黄经臣在通津门上,当将士们下城溃逃时,他面朝大内,跪拜恸哭,然后投火而死。但是,当开封军民在东城和南城苦战之际,身为奉国军节度使、殿前都指挥使的王宗濋,却首先打开西城的开远门,俗称万胜门,率亲兵一千多骑逃遁。接着,京畿路提点刑狱秦元也率本路保甲几万人,从北城安肃门斩关而出。

整个开封城,如今成了一锅沸粥。城内流言四起,最初说,六甲神兵的前锋已夺得金军大寨,插上了甲子将的大旗,后来又说,郭京此人本是金朝的细作,有意将金军放入城中。无数百姓,扶老携幼,从东南拥向西北,有的企图从外城逃进里城。由于里城各门都已关闭,有的百姓就从东、西角门攀援而上。混乱之中,家人离散,婴儿丢失,密集的人群自相践踏,或死或伤。大批难民越过冰封的蔡河和汴河,河冰拆裂,落入水中。到处是呼喊哀号之声,惨不忍闻。许多百姓自动集合在宣德门前,要求官府发放兵器,抗击金军。但也有大批溃兵,乘机作乱,抢劫民居。更有一批市井恶少,他们竟剃发梳辫,假扮金兵,劫掠财宝,奸污妇女。

大群愤怒的开封军民冲进馆驿,抓住了金使刘晏。刘晏委屈地辩解说:"我来城内,正为促和,保全你们百姓。若杀我,又如何议和?"众人再也不容他分辩,将他乱刀砍死。一个其实还是同情宋朝的使者,转眼间便成乱世的冤鬼。

再说在宣德门城楼上的何㮚,当他接到第一个捷报,喜不自胜,立即命令内侍飞报皇帝。有吏胥问:"何相公,可须更换朝服?"何㮚有意慢条斯理地说:"不须,不须,待郭京底神兵献俘之时,更换不迟。"当何㮚正在高高兴兴地用午膳时,一名吏胥慌慌张张地传来了败报。何㮚手中的筷子顿时落地,面容惨白,再也无法下咽一粒饭,只是长久地用牙齿紧咬嘴唇,嘴唇上流出了鲜血。最后,他飞步来到书案前,将自己的诗稿撕个粉碎,吩咐从吏说:"取我底甲胄来!"他披挂盔甲,腰悬宝剑,正准备下城楼,只见梅执礼和张所进入屋内,梅执礼身穿常服,而张所也披挂了铠甲。

何㮚先向两人恭敬地作揖,说:"和胜,正方,我愧见你们!"两人还礼后,梅执礼说:"相公意欲作何措置?"何㮚沉痛地说:"我唯有亲往宣化门,与番人死战,身殉社稷,以谢天子!以谢天下!"张所说:"此是下官底职事,而非相公底职事。相公当执掌中枢,号召全城,不分军民,不分男女,不分老幼,人人皆有守城抗敌之责。发放兵器与百姓,人自为战,街自为战,难道全城百万军民,竟能束手就擒于九万余房人不成?"梅执礼补充说:"正方之言甚是,请相公三思。"何㮚想了一想,说:"我方寸已乱,请和胜为我速作文榜,号召全城。"梅执礼和张所完全理解,这个被公认为文思敏捷的状元宰相,一时已难以措词,梅执礼立即到书案前,起草以三省、枢密院名义发布的榜文。

张所又问何㮚:"敢问相公,尚能以多少兵卒御敌?"何㮚苦笑着说:"诸班直尚须护卫车驾,此处可用之吏胥、卫兵、钧容直、舞郎不足五百人,然而亦不知此乌合之众可否御敌?"张所说:"困兽犹斗,何况人乎!相公且随我来!"他带何㮚走出城楼,只见城下已有约一千名男子,要求发放兵器。张所对何㮚说:"足见民心可用。当今之患,不在房军锐不可当,而在我畏敌怯战,士气不振。相公须坐镇都堂,张所不才,愿率城下百姓与卫兵等赴敌。"何㮚感动地握住张所的手,说:"正方,危难之际,方见你丈夫刚气,英雄本色!"

发放兵器后,由百姓、吏胥、卫兵、钧容直、舞郎等临时组成的约一千六百人的队伍,并不整齐地排列在宣德门前,张所骑一匹黄骠马,腰挂一口利剑,在队列前慷慨陈词:"如今番人已攻破宣化门,行将焚自家们底房屋,掳自家们底财宝,污自家们底妻女,杀自家们底老幼。好生恶死,人之常情,然而今日唯有犯死,方可求生!愿随张所与敌死战者,且与我同赴国难;不愿者,且请退出行伍,张所决不强留!""退出行伍"的话重复三遍,竟没有一人退出,最后,钧容直的队列中传出了整齐的声音:"愿随张察院共赴国难,与番人决一死战!"钧容直押班于鹏走出队列,向张所作揖行礼,说:"近日我为杜工部长律谱曲,愿在此齐唱,以壮军威!"张所说:"如此甚好!然而军情紧迫,可边走边唱。"

在这个风雪交加的下午,张所率领的队伍,沿着宽阔的御街,穿过作为里城正门的朱雀门,奔向城南。于鹏指挥钧容直,用悲壮慷慨的鼓吹乐,唱着杜甫的长律,"胡骑潜京县,官军拥贼壕。鼎鱼犹假息,穴蚁欲何逃"。"兵气回飞鸟,威声没巨鳌。戈鋋开雪色,弓矢向秋毫。天步艰方尽,时和运更遭"。"锋先衣染血,骑突剑吹毛。喜觉都城动,悲怜子女号。家家卖钗钏,只待献香醪"。一首三百年前的旧诗,那种消灭敌人,平息战乱,重建和平生活的渴望,激起了人们强烈的共鸣,沿途百姓、溃兵纷纷驻足而立,倾耳而听,很多溃兵又重新拿起兵刃,追随张所的队伍南进。

作为开封外城正门的南薰门,巍峨高耸的城楼上已燃起烈火,冒出滚滚浓烟。张所的队伍参加了南薰门的争夺战。张所的战马中箭,他本人也随着倒地,一队金军杀来。于鹏率领钧容直救出了张所。于鹏手持一柄六宋尺开山大斧,一连劈死几个敌兵。在激战中,宋军几次重新夺回南薰门。完颜粘罕和完颜谷神动用了他们精锐的合扎猛安,才最后占领了南薰门。金军为此付出了战死近一千八百人的代价。张所的部伍也大部分牺牲。

夜幕降临,战斗暂停,朔风急雪依然不止,在漆黑的夜空,惟有城东和城南的城楼与敌楼继续燃烧,烈焰熊熊,火光冲天。姚友仲带着四名亲兵,在宣化门下的战地巡视。按照战事的发展,孙傅和张叔夜只能转移到南薰门一带督战,而姚友仲仍留原地。他面带疲惫和绝望的神情,作为一个军人,明知战争无望,却还须拼死一战,以报效朝廷。在一个十字路口,姚友仲听到在街巷的另一角,传来一个熟悉的声音:"王殿帅已逃出围城,自家们不效学王殿帅,切恐性命难保!"另一个人说:"自家们当唯范统制之命是从!"又一个人说:"须从哪里出城?"又是范琼的声音:"还须从开远门。更说与你们,刘都统已与我相约,明晨五更,同去……"

范琼言犹未了,姚友仲已来到他和二十名将官面前。他以威严的目光逼视范琼,范琼吓得出了一身冷汗,姚友仲责问说:"范琼,食君之禄,当忠君之事,如今危难之际,你身为大宋臣子,何忍临阵脱逃,而弃君父于危城!……"突然,一个将官挥手刀向姚友仲的脑后斫来,姚友仲惨叫一声,尸体倒地。四名亲兵拔剑抵抗,也被范琼等二十一人砍死。那个杀姚友仲的人是范琼的心腹正将,名叫王俊,济南府人,他的面部特征是人中上有一个大红疤,红疤上没有髭须。原来今年正月,金军初攻开封时,王俊中了一箭,被射落两颗门牙,他说话时还带着口风:"此事也出于无奈,不杀他们,又如何灭口!"范琼对众人微露笑容,说:"此事须告报孙、张二枢相,只说是姚都统被乱军所杀。"

都统制刘延庆果然在闰十一月二十六日五更,率部逃出开远门,更多的官员和百姓也跟着出城,共有十几万人。由于昨天完颜赛里和完颜蒙适未能拦截两支逃军,金军担心逃军中有宋钦宗,加强了戒备。完颜挞懒和完颜阇母各率八猛安精兵,分道拦击。在金军的围堵下,大家无路可走,逃到了金明池和琼林苑,又向西面的普安禅院行进。这里是开封著名的胜景,可怜昔日繁华歌舞之地,转眼间成了大屠场。金朝骑兵充分发挥了在平原旷野作战的威力,在他们的纵横蹂践之下,十几万人大都死于非命。刘延庆本人被杀于金明池。他的儿子刘光国,居然还挟带着宋徽宗宠臣王黼的爱妾张氏,在金军的追逼下,刘光国最后只得杀死张氏,自己在一棵树上自缢。在封冻的金明池湖面,在冰雪原野,横卧着十几万具人尸的可怖景象,不久又被纷飞的大雪所掩盖。人尸很快就成了冰尸,直到明春,才散发出浓烈的腐臭味。不幸中之大幸者,是范琼所部,他们出城较晚,在金军的堵截下,又重新退回城内。在乱兵之际,他们也根本未被追究。

在刘延庆等逃遁的当天,金军又攻占了开封的西壁和北壁,焚烧了所有的楼橹,烈火整整燃烧了三天三夜。他们将城上原有防御设施,都从对外改为对内,在城外修筑了许多登城的慢道,反而拦断了城内的慢道,各门向城内拽起了吊桥。于是,不足九万的金军,依托开封的外城,将城内的百万军民,包围个水泄不通。金军不断扬言,要下来纵火屠城,其实却是严守城壁。偶尔有几个谋克或几个蒲辇的金兵,违令下城掳掠,结果都遭宋方军民的痛击。其余的金军以此为戒,更不敢轻易下城。敌对的双方形成了新的僵持状态。

孙傅听到金军占领四壁的消息,仰天悲呼说:"天亡我大宋!岂非天乎!岂非天乎!"有内侍前来传旨说:"官家请孙枢相、张枢相入大内议事。"孙傅说:"我信用妖人郭京,尚有何面目,朝觐天子!"说完,就抽出宝剑,准备自刎。张叔夜急与众将把他抱住,夺下宝剑,张叔夜说:"自家们身为宰执大臣,国破决无苟活之理。然而如今势未穷,力未竭,我等当辅佐圣上,共商大计。"经张叔夜和众人反复规劝,孙傅方与张叔夜一同骑马,经御街进入大内。

再说宋钦宗,他得到最初的捷报,立即大声吩咐说:"取朕底衮冕服来!"自从他即位以来,内侍们还从未听到皇帝用如此兴奋的语调说话。内侍给皇帝戴上前后各垂十二串珍珠的冕旒,又称平天冠,穿上青衣纁裳,青衣上绣有日、月、星辰、山、龙等图案,腰系金龙凤革带,脚穿红袜朱舄。宋钦宗结束停当,又命内侍取来铜镜,他望着镜中的自我,颇有洋洋自得之意。正午时分,邵成章禀报宋钦宗说:"圣人与娘子、太子、公主在坤宁殿,恭候官家用膳。"宋钦宗一挥手,说:"请圣人自用,朕不觉饥,待破贼后再用不迟!"

不一会儿,确凿的败报传到了大内。宋钦宗听后,浑身战栗,他下意识地抓住邵成章的手,指甲竟插入邵成章的手心,立时流出了鲜血。邵成章感到疼痛,但在此时此刻,他却不愿出声。突然,身穿衮冕服的皇帝再也不顾尊严,坐在地上,嚎啕恸哭,他反反复复只说一句话:"朕悔不用种师道之言,至有今日!"种师道在关键时刻,曾有四次建议。第一次是二月初姚平仲夜劫金营失败,种师道建议再次出兵劫营,或者每夜发兵几千人袭扰敌人,可以成功,宋钦宗不用。第二次是完颜斡离不退兵,种师道建议乘金军半渡之际,发动奇袭,否则必为他日之患,宋钦宗也不用。第三次是太原失守后,种师道急令调兵京城,第四次是临终遗奏,建议皇帝退守关中,宋钦宗又不用。

宋钦宗哭了多时,邵成章再也看不下去,他和一名宦官把坐在地上的皇帝,强扶上座。有内侍进殿报告说:"太上道君官家与娘娘、乔娘子等进入大内。"宋钦宗又抚膺大哭,说:"惊动太上官家,实由朕之不德!"宋徽宗等得知金军破城的消息,其实已经很晚,他们只能从北面的龙德宫逃进皇宫,以避刀兵。他想了一会儿,就说:"且请太上官家与娘娘、乔妈妈等在延福宫歇泊,待事定之后,朕前往请罪。传朕旨意,宣亲王、百官至祥曦殿集议。"显然,他此时已无法腆颜前去安慰父亲。

邵成章在皇帝身边耳语说:"军情危迫,请官家微服擐甲。"宋钦宗点点头,说:"取来!"邵成章命小宦官取来一领六、七品官的绿色公服,给宋钦宗穿上,又外加一套普通的盔甲,腰挂一口剑,与众内侍匆忙来到祥曦殿,这是一个小便殿。在路上,宋钦宗遇到了急急进宫的越王赵偲,便命内侍取过一个御玺。这个刻有"范围天地,幽赞神明,保合太和,万寿无疆"十六字的御玺,玉环上有一条红绶。宋钦宗亲自将红绶套在越王的颈上,说:"叔叔!你自做天子,我曾言道,我了不得军国大事,亦不愿做官家!"越王立时满头大汗,他急忙抓住红绶,摘下御玺,说:"死罪!死罪!"他将御玺递给内侍,然后抓住宋钦宗的手说:"请大哥镇定!"

众人来到祥曦殿,景王和济王已在那里等候,宋钦宗抱住两个弟弟,又痛哭一场。宋钦宗虽已下旨宣召百官,但由于各种原因,进大内者寥寥无几,来人也都一筹莫展。梅执礼为何桌起草榜文后,也进入祥曦殿,向皇帝报告宰相的应急措置,宋钦宗叹息说:"也只得如此!"他想了一会儿,又对景王和济王说:"你们可去延福宫,看觑阿爹与娘娘、乔妈妈,代我请罪!"济王说:"我等已经商量,六哥在此陪伴大哥,我去延福宫。"

正说话间,朱后同朱慎妃、众才人、夫人、太子、公主等也哭哭啼啼,来到了祥曦殿。太子和公主扑到父亲怀里,说:"阿爹,快救取孩儿性命!"原来有几十名卫士也乘机作乱,在大内杀死内侍,抢劫财宝,奸污宫女,甚至直入坤宁殿内,饮酒便溺。宋钦宗悲愤填膺,拔剑大喊:"你们且随朕诛此乱贼!"邵成章当即上前,拦住皇帝,说:"官家保重,此事由小底处置!"他出殿后,组织了诸班直的众多卫士,经过一场混战,将作乱的卫士包围歼灭。

当夜,朱后同其他妃嫔、太子、公主等,只得临时在祥曦殿内和衣而卧。宋钦宗、景王、梅执礼和邵成章佩剑坐在殿上,内侍和卫士们或坐在殿上,或坐在殿外两庑下,延捱着等天明。殿上烛光昏暗,但景王仍清楚地看到,在宋钦宗满布红丝的眼睛中,深埋着恐惧、忧伤和绝望,大家静坐,都无话可说,突然,宋钦宗长吁一声,说:"待虏骑下宫城,我与你们战死于此殿!"众人也无法答话。

第二天,何㮚等六名宰执进入殿内,俯伏在地,口称:"臣等不能坚守城池,万诛何赎!乞陛下速赐诛戮,以正误国之罪!"其中何㮚和孙傅两人更是满面羞惭,连连叩头请罪。宋钦宗说:"京师失守,乃朕之失策,卿等不须引咎。如今事势,卿等有何计议?"何㮚说:"京城虽破,尚有里城可守。若能鼓率军民,逐街逐巷死战,虏人可得志于外城,未必便能得志于里城。"宋钦宗摇摇头,说:"秦元、王宗濋与刘延庆三军出逃者,有数万之众。京师兵卫,所剩无几,百姓虽然请缨,皆是未经战阵底乌合之众,战则必败,何可再战!祖宗有天下一百六十年,以爱养生灵为重,朕不忍见百姓再罹刀兵之厄。如今之计,唯有卑辞求和,保全一城生灵。"梅执礼听到皇帝的说话口气已与昨夜截然不同,忍不住插嘴说:"陛下,臣恐求和未必便能保全生灵!"宋钦宗以不容商量的口吻说:"朕意已决,卿不须再言!"

济王进入殿内,对宋钦宗说:"阿爹之意,欲自去虏营,谢罪请和。我与娘娘、妈妈多方劝阻。阿爹亲书黄旗一面,命我交与大哥。"宋钦宗展开黄旗一看,上有宋徽宗用瘦金体写"谢罪通和"四字。宋钦宗望着景王说:"六哥,尚须你与冯澥、曹辅代我一行。"景王并不推辞,说:"遵命!"

殿外传来一阵喧闹声,一名内侍急急进来报告说:"诸班直求见官家!"宋钦宗连忙同众人出殿,殿前指挥使左班押班蒋宣和右班押班李福率领几百名卫士,已牵着宋钦宗喜爱的坐骑,站立殿前。这匹坐骑浑身火炭一般颜色,无一根杂毛,取名赤玉骝。殿前指挥使左、右两班位居诸班直之首。蒋宣大喊:"请官家速速出城,这里不是官家住处!"宋钦宗惊愕地发问:"教朕去哪里?"众人大喊:"须与官家夺得一条路,我等保官家杀出新郑门去!"新郑门的正式名称是顺天门,位于开远门南,是城西偏南第一门。有两个卫士不等回答,就上前拉扯皇帝,说:"请官家上马!"景王上前,推开了两人。

只听得传来一个女子的声音:"且慢!"说话者正是朱后,朱后手拉太子上前,说:"官家要去,须与儿子同去,无以臣妾为念!"太子却死抱住朱后说:"孩儿不愿与妈妈离别!"当此生离死别之际,母子抱头痛哭,很多人也陪着落泪。

宋钦宗见到这种情景,心如刀割,但当务之急,还是应付卫士。他对卫士们的拉拉扯扯,无疑很不高兴,便叫旁边的一个小宦官向众卫士传话:"此事须官家自作主张,众人不得无礼!"蒋宣大怒,当即用剑将这名内侍刺死,宋钦宗与景王、济王等都大惊失色,李福连忙下跪叩头,说:"蒋太尉非敢无礼,只欲救官家于祸难之中。番人诡诈,和议不可信,宰执、内侍多是虏人底细作。自家们只为救驾,愿官家速速上马!"

宋钦宗心想:"你们是救驾,还是劫驾?"他转身回殿,向身边的景王耳语一句,景王上前对蒋宣和李福说:"官家有旨,念你们忠义可嘉,除你们团练使。然而出城一事,尚需从长计议,闻得金明池、琼林苑一带,虏兵甚众。"原来在顺天门外,北面就是金明池,南面就是琼林苑。宋钦宗也并非真有什么军事情报,只是对卫士施行缓兵之计而已。然而正在景王传话之时,如前所述,金明池和琼林苑一带也果真成了金朝铁骑耀武扬威的屠场。

蒋宣和李福唱喏,口称"谢恩",然后挥众退出,赤玉骝也被牵走。宋钦宗进入殿内,又对何㮚和孙傅低声耳语说:"蒋宣、李福悖逆,不设计诛之,必为厉阶!"何㮚和孙傅点头,说:"臣等遵命!然急切不得下手,须见机行事。"宋钦宗说:"诚如卿言,此事容日后缓图。"宋徽宗亲书的黄旗装上了旗杆,景王与冯澥、曹辅辞别宋钦宗出殿。不一会儿,有内侍急报,说景王一行被百姓拦阻在宣德门前。宋钦宗无可奈何,只得同济王、众大臣一起前去宣德门。他们上城一看,城下聚集的百姓约有万人。自从陈东率众伏阙上书以后,宋钦宗一见到这种场面,内心就十分反感。他命内侍传话,要他们推选一人上城。

一个书生登上城头,向宋钦宗下跪,口称:"微臣太学生朱梦说叩见皇帝陛下!"宋钦宗听说"太学生"三字,就产生反感,心想:"又是一个陈东!"他想了一想,问道:"你可是上书言事,编管池州底朱梦说?"朱梦说说:"正是微臣。微臣草芥凡陋,感荷圣恩,愧无尺寸之功,以报再造之德。然而城下百姓,忧陛下迁播,则社稷无主,一城生灵,尽遭涂炭。"宋钦宗说:"寡人以宗庙之重,岂敢离京!如今京师已破,士民百万,有倒悬之急。朕急命亲王出使,不惮卑辞,正为救生灵于水火之中。卿可以朕意晓谕城下百姓,命他们放行。"

朱梦说说:"微臣愿陛下以亡辽为鉴,金虏灭辽,一面用兵,一面通和,不亡北辽,决不罢兵。微臣恐陛下中虏人奸计,徒增国耻,而无补国事。"宋钦宗说:"今日事势,已不能再战,唯有求和。倘上苍垂怜,俾社稷得以暂安,朕当效法越王勾践,卧薪尝胆,誓雪国耻!"朱梦说说:"臣恐陛下一旦堕番人之陷阱,虽有勾践之志,却行不得勾践之事。"宋钦宗听了,沉默不语,到此地步,他也根本无法掌握自己的命运。朱梦说又说:"微臣闻虏人马军,用于平原旷野,驰突难当。东京大街小巷,非虏骑纵横之地,若官吏军民、男女老幼,敌忾同仇,陛下圣断,死守里城、宫城,即便与敌同归于尽,亦足以名垂青史,为千古英烈之主!"宋钦宗苦笑说:"卿无须出此危言,为全城百万生灵,朕不愿再战!"皇帝既出此言,朱梦说流下悲痛的泪水,连连叩头,说:"陛下不用臣言,恐他时有噬脐之悔!"宋钦宗吩咐说:"卿且下城去,以朕意晓谕百姓。百姓请军器者,朕已令有司发放,万一有难,亦可各自保护家人。"

宣德门下的百姓,最终还是让开了一条路,景王和冯澥、曹辅策马南行,猛烈的北风夹带急雪,一面"谢罪通和"的黄旗,哗喇喇地背风飘扬。许多百姓见到这面旗帜,都伤心落泪,最后汇成哭声一片。城下的情绪感染了城上,宋钦宗、济王、何㮮等宰执大臣,邵成章等也无不掩泣。景王一行,也是噙着泪水前行。

[壹肆]
出　　降

结束了占领开封四壁和歼灭刘延庆逃军的战斗后,金军六名元帅,还有完颜兀术、完颜娄室、完颜银术可以及萧庆、高庆裔等会聚在南薰门城下。城楼仍然余火未熄,他们由新修的慢道登城,站在一个烧成灰烬的敌楼旁,空气中有一股难闻的木头、人尸等焦味。完颜兀术兴致最高,他指着城下那条向北延伸的御街说:"斡离不,我明日当为先锋,由此直入朱雀门、宣德门,捉拿赵皇!"完颜挞懒在一旁讥诮说:"唯恐未到里城,自家儿郎先已损折殆尽!"在众多民族组成的金军中,真正有战斗力的中坚自然是女真兵。金朝元帅珍惜女真兵,然而在关键性的硬仗中,又不得不动用女真兵。所以自从攻击开封以来,伤亡最多的也是女真兵。完颜谷神说:"自家女真儿郎,至少亦已损折七千人!"完颜谷神的估计数与实际并无多少出入,他与完颜粘罕的亲兵合扎猛安也伤亡颇重。

这个估计数,意味着金朝将帅如今只剩下二万几千女真兵。如果要对开封的街巷继续实施强攻,无疑将是一场可怕的消耗战。女真兵一旦减员到一万以下,且不说与宋军作战,连金军内部的局势也难以控制。耶律余睹也完全明白这个道理,他倒十分盼望金军有此结局,可以乘机叛变,恢复辽朝。当然,在表面上,他也决不敢出面支持完颜兀术的意见。沉思已久的完颜粘罕向完颜挞懒发问:"挞懒,你有何策,可取内城?"完颜挞懒说:"还须遣使通和。"

完颜粘罕的眼光又转向萧庆,萧庆已得知刘晏的下场,害怕自己也被宋方军民杀死,面有难色。高庆裔为朋友解难,说:"我恐萧庆前去,徒劳无功,不如教李侍郎去。"完颜斡离不说:"此说有理。若能说动李侍郎,胜如萧庆!"

完颜粘罕等回青城大寨后,有军士报告南朝景王一行,举"谢罪通和"旗出使。完颜粘罕命令让宋使先去青城的斋宫。这是他们为引诱宋钦宗出城,早已准备好的住所。萧庆和高庆裔也特别去冲虚观,找李若水面谈。

闰十一月二十六日傍晚,金朝六位元帅接见景王一行和李若水。堂内灯火通明,六人都是满面笑容,态度和霭,由萧庆和高庆裔担任通事翻译。景王等见到六位元帅,仍然行揖礼,而六位元帅却对景王等行女真跪礼。完颜斡离不说:"久闻六大王贤德,今日一见,果然!"他对景王和冯澥、曹辅、李若水都问候一番,显得十分亲切,完全不像一个战胜者。在表面酬酢之余,景王心想:"闻得二太子信佛,颇通商量,而国相蜂目豺声,有奸雄之相,煞是如此!"

景王说:"昨日乱兵之际,未能保全大金国使。皇帝特命我见列位元帅谢罪!"完颜斡离不说:"国破人乱,自然之理,自家们亦知非南朝皇帝本意。"完颜粘罕说:"东京四壁俱下,只消我一声令下,儿郎们杀下城来,偌大一个城池,立时便成齑粉。然而此次出兵,只为两河之地,并无吞灭南朝之意。只待太上皇亲自出城,与我等当面立约,交付犒军金银,大金收取河北与河东了毕,便可退军。"完颜谷神补充说:"陕西河中府与解州在黄河之北,亦须与河东一并交割。"景王等人听到对方提出了新的割地条款,都不敢争论,但也不敢应允。

完颜斡离不取出军中的文告,交付景王等人,说:"未破城时,自家们先于军中号令,不得杀掠。粘罕亦特令一军,专护南朝陵寝。此亦足见自家们底诚心。"不破坏宋朝的皇陵,这在赵氏皇室看来,当然是头等大事,完颜挞懒补充说:"若南朝破敌,尚得不杀人否?尚得守护敌之陵寝否?"景王立即表示谢意:"感荷元帅们底大恩大德!回得城中,定须奏明皇帝!"完颜挞懒又说:"敢请你们告报南朝皇帝,勿须播迁远徙,五百里内,皆是大金底儿郎。皇帝播迁在外,徒然受惊。昨日刘延庆率十余万人出城,已被我与阇母统兵,斩杀尽绝。皇帝住在宫中,挞懒必保他安然无恙!"完颜斡离不诚恳地说:"请传语皇帝,且留意处置内事,城破之后,须防内乱。"

在会谈中，完颜粘罕和完颜谷神不断地威逼，而完颜斡离不和完颜挞懒又不断地圆场，并且表示友好。有耶律余睹明白自己事实上没有说话的地位，所以一言不发。金朝灭辽时，对付辽人的一套，今天又用于对付宋人，这使他的内心不免有几分腻烦和厌恶。完颜阇母是一员勇将，却讷于言辞，很少说话。

景王等反复说明求和之意，也没有应承什么，只是说具体条款要回城奏禀皇帝。六位元帅设晚宴招待景王一行，宴毕，命高庆裔和萧庆送景王等人和李若水回城。夜空继续飘着雪花，景王等回到南薰门后，由守城的金兵放下吊桥，方得进入城内。李若水见到都城残破的景象，不免涕泗交颐。在分别时，萧庆特别恳切地对景王说："六大王与列位大臣底忧愁，萧庆尽知。只愿太上皇大驾，亲至大寨，两国早日成和，永结盟好，开封黎民免遭兵祸，自家们亦可了却职事，无愧于心！"

城内经历了两天的混乱，秩序已渐趋平静。朱后和太子、公主、妃嫔各回坤宁殿和嫔妃院，宋钦宗也开始在崇政殿办公，陪同他的有济王、何㮚、陈过庭、孙傅、张叔夜和梅执礼。听说景王等回城，宋钦宗说："可命他们即刻上殿！"他想了一想，又吩咐邵成章说："你速去延福宫，奏禀太上官家与乔妈妈，说六大王安然回城。传朕之至意，恭请太上官家、娘娘与乔妈妈圣安。"邵成章完全明白，皇帝向郑太后请安只是出于礼貌，而专门向一位贵妃请安，却别有一份特殊的真情，他内心感叹说："事势如此，官家尚不忘乔娘子底恩德，煞是个有情有义之主！可惜生不逢时！"当即禀命而行。

景王等上殿报告情况后，宋钦宗问："依卿等之见，虏人底情伪如何？"景王摇摇头，说："情伪难测！"冯澥和曹辅也作了同样回答，李若水却说："依臣之见，虏人之说是真情，而非假意！"他的话特别使与之过从甚密的梅执礼吃惊，李若水继续说："事已至此，虏人若欲亡我大宋，自可驱兵下城，破我内城、宫城，势如滚汤泼雪。如今虏人敛兵不下，足见真情。太上若去虏营，臣愿扈从，必保无虞！"宋钦宗用怀疑的目光环视众人，众人又都用怀疑的目光凝视李若水。李若水至此不得不为自己辩白说："臣自幼受孔孟之教，唯知忠君报国，危难之际，岂能见利忘义，心怀贰志，请陛下与大王、众大臣明察！"宋钦宗说："卿之忠心，朕所简知。然而太上去虏营一事，尚需商量，委曲求济。"

李若水退殿回家，已是深夜。他是个孝子，急于看望分别两月之久的父母。他叩开家门，在灯光下见到李恬和张氏，立即跪拜在地，说："若水抛弃膝下，久违定省，望爹爹、妈妈恕儿子不孝之罪！"张氏流泪说："儿子王命在身，自古忠孝不能两全。然而我儿平日刚直，自家们日夜思念，唯恐你与虏人计较言语，而身遭不测。如今得以安然归家，煞是大幸！"李若水说："虏人虽然凶暴，尚未无礼于我。我只身被拘于冲虚观，整日忧国思亲，切恐一旦城破，我唯有身殉社稷，家人惨遭兵燹，彼此遂成永诀！"他的妻子赵氏见过丈夫，睡梦中的儿子李淳和李浚起床见过父亲，彼此都不免悲喜交集。

李若水不顾疲劳，连夜向李若虚介绍和谈的情况。李若虚用排行称呼说："二四弟，我恐番人有诈，你切莫中他们底诡计，误社稷之大计！"李若水却说："今日事势，虏人无须用诈。"李若虚说："你可知番人下宣化门时，痛吃了官军与百姓底手脚？"李若水说："虏人夺得外城，岂有夺不得内城之理？所幸虏人底元帅尚知佳兵不祥之理，如能通和，宗庙社稷得以暂安，亦是不得已而求其次。两河失地，只得日后另作他图。"李恬觉得，儿子今天的说法与过去不同，就说："你常言道，番人奸诈而无信，今日如何深信而不疑？太上亲去虏营，系天下之安危，你切不可自作主张！你当明一着不慎，满盘皆输之理！"在父亲面前，李若水当然不能争辩，他说："儿子当谨遵阿爹之教！"

闰十一月二十七日，开封迎来了第七天的大雪。按照事先的商议，金使萧庆和副使兀林答撒卢母从南薰门出发，沿御街直入朱雀门。宋朝特派五百骑护卫，以防再次发生金使被杀的事件。宋钦宗又一次登上宣德门城楼，城下军民集合了几万人，大家噙泪齐声山呼万岁，皇帝也受了感动，流泪不止。军民们让开一条路，金使抵达城下，宋钦宗亲自在城门前迎接，他首先行揖礼，以手加额，说："朕不明不敏，有劳使趾远徙。敢请传语国相、皇子，宁害朕，勿害城中军民！"他的话又使很多军民感泣起来。萧庆和兀林答撒卢母急忙滚下马来,在雪地行女真跪礼,说:"有劳陛下行礼,折杀微臣!两国已通和好,国相元帅、皇子元帅有言,城中丝毫不动,决不违约!"宋钦宗再行揖礼,说:"国相、皇子底仁心,赵桓铭感不忘!"萧庆跪着说:"但愿两国从此化干戈为玉帛,永结盟好!"

宋钦宗迎接金使的场面,似乎给苦难的开封军民,带来了逢凶化吉的福音。但是,文德殿内会谈时,不论宋钦宗如何哀求,金使仍坚持要宋徽宗出城,毫不让步。最后,济王挺身而出,说:"我愿去大金国国相、皇子军前,哀祈请命,代父皇为质!"萧庆说:"七大王如此贤德,可敬!可敬!然而何相公亦须同去!"何㮚到此地步,也不得不说:"臣愿随济王出使!"

宋钦宗命令宰执大臣为金使安排午宴。宰执大臣和金使退殿后,宋钦宗对两个弟弟说:"我欲请六嫂、七嫂进宫,与圣人共进家宴。"济王明白哥哥的心意,要让自己与妻子作最后一别,他摇摇头,说:"不须!人活百岁,终有一死,夫妻恩爱,亦终有一别!与你姆姆相会,免不得儿女情长,不如不见!"于是兄弟三人在一起共用午膳,宋钦宗和景王简直连一筷一匙也难以下咽,而济王却大吃大嚼。最后,济王说:"大哥!六哥!此事且慢告知阿爹、妈妈,望大哥、六哥切记今日之耻,有朝一日,为我报仇雪恨!"于是三个兄弟又抱头痛哭起来。

济王、何㮚和李若水三人随同萧庆等到青城,金朝六位元帅即刻召见,仍由高庆裔和萧庆翻译。完颜粘罕首先责问何㮚:"你为宰相,知我提兵将至,何不投拜,乃敢拒战,既战而又不能守城,今日有何面目见我?"完颜粘罕声色俱厉,高庆裔的翻译也提高了嗓门,何㮚一时浑身战栗,但又很快横下一条心,镇定下来。完颜粘罕又说:"劝宋主与我交战,岂非是你?"何㮚说:"皇帝无意拒战,主战唯我一人。"完颜粘罕:"你有何学术,敢与我战?"何㮚说:"我无学无术,然而为国为民,便当如此!"完颜粘罕说:"我曾遣使招你出城,你为何不来,而迁延至破城之后?"何㮚说:"我不出城,只为全城生灵;如今出城,亦为全城生灵。"完颜粘罕说:"我将纵兵,血洗东京,你以为如何?"何㮚说:"纵兵洗城,乃元帅一时之威;而爱民施德,便是元帅万世之恩。"

完颜斡离不说:"粘罕,休得难为何相公,两国交兵,各为其主,何相公亦是南朝底忠臣!"完颜粘罕说:"自古有南便有北,既有北朝大金,不可无南朝赵宋。待你们割地之后,我自当退兵。"完颜斡离不说:"何相公可回奏皇帝,七大王一片贤孝之心,十分可敬。然而两国和议,还须太上皇自来。我念七大王底孝心,只请太上皇出郊相见,而不以为人质。"何㮚说:"太上出郊,此非臣子所宜言。"完颜谷神咆哮说:"尔家太上事事失信,如不亲自出城,便须出质妻女,此外更无计议!"李若水到此忍不住说:"国相、监军,休得逼人太甚!须知城中尚有甲士十五万,黎民百万,若拼死抵拒,尚不知鹿死谁手!"李若水的话不过是一时愤激之言,不料倒起了作用。完颜挞懒连忙说:"七大王与何相公、李侍郎都是忠臣孝子,凡事尚需缓缓商议。"

在剑拔弩张式的谈判之后,晚宴气氛却显得轻松。金方只有完颜挞懒和高庆裔、萧庆作陪,不断对三名宋使进行宽慰,还不住赞扬他们忠孝。最后分别时,完颜挞懒执着济王的手说:"七大王,请传语南朝皇帝,尔家太上出郊,不过一会,挞懒必保他无一毫差失,当亲送他回东京大内!"

三人回来后,宋钦宗又在崇政殿雪夜召见,参加商议的还是景王和宰执。听了三人的报告,宋钦宗沉思了一会儿,说:"太上官家惊忧得病,切不可出郊,若必不可辞,朕不惜一往!"话音刚落,邵成章就跪在皇帝面前,连连叩头哀告:"大王、大臣在此,本无小底说话之名分,然而官家以万金之躯,岂能亲涉虎狼之地!"说得众人都掩泣起来。宋钦宗强忍悲痛,问道:"卿等以为如何?"济王首先回答:"我以为可行。"何㮚和李若水表示赞同,而其他人表示反对。张叔夜愤怒地说:"虏人事事威逼,不如决一死战!"宋钦宗将手一挥,说:"且休!朕意已决,明日请何㮚回覆金人。"

宋钦宗回到坤宁殿,太子和公主都已入梦,惟有朱后还在东寝阁等候。她听说皇帝行将去敌营的消息,只是不断地抽泣。宋钦宗呆呆地望着朱后的泪眼,也长久地沉默。朱后突然用前所未有的尖声喊叫:"官家!何不下诏与虏人死战,也胜似苟活百倍!"宋钦宗摇摇头,说:"使不得!使不得!"朱后悲叹说:"臣妾与官家恩爱夫妻十一年,不料竟是如此下场!如今欲为布衣伉俪而不可得!"夫妻俩又抱头恸哭。当生离死别、难舍难分之际,宋钦宗伸手不断地抚摸朱后的两道细细的剑眉和一个樱桃小口,朱后依偎在皇帝身上,低声地念着丈夫在东宫时写给自己的两句情诗:"销魂樱桃口,动情剑眉梢。"

何㮚再去青城,与金方确定了宋钦宗出郊的日期。临行之前,宋钦宗决定去延福宫辞行,这是金兵破城以来,第一次看望父亲。延福宫位于大内北部,是宋徽宗在位时,耗费巨额民脂民膏新修的宫殿与园林建筑群,其豪华侈丽,使大内原先的后苑相形见绌。现在,整个精美的建筑,成了宋徽宗最后的避难所。

父子相会的地点是成平殿,郑太后和乔贵妃作陪。宋钦宗跪在地上,说:"罪臣桓不能嗣守列祖列宗之鸿基,连累太上官家与娘娘、乔妈妈等受惊,特来请安谢罪!"宋徽宗流泪说:"大哥代老拙受过受难,如今国破家败,万民罹祸,罪在老拙一身,你有何罪!"他亲自将儿子扶起。四个断肠人互相凝视,谁也再难说出什么。

宋钦宗沉默片刻,向父亲通报最新情况:"启奏太上官家,虏人必欲臣桓亲往青城,通和结盟。臣桓定于明日前去,望太上官家再登庙廷,处分国事。"宋徽宗伤心地说:"我祸国殃民,如何再掌国政?"宋钦宗说:"若太上玉体违和,可请三哥辅政。"宋徽宗说:"你三弟小事聪明,临大难而方寸全乱,如何辅政?"他说完,朝坐在身边的乔贵妃看了一眼。

宋徽宗原先最钟爱郓王,但经历一个月的变乱后,他对儿子们的看法有了改变。现在他最器重的还是乔贵妃所生的景王。他认为,景王真挚地孝顺父母,立身行事,颇有母风。宋钦宗从父亲的眼神已明白了一切,如果自己万一被金人扣押,由景王主持大政,也正是他所希望的,当然,他也不愿当面把一切说穿。

宋钦宗又再次跪拜说:"臣去之后,一切全凭太上官家处分。请太上官家、娘娘、乔妈妈善保贵体,恕臣桓不得晨昏定省之罪!"且不说是宋徽宗和乔贵妃,就是同宋钦宗关系相当平淡的郑太后,此时也忍不住失声恸哭。是呀,他们父子在相当长的时期内,感情上似乎势同参商,如今方觉父子之情的可贵,却又为时已晚。临别时,宋徽宗和后妃对宋钦宗反复叮咛和祝福。

闰十一月三十日,宋钦宗由何㮚、陈过庭和孙傅陪同,还有中书舍人孙觌,一行随从三百人,出了宣德门,而另三位执政留守。开封经历了整整八天的大风雪,今天是第二个晴日。雾气浓重,冬日的太阳像一个大红血球,光照着这个苦难的城市,光照着宽阔御街上的积雪。这支队伍,没有旌旗,不张伞盖,时称素队。这条向来被宋钦宗引以为荣的大道,如今却成了奇耻大辱的象征。御街两旁,仍聚集有许多市民,有的山呼万岁,有的焚香祷告,祈求神灵,保佑官家平安。宋钦宗用最大的努力,强忍住眼泪,骑着赤玉骢,来到了南薰门下。

吊桥放下,完颜活女驰马来到宋钦宗面前,说:"大金国忒母孛堇完颜活女奏知南朝皇帝,国相与皇子有言,若得皇帝亲出议和,诸事甚好,且请安心!"原来攻城胜利后,完颜活女已晋升万夫长。宋钦宗下马,完颜活女又说:"奏知皇帝,这里不是皇帝下马处。"南薰门打开了,只见在双重铁门的瓮城中,金军铁骑夹道。宋钦宗带来的卫兵都被截留在南薰门内,只允许邵成章和一些小宦官、从吏等八十多人随同前去。宋钦宗原来安排邵成章看守大内,但在邵成章的坚决要求下,还是让他随行。

完颜活女率一千骑兵,挟持着宋钦宗一行,来到青城的斋宫,随即把斋宫四面围个水泄不通。宋钦宗对此行虽然有足够的忍辱负重的精神准备,但面对那种被监禁的气氛,仍然有一种艰于呼吸视听之感。只见有四个辫发左衽的人进来,邵成章仔细一看,竟是宦官邓珪、梁平、王仍和李遵。原来这四人都是先后在河北和河东被俘或投降了金朝。不等邵成章开口,四人先自我介绍说:"自家们奉国相元帅与皇子元帅之命,前来审验是真底官家,抑或假底官家。"

邵成章发怒说:"官家待你们有恩,何故背主如此?"邓珪笑嘻嘻地说:"邵九,在大内时,自家们怕你,如今却不怕你,自家们今是大金国底臣子!"宋钦宗对邵成章说:"休与他们计较。"李遵揶揄说:"官家平日在宫中养尊处优,一呼百诺,不料亦有今日!"宋钦宗等人气得说不出话来。

中午时分,金人送来了馄饨、汤饼、炊饼之类面食。汤饼就是面条或面片汤之类。宋钦宗和三名宰执心事重重,只能勉强吃一点。倒是年轻力壮的小宦官和从吏,一路辛苦,狼吞虎咽般地进食。整个下午和晚上,金人除了安排晚膳外,对宋钦宗一行不理不睬。这使宋钦宗等人格外忧疑。

第二天是十二月初一,萧庆上午进入斋宫,他不再行礼,只是传话说:"国相元帅、皇子元帅有令,南朝皇帝到此,先须进献降表称臣,然后方可议事通和。"他说完话,也不等对方回答,就径自出屋。何㮚等三名宰执都气得脸色铁青,陈过庭责怪何㮚说:"都道来不得,尔说来得,虏人奸诈,横生枝节,增此一重羞辱!"

宋钦宗却说:"朕既来此,便决计忍辱负重,故特命孙觌同来。你们且与写降表,事已至此,当卑辞尽礼,勿计空言。"孙傅说:"陛下,臣以宗社之耻太甚,不敢奉诏!"陈过庭也说:"臣不敢奉诏!"孙觌一脸尴尬,说:"微臣若勉从圣命,便成大宋底罪人!"宋钦宗说:"你须与草表!"其实,孙觌也与皇帝同样急于回城。不一会儿,一份骈四俪六的降表就已起草完毕。宋钦宗又拉着何㮚一同审改。降表说:

臣桓言:伏以大兵登城,出郊谢罪者。长驱万里,远勤问罪之师;全庇一宗,仰戴隆宽之德。感深念咎,俯极危衷。臣诚惶诚惧,顿首顿首。猥以眇躬,奉承大统。憯不更事,济以学非,昧於知人,动成过举。重烦元帅,来攻陋邦。三重之城,已失藩篱之守;九庙之祀,几为灰烬之余。不图深仁,曲假残息。兹盖伏遇伯大金皇帝乾坤之德甚溥,日月之照无私。不怒之威,既追踪于汤、武;好生之德,且俪美於唐、虞。勿念一夫之辜,特全万人之命,宇宙载肃,宗社获安。文轨既同,永托保存之惠;云天在望,徒深向往之诚。无任瞻天望圣,激切屏营之至,谨奉表称谢以闻。臣桓诚惶诚惧,顿首顿首,谨言。

下午,萧庆前来取表。在宋钦宗期望用最卑辱的言词,使"宗社"得以"获安"的同时,金朝的元帅们却进行着决定其命运的讨论。完颜粘罕说:"我观南朝皇帝虽来求和,日后终生患害,不如废了赵氏,另立他人。"完颜斡离不说:"此意甚好,然而须禀报郎主,待郎主定夺。"完颜粘罕自恃功高权重,实际上根本没有把金太宗放在眼里,他的提议原先并不想通过金太宗,而完颜斡离不却在维护叔父的权威。其他人都无异议,于是,以六名元帅名义的废立赵宋的上奏,马上派人飞骑传送遥远的金廷。

接着,完颜谷神又说:"赵氏少主既已来此,可将他拘囚斋宫,再将赵氏血属搜捉,以防另立皇帝。"完颜粘罕笑着说:"一网打尽,甚好!甚好!"完颜斡离不也表示同意,而完颜挞懒却坚决反对,说:"赵氏在城中尚有兵有马,若拘囚少主,城中兵马必抵死拒战。不如且放他回去,然后缓缓底用计。"在他的劝说下,完颜粘罕、完颜斡离不和完颜谷神都表示同意，完颜阇母和耶律余睹自然更无话说。

萧庆取来降表，金朝的六名元帅中，除了完颜谷神和耶律余睹外，都全然不通汉文。他们只能叫来汉儿刘彦宗等人，为他们推敲文字。一纸降表，竟往返修改了五次。何㮚忍无可忍，拒绝参加修改，最后只剩下宋钦宗和孙觌两人耐心地增删。在寒冬时节，宋钦宗竟满头大汗，邵成章实在看不下去，就举袖为皇帝擦汗，又用几张纸，权当扇子，为皇帝散热。最后的降表取消了称金太宗为"伯"，只称"臣桓"和"皇帝陛下"，大量增加了认罪的事实，而仍然提出了"庶以保全弊宋不绝之序"的哀祈。

待降表通过以后，宋钦宗方擦了汗，对孙觌说："朕急欲归，非卿平日娴习四六文字，安能速就！"四六文字就是指上述骈体文。何㮚等三人都脸色铁板，不发一言。惟独邵成章却用哭声说："唯求列祖列宗在天之灵，垂怜于官家！"

十二月二日，在金军大寨，举行了宋钦宗奉献降表的仪式。宋钦宗骑着赤玉骝，来到金军寨前，金军铁骑排列门前，二百面黑旗背风招展，鼓角齐鸣，完颜粘罕和完颜斡离不在门口迎候，宋钦宗下马，与金帅互行揖礼。阴暗的天空又突然飘降大雪，宋钦宗当即双手捧表，呈送完颜粘罕。两名元帅领宋钦宗入寨，来到空地的一个香案前，宋钦宗就在香案前的雪地北向下跪，完颜粘罕将降表交付高庆裔，高庆裔读完降表，宋钦宗连续叩头四次。在整个出降仪式中，宋钦宗的随从官员，除孙觌以外，都歔欷流泪不止。

接着，双方又在斋宫会谈，金朝的六位元帅都显得和气，一定要请宋钦宗坐主位，自己坐客位，而宋方的三位宰执和金方的高庆裔、萧庆坐次更低。会谈仍由高庆裔和萧庆翻译，宋钦宗说："赵桓罪孽深重，远烦元帅汗马之劳，如今已成牵羊之礼，敬请元帅早日退兵，我愿献世藏珍宝，并送国相宫中女乐一队。"完颜粘罕笑呵呵地说："城中一人一物，一珍一宝，无非我囊中之物，何须相赠！皇帝且归，听候自家们底旨意！"高庆裔正待翻译，却被完颜挞懒截住，说："此话不须传译，只说国相元帅感谢皇帝盛情。"于是，高庆裔又按完颜挞懒的意思传话。宋朝方面当然听不懂他们的女真话。

完颜斡离不说："此回得见皇帝，不胜忻喜，然而自家们尚欲见太上一面,切望早日如愿。"宋钦宗立即向金朝元帅们下跪,说:"我父疾病缠身,委实难以出宫,恳望元帅们慈悲为怀,免此一行。我愿留斋宫,代父为质。"完颜挞懒连忙离座,扶起宋钦宗,说:"邓珪等人言道,南朝两宫失和。今日方知,皇帝陛下乃大孝之人,此事自可缓议。"

完颜斡离不又说:"我与康王半年不见,甚为思念,闻得他见在河北。请皇帝召他来东京,我欲与他一见。"完颜谷神说:"军前与南朝一个札子,索取干戾人,就中第一个便是李纲。闻知皇帝已将他贬降南方,亦须从速将他押解至此!"完颜粘罕又重复了两河与河中府、解州的割地问题,宋钦宗都只能诺诺从命。

会谈结束,金朝元帅们设午宴招待宋钦宗。只见一名女真兵首先端上一大盘极肥的猪肉,都切成大片,其上插了几根青葱。萧庆立即向宋钦宗介绍说:"此名肉盘子,非大宴不设,今日特为皇帝而设。"见到这盘肥肉,宋钦宗实在有点恶心,但也只能用筷夹上一块,并且表示谢意。接着,女真兵们又端上各种各样油炸蜜渍面食,萧庆说:"此为茶食,亦非贵宾不设。"茶食按其形状,分别命名为桂皮、鸡肠、银铤、金刚镯、西施舌等,萧庆又逐一作了介绍。宋人品尝茶食,还觉得可口。其实,在女真上层社会中,茶食的流行也还是不久前的事。

在筵席上,向来不说话的完颜阇母突然给何㮚敬酒,他指着腰间的剑说:"我看重忠臣,我底剑虽然快利,却不杀忠臣!弃城而逃底人,都是背弃皇帝,不忠不孝底人。我与挞懒擒住此等人,便将他们尽行洼勃辣骇!"接着,其他元帅也都向何㮚敬酒。何㮚有了几分醉意,他眯着眼睛,用木匙敲着桌子,作为节拍,对金人唱起歌来:"细雨共斜风,日日作轻寒……"见到他那种醉态,金人不论听懂或听不懂他的歌词,都哈哈大笑。宋钦宗和陈过庭、孙傅也都不由发出了苦笑,而宋钦宗的内心却更发出了深长的喟叹:"我如何用此人为相?"午宴过后,完颜挞懒亲自送宋钦宗一行回城。

在中国古代,长期形成了国家和君主合二而一的概念。在此非常时刻,宋钦宗的安危事实上象征着国家的安危,并且与开封百万士民的安危息息相关,所以家家户户都为皇帝的平安焚香祝祷。从宋钦宗出城的当天开始,就有愈来愈多的市民,来到开封四壁,向金军奉献金银、铜钱和丝绸,要求他们通报国相和皇子,放官家回城。金军正苦于不能下城掳掠,对此自然极表欢迎。但女真社会尚处在以物易物的发展水平,还不懂得铜钱的妙用,他们拒绝收钱,只收金银和丝绸。万夫长们自然收受馈赠最多,却不向元帅府转达开封百姓的要求。十二月一日清晨,出现了皇帝回銮的传言,于是,成千上万的人拥向御街。很多妇女儿童用衣服的襟裾装了干土,填塞满是雪泥的大道。当天下午,忽然南薰门前放下吊桥,一名小宦官骑马直驰大内,他边走边喊:"和议已定,官家明日方归!"于是,整个街上欢声如雷。

如前所述,当宋钦宗举行奉献降表仪式时,青城飘着大雪,而开封城内却并无一片雪花。到下午时分,城内更是天色晴霁,冬阳灿烂。宋钦宗和完颜挞懒在南薰门下告别,骑马过了吊桥。御街内的朱漆权子外,早已男女老少云集,几乎人人手捧一枝或几枝香,香烟笼罩着整个大道。更有几百佛教的善男,他们在凝寒天气,剃去顶发,脱光上身,用燃烧的艾绒缠在头顶和手臂上烤炙,称为燃顶炼臂。这种忍受皮肉剧痛的极端方式,正是佛教徒最虔诚的祈祷。人们见到皇帝回来,纷纷以手加额,"万岁"、"官家平安"的欢呼声不绝,许多人都感泣不已。宋钦宗和很多随从也都感动流泪。在吊桥另一头的完颜挞懒,呆呆地望着这种完全出乎预料的情景,也不免发出深长的叹息。

深夜时,在坤宁殿的东寝阁,宋钦宗仍然在朱后面前感恸悲泣,他反复说着一句话:"朕如今是上降表的不肖子孙,如何再进得太庙?"朱后不断用红罗帕给皇帝拭泪,她也重复说着一句话:"祖宗之灵,必不能怪罪官家!"

在痛定之后,朱后开始沉静地向皇帝进言:"官家,回想在东宫之时,夫妻整日忧心忡忡,只怕失去皇太子底名分。如今看来,若不做皇太子,却是官家之福。"宋钦宗点点头,朱后又继续说:"恕臣妾直言,官家是个仁德底人,却本非英武之主,空有唐太宗底志,却做不得唐太宗底事。太上官家享尽孤家寡人之福,官家却受尽眇躬小子之苦。自即位以来,终日忧勤,备尝艰辛,却无补国事。国家患难深重,非有不世出之英主,又何以扶危持颠,雪此奇耻大辱!待金虏退兵之后,官家不如传位于青宫诸王之贤能。自家们夫妻却可去江南或成都,优游林泉,放浪山水,闲云野鹤,了此一生，岂不是好？"古代皇帝在诏书中，或可谦称自己为"眇躬"和"小子"。朱后的意思，无非是指丈夫当皇帝受罪。

宋钦宗说："知夫莫如妻，圣人之说甚是。依你之见，当传位于哪个弟弟？"朱后说："宗社大计，臣妾岂敢妄议！"宋钦宗说："事势如此，说又何妨。"在宋钦宗再三要求下，朱后伸出了六个指头，宋钦宗说："太上与朕亦有此意，三人所见略同。"

朱后又说："恕臣妾直言，青宫诸王生长膏粱，便是六哥贤德，亦无唐太宗之雄才大略，要须有辅佐。官家即位二年，前后拜罢宰执有二十六人之多，其中唯二人有王佐之器，官家又不能委以全权，动辄掣肘。公卿大夫御敌无方，却倾陷有术，官家但责以小谨曲廉，于一时一事之成败得失，责之过峻，教他们又如何为时所用？如若六哥仍如官家之用人，皇宋中兴，亦决然无望！"朱后平时恪守妇规，对国事从不敢深言，然而到此已不吐不快。古代计年与西方人不同，朱后所说的二年，按现代的标准，正好近一周年。

宋钦宗明白朱后所说的两人是谁，他说："朕不听种师道之计，贬黜李纲，亦深自后悔。若李纲在政府，朕又能委以全权，何至有今日！然而虏人索取李纲，督责甚急，恐朕亦不能保全他。"朱后说："此事官家不必过虑，臣妾料李纲自有应变之才。臣妾所忧者，官家虽上降表，而虏人仍不肯放过官家，亦不肯放过青宫诸王。虏人追索九哥，亦可见其用心。"宋钦宗说："但愿割地两河之后，大宋社稷从此便否极泰来。朕一俟虏人退兵，便与太上商议，传位于六哥。"

[壹伍]
尽忠报国

再说岳飞一行自平定军突围,直至十一月,方才历尽艰辛,回到汤阴。汤阴有一条北通相州,南抵开封的官道。王贵和徐庆的乡里在汤阴的西北,而岳飞的乡里却在东南,双方就在官道上分手,张宪在故乡已无亲人,所以岳飞邀他到自己家中。

今年正月,完颜兀术统兵攻打汤阴,就是沿着这条官道南下。宋时的官道两边往往栽种榆、柳、松、杉等树木,还有排水沟。如今官道两旁,却是满目疮痍,树木多被砍伐或烧焦,良田沃土大多荒芜,颓垣败屋少有炊烟,甚至有些尸骨也未掩埋。面对此情此景,岂但是大人,就是岳雲,年龄虽小,也心境沉重,不再说笑。岳飞等五人未到县城,就离开官道,折向东南。

永和乡孝悌里远离官道,表面上还不易看出兵燹的痕迹。岳雲远远见到家门前的一株大枣树,就在马背上喊叫起来:"爹爹、妈妈,你们可见得我家底大枣树否?"岳飞和张宪还是一人骑一马,牵一马,他指着这棵树对张宪说:"回想我幼时,最喜攀树。树上结枣时,便攀树扑枣,奉献父母,我弟又最喜吃枣。离乡已有三年,音讯不通,但不知他们经历兵祸,尚安好否?"张宪劝慰说:"虏人虽破得汤阴,似未到此处杀掠,令堂与令弟料也无妨。"

岳飞的家是平原上的普通农居,蓬门筚户,茅茨泥墙,但岳飞却在马上惊奇地发现,如今自己家里除了原有的朝南正房和西厢房外,又加盖了东厢房。他们下马后,只见土墙柴门开处,走出一位绝色女子。她上身穿直领齐膝绵襦,下身穿齐踝短裙,都用素色粗麻布,脚穿麻鞋,顶部尖翘,而在头上和腰间各围着一条麻带,古代称为首绖和腰绖,这是丧服的标志。岳飞不由大吃一惊,心想:"本乡本里,我从未见过这个女子……"里面又走出一个少年,他见到岳飞,就首先喊道:"五舅,自家们煞是想杀你!"他正是岳飞二姐岳银铃的儿子高泽民,今年十五岁。

高泽民向屋里喊道:"五舅回家!"于是岳银铃、还有岳翻和他的妻子芮红奴也赶到门外。岳飞见他们都穿素麻布绵衣,带着首绖和腰绖,忍不住流下泪来,说:"妈妈她……"岳翻忙说:"妈妈整日思念五哥,五哥速进屋去!"岳飞听得母亲健在,心头一块千钧重石落地,就带着妻儿,三步并作两步,进屋跪见姚氏。

岳飞的父亲岳和已在五年前病故,母亲姚氏今年正好六十。在岳飞之前,她生下五男三女,却只有岳银铃一个成人。她三十七岁时生下岳飞,四十岁时又生下岳翻。岳银铃嫁给本县新丰乡贻庆里的高昌实,而高泽民也不是她的头胎。在古代的生活和卫生条件下,婴儿死亡率是很高的。前面所说的那个绝色女子是岳银铃的小姑,名叫高芸香,今年十九岁。岳飞去过姐夫家,但他当时见到的高芸香,还只有十岁,所以一时竟认不出来。

今年正月金军进犯汤阴县时,岳翻、高昌实和高芸香的丈夫康世清都编组为保甲民兵,抗击敌人。结果康世清当场战死,高昌实受重伤,两个月后逝世,惟有岳翻逃得性命。无依无靠的岳银铃只好带着儿子和小姑投奔娘家。他们全身缟素,正是为亲人守丧。

岳飞长跪在母亲面前,连连叩头,口称:"不孝子岳飞拜见妈妈!"刘巧娘和岳雲也跟着长跪叩头。姚氏见到儿子,又悲又喜,将儿子、儿媳和孙子一一扶起,又从刘巧娘手里抱来了尚未见过面的小孙子。岳飞向大家介绍了张宪,彼此诉说三年间的遭遇,都不胜悲哀。

岳翻对岳飞说:"五哥,可记得当年与你比枪底杨再兴?"岳飞说:"记得。"岳翻说:"此次与番人对阵,本县保甲虽然一败涂地,然而杨再兴却非凡了得,他匹马单枪,冲入敌阵,竟将金人的四太子刺了重伤。"岳飞问:"我欲再次会他,与他共杀虏人。"岳翻说:"传闻他已去汴京。"

高芸香在厨房料理晚饭,没有参加大家的谈话。她进入屋里,将岳银铃拉出屋外,说:"张四哥初次到此,莫须去村坊买一角酒?"原来宋时南方买酒以升计,而北方以角计,一角相当于四升。岳银铃说:"你未曾听五哥言道,张四哥底浑家被虏人所害,他亦须守丧。"高芸香心头立时激起一阵酸楚的波澜,她也说不清楚,是为这个英俊男子哀痛,还是为自己哀痛。按当时规矩,在守丧期间,人们不得饮酒食肉,高芸香说:"我愁家中无荤腥待客,正待破几个鸡子。"岳家养了两只母鸡,但冬天产蛋不多。这个贫寒的家庭,还须积攒些鸡蛋,去集市交换一些日用品。岳银铃盼咐说:"便用素食即可,然而亦须做面食待客。"

一张不大的四方素木桌,勉强挤上了连岳雲在内的十口人。除了小米粥外,还特别准备了汤饼,麻油煎的环饼、菊花饼、梅花饼之类,做成各种各样的形状,香气四溢。北方的冬季不产新鲜蔬菜,桌面上只铺陈了八小碟干菜和腌菜。但芮红奴和高芸香的两双巧手,还是将干菜和腌菜做得颇有滋味。张宪对酱渍榆叶连连称好,而岳雲最爱吃略带甜味的腌桑椹。岳飞知道自己的家境,自己只喝小米粥和汤饼,而将油煎面食敬奉母亲,招待张宪。

芮红奴望着刘巧娘和高芸香说:"人称姆姆是永和乡底第一美人,如今看来,却是不如高四姐。"刘巧娘向来为自己的美丽而自豪,她嫁给岳飞后,人人称羡"岳五郎有艳福"。岳飞婚后带她去相州当佃客,带她去平定军军营,又成了佃妇和营妇中的出名美人,现在听妯娌说自己不如高芸香,不免有点妒意,但她仔细端详了高芸香,却也自愧不如。

高芸香不可能有贵妇中的娇弱丽人的脂粉气,却有下层美女特有的俏丽。她的身材不高不矮,身段不肥不瘦,肩膀不宽不窄,腰肢不粗不细,红润的瓜子脸,浓密的乌发,明眸皓齿,柳叶眉,端正玲珑的鼻子,鲜红的嘴唇,好像是涂了胭脂一般,肌肤细腻,一双善做农活家务的红酥手,丰润肥厚。她见到众人的眼睛都注视着她,脸蛋更加羞红。异性相吸,张宪又不免多看她几眼。在黯淡的灯光下,反而更显得妩媚动人。

岳银铃称赞她的小姑说:"四姑心灵手巧,百伶百俐,不唯织得好绢,做得好针线,料理得好菜,还认得字,读得诗。若是科场许女子就试,必是不让须眉男子。"姚氏说:"若有女子科场,高四姐须是殿试底女状元!"听到别人赞美,高芸香更加羞涩。岳飞和张宪听后都感到惊奇,当时的下层妇女，近乎是百分之百的文盲，无论是姚氏，还是其他三位女子，都是目不识丁，张宪心里想："我死去底浑家，另有王大哥、徐二哥底浑家，却是一字不识。"

岳飞忍不住说："敢问高四姐，你可曾去冬学读得村书？"宋时农村在冬闲的十月到十二月，或有穷书生们开设冬学，农家子弟可在那里读《百家姓》、《千字文》之类村书，岳飞幼时也念过冬学，但冬学一般都只有男孩子就读。岳银铃说："小妮子岂能去冬学。邻里有个极贫秀才，满腹经纶，却是命运乖蹇，科场屡试不中。四姑认他为义父，他潦倒一生，别无亲故，临终之时，便将数百卷书传授四姑。"高泽民说："他卧病二年，姑姑侍奉汤药，如亲女一般孝顺。他曾言道，得一个义女，亦是他最终底薄福。"

岳飞文化不高，却最尊敬有文化的人，他说："高四姐如此有情有义，煞是难得。我日后愿随高四姐学诗学文，不知可能收容？"高芸香正待回答，芮红奴却抢先说："伯伯最喜读书，你这个女书生，何不收一个男弟子，也可为自家们女流之辈扬眉吐气。"张宪说："我亦愿随岳五哥就学。我常在村坊酒店，留意文人墨客题诗填词，看去却是似懂非懂，今日方有高人就教。"高芸香说："我有《李翰林集》与《杜工部集》，义父常言道，只消熟读李白与杜甫底诗，便可得诗中之精。"岳飞听到有现成的诗集，格外兴奋，说："敢请高四姐今夜便借我一读，有不解之处，还须请教。"岳翻对高芸香介绍说："五哥自幼见书便痴，见书便迷，又苦于无书，偶尔借得一部书，便废寝忘食，通宵达旦。"芮红奴笑着说："两个弟子拜师，明日还须备两份束修，行三跪九叩底大礼！"说得众人哈哈大笑，高芸香只是羞怯地瞪了芮红奴一眼。

岳翻有先见之明，考虑到哥哥回乡，今年夏季预先盖造了东厢房。当夜岳飞夫妻与姚氏分住正房的东、西两间，岳云同祖母很亲，一定要和姚氏同住。岳翻夫妻和张宪分住东厢房，而岳银铃母子和高芸香分住西厢房。

农村冬闲，岳飞除侍候老母外，无非是和张宪成天习武读书。光阴荏苒，他们一住就是十多天。一天，两位壮士骑马找到了岳家，他们正是王贵和徐庆。双方见面后，就在正房的厅堂叙话，刘巧娘为他们煎了散茶，倒上浓浓的四盏。宋时的散茶接近于后世的茶叶，但也要磨成茶末，专供下层饮用。王贵和徐庆的乡里接近官道，他们的亲人也大多死于兵祸。徐庆开宗明义地说："自家们曾于平定军立誓，定须报仇雪恨。我与王大哥来此，只为与你们商议投军杀敌底事。"投军的事，是四人在归乡路上早已约定的。

岳飞没有立即回答，王贵和徐庆觉察到他面有难色，不免有些不快，张宪解释说："岳五哥底老母身体违和，他是大孝之人，不忍离别。依我之见，不如我与你们先去从军，岳五哥容日后再议。"姚氏在她的卧室听到他们的谈话，就掀开粗麻门帘，进入厅堂，说："五郎，你不须管我，从军报国，是第一底紧切大事。"

姚氏出来说话，岳飞只能跪在母亲面前，却又一时难以应承。自从回家以后，岳飞的感情就一直陷入忠孝不能两全的深沉痛苦之中。他认为，自己为了谋生，屡次离乡背井，已是不孝，如今中原正遭惨烈的战祸，母亲又是三天两头有病，实在不忍心再次离开母亲。但是，他的心思又不便对别人说，无论是母亲和妻子，还是岳翻和张宪，而聪明的张宪今天还是一语道破。昨夜岳飞做了个梦，梦见姐夫，还有许多乡亲、熟人都满身血污，站立在面前，如泣如诉，埋怨他不守誓约，不去战场。他半夜醒来，也不敢惊醒沉睡的妻子，左思右想，却没有两全其美的办法，只好在心里长吁短叹。

姚氏见岳飞不说话，就用话刺激他："你难道贪生怕死不成！"王贵反而出面劝解说："自家们与岳五哥是出生入死之交，他在战场上英雄无敌，决非贪生之徒！岳五哥回家方十余日，敢请岳妈妈且容他从长计议。"姚氏用不容分辩的、斩钉截铁的语气说："番人侵犯，效忠朝廷，便是大孝！你须去投军，为你姐夫报仇！为三位好汉的妻儿报仇！为高四姐底夫君报仇！为死难乡亲报仇！"岳飞只能在地上连连叩头，说："谨遵妈妈之命！"姚氏说："你在家且住三日，便去从军，不容延误。家中底事，自有六郎，自有外孙，你不须管得。"听到姚氏的吩咐，跪在地上的岳飞不免英雄气短，涕泗交颐。徐庆叹道："往时常听岳五哥言道，岳妈妈虽是慈母，而教子甚严，今日一见，果然是深明大义！"约定了从军的日期，王贵和徐庆就离开岳家。

岳飞和张宪骑马送了朋友一程，然后回家。张宪随岳飞回到岳家庭院，只见高芸香走到面前，招呼他出去说话。两人来到那棵大枣树下，高芸香羞怯地取出一个红罗帕的小包，递给张宪，说："敢请张四哥收纳。"张宪接到手中，打开一看，原来是一个银蝴蝶耳环。张宪到此已完全明白女方的心意。事实上，两人虽然只相处十多天，彼此都已有爱慕之情，但在守丧期间，加之古时的礼法，所以都不曾有任何表露。高芸香此举自然是十分大胆而破格的，但为着自己的终身，也只能不顾羞耻了。张宪犹豫片刻，就用十分恳切的语气说："感荷高四姐底厚意。常言道，瓦罐不离井上破，战士难免阵前亡。我若收取此物，切恐从军之后，有个三长两短，岂不耽误高四姐底青春。"高芸香又羞又急，平时口齿伶俐，此时竟说不出半句话，只是眼里滚出了泪珠。不料枣树旁的一片桑树林里，走出了芮红奴，她笑着说："张四哥，高四姐底美意，你如何不领情？"高芸香顿时脸涨通红，逃回了院内。张宪也十分尴尬，他慌忙将红罗帕的小包递给芮红奴，自己也转身回屋。

芮红奴拿着这个小包来到了姚氏房内，说明原委。岳飞叹息说："张四哥与高四姐，煞是天生一对，可惜生不逢时。如今只得日后再行计议。"岳银铃说："若张四哥不收银环，四姑又如何见人？五郎可将银环交与张四哥，只待他日再议婚嫁。"姚氏却说："依我之议，今日正是吉日，便可成婚！"众人都吃了一惊，岳飞说："两人丧制未满，如何成婚？"姚氏说："天子驾崩，新官家尚能以日易月，十三日便是小祥，二十七日便是大祥。难道平民百姓，正当乱世，便不能以日易月？"芮红奴以手加额，说："幸得阿姑主张，亦了却自家们一件心事！"

于是岳银铃去找高芸香，岳飞去找张宪。高芸香到此地步，也顾不得羞耻，而张宪却再三推辞，最后还是姚氏亲自出面，说："张四哥，人生在世，得欢娱处且欢娱，如今兵荒马乱，何须顾得日后祸福吉凶。你若不允，岂不羞杀高四姐？"张宪也只得依允。

岳飞全家十人，立即解脱丧服，紧急准备喜事。姚氏身为全家尊长，对众人说："我家虽穷，张四哥与高四姐在我家成婚，尤不可苟简怠慢。"芮红奴说："家中无肉，倒不如杀了两只鸡，另有三十个鸡卵，用作荤腥。"岳飞说："不须，家中养得六匹马，亦委实事力不济。不如去市中卖去一马，可换得酒肉、花烛之类。"姚氏吩咐说："六郎，你可与泽儿去一回，置办一应物事。"岳雲喊道:"我须与六叔、泽哥同去?"姚氏依允,于是小岳雲欢天喜地,随岳翻与高泽民牵出了四匹马,当即出发。

姚氏又吩咐说:"婚嫁须有定帖,此处唯有五郎一人识字,只得请张四哥与高四姐自写。五郎与二妮便是媒人。"于是,岳飞和岳银铃分别找张宪和高芸香,由男女双方破例地自写婚帖,婚帖上写了三代祖宗的名讳和各人的出生年月日。张宪用黄罗帕包裹了一个玉环,作为聘礼,高芸香还是用那个银蝴蝶耳环。两个媒人将玉环、银耳环和婚帖互相交换。

芮红奴找出了一套岳家的男子婚服,这是在岳飞与刘巧娘成婚时,由姚氏亲手缝制,当岳翻和芮红奴成婚时,也就不再另做。虽然是九年前的旧衣,但两兄弟只在成婚时穿过两次,看去尚是半新。尽管张宪身材稍高,但古时衣服宽大,穿着仍较合身。高芸香取出自己五年前结婚时的旧装,不免一阵辛酸,抽泣起来。

虽是仓促成婚,岳家在姚氏的主持下,还是尽可能按婚俗操办。新盖的东厢房成了新房,岳翻夫妻将自己的部分物件腾出后,高芸香戴着红罗盖头,下垂四根罗带,身穿红罗绣花帔和红绢长裙,脚穿红色凤头鞋,由刘巧娘和芮红奴扶掖,从西厢房出来。东厢房和西厢房之间铺上草席,两名邻家女子各自手执一枝点燃的红烛前导,岳银铃手捧一面铜镜,镜面照着新娘,自己向后倒行。岳翻和高泽民各人手持一个裹着红绣绢的粮斗,向新房门前抛撒五谷和豆子。被搀扶的高芸香在草席上缓步前行,她躬身骑了一回放在东厢房门前的一个马鞍,又跨过一杆秤,进入张宪的卧室,坐在床上。两名妇女将两枝红烛放在床边的小桌上。

接着,张宪头戴簪花幞头,身穿绿绢袍,手执槐简,由岳飞陪同,从正房来到东厢房。新郎进入洞房后,岳飞和岳银铃两个媒人各持一段红绿帛,绾上一个同心结,然后一头套在张宪的槐简上,另一头由高芸香手执。新郎和新娘面对面,张宪倒行,高芸香前行,走出洞房。

众人又进入正房,房里点了八枝红烛,姚氏手执织机的机杼,挑开新娘的盖头。浓妆艳抹的高芸香,头戴花冠,插上一枝银簪和四朵银花,果然比平时加倍艳丽,赢得了一片喝彩声。新郎、新娘与众人互行揖礼毕,又面对面执同心结回到洞房,这回是新娘倒行。众人跟着到洞房,张宪和高芸香在房里行交拜礼,然后男左女右,坐在床上。众妇人用缠彩线的铜钱和干果撒在床帐附近,称为撒帐。接着,张宪和高芸香又各取事先准备好的一绺头发,在床上绾成一个小髻,这是合髻礼。岳银铃和岳飞又各取一段红、绿彩帛,绾成同心结,裹着两盏酒,交给新郎和新娘,两人各自举盏给对方饮酒,称为交杯酒或交卺礼。交卺礼毕,新郎和新娘将两个酒盏,安放床下,男的盏口朝天,女的盏口覆地。张宪摘去新娘的花冠,掷在床下,高芸香又解开新郎绿袍的衣襟。两人坐进床上,岳飞和岳银铃掩上床帐,然后众人出洞房,关上房门。

大家在正房饮酒尽欢,惟有岳飞按母亲的告诫,平时滴酒不得入口,今天喜庆,也只破例喝了一杯酒。张宪和高芸香新婚成欢后,又走出洞房,向众人敬酒劝盏。于是,邻里纷纷散去,岳家人忙碌了半天,也都安歇。岳翻夫妻当夜就搬进西厢房,睡在原先高芸香的卧室。

隔了一天,姚氏又找了岳飞,叮咛告诫一番,说:"你此回从军,须是一心杀敌,切不可怀恋家室。闻得各处团结义兵,或有壮士自愿面部刺字,誓杀番人。做娘底左思右想,莫须在你脸上刺字,以绝你怀恋家室底心。"岳飞说:"身体发肤,受之父母,妈妈要刺便刺。然而依儿子底意思,不如刺于后背,儿子当铭记于心。"宋代当兵,一般都要在面部、手部刺字,岳飞却按照身体发肤,不敢毁伤的古训,不愿刺字。他以前两次投军,都凭藉自己的武技,特别投充可以不刺字的"效用"兵。按岳飞的心愿,其实不想刺字,但他决不愿违背母命,就想出了这个折衷的办法。

姚氏就吩咐岳翻说:"六郎,速去请八舅来!"原来姚氏的小兄弟名叫姚茂,曾当过刺字匠。姚茂来到岳家,姚氏向兄弟说明原委。姚茂说:"但不知欲刺何字?"姚氏说:"我目不识丁,还须由五郎自定。"岳飞说:"刺'尽忠报国'四字,如何?"姚氏说:"甚好!"于是岳飞脱下绵袍和麻布衫,姚茂就在他背部刺字。张宪见岳飞刺字,朝妻子看了一眼,高芸香完全会意,说:"岳妈妈命岳五哥刺字,意在教他尽忠朝廷,义无反顾。我夫与他同袍同泽,亦应刺字,然而须请姚八舅教我。"于是高芸香又在姚茂的指点下,滴着眼泪,在丈夫的背上另刺了"以身许国"四字。

高芸香的泪水牵动了众妇人的心,大家都跟着掉泪。姚氏边哭边说:"五郎,休怪做娘底狠心!"岳飞说:"儿子亦是个噙齿戴发底男子,岂能不识道理!"姚氏又说:"亦不是老身偏爱六郎,你们兄弟须一人上阵,一人守家。你底武艺又非六郎可比。"岳银铃说："五郎大孝,最识道理,妈妈不须说此。"岳云说："我亦愿在背上刺字,杀尽虏人!"刘巧娘当然不愿意儿子也在身上刺字,但又不能当着姚氏的面拦阻,只能朝岳飞使眼色。姚氏说："你小小年纪,尚不须刺字。但愿你底爹爹与张四叔早日凯旋,你便不须从军。"

这是两对年轻夫妻难分难舍的最后一夜。在岳家,最不愿意岳飞参军的,就是刘巧娘。但是,按古代的妇规,家里的大事,是不容刘巧娘做主的。她连续三夜,只是伏在丈夫怀里哭泣,刘巧娘不断重复说："自结发以来,奴家何尝一日与你分离。你去相州为佃客,奴家随你,你去平定军为效用,奴家又随你。如今你撇却奴家与孩儿,岂非无情无义?"岳飞也只能再三劝解,说："你与王大哥、张四哥、徐二哥底浑家相好一场,难道不思为他们报仇?你可曾记得,自家们在何春姑坟前立誓?我若不从军,岂不惹人嗤笑?"刘巧娘说不动丈夫,只是啜泣。

岳飞说："此次从军,免不得出生入死。我若战死,你青春年少,自可改嫁,只须将两个孩儿抚育成人,也不枉自家们夫妻一场。"宋代与后世不同,妇女改嫁的情况相当普遍。刘巧娘哭得更加伤心,说："你休得胡言乱语,奴须养育两个儿子,岂能另嫁他人!"岳飞再三规劝,刘巧娘却是信誓旦旦。两人害怕惊动隔间的姚氏,只能低声唧哝,直到天明。最后,刘巧娘起身,取出了当年结婚时的合髻,将它解开后绾成两个髻,分给岳飞一个,边哭边说："愿自家们以此为凭,永不相忘!"

欢娱嫌夜短,张宪和高芸香这一对,更是整个身心都交融在爱与哀之中,度过了短暂的三夜。离别的痛苦使恩爱更加缠绵,缠绵的恩爱又使离别倍觉痛苦。在最后的时刻,张宪不得不将自己的心事和盘托出,他说："自家们只做得三夜夫妻,我须有三事相托。第一,我若在战场有三长两短,你切须改嫁,不可为我……"言犹未了,高芸香已用手捂着丈夫的嘴,哭着说："郎君尚未出战,何苦出此不祥之言?"张宪拿开她的手说："我再三推辞婚姻,原只为此,如今岂能不说?你若不允,我去不安心,死不瞑目!"两人争执多时,最后张宪还是强制高芸香答应。接着张宪又说了第二件和第三件事："你日后若是生男,便取名敌万,若是生女,便取名仇娘。"高芸香听后,哭得更加伤心。突然,她用手帕将泪水擦干,对丈夫说:"自家们恩爱夫妻,别离在即,奴愿为郎君唱一曲,以壮行色。"张宪没有直接回话,只是用手捧着妻子的脸,高芸香依偎着丈夫,唱起了杜甫的《新婚别》:

兔丝附蓬麻,
引蔓故不长,
嫁女与征夫,
不如弃路旁。
结发为君妻,
席不暖君床,
暮婚晨告别,
无乃太匆忙。
君行虽不远,
守边赴河阳,
妾身未分明,
何以拜姑嫜。
父母养我时,
日夜令我藏,
生女有所归,
鸡狗亦得将。
君今往死地,
沉痛迫中肠,
誓欲随君去,
形势反苍黄。
勿为新婚念,
努力事戎行,
妇人在军中,
兵气恐不扬。
自嗟贫家女,
久致罗襦裳,
罗襦不复施,

> 对君洗红妆。
>
> 仰视百鸟飞,
>
> 大小必双翔,
>
> 人事多错迕,
>
> 与君永相望。

张宪静静地听着,一首三百年前的诗,唱出了妻子的心声,在如泣如诉的低沉吟唱中,又间有激昂慷慨的情调。高芸香接着说:"天下无数恐魂厉鬼,当佑我郎君。你武艺高强,必定与岳五哥立功。待衣锦还乡之时,奴家再与郎君展拜你春姑姐底坟,我世清哥底坟。"张宪说:"此亦是我底大愿,亦不枉为一个堂堂男子,活于世间!"

在这最后一夜,除岳云和岳雷外,其他人都没有睡好。岳飞和张宪整束行装后,姚氏将婚礼的剩酒,斟上一满盏,先给张宪,说:"张四哥,请饮上此盏,但愿你旗开得胜,马到成功!新妇有自家们照料,只须放心投军!"张宪说了声:"谢岳妈妈!"将酒一饮而尽。姚氏又为儿子斟上小半盏酒,说:"五郎,我今日敬你半盏,你若能立功荣归,我便大开酒戒,敬你三盏!"岳飞也举盏饮尽。岳飞和张宪当即向众人跪拜作揖,彼此互相叮咛祝福。

大家来到门口,在行将离别之际,刘巧娘第一个忍不住抱住岳云恸哭,于是就牵动了一片哭声。岳飞和张宪到此地步,只能强忍悲痛,翻身上马,向西北驰去,很快消逝在原野上。岳家的一群人尽管望不见亲人,也仍然呆呆地站立着。

姚氏用左手握着高芸香的手,右手握着刘巧娘的手,对岳银铃等人说:"男子出征,妇人守空房,有百般苦楚,千种烦恼,日后尔们须尽关照之责,万万不可委屈了他们!"岳翻说:"此事妈妈不须劳心,孩儿知晓。"刘巧娘和高芸香又流出了激动和酸楚的泪水,刘巧娘说:"阿姑休出此言,还须是奴家代夫尽孝。"高芸香说:"奴家孤子一身,蒙岳妈妈全家厚爱,委实感恩不尽。日后定须代岳五哥奉菽水于日月,尽定省于晨昏。"姚氏又对岳雲说:"阿爹从军,你尤须孝敬妈妈。"岳雲说:"孙儿知晓,我亦须孝敬婆婆与姑姑、六叔、六婶、张四婶。"岳银铃抚着岳雲的肩,疼爱地说:"这个孩儿,年纪虽小,煞是识道理!"

[壹陆]
大元帅开府

十一月末,岳飞、王贵、张宪和徐庆四人沿汤阴官道北上,王贵和徐庆两人还各自牵着一匹马,只须半天,就到了相州南门。相州城门并未关闭,但守卫颇严。汪伯彦天天侍奉康王,而赵不试却依然整日上城巡视。他远远见到有身穿甲胄的四人前来,忙命军士喊话。岳飞等四人下马喊道:"自家们前来投军!"于是城里出来了一队步兵。五十人为一队,前有押队,后有拥队。

不料押队竟认识岳飞和徐庆。岳飞结婚不久,就去相州当佃客。有一回,他去城里,偶然遇到一个算命的,名叫李廷珪,此人原是太史局的司辰,掌管历法之类。因为得罪上司,从开封编管相州。岳飞出示自己的五行,请李廷珪算命,李廷珪说:"你可官至两府。"两府是指宰相、副宰相和枢密院长官、副长官,岳飞大吃一惊,说:"果然?曾有一道人为我说命,称我贫困潦倒终生。"李廷珪说:"休听他胡言乱语,世道将乱,你一身武艺,必能博取功名富贵,封妻荫子!"一个社会地位卑微的小佃客,听得此说,自然喜出望外。此后岳飞和李廷珪有几次交往,还请他给妻子算命,李廷珪也说刘巧娘命好,将来贵不可言,还请岳飞教习武艺。后来李廷珪曾去汤阴算命,又结识了徐庆。岳飞和王贵、徐庆虽是同县人,却是直到去平定军当兵时,方才相识。

岳飞和徐庆都未料到,当年的算命先生,如今竟当了押队官。故人相见,自然互相介绍几年来的经历,李廷珪在感叹中又夹杂着兴奋,他说:"我曾言道,世道将乱,故请你们传授武技。如今此言果然应验,你们腰金纡紫底时日已到！"

岳飞等四人上城楼，见赵不试唱喏，说："平定军广锐第八指挥效用岳飞、王贵、张宪、徐庆参见通判！"赵不试已经听了李廷珪的介绍，称赞说："煞是四位壮士！你们可有告身？"徐庆回答说："自家们虽曾立功，平定军尚未得告报朝廷，故俱是白身。唯有岳五，曾至太原城下充硬探立功，补进义副尉，然而告身却已亡失。"硬探用现代的军事术语，就是武装侦察。宋时的告身又称官告、告命之类，是做官的凭证，一般用绫纸制作。官位有许多等级，而进义副尉只是无品的小武官。赵不试鼓励说："此处为安抚司，日后你们若能立功，自有空名官告可以书填。"如前所述，知州汪伯彦兼任主管真定府路安抚司公事，在军兴时节，备有一些空名的官告，可以临时填写人名，发付立功者。岳飞说："自家们只为报国而来，功名尚是身外底事。"张宪说："自家们唯求杀败虏人，报得国仇家恨。"

赵不试更加惊叹，说："不料你们身为武夫，竟有如此志节，难得！难得！你们可识得字？"王贵回答说："粗通文墨。"在重文轻武的宋代社会里，武人往往被认为是不能知书识理的粗人，四个壮士的回答不能不使赵不试另眼相看，格外器重。于是岳飞等四人就正式编入军伍，隶属刘浩。

闰十一月的一天，赵不试和刘浩召见岳飞等四人，赵不试说："汤阴县西牟山，有数百强梁，营造山寨，打家劫舍，抗拒官军，头领名叫吉倩。如今军情紧急，你们若能前往招安，将啸聚之徒，编为抗金之兵，便是大功。"岳飞扫视了三个朋友一眼，然后说："岳飞等愿往！"刘浩问："你们须带多少人马？"王贵想了一想，说："我曾去牟山，虽有山险，然而马兵往来快捷，莫须带马兵百人？"他说着，朝另外三人看了一眼，岳飞等都无异议。于是刘浩拨给他们九十六骑，其中包括自愿参加的李廷珪。

一百骑来到牟山，已近黄昏，岳飞吩咐说："兵贵拙速，不宜巧迟，我与徐二哥先去山寨，王大哥与张四哥可率众人在此歇泊。"大家表示同意。在严寒的冬季，众人拣取枯枝败叶，生起篝火，吃着干粮，准备露宿。李廷珪和另外两名兵士也表示愿随岳飞同去，他们一行五骑，来到了强盗的寨前下马，大声喊道："相州赵通判与刘武翼特命自家们前来，拜见你们头领，有要事计议。"不一会儿，有四十人出寨，各自手执兵刃，为首的说：“你们先交出军器，便可放你们入内！”徐庆说：“自家们此来，并非与你们交兵，难道你们数百人执得军器，五名官军便执不得军器？”强盗们无话可说，便簇拥岳飞一行入内。

岳飞走着，只见一只乌鸦在空中盘旋聒噪，就将手中的镔铁四楞铜扒给李廷珪，自己迅速取出硬弓，搭上一支箭，看准目标，一箭射去，那只乌鸦立时坠落在地。众强盗不免惊讶，人人称赞好箭法。吉倩从茅茨和石块构筑的堂屋前，走下石阶，亲自捡起那只乌鸦，看了又看。他与岳飞等人互相作揖通名后，请入堂内。双方坐定，吉倩说：“岳太尉，你底弓可否借我一看。”岳飞当即把弓递给他，说：“此是我师周同传我底。”周同虽然在多年前病故，而他射箭技艺之精，在汤阴一带仍颇有名气，吉倩不免赞叹一句：“名师出高徒，果然不是虚言！”他摆开一个弯弓的架势，用力将弓一张，不料竟不能彀成满月状。徐庆说：“岳五哥底弓为三百斤。”吉倩说：“惭愧！惭愧！我只能开二石弓。”

岳飞见他说话直率，心中产生了好感，于是就开始劝说：“如今金虏侵犯，百姓惨遭兵祸，人神共愤。你们不去抗击强敌，却据守草莽，对抗朝廷，苟活世间。今日自家们奉赵通判与刘武翼之命，特来招纳。你们只须改邪归正，便可赦免一切罪过。日后立功，可为朝廷命官。”吉倩被他说动了，说：“我亦知啸聚山间，非长久之计。然而自家们罪孽深重，骚动州县，如若受招，只恐便被官府诛戮。”岳飞当即抽出剑来，劈去桌子的一角，说：“若我岳飞诳骗列位好汉，便如此桌！”

吉倩背后走出一个大汉，手持一杆狼牙棒，说：“若你们赢得我，我便受招！”此人名叫霍坚，是山寨的副头领。徐庆从座上站立起来，说：“我与尔比试！”于是众人走出厅堂，天色已黑，众强盗在空地上点燃了几十个火把，徐庆与霍坚各自开立门户。霍坚将狼牙棒舞得嗖嗖地响，开始进击，徐庆接连举鞭格开对方三棒，然后还击，两人对打了一会儿，霍坚抡棒向徐庆头顶猛击，徐庆敏捷地躲开，挥鞭在霍坚腿肚上轻轻一扫，霍坚立时倒地。徐庆连忙掷鞭在地，将霍坚扶起，说：“得罪！得罪！”霍坚连称"惭愧"。李廷珪对霍坚说：“他这条铁鞭，在河东不知杀了多少番人！今日特意手下留情，不然，你底腿便成两截。”

不料有一人吼道："我亦愿领教武艺！"此人也是山寨副头领，名叫王敏求。他不执兵刃，只是举拳从背后偷袭岳飞，岳飞闪避拳头，只还击一掌，王敏求便应手倒地。岳飞上前，用脚踏着他的后背，抽出佩剑，说："暗箭伤人，岂是丈夫汉！"吉倩等急忙下跪，说："王敏求一时糊涂，敢请岳太尉恕罪！"王敏求也在地上侧着脑袋说："此回我心服口服，乞岳太尉饶命。从今以后，我愿归顺朝廷，决无二心！"岳飞立时将脚挪开，王敏求起身，又再次谢罪。

众人回到厅堂，设宴招待岳飞一行。吉倩亲自把盏，向岳飞敬酒，岳飞辞谢说："我须遵母命，滴酒不得入口。"吉倩惊奇地问："你娘何以有此严命？"岳飞说："说来惭愧，三年前，我有一回酒失，醉后打人。家母气恼流泪，我只得在床前长跪一夜。自此之后，我便遵家母底酒戒，不敢有违。"王敏求啧啧赞叹说："岳太尉煞是个大孝底人！"酒宴过后，岳飞吩咐徐庆带两名兵士出寨通报，自己就和李廷珪留宿寨里，以安抚人心。

第二天，岳飞、李廷珪与吉倩等三百八十名强盗，四十匹马出寨，会合王贵等九十八骑，返回相州。他们沿汤阴到相州的官道北上，到距离州城约四五宋里时，后队报告，后面有异常情况。岳飞拨回马一看，立即吩咐队伍沿官道两边散开，自己和张宪、王敏求、霍坚居东，而王贵和徐庆、李廷珪、吉倩居西，进入临战状态。

官道之上，有一人骑马向相州方向狂奔，后面却有金军一谋克的追骑。岳飞和王贵当即以骑兵在前，步兵在后，拦击金军。在用弓箭互射之后，双方短兵相接。王敏求手舞戟刀，与三名金兵交锋，他奋力一击，将一个敌人劈下马，而另一个敌人却用剑刺中他的坐骑，王敏求跌落在地。又一个金兵用刀劈来，却被岳飞飞骑赶到，用铜格开，将那名金兵打死，岳飞接着又挥铜击死第三个敌人。王敏求乘机跨上一匹金兵的战马，又重新投入战斗。

一场搏战结束了，金军只剩下二十多骑逃遁，宋军也战死了五六十人。岳飞吩咐将所有的马匹、兵器、盔甲等全部带回，将敌人的首级割下，以便回去报功。王贵补充说："凡耳戴金银环底，便是女真人，不戴环底，便是渤海人、契丹人、奚人等。"由于金兵都是剃头辫发，只能用耳环区分女真人和非女真人。最后统计七十三个首级，仅有二十六级"环首"。

岳飞率领队伍凯旋而归。赵不试和刘浩十分高兴，赵不试对岳飞说：

"今日你们杀败番人,还救得一名京师底急使,委是立下大功!"第二天,赵不试和刘浩转发了安抚司的官告,将岳飞官封从九品的承信郎,王贵官封无品的进义校尉,张宪官封无品的进武副尉,徐庆官封无品的进义副尉,李廷珪、吉倩、霍坚和王敏求官封无品的守阙进义副尉。吉倩、霍坚和王敏求未曾料想到,刚接受招安,就得到官封,无不欢天喜地。

被岳飞等营救的人,正是开封特派的武学进士、忠翊郎、阁门祗候秦仔。康王等就在荣归堂召见。秦仔脱下风帽,从头顶发髻中取出一个蜡丸,宦官康履用火熔化后,向康王呈上宋钦宗的三寸黄绢手诏。康王只见其上细字写道:

京师被围,危于累卵,特命卿为河北兵马大元帅,陈遘为元帅,汪伯彦、宗泽为副元帅,应辟官行事,并从便宜。念父母爱养之恩,兄弟手足之情,速纠合河北义师,解京师之围,救父母兄弟之难,朕当不吝重赏!卿家中安乐,无虑,前日赐钱五千缗。付康王。

手诏最后是宋钦宗的御押⊡。康王看后,落下了几滴泪,然后将手诏依次递给众人。高世则第一个说:"主上下此急诏,九大王当速开大元帅府,号召四方义士勤王。"耿延禧附和说:"当务之急,便是开元帅府……"他话音未落,却被父亲耿南仲使眼色制止。当兵荒马乱之际,朝廷已丧失昔日的权威。耿南仲贵为门下侍郎的执政高官,奉命割地,被卫州人驱逐,逃到相州,如同丧家之犬。康王因为他曾离间宋徽宗和宋钦宗父子,所以对他特别冷淡。耿南仲很快明白了自己的处境,就只能采用韬光养晦的办法,以免招致康王更多的嫌恶。

康王果然并不理睬他们的意见,只对汪伯彦说:"汪直阁,尔如今已是副元帅,有何奇谋妙策?"汪伯彦说:"河北各郡兵力寡弱,自守尚且不足,然而君父有急,非臣子辞难之时,九大王金枝玉叶,如何护得九大王,又能守得河北,救得开封,尚须从容商议万全之计。"秦仔忍不住说:"君命召,不俟驾,何况有难?临行之际,何相公叮咛再三,圣上盼诸路援兵,望眼欲穿,秦仔虽不才,愿为九大王前驱,共赴国难!"赵不试也神色慷慨地说:"事已至此,虽赴汤蹈火,自家们亦岂能辞免!"康王看了韩公裔一眼,韩公裔只是使了个眼色,康王便说:"你们且自回去,深思熟虑,待明日再议。"

当夜,康履奉命将汪伯彦召到康王居室,在场的惟有韩公裔和众宦官。显然,康王有意将耿南仲父子、高世则等人排除在外,而找汪伯彦单独商议。汪伯彦唱喏,说:"伯彦参见大元帅。"康王说:"如今还须听副元帅底计议。"汪伯彦已经猜透了康王的心事,说:"凡事有弊亦有利,大元帅开府,虽树大招风,引惹番人,而相州兵卫不足以护卫九大王,若号召四方勤王,便可集合重兵,唯大元帅所用。"他一句话就说中对方的心病,打消了对方不敢开元帅府的忧虑。康王又问:"开元帅府后,便当如何行事?"汪伯彦说:"相州当东京至河北底官道,地居要冲,非万安之地,九大王岂能在此久居?依伯彦之见,如今西、南、北三面都是险地,唯有先去京东,再至淮南、江南,方可保九大王平安。若到得淮南,进则可援开封,退则可守江南,唯大元帅所择。"这其实是汪伯彦本人处心积虑的逃跑计划,现在他看准时机,就改头换面,和盘托出。

康履却表示反对说:"相州东有李固渡敌寨,九大王前往京东,难保一路平安。不如会合各方人马,固守相州,方为上策。"这是韩公裔和众宦官的私下设计。汪伯彦到此不得不力争说:"相州一城底粮草,供不得各方人马。李固渡贼寨乃疥癣之疾,而京师虏人大军方是心腹之患,此间离东京仅三百五十里,虏骑一二日便可直驰城下。两害相权取其轻,九大王东行,尚可避李固渡贼寨,而居留相州,又如何抗虏人底大军?"

康王当即呵斥康履说:"我与副元帅共商大计,岂容尔等置喙!"康履等人诺诺连声。康王又说:"难得伯彦如此深思熟计,煞是我底智囊!"汪伯彦说:"成大事者不谋于众,切望九大王与列位幸勿泄漏。"康履等众宦官说:"汪元帅放心便是!"汪伯彦又说:"耿相公乃东宫旧僚,圣上亲擢为执政,九大王对他父子还须克尽礼意,以免引惹是非。依伯彦之见,大元帅开府后,耿延禧与高世则可为帅府参议官,以释耿相公之嫌。"康王说:"所言甚是!"

汪伯彦又同康王商议了开元帅府后的各个细节,他最后说:"若大元帅愿留伯彦执鞭随镫,似须便宜行事,另命本州知州。"这是涉及他本人身家性命最紧要的问题,他考虑再三,特意留在最后提出,虽然已有了九分把握,但当说出口时,心中还不免有些紧张,因为康王如果仍命他留守相州,自己的全部心计岂不成了画饼充饥,康王一心一意只图逃命,至于相州的得失,根本不在他的考虑之中,就随便问道:"依你之见,可另命何人知相州?"听到问话,城府很深的汪伯彦不由喜形于色,他兴奋地说:"不试乃大宋宗室,赤胆忠心,相州城防,全仰他尽心竭力。权知相州,非不试莫属!秦仔冒千难万险,传圣上手诏,立有奇功,可授通判,以为嘉奖。"只为赵不试多次顶撞汪伯彦,汪伯彦就设计了这个刁毒的,却又是名正言顺、不留痕迹的报复手段,自己和康王带走相州的主力军,只留下少量老弱残兵,给赵不试守城,置他于死地。康王并不觉察汪伯彦的歹毒居心,但他对赵不试有嫌恶感,光凭白天的讨论,对秦仔也有了嫌恶感,不愿将他们留在帅府,所以汪伯彦的提议,就正合他的心意。

十二月一日,当宋钦宗到开封城外上降表的同时,康王却在相州城内正式开元帅府,事实上成为一种巧合。按康王与汪伯彦的商量,开府仪式尽量简单,避免张扬。昼锦堂上,康王披戴甲胄,腰挂宝剑,居中坐在案前,由汪伯彦宣读大元帅令:

> 维大宋靖康元年十二月一日,检会皇帝手诏,构受命为河北兵马大元帅。载惟金人猖獗,再犯京师,攻围未退,臣子之心,义当效死卫上。凡尔在职,世受国恩,当此艰危,宜勉忠义,戮力勤王。今从圣旨,便宜行事,除副元帅汪伯彦已供职外,特差置耿延禧、高世则充参议官,蓝珪、康履、韩公裔充主管机宜文字,武显大夫陈淬充兵马大元帅府都统制,掌管五军兵马,敦武郎赵俊充中军统制,武翼大夫刘浩充前军统制,武显郎张琼充左军统制,修武郎尚功绪充右军统制,果州刺史王孝忠充后军统制。又副元帅汪伯彦既在帅府供职,相州不可无守,特命赵不试权知相州,忠翊郎、阁门祗候秦仔升秉义郎,充相州通判。
>
>   康王,安国、安武军节度使,河北兵马大元帅   押

康王的画押符号是✍。

陈淬字君锐,年过五十,他是福建路莆田县人,科举落第后,弃文就武,在陕西屡立战功。陈淬原是真定府路马、步军副都总管,真定失守后,率部三千人突围,直到前一天,方辗转来到相州。按照制度,他所率兵马应当改隶汪伯彦的真定府路安抚司,本人也算是安抚司的副职。康王和

汪伯彦商议，因为陈淬在武将中官位最高，而本人又久经战阵，所以特命他出任都统制。

汪伯彦宣读完毕，康王当即对堂上的耿南仲说："耿相公，相公位居执政，难以在帅府中屈尊。然而臣子一体，方今患难之际，尤须相公出谋画策。"耿南仲忙说："南仲素餐尸位，愧对圣上与九大王。今日得见九大王如此英武，社稷江山，唯仰九大王与汪副元帅扶危持颠。南仲不才，誓竭驽钝，为大元帅效犬马之劳！"彼此的表面客套表明了双方改善关系的意愿。

赵不试忍不住发问说："敢问元帅，不知何日发兵南下，救护圣上？"汪伯彦说："今以相州些少兵马南下，犹如徒手搏虎，须待会合各路人兵。"康王显出不耐烦的神色，说："四五哥，你守得相州，便是大功。元帅府底事，你不须管得！"赵不试气得无言以对。

赵不试回到家中，不免在房中长吁短叹，他拍案怒吼道："不料我大宋太祖、太宗煌煌基业，真要断送于奸臣、鼠辈之手！"他来回踱步，最后还是剪了四寸见方的一块素绢，用细字写了密奏，做成一个蜡丸。他接着吩咐吏胥："请秦通判议事！"

秦仔来到后，赵不试屏退从人，与他单独密谈。赵不试向秦仔叙述康王和汪伯彦的所作所为，说："观他们之意，止是拥兵自重，命自家们为知州、通判，而逃离相州，如何能救圣上之急？秦通判是忠义慷慨之人，欲知山上路，须问下山人，我有一密奏，不知能否送至开封？"秦仔说："京师虽有虏人重兵，然尚非水泄不通，我愿为知州前去！"赵不试说："你新任通判，猝然离去，岂不生疑？前军统制刘浩属下有一个岳飞，智勇双全。我当设法命他传送。"秦仔又说："知州饱读经史，当知项羽斩宋义，破釜沉舟，大败秦军底故事。"赵不试苦笑说："国朝法制严密，他们又无拥兵逗遛底实迹，自家们亦无项羽底豪勇，如何能做此犯上之事。如今唯求主上改命宗泽为大元帅，尚有力挽狂澜之望。自家们今日之计议，实为救国，然唯是天知、地知、你知、我知，切勿泄漏！"秦仔点头称是。

赵不试当即命令吏胥去军营找岳飞，吏胥回来报告，说岳飞已奉大元帅之命，带兵出城。秦仔屏退吏胥后说："事已至此，亦须不避形迹，我当自去！"赵不试执着他的手说："京师存亡安危，系于此举，秦通判前途珍重！"秦仔取了蜡丸，说："不成功，便成仁！"两人互相作揖，挥泪而别。

[壹柒]
逃奔大名府

　　大元帅府新编的五军之中，岳飞隶属前军统制刘浩，任前军马兵正将，王贵任副将，张宪任准备将，徐庆任训练官。大元帅的开府仪式刚结束，岳飞立即得到由汪伯彦传给刘浩的指令，命他率领本将三百骑，充当硬探，前往李固渡，并规定至少要活捉一两个俘虏，带回相州城。宋军骑兵很少，岳飞所统的马兵将是前军中惟一的骑兵编制单位。除了中军另有三百骑兵外，左、右、后三军并无骑兵。张宪本是大名府内黄县人，熟悉这一带的地理，由他和王敏求、霍坚、吉倩、李廷珪等五人先行，岳飞亲统二百九十五骑随后。

　　按当时官道里程，相州城东距北京大名府城不过一百八十里，而李固渡在大名府西的黄河渡口。岳飞所部出相州北门，往东北方向前进，然后又沿当时的御河岸东行，一路上并未遇到敌人。十二月二日傍晚，有吉倩和王敏求回来报告，说前面十二里，地名侍御林，距离李固渡敌寨约有十里，一队金兵，掳掠了一批男女老少，正在那里休息。岳飞当即命令全军疾速前进。离侍御林不过二里，岳飞又见到了监视敌人的张宪等三人，张宪说："约有一蒲辇番人，燃火造饭，旁若无人，正可攻其不备。"岳飞说："此处离虏人大寨甚近，切须小心，须杀得虏人，又救得被掳百姓。"他吩咐王贵和张宪率领一百名骑士绕道到侍御林以东，堵截敌人，徐庆率领八十名骑士，负责在侍御林包围和捕杀逃敌，而自己带一百兵士，下马快速步行，由霍坚等引路，直奔侍御林，另二十名兵士牵马随后。骑兵下马步战，正是为避免马蹄声响，惊动敌人。

这一队金兵的统兵官是蒲辇孛堇,也就是五十夫长徒单阿里孙,阿里孙的女真语义是其貌不扬。一蒲辇兵其实只有三十七人,他们掳来了近八十名汉人,就强迫汉人为他们煮饭。自从金军在李固渡扎寨以来,还从未有一支宋军,敢于主动向他们挑战,距离营寨如此之近,更使这批金兵疏于戒备。他们分别挤在五堆篝火周围,有的说笑,有的吃食,有的调戏被掳的十多名妇女,徒单阿里孙用女真人特有的笛,吹起了《鹧鸪之曲》,曲调非常简单,其实就是模仿"鹧鸪"两声,三名兵士则用这个曲调唱着女真情歌。然而其余的六十多名被掳汉人,却一个个被反绑双手和腰,用麻绳连成一长串,围在一棵大树四周。

岳飞所率一百军士突然扑向了兴高采烈的敌人,为了保护被俘百姓,岳飞下令不准放箭,只是进行白刃战。金兵虽然人不及鞍,仓促步战,却仍拼死顽抗。身高力大的徒单阿里孙手持一杆二十四宋斤的眉尖刀,接连劈死两名宋兵,他用生硬的汉语喊道:"谁敢与我厮杀!"吉倩挺一条双钩枪,上前搏战,战不多时,竟被徒单阿里孙齐腰劈为两截。愤怒的岳飞大吼一声,挥舞镔铁四楞锏与徒单阿里孙恶斗,最后奋力一锏,打在对方脖与肩交接处,将徒单阿里孙颈锥骨与锁骨全部打断,这个比他高半个头的敌人,连喊声也没有,立时倒地毙命。

战斗结束了,三十三名金兵被杀,另有四名被俘,其中有契丹人两名,奚人和渤海人各一名,他们都会说汉语。解救了被掳的百姓后,岳飞命令他们尽速逃走。接着,岳飞又下令迅速掩埋宋军的二十名战死者,包括吉倩。他率领众人在那棵大树旁的新坟前下跪,进行短暂的吊唁,然后带着全部战利品和四名敌俘,快速返回相州。大元帅府立即给岳飞等人颁降功赏,岳飞超迁三官,升正九品的保义郎。由于他的曾祖父名叫岳成,按古时避名讳的习俗,改为寄理保义郎,保义郎比成忠郎低一阶,但加上"寄理"的头衔,实际上仍比保义郎高一阶。

韩公裔审问战俘后,向康王和汪伯彦报告,汪伯彦说:"大名府以东,更无虏兵。若西去长安,河东残破,西京又被虏人所据。两害相权取其轻,九大王但到得大名府,便是万安,然后可见机行事,若前往京东、淮南、江南,唯九大王所择。"他的劝说是针对连日来的各种建议而发的,康王说:"吾意已决,只去北京,便是上策。"康履说:"莫须先破李固渡贼寨,九大王方去得北京。"莫须的意思就是岂不须。汪伯彦摇摇头,说:"李固渡阿鲁补郎君有四猛安房兵,约三千人马。官军便是有五万人马,也难破得敌寨。此寨虽小,防守甚严,若是不利,岂不贻笑天下?"他说了自己的计划,康王说:"亦只得如此。"

　　康王与汪伯彦、韩公裔、众宦官计议已定,又召来了耿南仲、耿延禧和高世则,名为征求意见,其实是宣布决定,耿南仲立即表示拥护,说:"九大王委是神机妙算,自家们唯有遵成算而已!"耿延禧附和父亲,高世则完全明白他们的用心,但也不敢表示异议。汪伯彦强调说:"此议切不可泄漏他人,以免有误军机,若有泄漏,元帅府当行军法!"到此为止,逃奔北京大名府的事,就限于元帅府的属官,外加耿南仲,需要瞒昧包括都统制陈淬在内的其他人。耿南仲由于事关自己父子身家性命,当然也格外留心,他建议说:"此事亦须告知北京张留守,命他派两支兵马,前去魏县与内黄县驻扎,以防李固渡与滑州两处房兵,另派一支兵马,迎护大元帅。"汪伯彦说:"耿相公不愧老谋深算,所言甚是!"

　　十二月四日,大元帅府向河北各府、州、军发出了紧急檄文,命令各处守臣从十二月二十日到明年正月三十日间,带领精兵,到大名府会合。康王亲自接见几十名传令兵,并且保证,只要收到某府、州、军的回执,就立即给传令兵加一级官资。四名战俘也被释放,并且有意对他们放风,说康王已集结二十万大军,即将南下解救开封。

　　十一日,在一切大致准备就绪,并且接到北京留守张悫回执后,刘浩向岳飞传达元帅府命令,要他率本将马军,作为南下开封的前锋和硬探。在侍御林之战缴获敌马后,岳飞所部的马兵本已扩编到三百三十骑,但大元帅府很快将二百三十骑拨归中军,如今这个马兵将的建置只剩下一百骑。刘浩补充说:"元帅府令你们渡过黄河,到得滑州以南,即便折回,告报房情,切不可贪功冒进,攻打敌寨或径逼开封府界。"岳飞说:"谨遵元帅府之命!"第二天,刘浩率前军出相州南门,增援岳飞马军,他本人也须遵禀同样的指令,前军到达滑州以南,就全师而归,接引康王亲统的大军。大元帅府还对相州军民放风,说大军行将南下,救援开封,而各路人马也将到相州会师。岳飞和刘浩两支军队的出动,就恰好给人们造成了救开封的假象。

十四日天色未明,康王和汪伯彦突然召见陈淬,首次向他宣布元帅府所属左、右、中、后四军去北京的命令,命他即时指挥部署。接着,他们又召见赵不试,由汪伯彦宣告说:"相州地僻,粮草不济,自家们须先去北京,会合各路人马,然后解东京之围。你须用心守城,共济大事,共成大功。"赵不试明知他们的用心,面对汪伯彦冠冕堂皇的言词,他只能说:"我身为大宋宗枝,誓与此城共存亡!"康王说:"壮哉此言!留四五哥守城,掌安抚司公事,我复有何忧!"汪伯彦更假惺惺地为赵不试斟了一盏碎玉酒,说:"请知州安抚满饮此盏!"赵不试也还敬一盏,说:"汪副元帅,但愿自家们互勉,不亏负于朝廷!"汪伯彦皮笑肉不笑地说:"岂但不亏负朝廷,还须为朝廷立功!"赵不试只是礼貌性地送出州衙,与康王等人冷淡地一揖而别。

按康王和汪伯彦的命令,逃奔北京的行动十分诡秘,除陈淬和其他四军统制具体掌握外,不得下传。天空下着小雪,四军官兵得到的是南下开封的命令,而实际的行军路线却是出相州北门,向本州所属临漳县行进。众官兵都莫名其妙,不免互相询问打听,却谁也不知底细。四军按左、右、中、后的次序出城,康王等人在中军,由马兵直接护卫,而行李细软等车辆则由后军护送。为了议事方便,康王和汪伯彦有意将陈淬和高世则安插在左军,而将耿南仲父子安插在后军。

这支队伍下午申时到达临漳县城,稍事休息,立即连夜东行。漆黑的夜空仍然下着稀疏的小雪,寒风呼啸,为了避免张扬,军中不点一个火把,但脚步声和马蹄声依然相当嘈杂。行进到大半夜时,路边有一个简陋的农舍,一对老年夫妇被行军声所惊醒,就出门观望。在马背上的康王,经历了一整天和大半夜的行军,不免有饥寒交迫之感,特别是两条腿,冻得发麻。他见到了这对老年夫妻,就下意识地勒住马缰,命康履向他们索取食物。老夫妻见到是位贵人,自然不敢怠慢,立即回屋,临时生火,捧出一个粗黑破瓷碗,里面是小米稀粥。康王也不进屋,只是在茅檐下喝了半碗,稍有暖意,却又感到难以全部下咽,他把碗递给汪伯彦说:"天气甚寒,半碗薄粥,亦可稍暖身心。"汪伯彦立即表现出无比激动的神情,用双手接过碗来,说:"艰难之际,蒙九大王垂念恩赐,伯彦当铭感终生!"他把剩下的半碗粥一气咽下。

　　经过一夜强行军，康王一行终于在天明时抵达御河岸边。十五日正是立春的前一天，只见红云拱托皎日，从对岸升起，霞光灿烂，久雪阴晦的天气为之一扫。汪伯彦望着晴空，对康王说："明日立春，黄河当拆冰，不知今日可否能踏冰过得御河？"康王吩咐备香，自己亲自捧着一把燃烧的香，祈祷天地和河神，然后，陈淬才开始部署左、右两军过河。他下令不准列队，而是三五成群，前一群走到河心，后一群方得出发，间隔而行。武将们则牵马前进。由于一夜的风雪，御河上的冰还相当坚实，人们愈走愈胆大，彼此的间隔距离也逐渐缩短。左、右两军过后，并未见有河水拆裂的现象。

　　汪伯彦下令在河冰上用草和土铺了一条宽路，特别安排了一辆驴车，车轮上捆了秆草，对康王说："大元帅身系社稷之重，须乘车过河。"康王的小车在四名兵士的簇拥下，碾动着河冰前行，汪伯彦间隔一段距离，牵马随行。当康王安然到达对岸后，汪伯彦兴奋地用手加额，说："此乃大宋之福！"

　　然而事情往往乐极生悲，当人们格外大胆和放心时，后军竟有三辆车陷落河中，溺死的十多人中，还有康王特别从相州带来的四名女子。康王想到今夜不能倚翠偎红，难免有几分懊恼。

　　康王的队伍下午来到了元水镇。元水镇本名洹水镇，因为避宋钦宗赵桓的御讳，在不久前方才改名。北京留守张悫特派大名府路兵马铃辖、宗室赵士㒟带兵四千，迎候康王。赵士㒟算是康王的叔父辈，排行第六十四，然而对这个侄儿却十分恭谨，他说："张留守已有措置，沿路并无虏人，九大王此去北京，决保无虞！"康王说："若能平安到得北京，便是六四叔底大功。我当便宜行事，与六四叔升官四阶！"

　　元水镇虽然经过金军的袭击，但破坏不重，镇上尚有人烟，康王暂住在监镇官的官邸。康履满脸堆着谄笑，向康王禀报说："今有本镇前监税官底女儿，求见九大王。"康王听到女子，不由动心，忙说："唤他进入！"只见一个女子，披着方幅紫罗盖头，进入屋内，双膝长跪，双手撑地，口称："元水镇前张监税之女拜见九大王，恭祝大王万福！"康王说："免礼！"张氏起立后，康王迫不及待地上前，揭去她的盖头，发现果然是一位殊色女子,竟可与自己在康邸最宠爱的潘瑛瑛媲美,即时色欲冲动,真恨不能立即将她吞进肚里。

但康王最终还是克制住了自己,他忙命宦官们给张氏赐座,问道:"小娘子求见,有甚事情?"张氏说:"奴父户贯真定府栾城县,同进士出身,两旬前身亡,生前官为迪功郎。因真定被虏人所破,自家母女二人回不得故乡,流落在此。昨夜妈妈与奴家双双梦见故父,言道明日有极富极贵底人经此,可提携母女,保得平安。故今日与妈妈冒渎尊威,特来叩见。"同进士出身是进士的末等,而迪功郎也是从九品的末等文官。康履插嘴说:"告报九大王,小娘子底妈妈,另有一个女使,小底已另作安顿。"

张氏所说父亲托梦的事,全是编造的谎话,却使康王格外高兴,他问道:"请问小娘子底芳名,青春多少?"张氏说:"奴虚度一十五岁,自家贱名犯九大王底名讳,敢请九大王恕冒渎之罪。"康履又补充说:"张氏底名正犯九大王底乳名。"原来张氏名莺哥,与康王的乳名全同。康王至此更认为自己与这个女子有缘,他笑着说:"我母贤妃娘子因我儿时啼声悦耳,取乳名莺哥。今听小娘子底言谈,也恰似呖呖莺啼。自今之后,你便用此名,我底乳名何须避讳!"

康王再也按捺不住自己的淫兴,就上前拉着张莺哥的手,进入寝室。张莺哥母女的生活本已处于绝境,无依无靠,所以不顾羞耻,前来求见,无非是指望康王作为终身荣华富贵的靠山。事先已有康履的叮咛,她有了足够的心理准备,无论康王对自己如何粗暴,也必须强颜欢笑。但当她置身床帐之中,还是不免有十分的羞怯和紧张,她用近乎哀求的口吻说:"蒙九大王如此见怜,奴家获侍巾栉,委是三生有幸。然而奴自幼长在深闺,唯知读书与针黹,不识云雨。若侍候大王不周,偶有差失,切望大王海涵。"她的娇声软语和哀告的神态,使康王加倍怜爱,他笑着说:"尔只管放心,今日便是骂我,打我,也须宽饶!"

康王虽然身体极健,但因长途跋涉,精力不如平时,房事的时间并不长。他由张莺哥侍候,穿戴整齐,走出寝室。蓝珪上前禀报说:"汪副元帅知得大王纳新夫人,特命家中两女使前来伏侍。今夜排办筵席,专供九大王与新夫人合欢。"康王笑着说:"难得汪元帅周全,我当先与他们痛饮一盏!张夫人思念妈妈,且令老夫人先入寝阁相聚。"

康王来到厅堂，汪伯彦、耿南仲等上前参拜。康王即席举杯，慰劳众人后，正准备离席，却有军士进入，呈上了知相州赵不试和前军统制刘浩的申状。申状说，前军岳飞所部突入黄河以南，探知东京失守，只能全军撤回相州。赵不试认为州城守备兵力单薄，请求元帅府命前军留守州城。虽然开封失守是在二十天前，而康王等人却还是初次得知这个消息。尽管众人对此都早有心理准备，却仍不免惊慌。厅堂之上，顿时鸦雀无声，最后还是汪伯彦第一个发言："如今只得速往大名府，会合得各路人马，然后徐议救圣上急难。元帅府兵卫寡弱，前军号称敢战，如何能留在相州，而不以护卫九大王为重？须即时勾抽至北京，不可少有延误！"康王望着众人，说："你们尚有何计议？"耿南仲本来对在东京的皇帝尚有所寄托，现在他已完全明白，自己的身家性命、升沉荣辱全在康王和汪伯彦两人身上，就立即附和说："汪副元帅所言深中事理，无须另议。"耿延禧说："此处乃平原旷野，又无城垣寨栅，万一虏骑杀来，岂非进退失据。汪副元帅所言甚是，不如早入北京，方是上策。"康王于是对汪伯彦说："便依你底计议措置！"汪伯彦说："可命全军将士饱餐之后，即刻启程。另命三名骑兵赍元帅府札子前去相州，传唤前军。"到此国家危亡的时刻，他仍念念不忘给赵不试背上插刀。

再说岳飞率领一百骑士，经过急行军，十二日上午抵达澶州黄河北岸，而南岸就是滑州地界。完颜斡离不所率金军渡过黄河后，并未进攻滑州城，却在滑州韦城县和开封长垣县设立两个营寨，以保持北上李固渡的通道。按元帅府的命令，岳飞所部也并不准备去滑州城，而是往滑州所属胙城县的方向行进。

岳飞望见黄河对岸，也恰好有一队金军，由南而北。岳飞当机立断，指挥军士们迎战。虽然被元帅府抽调了本将的三分之二兵力，但所剩的一百人却是精骑。岳飞估计对方约有几百骑，兵力为自己的数倍，就对王贵、张宪、徐庆等人说："虏人虽众，却远道而来，尚未知我军虚实。须先用强弓，射敌战马，再以短兵接战，可以得志。"

一百宋军先在岸边列阵，金军见到敌人，果然踏冰过河，向宋军冲锋。岳飞一声令下，百箭齐发，攒射金军的战马。金军虽然披戴重甲，但轻薄的马甲却不能抗御宋军的强弓。几十匹战马倒地后,后队的战马无法在冻滑的河冰上停止奔冲,践踏前队的人和马,顿时乱成一团。岳飞指挥宋军齐射四次,射倒了大批敌人和敌马。他眼看混乱的金军将要撤退,重整队列,就率先跃马突入黄河,两军开始在河冰上激战。岳飞这回改换兵器,他使的是在侍御林缴获的二十四宋斤眉尖刀。战刀新磨,接连劈死四个步斗的敌人。一名敌骑挥刀挑战,岳飞奋力一刀,那名敌骑虽然用刀架格,岳飞的眉尖刀仍然砍入他的肩头,劈断锁骨,岳飞又迅速补砍一刀,一颗带着厚重兜鍪的头颅立时滚落在冰上。

金军溃败,向黄河南岸逃去。岳飞不容敌人有重整旗鼓的喘息之机,指挥宋军穷追猛打,远则用弓箭,近则用短兵。最后只剩下一百多敌骑,向韦城县方向狂逃。在黄河的冰面上和南岸,共遗留了三百多具敌尸,而岳飞所部也战死了十名军士,另有十七人轻伤。

岳飞断定韦城县的金军肯定会大举反扑,好在伤员都尚能骑马,就率领九十骑继续南下。他们到达滑州胙城县与开封酸枣县的交界,方才打听到开封陷落的消息,就立即北撤。

刘浩前军的二千五百步兵在十三日下午抵达黄河北岸。天气骤热,河冰变薄,昨天冰上的人尸和马尸都化了冻,沉入河里。刘浩临时找到三条渡船,命令军士乘船凿冰,打开了一条水路。第一将丁顺所部五百人刚过河,在胙城县方向杀来了金军两千铁骑。原来韦城县寨的统兵官名斜卯阿里,他得到败报后,大怒,就亲自率领本寨的大部分兵力,到胙城县搜寻岳飞所部,结果却未见一兵一卒,败兴而归,正遇渡河的前军。丁顺的步兵根本经受不住敌骑的冲击,当即溃败。丁顺本人带着四个亲兵,策马沿河岸向东逃跑,后来辗转回归大元帅府。

幸好三条渡船都逃到了北岸,金军隔岸相望,却无法渡河攻击。时已黄昏,刘浩只能下令撤兵,并且焚烧了三条渡船。对岸的金兵也只得无可奈何地看着宋军离去。

岳飞的九十骑回到黄河岸边,已是十三日深夜。新增的几百具宋军尸骸,在河边纵横狼藉。岳飞等人见此情景,就明白了一切。他们乘着寒夜,找到了一处结冰较厚的河面,牵马踏冰,重返黄河北岸。由于骑兵行动快速,岳飞所部在相州城南几里,又赶上了刘浩的大队人马。

十四日,也就是康王一行逃离相州的当天下午,刘浩前军回到了相州城。比他们早一个时辰,南下传递密奏的秦仔,也从相州西门入城。他首先给赵不试带来了京师失守的消息,并且在路上已经焚烧了赵不试的密奏。赵不试在万般无奈之中,仅剩的一条办法,就是挽留刘浩前军,共守州城。他说服刘浩,共同向元帅府发了前述的申状。

　　十六日,赵不试接到了元帅府的回札。回札的内容,其实并非出于他的意料之外,但仍不免长吁一声,对秦仔说:"如今自家们唯有一死,以报朝廷!"刘浩完全明白赵不试的心境,他劝解说:"自家们尚可另上申状,恳求于大元帅。"赵不试斩钉截铁地说:"不须!不须!你既是九大王底前军统制,只得遵命!"有吏胥禀报说:"今有虏人铁骑无数,来至南门,押到汪副元帅底子婿,命割让相州,九大王回京。"说完,就呈上了宋钦宗割让两河的诏书。

　　赵不试、秦仔、刘浩等人来到南门城头,只见城下有八名金骑,汪伯彦的长子、军器监丞汪召嗣和女婿、都水监丞梁汝霖反绑着手,也立马城下,而远处却有大队人马。汪召嗣见到赵不试,就用最大的嗓音喊道:"四五通判,请九大王与阿爹上城说话!"赵不试愤怒地说:"九大王与尔父已不在此城,我如今是一州之长。我身为大宋宗枝,唯知守祖宗江山,江山非天子一人底江山,我不敢奉降天子底诏令!"汪召嗣和梁汝霖两人还要噜苏,赵不试不愿再与他们说话,他吩咐身旁的岳飞和张宪说:"你们底箭法了得,可与我射死两名虏人,稍解心头之恨!"岳飞和张宪弯弓搭箭,嗖地两箭,贯穿重甲,两名敌骑立时倒地。另外六名敌骑只得押着汪召嗣和梁汝霖逃回。在国家危难的特殊时刻,平时最具有权威性的皇帝诏书,已完全丧失了权威,河北与河东各州竟没有一个奉诏割地者。

　　这次统领两千人马,前来接收相州的,正是斜卯阿里。他命令就在离相州城南四里扎营,准备攻城。刘浩在城上望见敌人的行止,就向赵不试建议说:"番人重兵在城下扎寨,为相州心腹之患。我所统前军若要出城,前往大名府,亦须被敌骑追击。不如于今夜劫营,攻其不备。"赵不试摇摇头,说:"今年二月,姚平仲在开封城下劫营败事,当引以为诫。"岳飞说:"欲破虏人,亦唯有劫营一法,然须用计。"他说出了自己的计划,刘浩和秦仔都表示赞同,赵不试说:"凡事虑胜,亦须虑败,今夜可命城内百姓登城,于四壁用心守御。"

当夜正好是天色昏黑,并无月光。斜卯阿里是个宿将,他命令全军披甲而卧,又派了四蒲辇,计二百人,分列寨外东、西、南、北四面,他们牵着战马,手执火把和兵刃,以防宋军偷袭。南面来了一队骑兵,守夜的金兵用女真语问道:"来底是何人?"对方也用女真语回答:"二太子有紧切公事!"为首的一骑向金兵的五十夫长举起了银牌。他们都头戴只露双目的铁兜鍪,不辨人形。原来金军传令,往往没有文字,而只是用银牌为凭。负责南面守备的五十夫长信以为真,就放他们入营。这队骑兵进入寨内还不到一半,突然有一骑抡动镔铁竹节鞭向五十夫长猛击,顿时头盔击碎,脑浆迸流。此人正是王贵。尚未入寨的骑士立即向这一蒲辇金兵发动奇袭,将他们消灭。岳飞所率的马军们在身上挂了一条白麻带,作为标记,纵马在营内乱冲乱杀。

接着,宋军的步兵用强弓硬弩射击东、西、北三面的守夜金军。手执火把的金兵正好成了暗夜中的活靶子,他们还来不及作出反应,就大批中箭倒地。宋军步兵就从四面八方突入营中。金军乱成一团,根本无法进行有组织的抵抗,只能人自为战,在黑暗中还不免自相砍杀。金兵大多人不及鞍,他们披挂的重甲在步战中反而碍手碍脚,无法抗击宋军。斜卯阿里臂上中了两箭,他只能率自己的一个合札谋克亲兵突围南逃。他逃到汤阴县,点检陆续逃来的金兵,只剩下七百多人。斜卯阿里知道金军不成文的军法的厉害,他不敢返回东京,只能在汤阴县城以西另立新寨,然后向东京求援。但汪召嗣和梁汝霖这两名人质,居然在混战中并未得到解救,他们仍被一队金军押到了汤阴。

在一夜的混战中,宋军也死伤了几百人。天明以后,赵不试组织百姓,将所有的战利品搬进城里。刘浩前军的一部分伤员势必留在相州城里养伤,刘浩又以养伤为名,为赵不试留下几百军士,他自己只带了一千二百人,在十八日出发,前去大名府。

赵不试和秦仔特别为刘浩和他的部将饯行。面色阴郁的赵不试并无一丝笑容,只是频频举杯,向刘浩、岳飞等人表示谢意。刘浩完全明白赵不试的心态,他劝解说:"东京虽破,然尚有大元帅主持军事。楚虽三户,亡秦必楚。祖宗功德，天下归心，尚有千万忠臣义士。只今日一战，便见天下事尚有可为。"赵不试本来并不愿意对武人说国事，至此却忍不住说："如今天下事，系于九大王一人。九大王若用忠臣宗泽之辈，天下事必有可为；若用佞臣汪伯彦之流，大宋兴复无望！"他最后四字语音说得特别重。

岳飞自从再次投军以来，只知道杀敌，从不打听上司的长短，他初次听到"佞臣汪伯彦"几字，不免大吃一惊。但自己官卑职小，又不明了内情，自然不能发表政见。赵不试来到岳飞面前，用亲切的口吻敬酒说："鹏举，只今日一战，便知你是一个将才，请满饮此盏！"他特意对岳飞用表字相称，以示尊重和亲切。岳飞说："飞乃行伍贱隶，知州如此相称，折杀在下！况老母约束在前，小将滴酒不得沾唇，敢请知州见谅。"赵不试投以赞许的目光，又转向刘浩，语重心长地说："治世用文，乱世用武，千军易得，一将难求，切望刘太尉日后对鹏举好生看觑，为大宋江山扶持一员名将！"刘浩说："我当谨记此言！"赵不试心有所感，就取来笔墨纸砚，写下了一首诗：

　　　　君主降书上埤楼，
　　　　孤臣未阅泪先流。
　　　　两河表里唐尧地，
　　　　百里乾坤宋相州。
　　　　奇祸难消身后恨，
　　　　苦心未肯死前休。
　　　　北京寄语宗元帅，
　　　　赤县何时一战收？

赵不试对刘浩说："八年前，我任登州司理参军，宗元帅时任知州，与他朝夕相随，深知为人。太上只为他建道家神霄宫不虔，将他除名，编管。若太上当时用宗泽为相，而不用蔡京、王黼之流，如今主上尚能对李纲信用不疑，又何至有今日之奇祸！此亦是天数！"他说着，忍不住抚膺大哭。丈夫有泪不轻弹，但此时此刻，秦仔、刘浩、岳飞等人都流下泪来。最后，赵不试又对刘浩说："请将此诗传送宗元帅，但愿他力扶社稷，挽已倒之狂澜。"赵不试和秦仔亲自送刘浩前军出相州北门。他不肯送康王和汪伯彦，却坚持要送刘浩、岳飞等人。刘浩等再三致谢，彼此方在北门外挥泪而别。

康王一行在十二月十六日进入大名府城，北京留守张悫等人出城，到郊外迎接。当时的北京大名府是河北第一大城，外城周长四十八宋里二百零六步，与开封城相差无几，共有十七门，而行宫另有宫城，乃是当年宋真宗驻跸的所在。康王入城后，才惊魂甫定，开始有了一种安全感。

刘浩的前军迟至二十日方才来到大名府。除张宪外，岳飞、王贵、徐庆等人还是初次见到如此大城。岳飞观赏高耸的城垣和楼橹，相当繁闹的市井，忍不住啧啧赞叹，对张宪说：'偌大底北京，岂容番人侵犯！'

[壹捌]
李固渡鏖兵

十二月十六日，正是在康王逃到北京的当天，宗泽亲自带领五千人马，对李固渡的金军发动攻击。

历代的黄河不断改道，在北宋时，隶属大名府魏县的李固镇作为黄河的重要渡口，人烟相当繁盛，宋朝特别在当地设置商税务和酒务。然而现在的李固镇已成一片废墟，金军另外在镇西一里的高阜设置营寨。营寨南临大河，只开东、西、北三门。守将完颜阿鲁补，是金朝皇族，按金朝习惯，人称阿鲁补郎君。他统率着四猛安兵力，其实只有三千人马。

宗泽早就建议，各州府联合行动，歼灭这支敌军，然而竟没有一个州府响应。到此地步，他只能孤军出击。出师之前，他亲往崔府君祠焚香祷告，然后到祠前空地当众誓师。一个矮小清癯的身材，声音却出奇的洪亮，他用悲愤的语调说："数月之前，我便是在此地誓师，统本州儿郎北征，救援真定，却败了回来，损折了磁州多少好儿男！当入城之后，委是愧对父老，恨不能自尽于此应王祠前，了此残生！"话到此处，他忍不住老泪纵横，周围的很多军民也感泣起来。宗泽又说："然而磁州父老并未怪罪我统兵无能，曾记一老父对我言道，儿子敢于横挑强虏，死于军前，胜似死于牖下。如今将士们已操演数月，兵精粮足，并非仓猝上阵。然而此回用兵，若不能破得李固渡敌寨，我再无面目回城！"五千兵马整齐队伍，慷慨出征，城里的男女老幼夹道，焚香送行。

十六日下午，宗泽的军队在李固渡寨之西列阵，向金军挑战。他命令部将秦光弼指挥三千五百人在前，自己统一千五百人，携带辎重之类在后。完颜阿鲁补登上寨内的一个望楼,观察敌情。他哂笑说:"不料竟有南军自来取死!"他马上命令一个猛安孛堇,也就是千夫长,名叫温敦乌也,说:"乌也孛堇,你可统本部儿郎出寨,杀他一个片甲不留!"

温敦乌也的女真名,意思是排行第九,此人算是完颜阿鲁补部下四名千夫长中最勇猛善战的一人。他当即率领八百铁骑出寨,向宋军猛扑。秦光弼按照宗泽的部署,指挥军士将战车推到阵前,每辆战车前都装有一块木板,其上密布一尺长的铁刃。待敌骑距离阵前约二百步时,首先由五十辆床子弩车发射弩箭,金军约有二十名骑兵被又粗又长的弩箭贯穿重甲,倒地毙命。然而床子弩显然并不能阻止敌骑的奔冲,金军距离阵前约一百五十步,宋军中三百名神臂弓手向敌人攒射,距离百步之内,普通的弓弩开始向敌人攒射,三十辆炮车也向敌人抛射炮石。几百金骑冲到宋军阵前,又遇到战车的阻截,不能突入敌阵。宋军依托战车,或者继续向敌人射箭,或者冲出车前,用刀枪格斗。

金军第一回合冲锋完全失败,二百多名骑兵横尸宋军阵前。完颜阿鲁补在望楼上立即吩咐另一千夫长古里甲奴申说:"奴申孛堇,你可率本猛安军马,与乌也孛堇包抄南人底左、右两翼,定能取胜。"用左、右翼骑兵向敌人迂回侧击,是金军最常用的战术,也往往最容易取胜。当古里甲奴申和温敦乌也分左、右翼向宋军阵后迂回时,宋军原先的方阵立即变成圆阵。金军的第二次冲锋又以失败告终,损折了约三百人。

完颜阿鲁补再也无法在望楼上观战,他命千夫长阿典胡刺守寨,自己与千夫长夹谷斜烈出寨,召集另两名千夫长商议。温敦乌也说:"我率军绕出南军阵后,方知此后另有一阵,乃其辎重所在。不如先攻后阵,焚了他们底辎重,然后再围掩前阵。"完颜阿鲁补说:"此计大妙!"他命令古里甲奴申率部插入宋军两阵之间,阻截宋方前阵的增援,温敦乌也率部攻宋军后阵的东南,自己亲率夹谷斜烈的一猛安迂回侧击,攻宋军后阵的西北。

宋军后阵虽然由宗泽亲自指挥,只是用粮车之类围绕布阵,而床子弩、神臂弓等重要兵器又全部集中在前阵,用普通的弓弩无法抵挡金骑的突击。温敦乌也的铁骑首先突入后阵,完颜阿鲁补和夹谷斜烈的铁骑又从侧后夹攻。宋军步兵虽然奋死抵抗,而金军骑兵纵横驰骋,形势愈来愈危急。宗泽有亲兵五十人，统率亲兵的正是王经和寇成。他们俩历尽艰难，将张所号召两河民众抗敌的檄书带到磁州，得到宗泽的信用。寇成和王经对宗泽说："宗修撰，形势甚急，自家们当拼死护卫修撰突围。"宗泽将头盔往地上一扔，说："今日有进无退！我当战死于此地！你们只须厮杀，不须管我！"他的态度激励了将士们，大家都拼死搏战。王经和寇成都挥剑杀死了几名敌骑。

当战斗进入白热化时，在完颜阿鲁补一军的侧后突然出现一支宋军。两面绛红旗，其上用黑丝线分别刺绣十个大字，"关西贞烈女"，"护国马夫人"。为首竟是一员女将，面如满月，粗眉大眼，头戴一个有别致钢箍的莲花冠，身披铁甲，骑着一匹白马，其身上长有十块血红色的斑毛。这匹马的毛色自然非常罕见，取名血斑骢。这个女子姓王，名燕哥，今年二十七岁。她的父亲王盛是陕西的边将，她自幼专爱武艺，带甲上马，号称千人敌。军中给她取了个绰号，名叫一丈青。金军攻宋后，她随父亲和丈夫马皋救援河东，父亲战死。她和丈夫在河东各地转战，后来决定投奔宗泽，前去磁州。前面说过，在开封城宣化门外的战斗中，杨再兴有四个义兄弟下落不明。其实，张应、李璋、赵宏和岳亨四人并未战死，只是在敌骑的冲击下，无法回城。他们辗转北上，一丈青和马皋在路上结识张应等四人。她和马皋统率的军队有一千多人，抵达磁州后，听说宗泽出兵李固渡，就赶来增援。

一丈青发现敌情，立即和张应等四兄弟率二百骑投入战斗，而叫丈夫统领八百步兵随后。金军也由夹谷斜烈分兵迎战。两军骑士用弓箭互射，很快进入短兵搏战。一丈青手执双刀，每一把刀长四宋尺五寸，共重八宋斤，骑着血斑骢，第一个突入敌阵。两名金军骑士执剑向她刺来，她用双刀同时架开双剑，左右挥刀猛砍，敌军两颗人头同时落地。张应等四杆浑铁枪也紧随其后，中枪的敌人纷纷落马。一丈青一气连杀八名敌人，夹谷斜烈见到女将勇猛，就亲自持一条狼牙棒迎战。一丈青用右手的刀格开他的兵器，左手在他颈部斜劈一刀，劈断了颈椎和锁骨。夹谷斜烈尸身落马，而颈部残留的皮肉却还连着头颅和躯体。

一丈青一军的参战，立时扭转了宋军后阵战局，而秦光弼所率的前阵军队，也以战车为前导，增援后阵。古里甲奴申所率的一猛安骑兵，在宋军床子弩、神臂弓和炮石的攻击下,无法阻拦前阵宋军的增援。完颜阿鲁补首先率夹谷斜烈的残部败退,古里甲奴申和温敦乌也两部也相继败退。

天色已经断黑,宗泽当机立断,下令不得收兵,不容金军有喘息之机,向李固渡敌寨发起攻击。一丈青率领张应等骑士紧追金军,突入李固渡寨的西门。秦光弼指挥宋军步兵,迂回攻入北门和东门。完颜阿鲁补眼见抵挡不住,只得率领金兵连夜踏冰过河,逃往开封,而不少金骑又因踏破河冰而溺死。

一场激烈的鏖兵在天亮以前结束了。金军损折了一半人马,而宋军也战死了一千多人,秦光弼却在破敌寨时,中流矢身亡。宗泽下令,将宋军的全部战骨装车,运回磁州埋殡。宋军运走了战利品,然后将敌寨焚毁。

虽然是凯旋而归,宗泽的心境却格外沉重,他回城后的第一件事,就是亲自披麻带孝,同全城军民在崔府君祠吊祭亡灵,致哀尽敬。他安排好留守事务,然后亲率五千人马,按大元帅府的指令,前往北京。

十二月二十二日,宗泽所率的磁州军队伍整齐,兵甲鲜明,进入北京城内。大雪漫天,而百姓们仍然夹道欢呼,这是在兵败如山倒的形势下,第一支主动向敌人发动攻击的凯师。在行军行列中最引人注目的,是宗泽马前的女将一丈青,北京城内已经流传了她的颇为夸张的传奇故事。大家都想一睹宗泽和一丈青的风采,而人们都没料想到,闻名河北的磁州宗修撰,原来是个瘦小老人,他头戴兜鍪,身穿标志七品官身份的绿绵裘,虽经长途奔波,而精神抖擞,单手控马前行。

康王如今住在行宫的偏殿,他在宫城正南的顺豫门楼接见宗泽及其部将、幕僚。宗泽逐一介绍参拜。当介绍一丈青时,宗泽特别赞扬说:"《木兰辞》相传有木兰代父从军,如今王夫人为父报仇,骁勇无敌,胜似木兰,胜于天下多少须眉男儿!"一丈青站立平地,也只是中等身材,却显得十分丰壮,她的姿色中等偏上,却英气逼人,使康王不敢萌生丝毫邪念。康王特别奖赏一丈青银一百两,绢一百匹,而一丈青又都分给了部兵们。

部将们退出后,宗泽立即对康王说:"京师虽被番人攻破,而入援之策尤不可缓,请九大王早降处分。泽虽不才,愿执戈为大王前驱!"康王早有准备,他取出宋钦宗的黄绢手诏,说:"主上特命宗泽任副元帅,自今日便可供职。东京既破,投鼠忌器,须从容计议救驾之策。宗元帅忠义有素,当不负主上之重托。"宗泽垂泪说:"臣敢不勉竭驽钝,以报圣恩!"按汪伯彦的主意,等宗泽进入北京,才向他宣布副元帅的新命。

宗泽取出所拟的立功将士升官名单,呈送康王,康王浏览了一下,说:"可依宗元帅所议施行,唯有王燕哥,国朝无女子授文武阶之制,可便宜授她一个淑人,仍旧在军中供职,其夫马皋超擢五官。"淑人是宋时所谓外命妇的一种封号。宗泽对这种变通的办法也无异议。

[壹玖]
釜鱼之乐

再说开封城内,十二月三日,宋钦宗亲自到延福宫安慰太上皇以后,就在祥曦殿恢复朝会,接受百官的朝拜,并且下令百官和僧道、百姓们到南薰门,向大金国相和二太子致谢。朝会尚未结束,就有宦官上殿奏报,说:"有大金国使萧庆来见,今已在南薰门下等候。"宋钦宗忙命冯澥和曹辅出迎。

冯澥和曹辅急忙来到南薰门,与萧庆在马上互相行礼。萧庆笑吟吟地说:"敢烦二位执政相公出迎。既有刘晏被杀之前戒,国相与二太子特命三百契丹儿郎,护我入城,不知大宋可能接纳否?"冯澥和曹辅面面相觑,面有难色,却又都不敢反对。萧庆不等他们表态,就笑着吩咐三百契丹兵说:"既有二位相公依允,自家们进城便是!"三百契丹兵一半骑马,一半步行,跟随萧庆,沿着宽阔的御街北上,旁若无人。冯澥和曹辅很快发现,在金军的队列里,竟还有降金的宦官邓珪、梁平和王仍。他们只能命从吏飞马回宫奏报。

萧庆熟门熟路,径自来到尚书省住宿。三百名契丹兵都能说汉语,他们在邓珪等人的引领下,擅自封存了开封城内所有的府库。一纸国书递到宋钦宗御案之上,要求立即搬运府库中的丝织品、金银珍宝等出城,犒赏金军。宋钦宗无可奈何地长吁一声,对身旁的邵成章说:"只得由他!"从当天下午开始,宋军兵士在邓珪等宦官和契丹兵的监督下,用车辆向开封四围的各个城门搬运,三日不绝。

五日早朝,百官们又惊奇地发现,萧庆也参加朝会,并且挺胸凸肚,昂然立在宰相何㮚之上。朝会的第一个节目,就是萧庆呈递又一份国书,要求宋方缴纳一万匹马,萧庆还说:"启禀南朝皇帝陛下,你底赤玉骝煞是好马,敢请奉献国相元帅,以表皇帝讲和底诚心。"宋钦宗十分难堪地沉默着,而萧庆却等不及,他代宋钦宗发话说:"既是南朝皇帝依允,便请何相公与开封府尹徐秉哲,日下拘籍,若有隐藏不纳者,并行军法。唯有朝官,方许留一匹。"

宋钦宗至此也只得说:"便依萧节使所请。"他真有一种芒刺在背之感,说完这句话,就下令"退殿",不料萧庆却不肯罢休,他说:"且慢!我另有事,须奏禀陛下。军前早有一个札子,索取干戺人与两河州军长官血属,然而至今未有一人到大金军前。"宋钦宗无可奈何地望着何㮚说:"凡在城内底,且先交付大金军前。"

从五日当天开始,开封城内的马兵就牵着自己的战马,步兵们则牵着官员和百姓家的马匹,到各个城门交付敌人,他们几乎个个面带愧色。一大批两河长官的亲属,包括前述汪伯彦的儿子汪召嗣和女婿梁汝霖,也被军队押送到各个城门,并与金军办理交人的手续。

宋钦宗躲进了崇政殿,闷闷不乐。邵成章报告说:"今有监察御史张所与马伸乞面对。"宋钦宗此时的心境,其实不想召见任何臣僚,但也只能将两人宣召入殿。张所和马伸叩见皇帝礼毕,马伸首先说:"不知陛下以为国运如何?"宋钦宗显然不愿多说,他只回答了四个字:"听天由命!"张所激愤地说:"番人昨日封府库,今日索马,明日必将索军器。待军器索尽,百万生灵无兵刃可以御敌,上自陛下,下至百姓,便成虏人刀俎间底鱼肉!"宋钦宗面色铁青,却并不答话。

马伸说:"臣等计议,如今有上、中、下三策,请陛下抉择。"宋钦宗问:"怎生底三策?"张所说:"上策则发遣萧庆回金营,虏人不退兵,便不交付一兵一马,如若番兵下城,便与他们决一死战;中策则虚与虏使周旋,马不可尽交,军器更须留其大半,吩咐军民严加守备,万不可事事依顺;下策则虏人有求必应,坐以待毙。"宋钦宗叹息说:"朕已上降表,如何再用上策?战不能战,守不能守,然亦岂有坐以待毙之理,朕便依卿等底中策。"

马伸和张所刚退殿,又有小宦官报告说:"太上在延福宫请官家说话。"宋钦宗匆匆赶到延福宫的成平殿,只见除宋徽宗和郑太后、乔贵妃外,另有一对男女,泪痕满面,站立殿上,他们是宋徽宗的第五女茂德帝姬赵福金和驸马蔡鞗,两人今年分别为二十一岁和二十岁。北宋后期奸相蔡京共有八子,蔡鞗是他的第七子。宋钦宗即位后,杀了他的两个儿子,并将蔡京的全家流放岭南。惟有蔡鞗因为是驸马,虽然被除名、勒停,而夫妻恩爱,仍然留在京城。然而按照金人索取所谓干戾人,蔡京的亲属也在其中,蔡鞗须被押送金营。

宋徽宗在三十四个女儿中,最喜欢的是赵福金和第二十女柔福帝姬赵多富,后改名嬛嬛。茂德帝姬是死去的刘贵妃所生,宋徽宗认为她最像母亲,是众多的女儿中最漂亮的一个,而柔福帝姬是死去的另一王贵妃、人称小王贵妃娘子所生,今年十六岁,尚未出嫁。

宋钦宗见到这种情形,已明白了一切,他向父亲下跪,用十分感伤的语气说:"不肖臣桓不能保全五驸马,特向太上官家与五姐请罪!"茂德帝姬是他妹妹,但按宫内习俗,一律称姐。茂德帝姬用伤心和责备的口吻说:"大哥直是恁地无情?"乔贵妃说:"五姐且休,官家乃是仁恕之君。五驸马除名后,又赐了你们多少钱物。"宋钦宗与茂德帝姬虽非一母所生,但感情一直不坏,他将蔡鞗除名、勒停后,不但额外赐了茂德帝姬很多钱财,还允许蔡鞗继续出入龙德宫。宋徽宗亲自将儿子扶起,说:"大哥,请你到此,亦只为计议此事,共商良策。"宋钦宗摇摇头,说:"我已命何㮚与萧庆计议,欲免五驸马去虏营,而虏使坚执不允,委是无计可施。"

乔贵妃说:"闻得金国二太子尚通商量,不似国相凶狠。官家岂不可与二太子作书,命大臣专送到刘家寺,亦是一法。"宋钦宗苦笑着说:"便依乔妈妈之计。"他当场修书一封,请父亲与众人过目后,命曹辅送往刘家寺。曹辅回来报告,说完颜斡离不只是表示,在退兵时,可将蔡鞗交还宋方,这个消息对宋宫已算是天大的恩典。接着,宋钦宗命令曹辅亲自将蔡鞗送到刘家寺敌营。

第二天,宋钦宗又亲自来到延福宫,这次也是为着他五妹的事,却又更难于向父亲启齿。然而他再难于启齿,也必须启齿。原来蔡鞗出城前,夫妻俩哭哭啼啼,茂德帝姬最后特别派自己最亲信的女使李巧奴随丈夫出城,以备在金营侍候。李巧奴原是宫女,随茂德帝姬出嫁。完颜斡离不见到美貌的女子,当夜就进行淫污,李巧奴也只得曲意逢迎。合欢之后,完颜斡离不向她打听宋宫的女子，李巧奴说："贵妃大、小刘娘子与大、小王娘子都已身死，乔娘子亦是年过四十，太上虽另有新宠，然而比不得这五位娘子。若论容貌，如今底妃嫔一个也比不得茂德帝姬，与其母大刘娘子煞是相像，也有人以为胜似其母。"邓珪投降金人后，完颜斡离不也曾向他打听宋宫女子，邓珪把宋宫女子吹嘘得个个貌若天仙，而又特别称赞茂德帝姬是美中之美。现在听到李巧奴的说法与邓珪完全一致，就恨不能将茂德帝姬立时抓到手心。第二天，他特派亲信的汉人、知枢密院事刘彦宗入城，与萧庆同驻尚书省。刘彦宗代表完颜斡离不向宋方提出较为宽大的和亲条件，只要茂德帝姬入金营，就立即放回蔡鞗，并且设法劝说完颜粘罕及早退兵。

宋钦宗不敢立即依允金人，他想来想去，只能向宋徽宗如实报告，由父亲决断。宋徽宗听后，立时泪流满面，说："汉唐之盛，尚有和亲，然而拆离一对恩爱夫妻，是何道理？"宋钦宗从禀报之初，就是一脸羞愧之色，他早已决定，自己对此事不置一词，只听父亲处置。郑太后和乔贵妃实际上都倾向同意和亲，但因为茂德帝姬不是自己所生，都不便开口。宋徽宗哭了多时，然后对宋钦宗说："如今亦只得和亲，然而须缓缓底劝说你五姐。"他扫视着郑太后和乔贵妃说："自今便请五姐入延福宫住，你们须加劝谕。"郑太后立即回答说："五姐非老婆所生，臣妾劝谕不得。"乔贵妃说："此事亦只得由太上官家自劝。"宋徽宗长叹一声，说："待老拙自劝便是！"

宋钦宗退出延福宫，通过冯澥和曹辅向刘彦宗说明原委，刘彦宗显得颇为开通，说："二太子亦不愿见一个整日流泪底美人，自须缓缓劝谕。"自从双方商定和亲以后，宋钦宗的处境似乎稍有改善。马匹向金人缴纳了七千多匹后，就不再催逼。十二月六日，金军果然向宋方索取兵器，但除了甲仗库中的兵器搬运出城外，流落城内的大部分兵器也并不催逼。更重要的，是萧庆不再参加朝会，对宋钦宗而论，在朝会中少了这个颐指气使，使他如坐针毡的人，无疑成了金方的天大恩惠。他利用这个间隙，通过何㮚下令，将城破之时"劫驾"的殿前指挥使左班押班蒋宣、右班押班李福和另一卫士卢万处斩，自认为是消除了身边的隐患。

实际上，金军仍是得寸进尺，不断提出新的条件和邀索。一会儿是搜刮金银财宝，一会儿是拘押工匠到军前，一会儿是勒索丝绢一千万匹，一会儿又从城外派人，征发大批车辆，搬运国子监的图书。宋钦宗无不一一从命，唯一的例外是军器，虽然表面上下了严令，其实并不认真收缴。由于搜刮的金银财宝不足数，有人告发郑太后娘家首先隐藏金银财宝，宋钦宗就亲自下诏，销毁郑太后的父亲和祖父的所有官告，削夺其家族成员的所有官衔，将为郑太后家管理家财的几名低等武官，当时称为勾当使臣，在闹市中枷项号令。尚书省和开封府还下令奖励各种人，包括奴仆，告发隐匿家财的富豪或主人。

金人特别注重"迎候"康王回京，于是宋钦宗又特命曹辅出城，"访寻"康王。经过金兵搜身以后，曹辅方得以出城。但他无疑比耿南仲老实，十多天后就主动回城，说是不知康王所在。

时光如水，开封城很快迎来了靖康元年除夕和二年元旦，上自皇宫，下至万民，再一次在恐惧和慌乱中，度过这两个节日。当宣和七年除夕和靖康元年元旦时，大内中根本没有举行任何庆祝活动，节日期间的惟一活动，就是刚禅位的太上皇准备南逃。如今既然全部被困在围城之中，宋钦宗反而死心塌地，准备了除夕晚宴等除旧迎新活动。

御宴是在作为大内宴殿的集英殿内举行。这是典型的宋徽宗祖孙三代的家宴。出席者有宋徽宗、郑太后和乔贵妃、王德妃、康王之母韦贤妃等妃嫔一百四十三人，只有被废为庶人的崔淑妃没有资格参加。宋钦宗方面只有朱后、朱慎妃和十位才人、夫人。宋徽宗的皇子除康王外，以郓王为首，共二十一人，年龄最小的韩国公赵相还只有二岁，而被贬为庶人的第八子益王赵棫没有资格参加。众皇子妻共三十四人，其中包括康王的邢秉懿、田春罗和姜醉媚，益王的国夫人周瑜和郡君周瑾姐妹，而康王最宠爱的潘瑛瑛尚无位号，也没有资格参加。众帝姬以郑太后亲生的嘉德帝姬赵玉盘为首，共二十一人，年龄最小的纯福帝姬赵金铃还只有三岁。驸马除押送至金营蔡鞗外，剩下七人。第三代有太子赵谌为首的皇孙十六人，柔嘉公主为首的皇孙女三十人，宋徽宗的外孙和外孙女十三人。三代人依次坐定，正好满三百人，而几十名婴儿各自有一名乳母照管。按宋宫的规矩，在这种场合，乳母都可以陪坐陪吃。

偌大一个集英殿，坐下三百几十人，还显得相当宽敞。经过金人两次勒索后，大内的宝器丧失无数，今天晚宴的食具酒器不用金、银、玉、象牙、犀角之类，而单用官窑烧制的粉青色瓷器。这是宋徽宗亲自审定的整套仿古彝器，在明晃晃的烛光下，晶莹夺目，显示出帝王家特有的富贵气派。宋宫平时御膳百品，今天还是勉强凑满了百品，朱后亲自审定，挑选了两代皇帝平时最喜爱的菜肴。四百名宫女和宦官为侍候这三百几十人，在大殿中来回奔忙。

宋钦宗和朱后、皇太子、柔嘉公主来到宋徽宗案前，后面跟随尚食宫人何红梅、杨调儿和一群宦官，用朱漆雕花木盘托着酒器。朱后亲自手擎一个瓷觚，宋钦宗手执瓷觯，由朱后倒酒，宋钦宗敬御酒，口称："值此除夕，臣桓恭请太上官家善进御膳。"宋徽宗将觯酒一饮而尽，说："艰难之际，难得大哥圣孝，但愿大宋社稷从此逢凶化吉，否极泰来。"宋钦宗又转向了郑太后。郑太后为自己娘家被下诏重罚的事，颇为恼火，宋钦宗按朱后的叮咛，手持另一觯酒，对郑太后说："臣桓奏禀娘娘，只为番人催逼甚急，臣桓万不得已，下一急诏。待事定之后，当复娘娘父祖官位如旧，所索金银财物，亦当另行给赐。恭请娘娘满饮此觯。"郑太后连忙说："老婆之父不能体恤国难，理当受罚。老婆不能训饬外家，有负圣恩。"她说着，又对宋徽宗看了一眼。宋徽宗对她投以赞许的目光，郑太后也将觯酒一饮而尽，说："感荷官家！"

宋钦宗向乔贵妃尽恭尽敬地献上一觯酒后，又在王德妃之后，依次转向了韦贤妃。他想到自己白送了一个贤妃的尊号，不免有几分恼火，但他转念康王统兵在外，又必须维持礼貌，就说："九哥自幼便喜习武艺，如今统兵河北，社稷所系甚重，贤妃娘子请满饮此觯！"韦贤妃心想："若非我另出巧计，莺哥何至有今日！"但表面上又客套一番，说："难得官家如此信托，莺哥年幼，恐不能当此重任。但愿他早日统兵前来，与官军里外夹攻，剿杀虏人，亦不负今宵官家赐酒之恩！"

在兄弟群中，宋钦宗特别来到邢秉懿、田春罗和姜醉媚三个弟妇面前，嘘寒问暖。康王没有儿子，却已有了五个女儿，人称康大宗姬、康二宗姬直到康五宗姬。康大宗姬名佛佑，是田春罗所生，今年三岁，二宗姬名神佑，只比姐姐差十天，是邢秉懿所生。三宗姬二岁，四宗姬和五宗姬一岁,实际上只有三四个月。五宗姬是姜醉媚所生,而三、四两宗姬是女使所生,两人的生母却都已被康王杀死。康王虽然好色,但在生育问题上,却是绝对的重男轻女。接连五个女儿,使他十分恼怒。康邸的上上下下都知道,在康王不愉快的时候,最好不要让女儿见到父亲。所以在康王出城前,邢秉懿有意不安排五个女儿送行。

由于韦贤妃和康王原先的地位,邢秉懿、田春罗和姜醉媚身处众妯娌中,不免有低人一头之感,现在反而自觉身价倍增。他们过去为丈夫出使哭哭啼啼,现在反而又自觉不虚此行。这三个女人见识不高,身处围城之中,只因丈夫在外身为大元帅,反而产生一种莫名其妙的安全感。皇帝的殷勤慰劳,更使他们受宠若惊。当然,邢秉懿也极善酬酢,再三说:"极感大伯伯、大姆姆看觑!"太子和柔嘉公主却对康大、康二两宗姬特别喜欢,不住地逗笑和喂食,又更增加了朱后与他们之间的话题,说孩子们如何聪慧可爱。

在众姐妹中,宋钦宗特别需要致意的,自然是茂德帝姬。茂德帝姬是今天晚宴中心情最坏的一个,见到别人都是夫妻成双,而自己却只有儿子道道与妹妹柔福帝姬陪伴,更不免在旧恨之上另添新怨。作为大内最娇宠的两个公主,她平时与柔福帝姬最好,然而柔福帝姬却稚气十足,此时此刻,她根本不懂得如何劝慰姐姐,只管自己吃喝,以及与道道逗笑。宋钦宗来到他们面前敬酒时,茂德帝姬就忍不住将满腹委屈和怨恨,向大哥发泄。她说:"早知有今日,当初还不如随我阿舅全家贬窜广南,以免节外生枝,夫妻离散。"说得宋钦宗羞惭满面,无言以对,茂德帝姬却还不肯罢休,她又说:"《庄子》曰:'子非鱼,安知鱼之乐?'奴今日身为釜中之游鱼,方知釜鱼之乐。但不知以奴家底一身,可保得父兄平安否?"面对五妹的抢白,平日颇善于缓解纠葛的朱后,也很难说上一句。

宋钦宗真想说:"他日愚兄若不能整军经武,湔雪仇耻,使五姐夫妇团圆,誓不为人!"但话到嘴边,还是咽了下去。一是自己既已准备传位景王,何必再说此渺茫的大话;二是从邓珪等降金的事件中汲取了教训,殿内有几百名宦官,如果有人向金人密报,后果将不堪设想。

幸亏景王离席,来到茂德帝姬面前,他说:"大哥为社稷之重,忍辱负重,宵衣旰食,备尝艰辛,五姐亦须体恤大哥底苦心。除夕御宴,而不奏乐,并非是醉生梦死,寻欢作乐,一只为爹爹、娘娘尽孝,二只为祓除恶祟。"茂德帝姬与景王虽非同母所生,平时最敬重和亲近景王,经他劝解后,茂德帝姬就不再吵闹了。

宋钦宗和朱后强颜欢笑,力求保持节日的欢乐气氛。御宴断断续续地维持到半夜,为的是与达旦不寐的守岁仪式衔接。酒菜撤去后,宫女与宦官们又递上大批圆形瓷簋和方形瓷簋,里面装了各种各样精巧的消夜果食,有鲜果、干果、雕花蜜煎、砌香咸酸等果品,还有澄沙团、蜜酥、牡丹饼、梅花饼、枣箍荷叶饼等各种甜食,鹅鸭包、羊肉馒头、笋肉馒头、肉丝糕、肉酸馅等各种咸食,还有各种汤、粥和羹,光是从色的角度看,已是琳琅满目,美不胜收。婴儿们熬不得夜,一个一个在乳母们的怀里熟睡了,而稍懂事的孩子,如太子赵谌、柔嘉公主等,也都强打精神,迎候着大傩仪式。

原来宋宫中每年除夕,都要举行祓除恶祟的大傩仪。宋徽宗、宋钦宗等人都认为,去年匆忙之际,来不及举行大傩仪驱祟,招致了今年的厄运,所以今夜非照常举办不可。宋钦宗下旨后,大内之中立时响起了爆竹声。宋时的爆竹不用火药,只是烧竹,用火药的另称纸炮。有一首诗说:"驹隙光阴岁已残,门门竹爆共团栾。烧成焰焰丹砂块,碎尽琅琅碧玉竿。"就是指烧爆竹。人们认为,爆竹可以驱祟。听到了爆竹的噼啪声,宋徽宗、宋钦宗等起身出殿,与龙子凤孙和乳母们出外观赏大傩仪。

一千多名皇城司军士和诸班直身穿彩衣,头戴假面具,有的手执镀金枪和龙旗,扮演了各路神灵,包括镇殿将军、门神、灶神、土地、钟馗、钟馗小妹、判官之类,列队行进,从宫城正北的拱宸门出发,绕集英殿一周,对两代皇帝山呼万岁,宋徽宗、宋钦宗等人都面露喜色。这支队伍出宫城正南宣德门,又出里城朱雀门。按照惯例,本应出南薰门,到转龙弯,进行埋祟仪式。然而如今金军却占据着南薰门,所以这支队伍只能在御街改道,去五岳观,进行埋祟仪式。埋祟完毕的消息传到了集英殿,宋徽宗、宋钦宗等人方得到了一些宽慰。大家都强打精神,迎候元旦的黎明。

再说住在尚书省的金使萧庆,也由陈过庭陪伴,作长夜之饮,而刘彦宗完成使命后,已回刘家寺。萧庆和陈过庭听到爆竹声,出屋观看大傩仪。两人回屋后,陈过庭随便问道:"敢问贵国如何欢度除夕?"不料这句话却激起了萧庆故国之思和亡国之痛。原来萧姓本是契丹后族,萧庆的姑婆是辽道宗的皇后。萧庆突然用悲痛的语调说:"大辽皇帝每岁除夕,与臣僚带甲戎装,于五更三点坐朝,奏乐饮酒。元旦时分,又于御帐中以糯米与白羊髓拌和,作成米团,撒于帐外,命师巫摇铃执箭,唱叫驱祟。真可谓往事如烟,盍胜伤痛!"辽朝的契丹人在相当程度上保持着游牧民族的习俗,皇帝每年约有一半时间不住宫殿,而住帐篷,所以萧庆说到了御帐。

陈过庭初次听到,一个趾高气扬的敌使,居然用这种语调说话,他完全理解对方的感情,又问:"敢问大金如何欢度除夕?"萧庆突然用十分轻蔑的语气说:"虏人初起兵时,尚不知年岁,唯说自家见过青草几回,近年方于元旦拜日相庆,端午射柳祭天。他们从不知自家生日,而今强效汉风,如粘罕便以元旦为生日,谷神以元夕为生日,其他虏酋亦以重午、七夕、中秋、重九之类为生日。"陈过庭初次听到他居然称女真人为"虏人",对其国相、监军直呼女真小名。但他害怕萧庆有意诱使自己胡言乱语,不敢答话。

萧庆又长叹一声,说:"自大辽与虏人开战以来,事天地鬼神之礼,益加虔敬。天祚帝年年岁岁,在御帐驱祟,到头来却是国破家亡。如此足见驱祟亦不济事。自古无不亡之国,南朝之国运恐亦与大辽相仿,此亦是天数,非人力可以挽回。"陈过庭说:"主上已上降表,但求萧节使在国相、二太子、监军之前缓颊,以成两国盟好。"萧庆苦笑着说:"我身为贰臣,不能为大辽尽忠竭节,在粘罕帐前,无异于一犬一鸡,唯命是从,便是真愿为南朝皇帝出力,亦是力不从心。南朝不能自强,我便爱莫能助。"陈过庭经他一说,心头更笼罩着一重阴影,但为了不冲淡节庆气氛,他事后还是决定不奏禀宋钦宗。

元旦早晨,宋钦宗只是小寐一会儿,就不顾疲劳,先去延福宫,向太上皇祝贺节日。按平时规矩,皇帝必定在大庆殿举行大朝会,这是一年中最隆重的朝会,辽、西夏、回纥等各国使节也都到殿内朝拜。现在宋钦宗只得在常朝的文德殿举行朝会,百官朝拜完毕,有吏部尚书谭世勣进殿奏禀,说自己奉命往金营祝贺,却被金兵拒之南薰门外,说须有亲王前往祝贺。宋钦宗又特派景王和济王前去青城。完颜粘罕、完颜斡离不等对景王兄弟颇加礼遇,又命完颜粘罕的长子完颜设野马,号称真珠大王,率金使八人,前来朝拜宋钦宗。朝见之时,由萧庆陪同,金人也显得颇为恭敬和客气。

从元旦到元宵,本是东京城里最热闹的时节。元宵又称上元和元夕,从十四日直到十八日,城里张灯结彩,演出百戏,要连续欢庆五夜。元旦刚过,宋钦宗就和朱后商议,如何能度过这个节庆。七日晚间,天空又开始下了一场大雪,雪随下随融,到八日清晨,却是天气奇寒,大街小巷,满地冰雪如镜,且不说人,就是马匹在其上行走,也不时打滑。由于金人督责的金银与丝织品表段远不足数,何㮚只能在当天前往青城,恳求金人减少数目。

完颜粘罕等人见到何㮚,就大发雷霆,说:"东京城内,人口百万,必有隐藏金银表段,欺诞大金。我今全活一城生灵,尔们何以为报?既保得性命,何故又吝惜财物?"一时声色俱厉,何㮚哀告说:"如今开封府尹督责官吏,急行根括,上自百官,下至百姓,每日拘囚拷打,不可胜数,委是无物可以督责,切望大金国相、二太子大发慈悲,宽宥一城生灵!"完颜谷神说:"冬去春来,农务将兴,自家们亦将班师。不如请南朝皇帝前来,面议为大金郎主加徽号与金银表段等事,南朝亲王亦须陪皇帝同来。"

何㮚回城后,宋钦宗又与亲王、宰执大臣等紧急商量亲往金营之事。大家都表示反对皇帝亲自出城,尤其以陈过庭和张叔夜反对最力,惟独何㮚和李若水主张皇帝前去,宋钦宗说:"朕不前去,和议尤多阻节。为大宋社稷,朕亦只得亲往!六哥可与伯野、嵇仲留守,辅佐太子。"他不直呼孙傅和张叔夜的名,而以表字相称,以示亲切和倚重。宋钦宗再去金营的事就算决定了,然而景王却仍表示反对,并且不愿留守。

宋钦宗又将景王留下,单独谈话。由于景王再三推辞,宋钦宗只得将自己与朱后商议传位的事和盘托出,说:"我委实无能,不足为乱世之君,宋室中兴,乾坤再造,非六哥莫属。"景王全无此思想准备,一时大汗淋漓,只是结结巴巴地说:"使不得,使不得,万万使不得!"一面说,一面就跪倒在地,宋钦宗连忙将他扶起,说:"如今宗社为重,君为轻,六哥但能兴复大宋，我便死也甘心！"他在谈话中不再用"朕"，而只用"我"，更加重了托付帝位的分量。兄弟俩抱头大哭，景王说："覆巢之下，安有完卵，如大哥被拘，我又如何幸免？如蒙上苍垂佑，我亦只能辅佐道郎，待他成人。道郎聪明过人，经此劫难，日后必定为宋室英主。"宋钦宗再三苦劝，景王执意不允，他一口咬定，只能由太子继位，自己当摄政亲王，赵谌成人，自己就不再摄政。

[贰零]
哀兵出征

继宗泽之后,河北各府、州、军的军队陆续来到大名府。民心是一杆秤,北京的百姓对各支军队不约而同地有一个公允的评价。除宗泽一支队伍外,其他各路军队的特色是士气萎靡不振,有的军士还面有饥色,而长官们都不骑马,只是吃住在豪华的毡车之中,妻妾、儿女和婢仆成群。其中最突出的,则是十二月二十五日进城的徽猷阁待制、河间知府、兼高阳关路安抚使黄潜善,他带着一妻八妾,连同子女、婢仆与财物,竟满满装载了五十个大车,使用了二百头驴骡。然而他的人马却是最多的一支,达二万五千人。河间府是河北的大藩府,黄潜善身兼一路安抚使,作为十个府、州、军的军事长官,他的军队也并非仅是一个府的军队。

康王按上次宗泽统兵入城的规格,在顺豫门楼接见黄潜善与他所率的文官武将,然后又与黄潜善进行单独谈话。康王说:"黄待制久在边圉,熟知虏人情伪。如今京城失守,圣上有难,不知待制有何奇谋妙策,可救得京师之急?"黄潜善虽与康王初次会面,却已打听了康王的为人,决定投其所好,他胸有成竹,开门见山地说:"以我之弱兵,欲救京师,与虏百战百胜之大军相抗,犹如以卵击石。九大王一身系国家之重,审时度势,唯有以护卫九大王为重,而以救援东京为次。"虽然汪伯彦也早有此说,但他表述己意,往往用含糊、曲折、隐晦的言词,不像黄潜善一语道破,简捷明快,说中了康王灵魂深处的隐私。

康王内心十分高兴,但表面上仍说:"父母兄弟蒙难,我日夜忧心,却又无计可施。"黄潜善说:"九大王仁孝,然而仁孝有为天下底仁孝,有儿女底仁孝。大王宗社命运所系,尤须有为天下底仁孝。"康王听后,更加高兴,心想:"他煞是人才难得!"他又问:"依黄待制之见,今后当如何措置?"黄潜善说:"既不能战,便当退守,待机而动。朝廷之失,正在于前后反覆,无一定之规。虏人兵临城下,既已应允割让三镇,虏人退兵,便旋即毁约,自取其咎。如今又允割让两河,九大王便当信守盟约,率兵退至淮南、江南,与虏人划河为界。虏人反覆无信,我更当信守盟誓,使虏人无以藉口。江南卑湿,非虏骑所能奔冲驰突,为今之计,九大王只得据守江南,待时徐谋恢复。"

黄潜善的话虽然说得相当露骨,而最重要的一句还是不敢说出口,却又是不言自明:"若主上蒙难,九大王便可应天承运,身登大宝。我亦便是开国功臣。"年轻的康王毕竟还缺乏政治涵养,他听得入耳,忍不住拍手叫好,说:"此言正合我意!黄待制底谋略更在汪元帅之上,我如今便宜行事,拜你为副元帅。"在他看来,汪伯彦只是为自己设计了避敌之策,而黄潜善更为自己设计了日后即位时的大政方针,所以谋略更在汪伯彦之上。一席话就得一个副元帅,使黄潜善喜出望外,连忙谢恩。

元帅府的会商已进行了三天,参加者还有耿南仲、北京留守张悫等人,其实会上也只有宗泽与汪伯彦两人争议,别人都很少说话,康王按韩公裔的私下告诫,也尽量缄默不言。到第四天,即二十六日上午,新任副元帅黄潜善也参加了会议。原来曹辅离京时,为了避免金军搜索蜡书,宋钦宗特别在他衣襟内,用矾书写了手诏,居然躲过了金军的检查。这份手诏由兴仁知府曾懋传到了元帅府。黄潜善赴会后,康王特意先教他阅读,只见撕裂的曹辅衣襟内果然是宋钦宗的御笔两段:

> 京城失守,几至宗社倾危,尚赖金人讲和,止于割地而已。仰大元帅康王将天下勤王兵总领分屯近甸,以伺变难,毋得轻动,恐误国事。

> 大金已通和好,犹未退师,诸路勤王人兵可且于稍近三、五程间驻扎,候师退日放散。

宗泽说:"君父盼我师入援,如久旱之望云霓。既有明诏,我师但当进屯离京城百里之内,若虏人有变诈,官军便可迅即直抵城下,以救君父之急。泽虽不才,愿率本部兵马,为九大王底先驱,九大王可与汪、黄两元帅统兵继援。"汪伯彦说："虏人以大兵十万,围守东京外城,自大河以南,壁垒相望,水泄不通。我师不过六万余人,新招民兵,未经战阵,又居其半,如何径去解围?凡事亦须量力而行,如今且安泊得九大王,便是第一大事。大河之南,岂是九大王安泊之地?大名府距大河咫尺之近,亦岂能久住。为今之计,只得先去东平府,九大王置身于安全之处,方是安邦保国底长策,然后可徐议会合诸路人马,进援开封。"

宗泽不免激愤起来,他说："汪元帅受主上厚恩,值此国家危难之际,不知尽忠,而设此诡词,只图拥兵远遁,保全自家性命,此岂是大宋臣子底所为!"耿南仲立即为汪伯彦帮腔说："宗元帅言之太过,汪元帅亦是为国家计议。"宗泽说："曹枢相传旨之后,即刻回京,与主上共患难。耿相公身为圣上宫僚十四年,却苟全性命于元帅府,岂不愧立于人间!"耿南仲的脸色顿时显得十分难堪,无言以对,汪伯彦冷笑说："若依宗元帅之议,只恐六万余人喂肉于虎口,亦无益于宗社大计!"康王的目光朝向黄潜善,希望他也能与汪伯彦配合,驳倒宗泽,不料黄潜善却出面充当和事佬,他说："宗元帅与汪元帅各执一词,依我之见,不妨双管齐下,两说并行。待自家们回去深思熟虑,明日再行商议。"康王说："宗元帅且去歇息。"

宗泽明白他们的用意,也只得告退。他走后,黄潜善说："一个不晓事底老汉,与他争议,议而不决,无益国计。不如命他率本部兵马,径去解东京之围。自家们护卫九大王,前往东平府。自今以后,元帅府底事,便不须他管得。"康王大喜,说："黄元帅煞是智囊!"汪伯彦说："可命老汉对外扬言,说九大王便在他底军中。"高世则听得汪伯彦此项动议,心想:"此人心肠直是歹毒!"就忍不住说："自家们率六万人马去东平府,而宗元帅只率五千人马入援京师……"后一句"只恐难逃天下讥议"却不敢说出口。张悫说："九大王莫须与他二万兵马?"康王说："二万太多,且与他一万。"

韩公裔也自觉理亏心虚,说："敢请汪、黄二元帅将大元帅此意晓谕宗元帅。"他的意图自然是为避免康王与宗泽尴尬的面谈。黄潜善笑着说："何须两人,只汪元帅一人足矣!"汪伯彦也笑着说："你何以不一人晓谕这老汉?"康王说："此事还须你们同去,耿参议便去面谕陈淬,命他抽摘五千人马,付与宗元帅,明日便出兵开德府。"

当天下午,黄潜善和汪伯彦两人找到了宗泽,宗泽已知他们的来意,就抢先说:"我老迈无用,救开封之事,还须二位元帅同行,身为大宋臣子,当共赴国难。"黄潜善和汪伯彦心里骂道:"这个老汉!自去送死,还须牵累于我!"但表面上只能显出皮笑肉不笑的模样,汪伯彦先说:"大元帅有旨,命宗元帅率兵一万,本部五千,另有大元帅府支拨五千,于明日出兵开德府,径往解开封之围。"宗泽原先预计,六万多人,也会给自己三分之一的兵力,他听到只给一万人马,不由怒火满腔,黄潜善又马上补充说:"大元帅命你对外扬言,便说九大王在你军中,亲自统兵。"两人说完,不等宗泽答话,也不说告退之类,就转身急步逃离。

宗泽气得半天说不出话,他左思右想,还是决定亲自找康王,争取再增加一万兵力。当时到大名府会合的官员,都临时住在宫城之外,惟有康王住在宫城内的偏殿。宗泽骑马来到顺豫门下,就被守城军士拦阻。宗泽说:"军兴之际,如何可拘常礼,我见大元帅,有紧切事相商。"守城军士拦阻不住,就先去通报。宗泽步行,来到偏殿之前,又被康履、蓝珪等人拦阻,无论如何也不让进入,康履说:"九大王目即安歇,宗元帅有事,容明日再议。"突然,宗泽听到屋内传出了女子撒娇的笑声,就不再说话,怒气冲冲地走出宫城。在顺豫门前,宗泽正遇高世则、陈淬和刘浩三人,三人说:"自家们有紧切事与宗元帅计议,然而此间不是说话所在。"于是四人骑马,进入宗泽的临时官邸。

向来脾性温和、畏首畏尾的高世则今天显得相当激动,他首先说:"我等备知宗元帅忠义,然而今日之事,煞是亏负天理!我曾苦劝大元帅,大元帅仍不愿多付一兵一卒。在无可奈何之中,我只得与陈武显计议。今得大元帅允准,陈武显改差宗元帅底统制,刘武翼改差宗元帅底统领。陈武显当抽摘精兵五千,付与宗元帅。"武显大夫陈淬和武翼大夫刘浩宁愿不当元帅府的都统制和前军统制,而降格改任宗泽的统制和统领,使宗泽十分感动,他上前执着两人的手,说:"国难识忠臣,今日方见两位大夫是好汉!"陈淬说:"自家们亦为宗老元帅忠义所激,自今以后,当执鞭随镫,万死不辞!右军统制、修武郎尚功绪与后军统制、果州刺史王孝忠亦愿改隶麾下。"

在危难时刻,居然有一批武将甘愿共患难,使宗泽倍感温暖。在三天之前,刘浩已将赵不试的寄诗交付了宗泽,宗泽的眼里闪烁着泪光,对刘浩说:"我虽老朽无能,当不负四五知州底厚望,不计生死祸福,成败利钝,与诸君尽瘁国事,死而后已!"高世则等三人都从这个瘦小老人的缓慢而深沉的语调中,感受到了一字千钧的分量。宋时宗室不呼姓,所以宗泽只以排行称呼赵不试。

宗泽当即与他们草拟了本部军马的编制名单,由陈淬任本军统制、兼中军统领,马皋任中军副统领,刘浩任前军统领,尚功绪任左军统领,常景任右军统领,王孝忠任后军统领。宗泽也不愿再去见康王,委托高世则将这个名单呈送康王。

晚饭时间,康王将与汪伯彦、黄潜善以及元帅府僚属共餐,高世则乘机在饭前把名单呈报康王审批。康王看了一下,又随手交付汪伯彦和黄潜善。汪伯彦见到名单中有刘浩,发出了一丝冷笑。刘浩作为汪伯彦的部属,也曾得到信用,汪伯彦曾命他带兵迎送康王。但这次在相州夜劫金营,却使汪伯彦异常恼恨,认为赵不试伙同刘浩,无非是要将自己的儿子和女婿置于死地。他的第一个报复措施,就是不给刘浩记功升官。汪伯彦在冷笑之余,又用略带幸灾乐祸的声调说:"刘浩号称敢战,此回改差老汉底前军统领,当有用武之地!"在场的人,只有高世则品味到了他这句话的深意。

十二月二十七日上午,新编的五军在饱餐之后,在北京城东南教场列成严整的方队,迎候宗泽阅兵。按当时的军制,军服一律绯红色。隆冬时节,将士们身穿绯红色的丝绵袄,犹如朝霞灿烂,石炭炽红。各军统领立马在队列之前,各人手持兵刃,惟有中军是由副统领马皋和妻子一丈青立马在前,张应、李璋、赵宏和岳亨四条好汉,也各自手擎浑铁枪,立马队列。在各统领之后,是连夜缝制的"前军"、"右军"、"中军"、"左军"和"后军"五面军旗,在凛冽的寒风中飘扬,和煦阳光的照耀,使五面新军旗分外鲜艳。陈淬最后一次利用都统制职权,为宗泽另外选拔了五千精兵。在前军方队里,就有岳飞所统的马兵,包括王贵、张宪、徐庆等人。教场内鸦雀无声,将士们都敛声屏息,新部属们更期望一睹老帅的风采。

宗泽全身戎装,腰挂佩剑,骑一匹黑马,进入教场。统制陈淬手擎一柄铁棁,又名骨朵,作为宋时的一种军礼,纵马紧随宗泽之后。在陈淬之后,是元帅府参议官高世则,他身穿正五品官的朱色绵裘。在高世则之后,是寇成和王经两名亲兵将,两人各自手举宝剑,最后是本军的书写机宜文字宗颖。六骑马首先来到后军队列前,勒住马缰,后军方队肃然起敬,突然爆发出一阵高呼:"哀兵必胜!"这呼声给人以地动山摇之感,使宗泽激动不已,他用威严的目光扫视后军将士,然后大声喊道:"我今日当与诸君敌忾同仇,赴汤蹈火,有进无退,以救京师急难!"后军又报以整齐的高呼:"哀兵必胜!"

宗泽依次检阅其他四军,作了同样的训谕,而其他四军也发出同样的呐喊。阅兵完毕,前军、右军和中军当天就依次出发,按照计划,左军将在明天出发,而后军将在后天出发,这两军将携带较多的辎重。

宗泽阅兵完毕,骑马来到顺豫门,下马上城楼,向康王辞行。康王至此也难以为情,他用银杯斟满了北京所产的香桂名酒,亲自递给宗泽,说:"老帅年近七旬,须发凝霜,尚能不辞征鞍千里,以身许国,虽古之荩臣,何以复加。我当亲统大兵,为副元帅后援。请满饮此杯!"虽然带领大部兵力逃往东平府的计划早已确定,到此地步,康王也感到说不出口,只是含糊地说"后援"之类空话。宗泽说:"感荷大王!"将香桂酒一饮而尽。耿南仲、汪伯彦、黄潜善等人也都假惺惺地上前致词敬酒,却被宗泽以"不胜酒力"为由,一概推辞。

宗泽最后用十分恳切的语调说:"九大王,此地一别,不知何时再得相见?大王身系天下之重,社稷中兴,系于大王之立身行事。昔日诸葛亮上表于后主曰:'亲贤臣,远小人,此先汉所以兴隆也;亲小人,远贤臣,此后汉所以倾颓也。先帝在时,每与臣论此事,未尝不叹息痛恨于桓、灵也。'愿大王以此言为至嘱,受用终生,则大宋之匡复,自可指日而待。"这一席话,使康王等人都相当难堪,康王想了一会儿,才勉强地说:"谨记副元帅临别赠言。"宗泽下城楼,飞身上马,康王等只是在宫城上目送,惟有高世则,一直将宗泽送到大名城外城的正南景风门外。

按前军、右军、中军的序列,岳飞所统的马兵将首先出北京城。他回首瞻仰高大的城垣,不免有一种依恋之感。张宪感叹说:"久闻宗元帅底大名,相见恨晚,真乃是千古儒将,一代宗臣!"徐庆说:"便为他战死,死亦甘心!"岳飞却发出了另一种感喟:"四五知州所言极是。若是天下文臣武将都似宗元帅,何至有今日!"王贵说:"即便似今日事势,若个个都似宗元帅,亦何愁虏人不灭!"

十二月二十九日,在宗泽后军起发的同时,康王也率大军离开了北京大名府。

[贰壹]
开德十三战

开德府旧名澶州,今为河南濮阳。一百二十年前,正是宋钦宗的五世祖宋真宗与辽承天太后、辽圣宗讲和的所在。当时的澶州城跨黄河两岸,有南城和北城之分,河面上有浮桥相连。宋真宗在寇准、高琼等人的强劝下,诚惶诚恐地被军士推着车辇,沿着浮桥到了北城。然而由于宋钦宗祖父宋神宗时的黄河大决口和改道,澶州城只能另迁新址。现在开德府城坐落在黄河以北,土城周长二十七宋里,形状前方后圆,号称卧虎城。在此特殊时期,开德府的官员已逃之夭夭,成为无人守卫的城市。完颜阿鲁补自从李固渡战败后,辗转来到此地,但又认为城大难守,就在城北三宋里临时扎寨。完颜斡离不为他增拨了二猛安兵马,共计一千五百人。完颜阿鲁补将战死的夹谷斜烈所部猛安拆散,其残兵分配给温敦乌也等三猛安,重新编组了五猛安人马,约计三千人。此外,在完颜斡离不大军自李固渡过河后,已攻破了开德府黄河南岸的南乐、清丰、卫南等县,金军又在南乐、清丰和卫南县城附近扎寨,各驻有一猛安兵力,分别有七八百人。

宗泽在进入北京大名府的同时,已派人打听了开德府的敌人兵力部署。宗颖曾向父亲建议说:"官军可先自李固渡渡河,破南乐与清丰之弱敌,然后再议攻取府城。"宗泽说:"自李固渡南下,绕道迂远。完颜阿鲁补已丧师于李固渡,此回可先攻其强,后破其弱。"他与陈淬商议后,决定先集中兵力攻击完颜阿鲁补所部。

靖康二年(1127年)正月初二,前军岳飞所部马兵将二百人,首先出现在开德府府治濮阳县郊,充当硬探。他们与金军一谋克八十多人的巡绰骑兵相遇。岳飞当即命令王贵和徐庆各率六十名骑士向敌人迂回包抄，自己与张宪共八十骑，向敌人正面冲锋。岳飞见到金军中有两名骑兵，各执一面黑旗，就连发两箭，先将旗头射死。宋军以优势兵力围掩和歼灭金军，结果金军只剩四骑逃遁，另有两人被俘。岳飞所部带着俘虏和战利品回军。岳飞随刘浩进北京后，已升为从八品的秉义郎，这次宗泽又记岳飞等人头功，岳飞连升两官，迁正八品的修武郎。刘浩特别向宗泽转述了赵不试对岳飞的评价，宗泽却说："虽然初试锋芒，立得头功，亦不可誉之过甚，以免骄傲败事。"

在审讯战俘后，宗泽召集军事会议，参加者有陈淬、五军统领、马皋夫妻、宗颖和岳飞，另加亲兵将寇成和王经。正将一级的军官众多，宗泽单命岳飞参加，不言而喻地表示了对他的器重。岳飞首先发言："马兵乃虏人之长，此处又是平原，利于驰突。然而阿里喜之外，其正兵亦不过一千五百骑。如将我五军马兵会聚，亦可得一千三百余骑。若以步兵迎战，攻其中坚，再以马军攻其一翼，可以成功。"一丈青兴奋地说："岳修武之言极是，我愿统骑兵邀击，杀他一个片甲不留！"宗泽扫视了陈淬等，陈淬等都示以同意的眼色。宗泽却说："我骑兵大半仅戴皮笠，而无兜鍪，有前后掩心，而无披膊。与虏兵相抗，还须仰赖战车。"他吩咐将两名战俘放回，说康王亲率大军南下，与金军约日会战。

初三日，宗泽命陈淬集中指挥所有的骑兵，与后军统领王孝忠看守粮草辎重，他嘱咐陈淬："若步军不败，不得以马军迎敌。"自己亲率七千步兵，列阵而前。完颜阿鲁补留一猛安兵力守寨，亲率四猛安兵力出战。他见到宋军严整的阵势，不由联想起半月前的败仗，说："南军厚重，胜似李固渡时。"他身旁一个合扎蒲辇孛堇，也就是亲兵五十夫长，名叫纳剌兀术说："阿鲁补郎君，我愿单骑与南军挑战。"完颜阿鲁补说："你可前去！"

纳剌兀术确是军中出众的勇士，他手持戟刀，跃马出阵。宗泽见到有敌将挑战，正准备命人应战，在他身边的一丈青早已跨下血斑骢，手舞双刀，飞驰阵前。她与敌人格斗，一刀劈去了纳剌兀术的头颅。一丈青并不回阵，而是飞马直取金军阵前，闪电般地弯弓一箭，又转回宋阵，翻身背射一箭。第一箭射死金军一名执黑旗的旗头，第二箭又射死金军最骁勇的千夫长温敦乌也。完颜阿鲁补不由大惊失色。

一丈青连杀三敌,使宋军士气为之一振。宗泽当即下令本军列阵冲锋。完颜阿鲁补见到宋军以战车为前导,就已丧失斗志。他下令以左、右翼骑兵绕出宋军阵后,侧击宋军。不料宋军立即由一阵变为三阵,左、右两阵改为圆阵,迎战金军的左、右翼骑兵。宋军的战车有效地抑制金军骑兵的冲击,而金军的重甲也不能抗拒对方的床子弩箭、神臂弓箭和炮石。完颜阿鲁补眼看战事不利,为避免损失,只得率军逃奔黄河以南的卫南县。宋军乘胜夺取敌寨和开德府城。但是,因为金军及时退兵,所以损折不大,战场上遗留的敌尸还不足百具。宗泽率前军和中军驻守开德府城,命陈淬统率其他三军渡过黄河,又先后克复了南乐和清丰县。宋军在开德府前后十二战,每战皆捷。正月二十六日,陈淬带领得胜之师回到府城,宗泽决定,休整三天后,全军渡河进攻卫南,这是开德府最后一个敌占县城。

二十八日,有金骑五十人一蒲辇,押着开封宋廷的中书舍人张澂,前来开德城下,要求康王上城说话。原来开封的金营得到完颜阿鲁补的败报,说是康王亲率大军到开德府。完颜粘罕和完颜斡离不召集会议,完颜兀术主动请缨,说:"我愿带兵二千,活捉康王,以除后患!"因占据开封的金朝大军经过一次清点,发现只剩下八万余人,所以不希望兴师动众,支拨较多的兵力。但完颜斡离不说:"二猛安太少,可付与你二千女真正兵,二千渤海、契丹、奚、汉等兵,为阿里喜。"完颜兀术立即率领四猛安满员的金军北上,完颜挞懒还特别教他挟带张澂,先礼后兵。完颜兀术到卫南,会合了完颜阿鲁补的三千金军,一同渡河。

宗泽得报后,就上城答话。张澂说:"宗副元帅,敢问九大王今在何处?主上有旨,召九大王即日回京,与大金国共商和好大计。主上已将两河各州割让大金,开德府未可驻兵。如今大金军已登东京城上,宗副元帅未可进兵,徒然误国家大计,自可率军移驻京东一州,听候朝廷之命。今有主上御笔为证。"他说完,身旁一名金骑用箭将宋钦宗的诏书射到城上。宗泽不看捡来的诏书,当即用剑尖戳穿诏书,举剑吩咐说:"此乃伪诏,不可流传,可与我焚了!"张澂和城下的金兵眼睁睁看着宗泽剑尖上的诏书连箭一起化为灰烬,他焦急地喊道:"宗泽,你可知抗旨焚旨有罪!"宗泽说:"张澂,你可知卖国有罪!你可去告报敌酋,如若诚心通和,便须自开封城下撤兵。我率师进东京,不得阻截。待我面见圣上,然后再议割地之事。"张澂还要噜苏,宗泽吩咐部兵张弓搭箭,说:"两国相争,不杀来使,你若罗唣,休怪我无礼!"

张澂无可奈何,只得与金军退走。完颜兀术大怒,决定明天出战。完颜阿鲁补说:"宗老汉委实用兵有方,未可小觑。"完颜兀术说:"你败了数阵,便成惊弓之鸟。自开战以来,自家儿郎们所到之处,如沸汤泼雪,南军何堪一击,看我取他首级!"完颜阿鲁补说:"他底车阵端的厉害,儿郎们奈何他不得,你须着意提防。"完颜兀术说:"明日我提兵在前,你提兵在后,看我破敌!"

二十九日,完颜兀术亲率二千女真精骑和二千阿里喜,到开德府城下列阵讨战。远远望去,城上偃旗息鼓,没有任何动静。焦躁的完颜兀术忍不住带领合扎亲兵一谋克,驰至城下。突然,城上竖起宋军的旗帜,密集的床子弩箭和神臂弓箭向着金军攒射,一百名金骑竟有四十多人当场毙命,二十多人受伤,完颜兀术本人也只得飞骑逃遁。

接着,开德府城三个南门洞开,陈淬率前、后、左三军步兵以战车为先导,蜂拥而出。完颜兀术趁宋军立阵未毕,就抢先进攻,命一千女真骑士向宋军冲锋。不料第一个回合,就被宋军以密集的矢石击退,女真兵阵亡了一百多人。完颜兀术又令一千八百骑兵再次冲锋,又被击退。完颜兀术改变战术,命令二千阿里喜正面佯攻,女真骑兵从左、右翼迂回。不料宋军以城垣为依托,女真兵绕出宋军之后,正好处于城上和宋军阵后的矢石夹攻之中,又败退回来。

连续三个回合的失利,使完颜兀术不免气恼。完颜阿鲁补驰马赶到前阵,对完颜兀术说:"四太子,今日一战,可知我言非虚,宗老汉底南军非同寻常。日色正午,可且休兵。"他这番话却激怒了完颜兀术,完颜兀术生气地将兜鍪掷地,说:"今日破不得宗老汉,便不用午餐!你率儿郎们攻他底阵东,我攻他底阵西。"完颜阿鲁补虽然没有信心,也只能从命。

金军第四次冲锋开始了。完颜兀术乘乌骓马,一马当先,他也不戴头盔,两条长长的发辫飘在脑后,他的合扎亲兵紧随其后。离宋军阵前不远,乌骓马胸中两箭,立时倒地,完颜兀术却从地上一跃而起,率先突入宋阵,挥刀接连砍死三名宋兵。他的亲兵也随之推倒战车,大批金骑源源拥入宋阵的缺口,凭藉战骑的优势,踩践和砍杀宋军。王孝忠统领的后军正当敌冲,他在危难时刻,仗剑指挥军士死战,下令不得后退。处在阵中的陈淬,也亲自指挥部分左军增援。

城上的宗泽眼见战局严重,就当机立断,他命马皋率全部马军出城,向完颜兀术军的侧翼进击。担任前锋的正是岳飞所部,而一丈青和张应、李璋、赵宏、岳亨也临时编入此部。宗泽又亲率中军步兵出城,增援后军,另命右军步兵侧击完颜阿鲁补军。

女真正兵在前搏战,而由渤海人、契丹人、奚人、汉人等编组的阿里喜,却只是在后助威,他们根本不能承受宋军骑兵的攻击,纷纷溃逃,就牵动了整个战局。西阵的完颜兀术军在宋方马、步军的夹攻下败退,而本无斗志的完颜阿鲁补也率军逃遁。宋军乘胜追击,金军只得逃到黄河以南。

开德府的第十三战是规模最大、最激烈的一战,战后宋军统计敌尸,竟达一千三百多具。

[贰贰]
青 城 惊 魂

靖康二年正月初十,是宋钦宗约定再赴青城金营的日期。同行者有年龄在十七岁以上的八名亲王,何㮚、陈过庭、冯澥、曹辅、李若水等臣僚,另加邵成章等六百多名宦官、吏胥和卫士。大家在文德殿前会合,然后出行。

宋钦宗双目红肿,一夜未睡。原来朱后对此次出行有不祥之感,所以同朱慎妃、郑才人和狄才人,还有年幼的太子和柔嘉公主一夜苦劝,彼此不知流了多少泪水。但任凭大家如何劝说,宋钦宗又如何犹豫,仍然下了再往金营的决心。他说:"已与约定时日,如若翻悔,金人更得以藉口。二太子已允和亲,五姐日后去金营,他便是朕底妹夫,应无拘留之理。"朱后流泪说:"城中金银俱已刮尽,便是臣妾与众娘子底钗环亦不曾留得一件,尚不能足房人邀求之数。如番人只以此为藉口,亦岂不能拘留官家?"郑才人说:"官家,依臣妾之见,不如召募敢死士,乘出城之机,与太子南巡。"宋钦宗苦笑说:"吴革见何㮚,亦曾献此策,说他愿护朕杀透重围。然而何㮚、李若水等屡次出入房营,见敌骑往来如织,如何透得重围?"朱后又想起皇帝三个月前制止太子去建康府的事,却更不忍心责怪丈夫,她说:"六哥与孩儿但能透得重围,亦是万幸!"宋钦宗左思右想,还是摇头说:"委是无计可施!"

一夜絮语全无结果,徒然儿女情长,愁肠寸断。天明以后,宋钦宗连早膳也不吃一口,只是临时吩咐请来景王,向他转述了朱后的意见。景王直是摇头,说:"我也屡往敌营,如今四壁似铁桶一般,如何出得京城?"他想一会儿,又说:"依我之见,不如与孙、张二枢相计议,若有缓急,便将道郎隐藏于民间。"宋钦宗点头称是,说:"全凭六哥与二枢相设计,朕今命孙傅兼太子少傅,梅执礼兼太子少保。"

宋钦宗一行还未出宣德门,就有梅执礼、张所、马伸、吴革、朱梦说和李若虚六人拦住队伍。梅执礼手挽宋钦宗所乘羸马的缰绳,悲痛地说:"城中物事,罗掘俱穷,生民饥啼寒号。往日稍有经纪之家,只为催逼财物,奉献金人,日夜鞭挞,痛不欲生。天子出巡,只乘得羸马一匹。依臣等之见,陛下不可再去金营,万万去不得!与其成他人俎上之肉,还不如因全城生灵痛愤之情,与金人决一死战,尚不知鹿死谁手!"

宋钦宗尴尬而惶惑地望着众人,李若水却说:"臣以为二太子实有诚意,陛下出幸,二太子必保无虞。"李若虚气愤地望着弟弟,说:"二四弟,你聪明一世,糊涂一时,切莫断送了大宋社稷!"他们兄弟为此已面红耳赤地争论了不知多少回。宋钦宗说:"李若水忠心报国,朕所倚信。为全城生灵,势不得已,朕须亲行!"景王和孙傅、张叔夜等一直送皇帝到朱雀门,张叔夜忍不住痛哭流涕,首先拜倒在地,其他送行者也一同下跪,泣不成声。宋钦宗特别喊孙傅和张叔夜的表字说:"伯野、嵇仲,努力!"就率众人策马前行。

宋钦宗率领这支没有旌旗,不张伞盖的素队,再次沿御街南行,而街上却行人稀少,并无上次市民夹道,山呼万岁的情景。经历了外城陷落后的各种骚扰,家家户户自顾不暇,人心散乱,更何况宋钦宗事先并未发布文榜。

这支素队来到南薰门前,金军放下吊桥,依然是完颜活女出迎,并且截留了三百名卫士。一千金骑将宋钦宗一行挟持到青城斋宫后,还是萧庆带着邓珪和李邈前来,邓珪扫视众人,笑嘻嘻地说:"除废为庶人底益王外,列位亲王俱已到此,然而大贤大德底景王为何不来?"邵成章为维护皇帝的身份,就挺身而出,他不回答邓珪,而是回答萧庆说:"景王须在大内照管太上官家。"萧庆说:"景王不到,如何计议媾和条款,敢烦南朝皇帝亲下手谕,请景王前来。"

到此地步,已不容宋钦宗不写,他吩咐取过笔墨纸砚,简单地写了"请景王到青城,一同议和",又画上"囙"的御押,就吩咐邵成章说:"你将手诏付与景王,此处无书可读,可取赵岐注《孟子》,请景王带来。你便留于大内侍奉太上,不须再来。"所谓"赵岐注《孟子》"是一句隐语,惟有他们两人明白。邵成章强忍泪水,向宋钦宗叩头三次,就骑马回宫。

景王临时在大内的一个小偏殿办公,他早有精神准备,苦笑着说:"覆巢之下,安有完卵!"就准备出宫,邵成章说:"六大王莫须与太上官家、娘娘、贵妃娘子、国夫人辞行?"邵成章所说的"贵妃娘子"和"国夫人",是指景王的生母乔贵妃和正妻许国夫人田静珠。景王却用平淡的口吻说:"与父母妻儿诀别,徒增感伤,却无补于事。"邵成章完全明白景王平淡口吻中所蕴涵的极度沉痛。

邵成章又将宋钦宗临行前所说的隐语,向景王说明。原来宋室尚有一位宋哲宗的废后孟宝红。宋钦宗的意思,是要邵成章回城后,千方百计保全这位伯母,以便为宋室的再造,留一线生机。景王听后说:"难得大哥如此苦心,伯娘之冤,天下尽知。大哥未及与她复元祐太后尊位,抑或天假伯娘之手,兴复大宋。"邵成章问:"当如何措置?"景王说:"保全道郎甚难,而保全伯娘颇易。你可选黄门二人,卫士十人,往其私第,用心守护,切不可对外宣泄。若变生不测,你须将伯娘隐于民间。"邵成章说:"小底遵命!"

景王在殿中来回踱步,心有所思,不一会儿,又对邵成章说:"如今九哥拥兵河北,宋室近属,唯有他一人在外。然而他时你可说与伯娘,若须新立天子,请她另择一赵氏疏属贤德底人。"邵成章忍不住涕泪纵横,说:"小底谨记六大王之言!但愿天佑大宋,官家与六大王得以平安归来,主持兴复大计!"景王准备出行,邵成章跪倒在地,连连叩头,口称"六大王平安"。景王到此再也无法克制自己的感情,他回身扶起邵成章,两个身份不等的人竟抱头恸哭。

景王走后,邵成章带着可靠的两名小宦官和十名班直卫士,来到相国寺前的孟府,求见孟宝红。孟宝红今年五十五岁,她在二十四岁时,被宋哲宗宠爱的刘婕妤伙同宦官诬陷,皇帝将她贬逐出宫。宋时被废的妃嫔或可在民间改嫁,而皇后却无此福分。孟宝红被宋哲宗命为华阳教主、玉清妙静仙师,并且另赐法名冲真,安置在里城北天波门外安定坊的道家瑶华宫,度过了三十多年十分痛苦的幽闭生活。不久之前,因为瑶华宫火灾，孟宝红只能回到侄子通直郎、卫尉卿孟忠厚的私宅暂住。孟宝红由孟忠厚陪同，在厅堂接见邵成章一行。

邵成章等人下跪叩头，口称"小底恭请元祐娘娘圣安"。元祐是孟宝红册立为后时的年号。原来宋徽宗即位之初，曾一度为孟宝红恢复名誉，尊为元祐皇后，而陷害孟宝红的刘后号为元符皇后。但又很快将孟宝红重新贬入瑶华宫，只是加封为希微元通知和妙静仙师。孟宝红年轻时的性格也不算很温和，被废之初，成天以泪洗面。但无情的幽闭环境，迫使她用《道德经》和《庄子》淡化自己的委屈和悲痛，久而久之，她的感情已变得相当麻木。然而突然听到"元祐娘娘"的尊号，还是止不住落下几滴清泪，她说："奴家乃是罪废之人，何劳邵押班以娘娘相称。"孟宝红虽然那么说，却仍然端坐在交椅上。

邵成章说："娘娘含冤负屈，官家尽知。官家将孟大卿由海州召回京师，本欲颁降明诏，为娘娘湔雪冤屈，以正名号，只因虏人围城，此事中辍。今日官家前去青城议和，特命小底回城，深致请安之意。六大王临行之前，又特命小底用心看觑娘娘。如今国势危迫，娘娘虽未正位号，于大宋国脉干系甚大，请娘娘强进饮食，善保圣体。"孟宝红长叹一声，说："感荷官家挂念，然而奴罪废已久，区区一个老妪，又如何为社稷出力？只恐有负官家底厚望。"邵成章说："元祐娘娘且请安心颐养，小底当尽心竭力，保全娘娘。"

邵成章叩头告退，出厅堂后，又向孟忠厚叮咛再三，他特别强调说："今日只保全得元祐娘娘圣躬，便是孟大卿底大功！"两人又商量了一些应急措施。

再说在青城斋宫，宋钦宗到达的当夜，萧庆就下令，亲王只留郓王一人，臣僚留何㮚、陈过庭、冯澥、曹辅、李若水、吴开、莫俦、孙觌、谭世勣和汪藻十人，陪伴皇帝，其余亲王和官员一律暂居别寨。斋宫大门闩上铁索，两猛安的金军将斋宫团团围困，在夜间燃烧篝火，整夜击柝不止。宋钦宗夜里只是睡在端成殿东庑的土床上，甚至没有衾枕，只能和衣而卧。宋钦宗昨夜就未曾睡眠，而深夜寒气逼人，无休止的击柝声，又使他几乎终夜不得合眼。他思念朱后和太子、柔嘉公主，思念已到金营却不能见面的景王,只是暗中落泪。他对此次出城愈来愈感到后悔,却还对行将成为自己妹夫的完颜斡离不寄予希望,期望他能使自己摆脱困境。

天明以后,宋钦宗方知同来的臣僚都没有睡好,而体弱的郓王,夜里受寒,竟卧病不起,宋钦宗摸着他的额头,只觉发烫。斋宫大门开处,有邓珪带了六名金兵,端来了一铁锅小米粥和四碟咸齑,还有一些粗瓷碗之类。在这种处境下,宋钦宗只能向邓珪哀求,他一时甚至还想不出恰当的称呼,思索了一会儿,才说:"邓公,改烦邓公传报大金国相、二太子与萧节使,我今日欲与他们面议媾和之事。"面对昔日的奴才,他不敢称"朕",而只好称"我",李若水却忍不住说:"我深信二太子,故力劝主上到此。二太子既已允和亲,主上便是他底妻舅,理当礼遇。"邓珪听后一愣,原来完颜斡离不不准备和亲的事,尚未公开,对他也成了新闻。他问道:"二太子与何人议婚?"按古代的伦理,帝姬的强行改嫁,当然是十分羞辱的事,当着皇帝的面,十名臣僚都不便启齿。邓珪盘问再三,最后还是宋钦宗自己回答:"与茂德帝姬。"

邓珪走后不久,萧庆来到斋宫,宋钦宗为稍稍维持体面和留有讨价还价的余地,就命令十名宋臣与他会谈。他独自在房中来回踱步,恐惧、焦急、希冀、空虚、寂寞、悲哀,百感交集。感情是一种最难以捉摸的怪物,有时连本人也会难以理解自己的感情,而作出准确的判析和解释。宋钦宗突然感到十分需要有一个亲近的人在身边,无论是朱后、景王,还是邵成章,他明知即使这三人在自己身边,也全不济事,但他仍然渴望得到这三人之中哪怕是一人的慰藉。他急于知道谈判的情况,几次三番想走进去,却还是退了回来。他为称邓珪为"邓公",自称"我"而难过,而悔恨,而长吁短叹:"悠悠苍天,列祖列宗,曷其有极!"

陈过庭进屋,向皇帝奏禀谈判情况:"萧庆邀求,以亲王、宰执各二人为质,帝姬、宗女二百人,民女、女乐各五百人,衮冕、车辂与宝器二千具入贡,另加岁币银、绢二百万匹、两,以抵河南之地。臣等争持不下。"宋钦宗说:"都依他!朕与卿等回得城内,便都依他!"但他不待陈过庭回身,又马上说:"且慢!萧庆可曾指名亲王何人?若是指名郓王与景王,万万不可依,郓王体弱,如何去得北地?"郓王曾是他的政敌,但此时此刻,他更不愿以郓王为质,而伤父亲的心,至于景王,他还不愿对臣僚说明理由。

宋钦宗想了一会儿,又说:"帝姬和亲,亦须奏禀太上。亲王、臣僚另拘别寨,朕不得相见,此处食物粗粝,衾枕全无,夜间击柝,朕与卿等不得安卧,郓王须回城就医,卿等亦须据理力争。"陈过庭说:"此等事臣等亦已力陈,萧庆言道,须禀议国相与二太子。亲王为质,萧庆尚未指名。"

在斋宫谈判的同时,完颜粘罕将完颜斡离不等召来本营,粗豪的金朝元帅们也进行着一场直来直去的争议。完颜粘罕先问:"斡离不,闻得你欲取赵皇底帝姬,与他和亲?"由于这件事还没有公开,对东路军的完颜挞懒和完颜阇母也成了新闻。完颜斡离不被对方说破,就发问说:"是何人言来?"完颜粘罕说:"邓珪所言,不料你竟瞒过自家。"完颜斡离不到此地步,也不能示弱,他说:"我欲取过帝姬,然后与你们说。"

完颜粘罕伸开一只手,说:"汴梁城在自家底手心,且不说帝姬,便是全城女子,全是自家们底驱奴。你何苦为一美女,便背约和亲。我若带兵下城,全城美女,自可与众郎君、孛堇均分。"完颜挞懒却哂笑说:"粘罕,取汴京外城,已自消折近二万儿郎。城中隐藏军器,尚以万计,你若下城,八万儿郎亦须消折罄尽。"完颜粘罕倒也无话可说。完颜斡离不说:"赵皇既已降服,允许两河之地,便可与他和亲。"完颜粘罕说:"为一女子,你却变卦!"完颜挞懒说:"赵皇献降表之日,青城飘降大雪,而城中却是天色晴霁,可知天意未欲废立赵皇。我送赵皇回城,只见百姓们燃顶炼臂,迎候赵皇,可知他颇得民心。废立不祥,不如和亲为便。"完颜谷神说:"宋兵尚多,民心未去,如今放手,后患无穷。"他吩咐说:"召三个太史官来。"萧如忒、耶律孛萌和耶律未极母三人来到堂内,完颜粘罕问道:"你们夜观天象,占验羊骨,若废立赵皇,怎生底?"三人取来一个白羊的琵琶骨,用艾绒和干马粪放在骨上,当场焚炙,羊骨的焦黑,直透背面。三人报告说:"启禀国相、二太子,夜观天象,占验羊骨,废立之事大吉。"

完颜粘罕等三个太史官退下,又问完颜斡离不和完颜挞懒说:"天象与羊骨已验,如何?"完颜斡离不说:"此三人多置马粪,羊骨自然焦黑。我与挞懒亦命人占卜,言道废立不祥。"双方展开激烈争吵,相持不下。最后,完颜谷神说:"郎主已命蒲鲁虎、乌野等前来,此事可依郎主之命。他们不日即至,赵皇既来,便不可放回。"完颜斡离不和完颜挞懒也无话可说。

萧庆进屋,报告谈判情况和宋方要求,完颜斡离不为显示自己的权威,说:"既然废立之事未定,如何可不尽礼数,须都依他。"完颜谷神却说:"郓王不可回城,且令赵皇召医官来,其余事且都依他。"完颜斡离不对萧庆说:"元夕将至,我欲于刘家寺举行灯会,与赵皇共度良宵,须城中交付各色灯饰、妓乐之类,此事你须与刘彦宗同去,面谕宋臣。"

完颜粘罕又问萧庆说:"别寨所拘南朝亲王、臣僚有几何人?"萧庆逐一报告姓名官衔,其中报到兵部侍郎司马朴,说:"此人乃名臣司马光底侄孙。"完颜粘罕忽然喜形于色,说:"召他入见。"司马朴进入,见金朝元帅们,只行揖礼。完颜粘罕见他没有半点卑躬屈节的神态,反而产生了好感,说:"闻得你为贤臣司马光之后。我破洛阳之后,特命儿郎专护你底祖坟。"司马朴说:"甚感国相恩德。"

完颜粘罕说:"若肯归我大金,你底官位当更加于南朝。"司马朴说:"我主乃仁德之主,自家世受宋禄,不忍背离。"完颜谷神说:"赵皇如何仁德?"司马朴说:"爱惜全城百万生民,不忍与大金八万大军相抗,甘愿上降表和亲,岂非是仁主?"他说出金军的人数,倒使金朝元帅们吃了一惊,因为这个最近的统计数连萧庆、高庆裔等人都不知道。完颜挞懒问道:"尔何以知得大金有八万人?"司马朴说:"城中一回送绢四十万余匹,大金均分将士,人得五匹,可知有八万之数。"这个估计数其实是负责送国子监书版的鸿胪寺丞邓肃告诉他的。

金朝元帅们想不到宋方掌握了自己兵力的底细,不免有点气馁,完颜谷神说:"既不肯归顺,且放你回城去。"司马朴说:"感荷元帅监军,然而我奉旨随圣上来此,圣上不归,我何忍独归!"完颜粘罕感叹说:"煞是一个忠臣!你且去斋宫,伴随赵皇。"

众亲王与另外一批臣僚,包括后到的景王,算是允许到斋宫,与宋钦宗会聚。斋宫的生活条件也有了改善。但是,宋钦宗和众人思归之心,却更加强烈,在软禁的环境下,真是度日似年。十二日夜,在土床上辗转反侧的宋钦宗突然起身,召集了大多也未能入梦的亲王和臣僚说:"朕忧不能寐,请众卿到此,可以'归'、'回'二字为韵,各赋七律一首,聊抒愁情别绪。"何㮙说:"圣情不悦,臣等理当娱侍陛下。"陈过庭说:"何相公才思敏捷,七步成章,非臣所能比拟。容臣一夜思索,明日敬献圣躬。"众人七嘴八舌,大都主张明天交稿。

第二天早饭过后,愁闷无聊的众人就逐一用小楷誊写诗作。邓珪走了进来,他也凑上去看热闹,突然,他将众诗稿用手一卷,厉声斥问:"'噬脐有愧平燕日,尝胆无忘在莒时','虏帐梦回惊日处,都城心切望云时',自称'在莒',骂大金国为'虏',你们敢是吃了豹胆狮心?"一群文士原来不过是想用文字游戏解闷而已,经他一说,才回味到两句诗的严重性。

两首诗的作者孙觌和汪藻立即向邓珪下跪,说:"切望邓公海涵,便是再生父母!"两人流着泪,叩头不止。宋钦宗一时也瞠目结舌,呆若木鸡。还是曹辅首先出面说情:"邓公,常言道,得饶人处且饶人,不为已甚。你亦曾身受主恩,若能包容,日后自当酬谢。"大家又纷纷说情。邓珪只知道当新主人的鹰犬,却不知道主人已有废立赵氏的动议,他说:"须得金三万两,银五万两,我方送还诗草。"众人感谢再三,才将他送走。

邓珪走后,大家不免责怪孙觌和汪藻,宋钦宗却沉痛地说:"众卿休怪孙、汪二卿,今日朕便是祸首,连累众卿,扪心有愧!"

[贰叁]
灯会和球会

在宋钦宗被软禁期间,金人同意由翰林学士承旨吴开和翰林学士莫俦向开封城里传旨。两人在正月十一日就和萧庆、刘彦宗一起进入南薰门,只见有僧道、士民几千人,集合在吊桥前,几乎人人手捧小香炉或几柱香,整个地区香雾缭绕,其中有好几百人则用佛教最虔诚的燃顶、炼臂等仪式,跪在城门前。他们见到有人进城,当即有太学生徐揆代表众人上前,他说:"开封百姓知得圣上再至大金军前,人心朝夕惶恐,已在宣德门至南薰门罗列无数道场,专为圣上祈福。如今开封底黎民,已是'抽钗脱钏到编户,竭泽枯鱼充宝赂',只愿圣上回驾大内。徐揆不才,愿赴大金国国相元帅、二太子元帅驾前,面陈开封百万父老之意。"见到这种场面,连萧庆和刘彦宗也不免感动,萧庆瞧着刘彦宗,刘彦宗只得说:"尔等众人且可宽心。待上元之夜,二太子在刘家寺举行灯会,恭请南朝皇帝共度良宵,然后便回。"

然而徐揆仍不肯罢休,说:"感荷大金国相与二太子盛情,我有上书一封,愿面呈国相与二太子。"萧庆皱了皱眉,吩咐一个契丹从吏说:"你可将这个秀才带至青城,交付高尚书,好生管待!"高尚书是指他的好友兵部尚书高庆裔。徐揆神色慷慨,辞别众百姓,毅然决然地随金兵出城。

吴开、莫俦、萧庆、刘彦宗等人沿御街北上,果然见到路边有数不清的道场。萧庆和刘彦宗不免有点于心不忍,他们不想再去对宋廷的太子和群臣颐指气使,就对吴开和莫俦说:"你们自可将国相、二太子与南朝皇帝之意传谕。"两人说完,就径去尚书省休息。

宋钦宗离开大内后,留下了皇太子监国的御旨,于是十岁的赵谌不得不在宣德门城楼主持朝政,朝会的仪式完全废止,只有孙傅、张叔夜和梅执礼三人在城楼陪坐。吴开和莫俦上楼禀报和谈情况,特别强调帝姬和亲,须由宋徽宗作主,赵谌说:"姑姑底事,叫我如何奏禀翁翁?"莫俦说:"虏人催逼甚紧,只为圣上平安归来,殿下须自去面奏太上。"张叔夜说:"昨夜虏人自四壁下城,被军士、百姓掩杀,死伤以百计。"梅执礼补充说:"城中万姓为见主上去虏营,纷纷打造军器。"吴开听后,不免更加焦急,说:"万万不可与虏人相抗,若是如此,圣上更自归来不得!可命徐大尹出榜示,不得私造军器,以免引惹生事。如更打造,重法断遣。"他所说的徐大尹就是开封府尹徐秉哲。梅执礼反驳说:"唯有打造军器,方能使虏人有所畏忌,而放圣上回归。"

下午,吴开和莫俦经过商议,决定找平时相好的吏部尚书王时雍和徐秉哲。在互通情况后,吴开说:"事势到此,我等只得自扫门前雪,且不管他家瓦上霜。"徐秉哲问:"如何扫雪?"莫俦说:"我未见好德如好色者。"他说出了两人的计划,王时雍和徐秉哲表示赞同。

当天夜里,萧庆和刘彦宗应邀来到开封府衙,参加四人的宴会。尽管围城三月,城里的物价飞涨,天天有人成为饿殍,很多人因为长久没有蔬菜,缺乏维生素,而得了脚气病,或者双目失明,但本府宴会的酒菜仍然十分丰富。菜肴共计有七十二品,酒是本府的瑶泉名酒。府吏还是按四司六局,也就是分帐设司、宾客司、厨司、台盘司和果子局、蜜煎局、菜蔬局、油烛局、香药局、排办局,用高级宴会的规格接待贵宾。徐秉哲命人挑选了十名美妓,在席上演奏弹唱。妓女们首先弹唱的是欧阳修的艳词《南歌子》:

凤髻泥金带,龙纹玉掌梳。走来窗下笑相扶。爱道画眉深浅,入时无。

弄笔偎人久,描花试手初。等闲妨了绣工夫。笑问双鸳鸯字,怎生书。

四名宋朝官员向两名金使竞相献媚,来回劝酒。在灯红酒绿、红粉青娥、莺啼燕语的氛围中,萧庆和刘彦宗两人不禁心荡神迷,难以自持。徐秉哲见两名金使已经半醉,就适时收场,命令十名妓女侍候他们入帐。

莫俦笑着说:"英雄难过美人关,此二人已入自家们底彀中。然而今日若无徐大尹作主,便难能成此美事。"王时雍却说:"且慢高兴,此二人不过是国相与二太子帐前底一鹰一犬,若不能通得国相与二太子底关节,便难以左右逢源。"吴开说:"若不能通得此二人,又如何通得国相与二太子?"徐秉哲还有几分胆怯,说:"我只怕孙、张二枢相知得。"王时雍说:"此二人不过是朝中行尸,何惧之有?自今以后,在城中便由我与你主张,大金元帅底旨意须由吴、莫二内翰传谕。"

事实上,从吴开和莫俦两人回城的当天,开封府就不请示尚书省,径自出文榜,下令严禁打造兵器,以及收缴民间兵器。十二日,吴开和莫俦两人回青城斋宫,而开封府下令搜刮从大内、寺观到民间的所有灯饰,组织人力和军士,送到城东北各门。此外,开封城内的第一批女子,包括妓女、蔡京、王黼等犯罪官员家的姬妾、女使,约有五百多人,都一律浓妆艳抹,膏沐粉黛,坐在牛车或驴车中,发送金营。那些在花街柳巷过惯卖笑生涯的女子,至此也哭声不绝,有的女使和妓女还在车里大骂:"尔等任朝廷大臣,作坏国家至此,却令自家们满房人之欲,塞番人底意,你们有何面目活在人世!"但哭骂归哭骂,他们还是身不由主,如同无辜的绵羊驱入饿狼群中,被恣意蹂躏。

茂德帝姬居然也成为第一批女子中的一人。她一直住在延福宫,同父亲延捱最后的、也是最难过的时光。她的小侄子赵谌万般无奈,只得将吴开和莫俦的传话,带到了延福宫。宋徽宗对女儿作了最后的劝解,茂德帝姬只好出宫回府,准备行装。不料她回府还坐未暖席,就有人禀报,说是开封尹徐秉哲已经命妓女冒名顶替,请她去府衙,另外安排隐藏之计。茂德帝姬信以为真,她出门登上驴车,就被飞快送出距离刘家寺最近的永泰门。

茂德帝姬出城的消息,不胫而走,很快震惊了城内所有的达官贵人之家。许多已婚和未婚贵妇不得不蓬头垢面,四出仓惶逃窜,请求贫民下户收容,甚至甘愿充当一些人的婢妾,只求免去金营。

送茂德帝姬的驴车直奔刘家寺大寨,她下车后,透过紫罗盖头看到周围的情景,方知上了大当。完颜斡离不亲自上前,用手揭去盖头,茂德帝姬吓得浑身战栗,面无人色。李巧奴急忙上前,扶住帝姬,说:"五帝姬不须惊慌！奴家在此侍候。"完颜斡离不见到茂德帝姬虽然不施脂粉,头发松乱,无一件头饰,愁容满面,却仍是天生丽质,就用生硬的汉话说:"帝姬到此,和亲便成,我既不能亏负你底父皇、兄皇,也须好生关照你。"李巧奴将茂德帝姬搀扶进卧室,劝酒劝食。茂德帝姬在半醉半醒的状态下,被完颜斡离不所淫辱。

但完颜斡离不决不会以茂德帝姬一人为满足,凡是送到东路军的女子,由他第一个挑选,然后再由族叔完颜挞懒以下分别挑选。西路军却稍有不同,由于完颜谷神在军中事实上与完颜粘罕平起平坐,凡是送来的女子,就由他们俩首先挑选,然后再由他人挑选。身为元帅右都监的耶律余睹却须等女真万夫长们挑选完毕,才轮到他挑选,这当然使他心中愤愤不平。

正月十三日,经再三交涉,完颜粘罕和完颜谷神还是接见了徐揆。高庆裔最初一直劝阻徐揆,说:"你是一个秀才,知书识理,国相与监军岂能听从于你。不如且回城中,我当设法,教萧庆保全你全家老小。"徐揆说:"我乃一介书生,略知孔孟仁义之理,国势危迫,岂容独善其身。上救君主,下拯黎民,兼济天下,正是分内之事。"高庆裔在徐揆的不断央求下,才报告了两位金帅。

徐揆进入厅堂,只见完颜粘罕和完颜谷神坐在交椅上,有八名强颜欢笑的女子分立身旁,两人近日有美女侍候,心境颇佳。徐揆行拜礼,然后将袖中的书信递给高庆裔,高庆裔正准备口译,完颜谷神却说:"将此书信交我。"如果说完颜粘罕连女真文也不识几字,创制女真文的完颜谷神却颇通汉文。他读完信,就用生硬的汉话说:"秀才,煞是忠心为国。你在南朝尚无官封,若投拜我大金,我当封你一个孛堇。"徐揆说:"深感元帅监军底厚意,徐揆乃是山野戆愚,不堪当大金官封。徐揆在书中已沥血陈词,主忧臣辱,主辱臣死,唯求纾君父之难。如若国相元帅与元帅监军将君父与徐揆一同放还,徐揆与全城百姓便是蒙大金天地之恩,当结草衔环,以图报答。"

完颜粘罕开始显出不耐烦的神情,说:"你且先回城中,南朝皇帝底事,须由自家们缓缓商议。"徐揆严肃地说:"我受全城父老之托,前来致书陈请,君父不回城,我也无面目回城见父老们。切望大金元帅们开恩!"完颜谷神瞪大眼睛说:"你休得罗唣,自家们放你回城,已是对你底宽恩!"徐揆说:"君父不归,我愿在此陪君父为质!"完颜粘罕吼道:"你若不走,休怪我无情。"他吩咐合扎亲兵准备棍棒,高庆裔劝徐揆说:"你须急速归去,若留在此处,国相元帅便将你敲杀。"徐揆神色不变,说:"我怕死便不来,来便不怕死,只求国相元帅放我主回城。"完颜粘罕愤怒地从亲兵手里取过粗木棍,在徐揆面前晃了一晃,徐揆还是不为所动。怒不可遏的完颜粘罕就抡起木棍,向他脑部猛击,完颜谷神急步上前,大声喊道:"且休!"却为时已晚,只听得惨叫一声,徐揆立时倒地绝命,八名汉族女子也同时发出尖厉的、惊恐的惨叫。完颜谷神责怪完颜粘罕说:"一个好秀才,你不该将他洼勃辣骇!"他又吩咐合扎亲兵说:"且将徐秀才底尸骸送入城中,与他家黄金百两。"

开封城在每年元宵节动用灯烛达几十万盏。现在几万件灯饰运到了刘家寺,由于运送途中的损耗,金人最后挑选了两万盏,从正月十四夜就开始试灯。金军将士轮流看灯,且不说女真人,就是契丹人、奚人、渤海人和原辽朝统治下的汉儿,也从未见到如此的人间胜景,个个赞叹不绝。

正月十五日下午,以宋钦宗为首的一群特殊战俘,由完颜粘罕的长子真珠大王完颜设野马和次子宝山大王完颜斜保,率领铁骑三千,挟持到刘家寺大寨。完颜粘罕和完颜斡离不两人亲自在寨前迎接。这是宋钦宗自从到金营后初次面见他们俩,只见两人都戴着宋臣最高级的七梁进贤冠,是用上等漆麻布做成,前有镂金镀银额花,其上又罩了貂蝉笼巾,是用涂漆藤丝织成蝉翼般的两片,左旁有玉鼻,插了一根貂鼠尾,进贤冠后又插上了一枝白竹笔。然而却又在冠后露出两条长辫。两人又并未按进贤冠的规制穿朝服,却各穿一件簇新的紫色绣罗绵裘,这在宋朝又属高级官员的常服。宋钦宗见到两人不伦不类的服装,加之欠缺文化的粗豪气质,真有一种沐猴而冠之感,却只能先同他们招呼,行揖礼。完颜粘罕和完颜斡离不这次却对宋钦宗行女真跪礼,跪左膝,蹲右膝,连着拱手摇肘三次,用生硬的汉语说:"南朝皇帝光临,共庆佳节,自家们不胜荣幸!"

刘家寺前的大片土地成了临时广场,两名金帅引领宋钦宗一行入座,让宋钦宗独坐居中一案,两人分坐其旁,其他金军将帅和宋朝亲王、臣僚等也各按座次。宋钦宗看到,在各个食案上摆设的竟是大内中最贵重的一整套食具,全是由象牙、犀角、美玉、玳瑁、黄金、琉璃之类制成,可同时供四五百人食用,其中象牙等都镶嵌了黄金,使整套食具给人以浑然一体之感,宋徽宗虽然豪侈,而每年的大内宴会也难得使用一两回。特别是供放在宋钦宗案上的一只四寸金蹄玉骆驼和拳头大小的金爪紫莹石香龟,更是他父亲心爱之物。这套食具是由熟知内情的宦官梁平向宋宫索取,作为太上皇白送金帅的礼品。宋钦宗熟知儒家理论,完全懂得金玉珍宝并非国宝,而真正的国宝是贤臣和民心,但一旦见到这套食具,仍然禁不住一阵心酸,却只能用最大的努力克制自己。

邓珪带着揶揄的微笑,上前说:"请南朝皇帝点汤。"宋钦宗惊奇地问:"如何点汤?"邓珪笑着说:"南朝皇帝有所未知,南人待客,先茶后汤,北人待客,先汤后茶。"宋时待客的汤是用甘香药材煎煮而成的,其中甘草是必备的一味。宋钦宗听后,当即点了一盏蜜渍橙汤,其他宋朝的亲王和大臣也逐一点汤。

在上汤饮汤之际,天已断黑,两万盏华灯先后点亮。开封每年的元宵灯会,主要集中在宣德门前的御街和天街之上,距离门楼正南一百多丈,绞缚一个大山棚,光是山棚上就有上万盏灯,千姿万态,没有两盏灯互相雷同。还用辘轳将水提到灯山之巅,贮放在木柜里,按时放水,形成人工瀑布,水火交辉。灯山之上还有骑狮子与白象的文殊和普贤菩萨,他们的手不住摇动,指尖也各自流水五道。天街上正对灯山的左、右门,用草结扎了两条蜿蜒的飞龙,每条龙上又各有灯烛几万盏。在灯山与宣德门之间作为大乐场,临时用棘刺围绕,当时叫"棘盆",歌舞百戏纷纷在棘盆内演出。另有几十万盏灯烛,则装扮着御街和天街两旁的各种建筑,以及宫城各个城门、角楼、大寺观前的许多山棚上。开封的元宵灯会,曾使多少骚人墨客留连忘返,写下了无数丽词佳句。"瑶台雪映无穷玉,阆苑花开不夜春","州东无暇看州西","彻晓华灯照凤城,犹嗔宫漏促天明",就是八百七十年前元宵胜景的写照。

如今在宋钦宗等人食案前约四五十宋丈,金人也命开封工匠绞缚了灯山和两条草龙,形制较小,其上挂了两万盏金珠、琉璃、璎珞等灯,有的灯上画了翠羽、飞仙之类,一时灯月交辉。金军将士纷纷叫绝,叹为观止,然而在宋钦宗与亲王、大臣们眼里,却与往年的灯会不可同日而语。他们只是触景生情,加倍怀恋昔日的盛世欢乐,内心感叹不已。

被掳的汉人女子开始上宋宫御膳,由于露天的寒气,菜肴已经半冷。邓珪来到宋钦宗案前,熟练地剔去玉骆驼和紫石龟口中的黄蜡,于是玉骆驼口中就自动向酒盏滴下美酒,而紫石龟口中又吐出缕缕香烟。面对着父亲的两件赏心悦目的宝器,宋钦宗更是睹物思人,他忍不住想对两位金帅提出回城的要求。然而见到了完颜粘罕投来的威逼目光,他只得欲语还休。

歌舞百戏的表演开始了,表演者全是开封城内的妓乐等人。首先有伶人上前致词,说:"七将渡河,溃百万之禁旅;八人登垒,摧千仞之坚城……"宋钦宗突然受到意料之外的羞辱,一时只觉得耳朵嗡嗡作响,他不忍听,也确实再听不清伶人下面的致词。

接着有五十名妓女组成的乐队演奏,他们都经过金兵的轮奸,虽然在盛装之下,仍不可能掩饰憔悴的倦色,演奏的音律节拍也不时错乱。四名妓女手执红牙板,唱起了宋徽宗的《探春令》词:

帘旌微动,峭寒天气,龙池冰泮。杏花笑吐香红浅,又还是,春将半。

清歌妙舞从头按,等芳时开宴。况去年,对著东风,曾许不负莺花愿。

这阕词本是反映极富极贵的闲情逸致,却被四个女子唱得十分凄凉,更搅动了宋钦宗和亲王、大臣们的愁肠。四个女子唱毕,又有一百五十三人的宫廷女弟子队表演了抛球乐、佳人剪牡丹、采莲、彩云仙等四个舞蹈。这些舞女也同样饱受蹂躏,舞步凌乱,有的女子还一边舞蹈,一边滴泪。真珠大王完颜设野马看中了一名舞女,就不等舞毕,突然冲入舞队,拉走了那名女子。彩云仙舞草草收场后,又有五名舞女当即被金朝西路军的将领抢走。

接着,则是吞铁剑、吐五色水、踏索、踏球、上竿、相扑、口技、踢瓶、踢磬、弄碗、皮影戏、用小木棍操作的杖头傀儡、用丝线操作的悬丝傀儡、由小孩表演的肉傀儡、杂剧、诸宫调、斗鸡等各种表演。

一个女子，头戴紫罗盖头，外穿一件粉红刺绣薄绵半臂背子，虽是全身冬服，但束着一条俗称"腰上黄"的鹅黄腰巾，还是显出其身材的袅娜。她手执一个金酒壶，来到宋钦宗案前，行礼敬酒后，低声对皇帝说："奴是茂德帝姬女使李巧奴，帝姬思念太上与官家，值此良宵，特命奴向官家致意，祝太上、官家与众亲王万福。"宋钦宗也动情地低声回答："朕亦甚思念五姐，不知五姐安乐么？"李巧奴说："尚好，只是终日思念蔡驸马，不得相见。"宋钦宗用沉痛的语调说："此事朕有负于五姐！"李巧奴说："帝姬是个明事理底人，他只愿官家早日回大内。二太子言道，灯会之后，当为官家打球作乐，然后放官家回城。"这对绝望中的宋钦宗，无疑成了天大的喜讯。

李巧奴向宋钦宗传话后，又转向完颜粘罕案前敬酒。完颜粘罕用手挑开她的盖头，想不到这个女子的容貌竟美于自己挑选的一群汉人女子，立即用一只小蒲扇般的手，揽住李巧奴的纤腰，将她搂到怀里。他一面动口动手，一面用女真话对完颜斡离不说："好一个美妇！且送与我。"完颜斡离不对李巧奴已不如最初那样宠爱，就做了个顺水人情，说："我且将此女送与你，日后不可忘却我底好处。"完颜粘罕也不再回话，他挽住李巧奴，径自离开表演现场。宋钦宗见到这种情景，心中又增加了一重感伤。

完颜粘罕不再回来，天色微明，百戏表演结束，只有完颜斡离不一人送宋钦宗出营。分别之前，他重复了李巧奴刚才的传话。由于完颜设野马也在营中淫乐，宋钦宗一行由宝山大王完颜斜保率铁骑押回了青城。进入斋宫后，一些亲王和大臣得知不久可以回城的消息，向宋钦宗表示祝贺，而景王却沉默不语，他不愿扫众人的兴，却另有看法。

女真人最初并无医药的概念，他们得病后，都是由巫师杀猪狗祈禳，或者将病人送往深山大谷，用以避邪。元宵后，宝山大王完颜斜保竟得了一场大病。宋钦宗偶尔得知这个消息，为了表示和好，就向金方提议，由在斋宫给郓王治病的御医周道隆，为完颜斜保诊治。周道隆果然医术高明，只用两贴药，从未服过药的完颜斜保立即平愈。完颜粘罕十分高兴，就下令将周道隆留在金营。周道隆十分害怕，向金方投状，承认自己另有金银窖藏，表示愿意以此赎身，还揭发了邓珪也贪污和私藏本该缴纳金营的金银财宝。

完颜粘罕大怒,下令不放周道隆回城。邓珪被押到了大厅,他已得知内情,见到盛怒的完颜粘罕、完颜斡离不等人,吓得全身战栗,屁滚尿流,只是跪在地上,捣蒜般地叩头求饶。完颜谷神却不顾他如何哀求,大声下令说:"将他洼勃辣骇,号令营前!"邓珪浑身冒汗,他尖声急叫说:"国相、二太子,救小底一命,小底尚能为大金立功!"高庆裔问道:"如何立功?"邓珪连忙取出一卷纸,说:"此是南朝少主等指斥大金底诗草。"高庆裔取来一看,向完颜粘罕、完颜斡离不等说:"诗中骂大金国人为'虏',自称'在莒',乃是指战国燕齐交兵,齐军连战连败,唯余莒与即墨二城,然后有田单用计,败燕军,复故土。"完颜谷神却说:"南朝少主与众臣写诗多日,你为何迟至今日,方与禀报?"邓珪只能向金帅坦白事情原委,这更引起金帅们的愤怒,完颜粘罕又下令说:"且将他洼勃辣骇!"邓珪尖叫说:"国相留小底一命,小底尚能为大金指引宋宫宝藏与赵氏美女!"高庆裔向完颜粘罕耳语后,完颜粘罕就说:"且饶你一命,日后尚敢欺瞒自家们,必将你洼勃辣骇!"邓珪捡到一条性命,连连叩头谢恩而退。

完颜谷神说:"此事可见南朝君臣心中不服,若不废立赵氏,日后必生患害。"完颜斡离不说:"此是南朝两个臣僚底所为,与少主并无干涉。"完颜粘罕笑着说:"斡离不,你只为赵氏一个帝姬,便处处护持,须知他们底女子,朝夕全在自家们底手掌中。"萧庆说:"如今康王在外,若废立少主,康王必自立,他不似少主庸懦。不如挟少主号令天下为便。"完颜挞懒说:"萧庆之意甚是。若废立少主,反生患害。"完颜粘罕说:"我废立少主,当另立异姓,必不生患害。此时先取河北、河东,他日再取江南。既已发兵攻宋,便须一不做,二不休,赵氏底土地百姓,全须归我大金!"完颜斡离不与他争论不休,最后,还是完颜谷神圆场,说:"自家们不须争议,只等郎主之命,再行定夺。"

萧庆奉了完颜粘罕之命,再次到斋宫,他见到宋朝大臣,说明事态的最新发展,又提出了更苛刻的议和条款。何㮚、陈过庭等人又进行了辩解,双方展开争议,相持不下。在与宋臣的接触中,萧庆对陈过庭、李若水和司马朴三人逐渐产生好感,他又将陈过庭等三人拉到别室,首次向他们透露了金帅们讨论废立的内幕,他说:"国相与右监军决意废立,你们若不允,只恐南朝皇帝有不可测之祸,我亦难以劝谕。"李若水说:"此事须烦萧节使多方劝谕,我大宋君臣委是感激不尽。"萧庆感叹说:"你们皇帝即位三年,并无失德,受此磨难,亦煞是可怜!然而我是亡辽遗族,人微言轻,凡事须仰承国相旨意,小心伏侍,岂敢怠慢。依我之见,亦只得以依允为上,捱过目前,另作区处。"

陈过庭拉李若水、司马朴先到庭院商量,司马朴说:"此事又如何奏禀圣上?"陈过庭说:"自家们身为臣子,理当分君父之忧。然而事势危迫,亦不容瞒昧圣上。"三人详细商议后,还是决定如实奏禀。宋钦宗听了,一面流着泪水,一面举起毛笔,在金方所拟的一式两份新和议条款上画了御押⊡。新条款计有四条:

一、大金准免宋太上皇帝出质,宋国须以太子、康王、宰相六人为质。一应宋宫器物纳大金为贡。

一、大金准免宋割大河以南地及汴京,宋国须以帝姬两人,宗姬、族姬各四人,宫女二千五百人,女乐一千五百人,各色工艺三千人进贡大金,每岁增银、绢五百万两、匹贡大金。

一、原定亲王、宰相各一人,河北、河东守臣血属,宋国须全速遣送大金军前,大金准俟交割河北、河东后放还。

一、原定犒军金一百万锭、银五百万锭,宋国须于十日内解送。如不敷数,宋国以帝姬、王妃一人准金一千锭,宗姬一人准金五百锭,族姬一人准金二百锭,宗妇一人准银五百锭,族妇一人准银二百锭,贵戚女一人准银一百锭,任听大金帅府选择。

画押之后,宋钦宗吩咐陈过庭等人说:"卿等可与萧节使言道,只恐太上不允,另生阻节,须景王回城劝谕。"待众人退走后,宋钦宗又单独拉着景王耳语说:"六哥回城后,便为摄政,便宜处分军国大计。愚兄在此,生不如死,六哥切记,不须以愚兄生死为念!"但景王只是摇头重复过去的一句话:"覆巢之下,安有完卵!"果然时隔不久,陈过庭回来奏禀说:"金人有言,只命吴开、莫俦回城传话,景王不须去。"宋钦宗听完,只得悲叹一声,再无话说。

吴开和莫俦回城后,与太子、孙傅、张叔夜、梅执礼同去延福宫见宋徽宗。宋徽宗见到由儿子御押的新和议条款,居然将贵为帝姬和王妃的女儿和儿媳们,任金人挑选,气昏了头,张口结舌,半天不说一句话。莫俦催促说:"主上在青城,只盼太上陛下早降手诏,以救一城百姓。"宋徽宗望着孙傅和张叔夜说:"卿等以为如何?"张叔夜说:"臣等力劝主上不去虏营。如今虏人以主上为质,邀索无厌,臣等委是无计可施。"吴开说:"太上陛下为社稷血食,已自忍痛割爱。茂德帝姬去虏营后,已命人与主上传语平安。"宋徽宗明白此说的意思,长吁一声,拿起毛笔,用瘦金体在新和议条款上写上"全依,愿官家早归"七字,画上了御押"天"。

按吴开和莫俦的传话,只待金方举行球会以后,宋钦宗就可回城。开封城内,上自大内,下至民间,都因此盼望球会早早举行。不料天公不作美,元宵过后,天气阴霾,大风和雨雪不止,到正月下旬,气候竟转变为极寒。金人一直加紧对城里各种金银财宝、宫禁秘器、图籍、女子、工匠、艺人等的搜刮。尽管有饥啼寒号,生离死别等各种磨难,开封百姓还是天天有人来到南薰门前,跪拜在泥浆中哭泣,有的燃顶、炼臂,有的手捧香炉,祈求金人早日放官家回城。

二月初,好不容易盼到几个晴日,吴开和莫俦回城传话,说金人定在五日举行球会。开封城里,上自皇宫,下至民间,人人奔走相告,以手加额,算是天大的喜讯。然而对宋宫而言,又是一场新的劫难,二千五百宫女正是趁着这晴好的天气,发送金营。在邓珪等宦官的监视下,一辆辆牛车,来回装载一群又一群可怜的女俘,人们只听得在车帘之内,哭声不绝。有的宫女为免于受辱,就在大内自戕。在南薰门前,真珠大王完颜设野马、宝山大王完颜斜保和完颜活女率金军亲自挑选,宫女们个个面无人色,由于金银都被勒索罄尽,竟无一人有一件头饰。不少人有意蓬头垢面,衣服破旧,佯装病容,却仍被金军选中。完颜斜保看到有一个毁容的宫女,大怒,当即下令将她敲死,并教宦官梁平向宋宫宣布,如再有毁容者,就依这个女子为例,而所有宫女都必须盛装出宫。三天之内,二千五百宫女就全部被金人挑选完毕。

宋宫盛时,宫女数达一万。宋徽宗每五七日,就要御幸一名处女。宫女们不论曾否被御幸,只要被皇帝新御幸一次,都可升一阶。无数宫女的升阶,就意味着宫内每年每月都要新增大笔俸禄开支。宋钦宗即位后,在国家财力十分拮据的情况下,为矫治父亲的弊政,下令放宫女六千人回民间。这次在金军大索之余,大内竟还剩下了一千多名宫女。

开封城送往金营的女子,至此已达五千。完颜粘罕、完颜谷神、完颜斡离不、完颜挞懒等各选几十人,从万夫长到百夫长每人都分得几个女子,自五十夫长以下,只有个别人可分一两个。金军中为了争夺女子,多次发生拔刀相向的事件,每天都有被俘女子因各种原因死亡。

五日当天,天色晴朗,宋钦宗和何㮚、陈过庭、冯澥、曹辅应邀赴金军球会。临时设的球场就在斋宫附近,东西各有一个球门,门高一宋丈多,门旁分立十二个虚架,以备进球插旗。完颜粘罕和完颜斡离不亲自到球场外迎接,由于时届仲春,耐寒不耐热的女真人已脱去绵服,完颜粘罕还是类似上次元宵的打扮,头戴进贤冠,身穿宽大的盘雕紫锦袍,而完颜斡离不却头戴毡笠,笠顶上有一颗红缨,身穿紧身红绣衣。两人还是对宋钦宗行女真礼,显得毕恭毕敬。他们邀宋钦宗进入坐东朝西的主席,亲自敬酒。酒过三盏,完颜斡离不用生硬的汉语说:"今日我特为南朝皇帝击球助兴!"话音未落,就下了球场。

一名合扎亲兵为完颜斡离不牵来一匹枣红骏马,他轻捷地翻身上马。原为宋朝的教坊乐队开始奏起了大合凉州曲。金军官兵十二人,分别穿红、白两色绣衣,骑红、白两色骏马,都结扎了马尾,每人手持一杆涂金裹银的球杖,依次入场。红队以完颜斡离不为首,白队以完颜活女为首。完颜娄室和完颜银术可各自手执一把红旗,充当裁判,分别站立东、西两门。完颜粘罕请宋钦宗入场,打开金盒,将一只拳头大小的朱漆木球掷到完颜斡离不马前。完颜斡离不虽然身材瘦小,骑术和球术却十分高明,他那匹马如星飞电掣一般,巧妙地冲破了三名对手的拦截,木球随着他球杖的拨动,向前飞滚,在奏乐的急鼓声中,直入西门,赢得了场外围观的金军将士们喝彩。完颜银术可当即在西门的旗架上插了一面红旗。

不料白队也不示弱,很快又向东门攻入一球。按比赛规则,只要一方超过另一方三球,即连得三筹,就算是赢家。然而双方的进球却互相攀缘而上,鼓乐的节拍也愈益加快,赛势趋向白热化。当东、西两门左右都插上了五面红旗时,一名金兵到完颜粘罕座前报告,完颜粘罕立即下令鸣金收场。兴高采烈的的众人都不明所以,感到败兴。宋钦宗乘机起身,对完颜粘罕说:"某久留军前,开封城内,百姓延望,欲乞早归。"完颜粘罕已听懂了他的话,用生硬的汉语厉声回答说:"往哪里去?"宋钦宗顿时面露沮丧和绝望的神色。

[贰肆]
在劫难逃

金廷的特使从遥远的东北会宁府出发,到达真定府后,由于宗泽军破李固渡寨,只能绕道河东太原府,正好在举行球会时,赶到开封南郊的青城。第一名特使是完颜蒲鲁虎,汉名宗磐,乃是金太宗的长子,第二名是金太宗的族弟完颜乌野,汉名昂。他们率领了三猛安的满员骑兵,不料进入宋境后,沿途不断受到民间抗金武装的袭击,在抵达开封时,三千人马竟损折近八百人。

完颜斡离不离开球场,听到特使到来的消息,就特地先陪宋钦宗回斋宫,并且教刘彦宗翻译,向宋朝君臣交待了废立的问题。吴开和莫俦两人当即下跪叩头说:"小国君臣倘蒙二太子再造,待国相回军后,无论何人何物,惟二太子之命!"孙觌和汪藻也跟着下跪,叩头不止。景王却平淡地说:"你们不须如此,自家们既来军前,生死祸福,便只得悉听大金国底处分。"完颜斡离不教刘彦宗翻译,又向宋钦宗指名索取荣德帝姬赵金奴、贵仪金秋月、淑仪金弄玉等十名帝姬、王妃和宫嫔。荣德帝姬是宋钦宗惟一的同母亲妹,早已出嫁驸马曹晟,而金贵仪和金淑仪在前已有交待,乃是宋徽宗的新宠。宋钦宗听到对方竟指名自己的亲妹和父亲的宠嫔,不由面露悲痛而惶惑的神色,扫视各位亲王和大臣,人们大多低头,回避他的目光,惟有景王却投以坚决的否定目光。

吴开说:"事已危迫,岂可犹豫不决!"他代皇帝起草了向完颜斡离不送十名女子的手诏,递到宋钦宗面前,莫俦又将毛笔递到皇帝手心,说:"陛下,此时不画御押,更待何时?"宋钦宗又抬头扫视众人,景王再一次投以否定的目光。然而在吴开和莫俦的不断催促下,宋钦宗还是用颤抖的手,画了一个匢。

完颜斡离不进入厅堂,完颜乌野首先上前,用双手抓住他的手说:"斡离不,郎主特命我亲执六个元帅底手,以示慰劳。你与粘罕一举荡平汴京,委是奇功!"完颜蒲鲁虎也上前,与完颜斡离不互行女真礼。六个金朝元帅,连同两名特使,先按女真礼俗饮甘草等汤,然后进入实质性商谈。完颜蒲鲁虎说:"郎主之意,军前之事,不可遥度,你们可便宜行事。自家们虽已备有废立诏,你们尚须见机行事。"完颜乌野虽是叔父辈,但女真人不论辈分,真正代表金廷说话的,还是完颜蒲鲁虎。

完颜斡离不首先说:"阿爹遗言,既与宋有盟约,不得举兵相攻。郎主遵阿爹之意,故令我们自便。如今宋主既已降服,以不废立为便。"他所说的"阿爹"当然是指死去的金太祖。完颜粘罕说:"斡离不何必为区区几个女子,便不顾大害。宋军尚多,民心未去,如今放手,后患无穷。不如更立异姓,日后再取他江南,方是上策。你要美女,自可多取,何须与宋主和亲。"完颜蒲鲁虎说:"斜也底意思,与粘罕全同。"完颜斜也身为皇储谙班孛堇、都元帅,地位仅次于金太宗,他的意见当然有很大分量。完颜谷神说:"二叔叔虽有遗言,然而攻宋之议,正是斡离不所发。"金太祖排行第二,故完颜谷神称为"二叔叔"。完颜斡离不说:"攻宋既是我首谋,便当由我主张。"完颜粘罕说:"只恐众人由不得你。"完颜斡离不大怒,与完颜粘罕争吵起来。完颜蒲鲁虎平时脾气暴躁,今天却充当和事佬,与完颜挞懒从中调解。最后,完颜斡离不拗不过众人,就说:"废立由你们废立,然而老、少废主底亲属,不得如亡辽主一般虐待。"

完颜粘罕说:"萧庆,废赵氏之后,你便可在汴京称帝。"萧庆连忙推辞说:"我岂敢当此重任!"完颜斡离不说:"刘彦宗,自家们教你称帝,如何?"刘彦宗说:"我命运绵薄,萧庆不敢,我更不敢。"完颜粘罕说:"你们既然不敢,不须另立新主,大河以南,便即刻归我大金。"完颜斡离不说:"郎主已命另立贤主,如何变更?如今我大军占两河之地,尚且兵力不足,如何再取他江南。"完颜挞懒说:"延至夏日,大金便须回军避暑。不如教其臣民另举新主,亦可见我大金底恩德。"众人对此再无异议。

当夜,金营设宴招待特使,完颜蒲鲁虎带着酒意,忌妒地说:"赵皇底美女,都由你们瓜分,然亦须分我数人。"完颜粘罕笑着说:"赵氏底妃嫔、帝姬尚未出城。待他们出城之后,可由你挑选。"完颜蒲鲁虎说:"虽是如此,我一路辛苦,今晚却无女子相陪。"完颜粘罕微微一笑,说:"你有传旨废立之功,今晚我便送你一个!"他盼咐合扎亲兵:"将李巧奴取来,见蒲鲁虎。"李巧奴此时已改换女真妇女的直领左衽黑绸袍,辫发盘头,来到完颜蒲鲁虎面前,行女真跪礼,完颜蒲鲁虎从未见过如此美女,顿时心荡神迷,喜形于色。完颜谷神对完颜乌野说:"秀才,我也可送你一个美女。"完颜乌野却说:"不须,我只须宋宫书籍数车。"原来他在落后的女真族中是公认的秀才,通汉、契丹和女真三种文字,平生不喜女色,只好读书。

翌日,完颜设野马和完颜斜保兄弟率领金军,将宋钦宗君臣押往青城的端诚殿。这是青城建筑群的主殿,按照礼制,宋朝皇帝南郊大礼后,就在殿上接受百官祝贺。直到宋钦宗初次到金营出降时,金人为了诱降,尚未启用青城殿宇,如今在大殿上却坐着金朝六个元帅、完颜蒲鲁虎等人。萧庆大声呼喝:"宋主与群臣下跪,恭听大金皇帝圣诏。"宋钦宗和亲王、大臣们下跪叩头,宋钦宗口称:"罪臣桓跪拜于此,恭听大金皇帝圣诏。"高庆裔立即向众人宣读废立诏。尽管事先已有足够的思想准备,宋钦宗和群臣还是浑身颤抖,泣不成声。

高庆裔宣读完毕,完颜斡离不首先说:"宋主,我既不能保全你,你底手书便成一纸废文。"他说完,就取出宋钦宗御押的赠送女子名单,愤愤然地撕个粉碎。接着,完颜粘罕命令身边的萧庆和刘思说:"与我脱去废主冠服。"萧庆和刘思正待上前,不料李若水突然扑向宋钦宗,将他紧紧抱住,大声喝道:"陛下不可脱!你们区区远陋之夷,岂能乱做,废我大宋真天子,杀狗辈不得无礼!"

李若水的喊声,使在场的人都为之震惊,宋钦宗用低沉的语调说:"清卿!国家兴亡,自是天数,你何须代我受过。"李若水哭着说:"臣力劝陛下前来虏营,今日圣上受此奇耻大辱,臣万诛何赎!"完颜粘罕说:"赵皇失信,使南北生灵涂炭,失德之主,不废何待?"李若水指着完颜粘罕大骂说:"你们屡以和议许我,我大宋圣明之主只为爱惜生灵,亲屈至尊,前来军前。你们屡次失信,如今又如此悖逆,天理难容!"

完颜谷神大怒,亲自上前,用巨手一掌,打得李若水满嘴是血。李若水仍不屈服,手指金帅,破口大骂说:"尔等所为,狗彘不如,人神共愤,安能长久!"完颜谷神命合扎亲兵将李若水捆绑起来,亲自用马鞭在李若水身上乱抽。宋钦宗当即自脱冠服,下跪说:"万方有难,罪止在赵桓一人,请监军宽饶李侍郎一回。"何㮚上前扶起宋钦宗说:"今日之事,皆臣与清卿请大驾出城之罪,臣与清卿愧对陛下,愧对天下!"他当即用自己的身体挡住了抽向李若水的马鞭。完颜谷神收住马鞭,大声问道:"李侍郎,你如今伏我不伏?"李若水用更大的声音回答:"你们要废我圣主,我至死不伏!"

完颜谷神又问何㮚:"何丞相,你可伏我大金?"何㮚只简单说了两字:"不伏!"完颜谷神又转向宋朝的亲王和大臣:"还有哪个不伏?"当即有景王、济王、陈过庭和司马朴四人逐一站出来,口称"不伏"。完颜谷神突然扔掉马鞭,回嗔作喜说:"你们不伏,我今日却服了你们。"他吩咐合扎亲兵说:"将他们六人带出去,好生侍候,不可亏负。"完颜粘罕又吩咐合扎亲兵将宋钦宗和冯澥、曹辅临时禁押在斋宫,其余的亲王和大臣都分别拘禁。单单留下了吴开和莫俦两人,完颜挞懒说:"你们入城宣谕,须将老主与妻妾、子妇等一并押来,与众臣议立异姓。"吴开与莫俦诺诺连声,禀命而退,金人安排邓珪、梁平、王仍和李遘四人同行。

吴开和莫俦回城后,先不找监国太子、孙傅等人,而是径自找王时雍和徐秉哲商量。莫俦首先提议说:"虏人既已明令废旧立新,依我之见,新主非王尚书莫属。"王时雍毕竟老奸巨猾,他说:"此事万不可鲁莽,事势瞬息万变,树大则招风,须看群臣之议与虏人之意如何,见机行事,方为万全上策。"徐秉哲说:"将太上与众妃嫔、龙子凤孙遣送出城,恐非易事。"吴开说:"非是自家们不守臣规,大宋既亡,便不可拘守旧日底君臣名分。我思前想后,此事还须徐大尹出力。"王时雍说:"此事还须武将,京城四壁巡检范琼甚知事理,可助徐大尹一臂之力。"他说了自己的打算,其他三人都表示赞同。

王时雍和徐秉哲连夜安排,串通范琼,而吴开和莫俦在二更时方到宣德门城楼,宣布金人废立和要求另立异姓为帝的消息,他们带来了金朝的废立诏书和宋钦宗的亲笔。当夜城楼上只有张叔夜和兵部尚书吕好问两人，张叔夜和吕好问看了两份文件，嚎啕恸哭，却一筹莫展。他们命人召孙傅上城，孙傅更仔细地看了宋钦宗的亲笔，亲笔说："自惟失信，固当如此。犹许旧地，别立贤人，其于万姓，为幸非细。早请上皇以下，举族出京，无拘旧分，妄为祸福，速招连累。"

吴开说："国相言道，明日上皇以下若申时不出城，便当纵兵屠城。须与太子入延福宫，禀报太上，早作处分。"吕好问说："今计无所出，自家们当速往大金军前恳告，如若不允，再行奏禀。"莫俦说："主上在金帅足下再三跪告哀求，尚且不济事。若再迟疑，只恐自家们底眷属，全成金人刀俎间底鱼肉。"孙傅说："太子已自安歇，岂有夜半惊动太上之理。"他命令一个小宦官通报邵成章。

二月七日，天色微熹，王时雍、徐秉哲和范琼三人带着兵卒和吏胥上城楼，徐秉哲说："大金已大开南薰门，在门下摆布铁骑，扬言若不交出上皇，四壁大军同时入城。"王时雍说："自家们当速请太上出城，以救全城百姓。"孙傅说："待我奏禀太子。"王时雍说："自家们与你同去。"众人也不再遵守平时的规矩，直入大内，却在坤宁殿附近被邵成章拦阻，邵成章说："太子已得急病，由御医诊治，你们可径去延福宫。"张叔夜感叹说："身为大宋臣子，尚有何面目去见太上！"他和吕好问都拒绝前往。

孙傅和其他五人来到延福宫，宋徽宗在五更时已得到邵成章的急报，坐等孙傅等人。孙傅首先跪在太上皇面前大哭，说："臣虽至愚，尚知主辱臣死之理。张叔夜等尚愧见太上，臣信用郭京，误国尤甚。然臣不胜犬马依恋之情，今日得见太上陛下，不知何年何月，方得重睹天颜。"王时雍却说："如今金人铁骑催逼，乞上皇早作处分。依臣等愚见，不如请太上陛下屈尊，前去大金军前恳告。"宋徽宗说："卿等可先去恳告。"徐秉哲说："大宋累世仁德，太上终不忍全城生灵，玉石俱焚。"范琼说："臣已备下竹轿，如今太上已成亡国之君，势在必行！"他当即到殿外大声呼喝："将竹轿抬到殿前，送太上去大金军前！"宋徽宗和孙傅都气得浑身发抖，却再也说不出话。宋徽宗涕泪满面，长叹一声，就急步出殿，坐上竹轿。

宋徽宗和皇族、后妃等三千多人，或者乘轿，或者乘牛车，或者徒步，在七日当天被陆续押送到金营。在宣德门前，由邓珪逐一看验，到南薰门前，又由梁平、王仍和李遘三人再次复查，并且登记造册。凡有躲避者，就勒令开封府搜捕。赵氏在开封的宗族绝大多数不能幸免。

邵成章跪在宣德门前，哭送太上皇等人。一辆牛车载着乔贵妃和韦贤妃出宫城，旁边跟着宦官白锷。白锷与邵成章的关系素来颇好，他难过地说："贤妃娘子恩德甚重，我须随去金营伏侍。"邵成章悲恸地说："我须护持圣人与太子，不知何日再能一见？"邓珪却怪声怪气地讥诮说："邵九、白十四，难得你们两人尚如此有情有义！"白锷怒火中烧，他抡起拳头，往邓珪脸上一击，竟打落邓珪两颗门牙。两人扭成一团，被徐秉哲命吏胥拉开。邓珪用手抹去嘴上的鲜血，说："白十四！白十四！到得金营，你底性命便在我底掌中。"白锷也咬牙切齿地说："我死后，当作厉鬼，到阴曹地府，亦岂能与你甘休！"

开封市民得知这个消息，却已为时颇晚。当天午后，燕王赵俣和越王赵偲作为宋徽宗亲弟，也徒步被驱上御街，有一群百姓拦阻他们，说："大王家底亲人都去，全城生灵岂能无人作主。不如留下，以存我大宋国祚。"燕王哭着说："大金要我，教我奈何？"一个百姓愤愤地说："只须大王愿留，自家们当与大王共抗虏人，誓同生死。"徐秉哲听到此说，就吩咐范琼说："可将两个乱民从速斩首，以儆效尤！"范琼立即命兵士将两个百姓捆绑，将其余的人驱散。燕王和越王向徐秉哲等下跪：说："徐大尹，范太尉，且请饶恕他们性命。"徐秉哲说："此为乱阶，断不可恕！"不管两个亲王如何哀求，两个百姓还是人头落地。徐秉哲吩咐将两个亲王押上两头驴，迅速送往南薰门。押送皇族的工作，一直持续到天黑。

宋徽宗与后妃们抵达青城大寨，只见在寨门前竟一边挂着三个女人头，一边挂着三个赤条条的女尸，尸身犹且滴血不止，真令人惨不忍睹，后妃们为之战栗不已。原来昨夜金人举行宴会，完颜粘罕命令所有与宴女子一律改换歌妓服装。有郑、徐、吕三个女子不愿受辱，完颜粘罕大怒，当即将三人斩首。另有张、陆、曹三个女子，拒绝被完颜斡离不淫辱，就被脱去衣装，吊在寨门前，由金兵不断用铁竿刺血，使他们鲜血流尽而死。

在端诚殿上，坐着金朝六个元帅和完颜蒲鲁虎。宋徽宗至此已怒不可遏，他站在堂中，也不行礼，厉声责问说："我大宋有大恩与你大金。若大辽攻我,亦所甘心,你们不思报答,去年兴兵,我便传位于儿子,割地犒军。你们竟贪得无厌,再次举兵,你们可曾记得两国誓书否?我既已到此,岂畏一死!"金帅们听任宋徽宗怒骂,倒并不还嘴,也不发怒,稍过片刻,完颜粘罕反而慢悠悠说:"自家们听你骂了多时,你可至斋宫,父子团聚。"他回头对身边的刘思说:"可与这厮老汉卸脱御服!"刘思与几名合扎亲兵当即上前,将宋徽宗脱去衣冠,押出殿堂。

完颜粘罕又问:"哪个是废太后。"郑后走出女子队列,说:"老婆便是。"她今年四十九岁,比宋徽宗大三岁,虽然在逆境之中,已无华贵装束,却仍维持太后的风度,也不向金帅行礼。完颜蒲鲁虎不由赞叹说:"果然是个太后!虽然年老,容貌仍如此端丽!"完颜斡离不说:"我大金虽废你们赵氏,当善待老主与少主,你为老主正妻,不须忧虞。"郑太后说:"感荷元帅底恩德,然而臣妾得罪,却与外家并无干涉,敢请元帅放臣妾家属逐便。"完颜粘罕说:"此说有理。"当即就下令放郑太后的父亲郑绅等回城。

完颜挞懒又问:"哪个是乔贵妃?"乔贵妃也走出队列,说:"老婆便是。"完颜挞懒说:"闻你甚是贤德,自家们当善待你,不与老皇分离。"乔贵妃显出欲语还休的模样,完颜斡离不问道:"你尚有何说?"乔贵妃慢条斯理地说:"自古无不亡之国,我大宋虽亦是应天承运,以仁义传国,然而累世失政之事,亦间或不免。今日遭此恶报,堪称罪有应得。闻得二太子笃信浮图之教,可知佛教尤忌杀生。国破家亡,女子何辜,而遭此凌辱?大寨前横陈六尸,有悖于我佛之道,我佛慈悲,报应不爽,敢请元帅们以我大宋为戒,多行仁德底事。"完颜谷神听后,立即下令:"将寨前六个烈妇底尸身,用棺椁盛敛,送回城中,每家与黄金十两。"

完颜粘罕又问:"哪个是贤妃韦氏?"韦贤妃也应声而出,完颜斡离不说:"我与康王曾有旧交,你可作书,请康王回来,我当善待,一如往时。"韦贤妃只得说:"老婆遵命。"金人将宋徽宗五个后妃,包括已废的崔淑妃一并送到斋宫,而自金贵仪、金淑仪以下一百几十名宫嫔和宫女,却全部被金军将帅瓜分。

八日,吴开和莫俦又回城传旨,催逼孙傅和张叔夜另立异姓为帝。孙傅等上状说:"赵氏德泽,在人至厚,若别立异姓,城中立生变乱,非所以称大金皇帝与元帅府爱惜生灵之意。若自元帅府选立赵氏一人,不惟恩德有归,城中及外方立便安帖。"另有士民郭铎等上书说:"景王温淳忠义,颇有贤德,国人共知,选择贤者,以承嗣位,实天下苍生之幸。"金朝元帅府根本不予理会,还是命吴开和莫俦传旨,坚持要另立他姓。

愤怒的开封百姓聚集在宣德门前,哭喊声鼎沸。徐秉哲命范琼弹压,范琼率领部兵列队,亲自对众人说:"自家们只是少个主人,东也是吃饭,西也是吃饭。譬如营里长行健儿,姓张底来管着,是张司空,姓李底来管着,是李司空。你们军民各自归业,照管老小去!"人们骂声不绝,却也只能散去。

宋廷百官在都堂为另立异姓集议,不少官员却拒绝赴会,孙傅和张叔夜还是想方设法,争取众人连名上状,恳求仍立赵氏宗室为帝。十日,邵成章慌忙来到都堂,报告太子病死的消息。孙傅和张叔夜立即奔赴大内,只见棺椁已经停放在宣德门内,朱后、朱慎妃、柔嘉公主和郑、狄两才人都在哭泣。孙傅和张叔夜跪在灵柩前,痛哭流涕,孙傅哭了一回,站起身来说:"且将太子棺椁送至上清储祥宫内埋殡。"上清储祥宫是朝阳门内的一所宋廷出资兴建的道观。孙傅话音刚落,却听到有人尖声尖气地说:"且慢!"他回头一看,正是邓珪。邓珪留在大内,督令徐秉哲搜捕残余的宗室,搜剔大内的财宝。

邓珪当即吩咐在旁的徐秉哲说:"太子死因不明,须开棺验尸!"张叔夜愤怒斥骂说:"你煞是狼心狗肺,狗彘不若!谁敢开棺?"邓珪冷笑说:"张枢相,如今却由不得你主张!徐府尹,与我开棺!"徐秉哲也不理会张叔夜,吩咐从吏撬开两层棺椁顶盖,邓珪只见里面确有一个儿童的尸身,他仔细地看了死者的面容,突然又伸手插入死尸的下身,然后哈哈大笑,说:"你们施金蝉脱壳之计,瞒过他人,却如何瞒过我。"

原来孙傅和梅执礼兼太子少傅和少保后,为了保护太子,也确是煞费苦心。五日球会,宋钦宗不回城,吴革和张所就找到梅执礼,同去见孙傅,提议率死士护卫太子,杀出京城,孙傅认为此事过于冒险,坚决不允。吴革和张所在宋徽宗出城的当天,又找梅执礼和孙傅,建议拥立太子,号召全城军民,与敌人决一死战,孙傅还是不同意,说:"如今国破家亡,人心离散,如何再战?"他同朱后、梅执礼、邵成章四人密谋的结果,却又很快被邓珪识破,棺里竟是一个病死的小宦官,他的面貌又与太子有几分相像。

邓珪说:"废后朱氏、徐府尹,大金国索取太子,还须问罪于你们。"朱后不愿答话,她只是向邓珪投以极端仇恨的一瞥,就转身回坤宁殿。徐秉哲知道自己脱不了干系,就下令在全城搜索,以黄金一千两奖励告发。坤宁殿仅剩的几名宫女被抓到开封府衙,虽然拷打逼供,却仍说不出太子的下落。

十一日,一个市井无赖到府衙告发,徐秉哲立即亲自带人前去。原来赵谌被梅执礼隐藏在一个几年前曾在自己家中当女使的百姓家中。女使本人与丈夫倒是十分可信,却偶尔被这个无赖发现。徐秉哲捕得太子,一时喜出望外,而那个无赖却并未得到奖赏,怏怏归家,又被女使的丈夫召集邻人,将他打死。

朱后、太子、公主、朱慎妃和十位才人、夫人,当天就被徐秉哲和范琼派兵严密防卫,用驴车押送南薰门。很多百姓,包括隐藏太子的那家人闻讯赶来,却只能跪在御街哭送,人们也听到车帘内传出的哭喊声,赵谌在车中不断尖叫:"百姓救我!"却已无济于事。同行的还有济王正妻曹三保,她逃出济邸躲避,也被徐秉哲派人搜捉,一并押解。人与人的感情往往不能相通,邓珪骑马在后押队,却是面露喜色,他认为,自己上次险些被处死,这次至少也可将功补过了。主持留守事务的孙傅也骑着一头蹇驴,满面泪痕,跟在最后。

端诚殿上,坐着金朝六个元帅、完颜蒲鲁虎,还有从开德府败回的完颜兀术、完颜阿鲁补等人。邓珪和梁平、王仍、李邈四人先进入殿内,毕恭毕敬地行女真跪礼,然后报告情况,说宋宫的珍宝,赵氏的宗族都已押送到大寨,邓珪更是绘声绘色地叙述自己如何识破宋宫奸计,搜捉到亡宋太子的。

接着,孙傅和十三个女子、两个孩子进入殿内。完颜挞懒首先以客气的口吻说:"孙枢相,你缘何到此?"孙傅以沉痛的语调说:"此来只为面陈,乞存恤赵氏,保全社稷。我身为太子少傅,有负圣上重托,太子受难,我只得前来,侍奉太子,与他共患难。"完颜粘罕说:"我大金郎主已明诏废立,岂容更改。然而念你尚是个忠臣,可去斋宫,与你老主、少主相会。"

完颜斡离不的目光投向两个孩子紧紧依偎的朱后,说:"哪个是赵桓正妻?"朱后轻轻推开一儿一女,前移数步,说:"奴家便是朱琏。"完颜斡离不说:"你夫失德,我大金深仁厚泽,当善待你们夫妻儿女。"高庆裔翻译过,还补充说一句:"还不谢过元帅们底恩德。"朱后却说:"自古国破则家亡,奴已置生死于度外,所以忍辱含垢,并非乞求元帅们宽饶,只是不忍舍弃两个亲骨血,亦不忍与夫君便成永诀。我夫虽为亡国之君,却是循规蹈矩底仁主,全无失德,只是失策。前古帝王,哪一个不是妃嫔成群。可怜我夫,在东宫时只是与奴厮守,互敬互爱,即位之后,亦只是在奴苦劝之下,方御幸了一妃、二才人。如此清心寡欲之君,前古少有,有何失德?"她一面叙述,一面竟泣不成声。

金朝将帅听了高庆裔的翻译,都不由大吃一惊,他们万没料想到,宋朝废帝的十一个妾中,竟有八个还是处女。完颜谷神说:"你尚有何说?"朱后说:"自家们底生死祸福,全在元帅们底掌中,何须另有所求。"她突然指向了邓珪等四名宦官,说:"所可恨者,他们本是宫奴,平时对上吮痈舐痔,在外无恶不作,如今欺凌孤儿弱母。大金若信用此等奸人,亦只恐社稷不永。"她的一句话,倒是提醒了完颜斡离不,邓珪向完颜粘罕报告自己准备和亲的事,本已使他十分恼恨,上次他也是明白高庆裔的用意,暂且饶邓珪一死。他感到现在正是杀邓珪的时机,就对朱后说:"此四人本是赵氏家奴,如今可听凭你发落。"本来准备请功受赏的邓珪等四人,万万料想不到竟有如此处置,立时吓得面无人色,只是到朱后面前不住地叩头求饶。朱后只是冷冷地说:"罪妇无权发落此等奸人!"完颜斡离不下令说:"且与我押出殿去,洼勃辣骇!"在尖声哀叫中,邓珪等四人当即被合扎亲兵们拖出去。

完颜斡离不又转向众女子,问道:"哪个是赵栩底正妻?"曹三保今年只有十九岁,是济王前妻死后,补为正妻,封息国夫人。她只得上前几步,完颜斡离不见她姿色很美,就说:"你今夜便须随我!"曹三保鼓足勇气说:"久闻二太子仁慈,奴既与赵栩结发,如何与他生离,切望二太子宽饶,便是天地之恩。"完颜斡离不说:"你是我以黄金千锭买来,岂敢不从命!"曹三保听完翻译,简直不相信自己的耳朵,说:"谁人卖我,又是谁人得黄金千锭?"完颜斡离不取出经宋徽宗和宋钦宗御押的和议条款,叫合扎亲兵交付曹三保,说:"此是你阿舅与大伯伯底画押,须知非是我诓骗你。"曹三保与众女子看了文字,气得发昏,说:"他们犒军,便须他们抵准,奴底身体岂能受辱?"完颜斡离不说:"你阿舅宫女数千,取自民间,岂非亦是抵准。你如今便是民妇,入贡元帅府,亦是你底本分。"曹三保当场就昏厥过去。完颜斡离不再也忍耐不住,当即叫来四名女子,将曹三保抬出殿外,自己也跟着出去。

　　目睹曹三保的下场,孙傅和众女子都神色凄惨。完颜粘罕问道:"谁是废帝底次妻?"朱慎妃下意识地用手抓住堂姐,用惊恐的目光望着她,不敢说话。朱后只得代她说:"她便是朱璇。"完颜粘罕见到也是个丽人,顿时起了淫念,但他还是用眼神向完颜谷神示意,不等他开口,完颜挞懒抢先说:"你不须惊恐,元帅府当教你与赵桓团聚。"朱慎妃只是用感谢的目光望着元帅们,还是没有勇气开口。完颜粘罕却因此有几分不快,他用威严的目光扫视其他女子,说:"除次妻之外,其余人须与赵栩底妻一同处分。"

　　高庆裔翻译完,殿上的气氛又显得十分紧张,突然,年龄最大的戚玉走出来,说:"奴家戚玉愿侍奉大金底元帅与大王。"完颜粘罕面露微笑,用手一指,说:"你且站到此边。"戚玉按他的命令站到了大殿的左侧。完颜粘罕又再次用威严的目光逼视,问道:"其余女子如何?"年龄次大的鲍春蝶用惶惑的、道歉的眼神望着朱后,朱后还报以谅解的目光,于是鲍春蝶又趑趄地走到了戚玉一边。其他人也先后走到了左边,最后只剩下郑庆雲和狄玉辉两人。

　　完颜粘罕不说话,只是用恶狠狠的眼光逼视着两人,完颜兀术忍不住了,他用女真话说:"这两个女子须归我。"狄玉辉十分害怕,她只是下意识地用手紧紧抱住郑庆雲,完颜粘罕开始大声吼道:"你们待如何?"郑庆雲用最大的努力镇静自己,徐徐说:"启禀元帅,和议只说,所欠金银以王妃、帝姬抵准,而未说以妃嫔抵准。"完颜粘罕听了,怒吼道:"所欠金银尚未足数,你们亦与王妃、帝姬一同处分,每人折黄金一千锭!"郑庆雲用沉静的语调说:"烈女不更二夫,元帅既已决定,我唯求一死,以报官家!"狄玉辉立即补充说:"我亦愿随姐姐一死!"完颜粘罕向合扎亲兵吼道:"将此二人洼勃辣骇!"完颜兀术却说:"且慢!我须先受此二人!"完颜谷神却大声对高庆裔说:"此事由我主张!将此两个烈女付与废帝,无论何人,断不容侵犯!"高庆裔向两个女子翻译后,两个女子却并不开口谢恩。

完颜兀术算是天不怕,地不怕的一个,却惟独畏惧完颜谷神几分,他曾三次与完颜谷神角力,每一次都败给了身高力大的对方。完颜粘罕也不好更改完颜谷神的决定,他转而用和缓的口吻对完颜兀术说:"兀术,其余八人,可全付与你。"完颜兀术委屈地说:"我一个不要!"但他由此与完颜谷神结下了仇恨,至于他对完颜谷神的报复,则是十多年后的事。

当夜,戚玉等八人全被金朝将帅轮奸,他们最后被分给了完颜粘罕的两个儿子,真珠大王完颜设野马分得了刘月娥、何凤龄、郑月宫和蒋长金,宝山大王完颜斜保分得了卢顺淑、戚玉、韩静和鲍春蝶。

赵氏皇族的女子被纷纷瓜分,光是完颜粘罕和完颜斡离不两人,最后都拥有一百名侍女。但也有若干例外,康王的邢秉懿、田春罗和姜醉媚就与韦贤妃一起拘禁在佛寺寿圣院中。金朝元帅府下令,凡是随从金将的汉族女子,一律改用女真梳妆,原先怀孕者全部由医官下胎。最后按徐秉哲开封府衙给金营的上状,统计和结算如下:

  选纳妃嫔八十三人,王妃二十四人,帝姬、公主二十二人,人准金一千锭,得金一十三万四千锭,内帝妃五人倍益。

  嫔御九十八人,王妾二十八人,宗姬五十二人,御女七十八人,近支宗姬一百九十五人,人准金五百锭,得金二十二万五千五百锭。

  族姬一千二百四十一人,人准金二百锭,得金二十四万八千二百锭。

  宫女四百七十九人,采女六百单四人,宗妇二千单九十一人,人准银五百锭,得银一百五十八万七千锭。

  族妇二千单七人,歌女一千三百十四人,人准银二百锭,得银六十六万四千二百锭。

  贵戚,官、民女三千三百十九人,人准银一百锭,得银三十三万一千九百锭。

都准金六十万单七千七百锭,银二百五十八万三千一百锭。

总计被金军将帅选取女子达一万一千六百三十五人,另有宫女和女乐四千人还是作为无偿贡品,也不包括未被选取而拘押金营的女子。如此庞大的女子数,仍不能凑足金一百万锭和银五百万锭的犒军费,所以金元帅府仍继续下令开封府搜刮金银。

金营中每天都有大量的各种各样的非正常死亡事件,特别是妇女和儿童。康王的三个小女儿就死在营中。天气渐热,死尸的掩埋也成了问题,就临时改为火化。一天夜里,完颜粘罕梦见大批浑身鲜血的女子,向他索命。半夜惊醒,这个征战十多年,杀人如麻的人,竟汗毛直竖,浑身颤抖。他不好同旁人说,却告诉了最相好的完颜谷神。于是,金营特别请来了开封高僧五十四人,为他们念经消灾。这些禅师受到了特等待遇,各营争先恐后,为他们轮流供斋。

[贰伍]
抗争和殉难

二月十二日,金朝元帅府下旨,将坚决反对立异姓的张叔夜也押到大寨。于是开封城内再无一个宰执,按官位次序,金元帅府临时任命吏部尚书王时雍和户部尚书梅执礼为行留守事和行副留守事。王时雍又申报金元帅府,建议梅执礼等八人任根括金银官和副官,将这个棘手的事,推诿给梅执礼。

拘押在金营的宋朝大臣中,除了孙傅和张叔夜之外,坚决反对立异姓的其实也只有何㮚、陈过庭、李若水和司马朴四人。金帅看重李若水,所以派高庆裔和萧庆多次规劝。高庆裔说:"李侍郎乃是忠孝人,你前日詈骂国相与监军,他们亦不见过于你。你若能顺从,他时与你好官做,何患不富贵。赵氏气数已尽,你便是死,亦无补大局。"李若水悲愤地说:"天无二日,我无二主。圣主被辱,我恨不能手杀粘罕、谷神,以谢我君,如今唯求速死!"萧庆向李若水的仆人谢宁示意,谢宁也加入劝解的行列,他说:"侍郎父母年高,若稍顺从,尚可得回家。"李若水沉痛地说:"国破何以为家!我死后,你回家不须与父母说,待我兄弟缓缓解劝双亲。"

高庆裔和萧庆最后只能向金帅们禀报。二十一日,在完颜粘罕与完颜谷神亲自召见后,金营命吴开和莫俦传话,通知李若水和副使王履两家的家人出城收尸。这是一个阴天,愁云惨雾笼罩着汴京,李若虚只能瞒过父母,带着嫂嫂赵氏和李淳、李浚两个侄儿出城,吴革和朱梦说两人假扮家仆,随他到金营探看虚实。赵氏和两个孩子坐一辆驴车,其他三人步行。王履的两个儿子王高中和王立中也几乎同时到达。金军并不让他们去青城,只是停尸在南薰门外。众人只见两个尸体不仅身首异处,而且被刀划开嘴唇,剜去舌头,不禁伏尸恸哭。

萧庆在旁说:"李侍郎煞是忠臣,因他詈骂不休,监军大怒,便将他们割唇剜舌。然而监军亦自后悔,今命我赠你们两家黄金各五百两。"赵氏说:"请萧节使回复监军,黄金乃是大宋百姓底血泪,自家们断不可收!"王高中和王立中也作了同样的表示。他们就在南薰门附近埋瘗尸体,草草修建了两个坟墓。在敛尸时,发现李若水身上有一渗透血迹的纸条,其上写道:

矫首问天兮,天卒无言,忠臣效死兮,死亦何怨!

第二天深夜,一群官员和太学生聚集在城西朱梦说的家里,这是一所相当普通的租房,用以避人耳目。他们是梅执礼、张所、吴革、李若虚、吏部侍郎陈知质、刑部侍郎程振、给事中安扶和太学生吴铢、徐伟。马伸由于卧病,未能赴会。梅执礼说:"闻得康王与宗泽进军开德府,战败虏人,虏人左都监勾抽五个万夫长,约近三万人,前往备御,此间兵力空虚。"安扶说:"虏人所剩,约计五万人。自千夫长以上,沉溺女色,而自百夫长以下,大半未分得女子,愤愤不平,屡为争夺女子,拔刀相向。"张所说:"金人索取城中底绫锦之类,凡女真人得锦,渤海人得绫,契丹人与奚人得绢,而汉儿却只得杂色小绢。汉军亦不能平,或欲相攻,愿为内应。"

吴铢说:"自梅尚书设二十七所赈济局,募集军民已达五万。吴统制阴以军法约束,缓急可用为兵。"这是梅执礼和吴革的共同设计,由于城里普遍缺粮,就以赈济和医疗为名,组织群众,按梅执礼的私下任命,吴铢和徐伟都是吴革的参谋官。吴革说:"须向康王告急,请他急速率军南下,自家们起兵,里应外合,救取主上。"张所说:"此事须见机行事,城中久困,军民羸弱,若暗夜举兵,攻其不备,或可救得圣上。如兵力不敷,亦可先取四壁,以待外援。"

梅执礼说:"此说甚是,吴统制足智多谋,自家们是文臣,起兵之事,全由吴统制措置。"陈知质说:"与康王底书信,便由我草拟。"他从自己内衣上撕下一片约四寸见方的绢,当场写上了蝇头小楷:"虏设诡计,囚我太上、主上与青宫诸王,废我大宋。请九大王速发兵南下,我等当里应外合,救取主上。"他写到这里,想了一想,抬头问吴革说:"莫须与九大王约定日期?"吴革说:"此事难于预约。"

梅执礼取来看了一看,说:"言简意赅,可便画押。"众人商量一下,为防备万一,吴革不参加画押,而由五个文官出面,他们按官位由低到高的次序,依次有张所、安扶、程振、陈知质和梅执礼五人画押。程振说:"我有一个人力,名叫胡松,可一日夜行四百里,极是忠信,可命他传书。"张所说:"我可安排他出城。"他将这小片绢书做成一个蜡丸。

原来在围城期间,前述随张所参战的钧容直押班于鹏,偶尔见到了他的表弟孙显。孙显被金军掳略后,强迫剃头辫发,充当一名汉军百夫长。两人交谈多次,孙显明确表示自愿充当内应,他的部伍受命看守西北的一段城墙。所以张所就通过于鹏和孙显,将胡松送出城去。

二十五日,开封突然刮起了大风,有的树木竟连根拔起。下午,王时雍命吏卒押梅执礼、陈知质、程振和安扶四人去南薰门,说是大金元帅右监军要传见四个根括金银官。四人来到南薰门时,天色傍晚,风势仍然不小,由于城楼被毁,只见在瓮城内,完颜谷神坐在一把交椅上,高庆裔坐在左边,担任通事,而吴开和莫俦站立两旁,又有大群手持兵刃和火把的金军,给梅执礼等四人一种其势汹汹之感。

风势将火光吹得摇晃闪烁,完颜谷神对梅执礼等四人怒目而视,说:"金银未足,何以不抑配百姓,令家家户户交纳。"梅执礼等说:"如今天子蒙尘,臣民们恨不能以肝脑赎主上,尚何须顾恋金银缯帛。城中委是困乏,无以应付大金之求。"完颜谷神说:"你们哪个是官长?"程振担心金方要重责梅执礼,就挺身而出,说:"自家们四人皆是官长。"

完颜谷神突然发出一阵冷笑,吩咐高庆裔说:"且将蜡书付与他们!"四人一看,竟是那份给康王的书信,上有四人的画押,只是张所的官衔、姓和画押却已模糊不清。原来胡松在于鹏和孙显的帮助下,在二十四日半夜缒出外城,不料中途遇到金朝巡绰马军,中箭身亡,金军在他身上搜出了蜡书。金方命吴开和莫俦辨认字迹,两人也认不出另一个是谁的官衔和画押。

完颜谷神说:"你们说出另一个人,可饶你们不死。"梅执礼走到前面,说:"此事乃我一人所为,与他人无涉。"完颜谷神大吼道:"你若不招供,我岂能轻易放过!"几个合扎亲兵将梅执礼按倒在地,用马鞭和木棍乱打,梅执礼忍不住剧痛,就狠心将自己的舌头咬断。人们只见他满嘴流血,声音完全含糊不清。金人于是又将另外三人拷打逼供,陈知质、程振和安扶三人也被打得死去活来,他们也效法梅执礼的办法,嚼舌成仁。完颜谷神眼见无法得到梅执礼等四人的口供,就吩咐将他们"洼勃辣骇"。四人被敲死,割下首级,号令在南薰门上。

莫俦说:"若要根捉另一个画押者,须先秘其事,待传令王尚书,命他用心搜访。"高庆裔说:"杀此四人,待怎生说?"吴开说:"便说是根括金银未足。"完颜谷神说:"此意甚好。"莫俦又说:"可将四个副官亦取到军前棒打,以掩人耳目。"于是,侍御史胡舜陟、殿中侍御史胡唐老和监察御史姚舜明、王俣四个副官也被押到南薰门,每人都责打了一百棍。金朝元帅府下令城中说:"根括官已正典刑,金银尚未足数,当纵兵下城取索。"第二天,王时雍和徐秉哲亲自布置,派吏卒挨家挨户搜剔,果然又得到大量金银,却仍未凑足规定数额。

在梅执礼等四人被杀的当夜,张所已经就寝,却有吴革、于鹏、徐伟和朱梦说四人深夜敲门。他们向张所报告了最新的事态,吴革说:"我等已经计议,张察院须连夜出城,前往开德,请康王发兵,救取主上。"于鹏说:"我已联络孙显,今夜便可安排张察院出城,事不宜迟。"张所说:"我家中安置寇、王二承节底家眷,须请你们关照。"朱梦说说:"你们底老小,亦须连夜搬迁。"

在一阵急速忙乱之后,张所与三家老小、吴革等人匆匆告别,就随于鹏来到外城西北角楼附近,说也凑巧,这里正是张所第一次缒城而出的地点。于鹏以击掌三声为号,城上就垂下两条麻绳,两人攀缘而上。孙显和本谋克的汉兵簇拥着两人,沿金军新修的慢道下城,城外已经准备了马匹,这支队伍包括张所、于鹏在内,计有八十七人,都手执兵刃,纵马急驰,很快消失在黑暗的原野中。

[贰陆]
阴错阳差

自从金人正式下令废宋以后,立异姓傀儡皇帝的工作一直在密锣紧鼓地进行。王时雍满面喜色,天天在都堂主持百官集议,他希望有人将自己提名。然而他的名声却愈来愈坏,开封百姓给他起了个绰号,叫做卖国牙郎。宋时称商业交易的中间人为牙人。即使若干并无气节的官员,也不敢贸然为卖国牙郎提名。二月十三日,吴开和莫俦回城,在都堂外遇见尚书左司员外郎宋齐愈,先向他透露了金方的旨意。他们见到王时雍后,莫俦说:"王尚书毕竟有先见之明。原来金帅之意,须立张邦昌为帝。"吴开解释说:"自家们已自提名王尚书,二太子言道,王尚书可为宰相。"王时雍心中不免有十二分的懊恼,但也只能装出若无其事的样子,说:"我早言道,此事万不可鲁莽。如今张邦昌便成招风底大树,自家们却可卸脱,在大树之下避风纳凉。"莫俦说:"王尚书亦自卸脱不得,你须是新朝底第一个开国功臣。"

王时雍和徐秉哲按吴开和莫俦的传旨,将百官、太学生、僧道、耆老等驱逼到秘书省集议。莫俦首先说:"大金国元帅府有旨,限于今夜三鼓前,须将所议异姓交付大金军前。若三鼓后仍未定议,尚敢逗遛,大金当行军法,纵兵洗城。"宋齐愈首先用片纸写了"张邦昌"三字,交同僚们传看,王时雍出示写就的议状,说:"议状尚未书填人名,须众人熟议。"吴开补充说:"大金国元帅府有旨,议状须书填贤德底人,唯不许书填赵氏。"按古时的伦理规范,要突破与赵宋的君臣名分,说一个异姓名字,还是十分难以出口的事。宋齐愈所以用字条传示众人,也表明他并无为天下先的勇气和胆量。在场者几乎人人都看到了这张字条,却缄默不语,空气显得异常沉闷。莫俦和吴开两人不断向宋齐愈使眼色,示意由他开口。宋齐愈叹了口气,说:"你们既已传大金国底旨意,'张邦昌'三字何必出我之口!"

王时雍听了,就立即在议状上填写了"张邦昌"三字。剩下的问题自然是与会者签名画押。众人又互相推诿,谁也不愿抢头名。王时雍说:"我既任留守,唯当身率百官。"他第一个在一张白纸的最后写了官衔和姓,并且画押。前面说过,按宋时的习惯,署名的次序是由低到高,所以他列名末尾。徐秉哲接着胁迫说:"今日众人都须逐一画押,不画押,便不得出去。"最后,几百人画押的议状,就通过吴开和莫俦两人上报金营。

张邦昌在宋徽宗时任执政,宋钦宗即位后升少宰和太宰。他在靖康元年春,曾和康王出使金营,与完颜斡离不有所接触,如今罢相闲居。完颜斡离不所以提名张邦昌,还是出自刘彦宗的谋划。完颜斡离不最初并不赞成,说:"张邦昌庸懦,如何可立?"刘彦宗说:"庸懦则易制。若立张邦昌,则恩德归于二太子。"刘彦宗完全了解金朝的派系之争,他的话终于打动了完颜斡离不。他所以提议张邦昌,正是为新立的傀儡政权完全听命于自己,而排除完颜粘罕的影响。

虽然立傀儡政权已是意料之中的事,但议立张邦昌,还是在城里引起很大的震动。马伸在愤慨之余,当即起草了一个反对立张邦昌的议状,找到了张所,要他联名。张所却表示反对,说:"我等既已立志兴复宋室,自当避人耳目,自家们既未集议,何须与虏人计较笔墨文字。"马伸说:"不然,若不另写议状,虏人更轻视我大宋无人。"两个朋友彼此都不能说服对方,只能各行其是。

第二天,马伸又来到御史台,找到胡舜陟等众台官。现在是追述张所出城前的事,当时胡舜陟等人也尚未被金人杖责。马伸取出议状,向大家说明原委,胡舜陟看了以后说:"先觉意思甚好,然而虏人意在必行,徒费笔墨。"先觉是马伸的字。大家七嘴八舌,议论归议论,却无一人敢与马伸联名上状。秦桧身为御史中丞,今天最后一个前来御史台。马伸给秦桧看了议状,说:"秦中丞,你蒙主上厚恩,屡次超擢。如今主上蒙尘,你焉能无动于衷。我等职事,本在谏诤,岂能坐视缄默,不发一言。你身为一台之长,义当率先为赵氏请命?"众人也说:"中丞若愿率先,自家们自当追附骥尾。"

秦桧原先并无向金人上状之意,但经马伸一说,似乎又无可推诿,他仔细推敲了马伸的议状,说:"此状语言太峻,如何教虏人受得?我当另写。"于是他取来笔墨,参考了马伸的文字,另写了一份十分简单的议状。马伸的原状中说,"大金必欲灭宋,而立邦昌,则京师之民可服,而天下之民不可服,京师之宗子可灭,而天下之宗子不可灭"。"伏望元帅稽考古今,深鉴忠言,复嗣君之位,以安四方之民"。秦桧在自写议状中改为"若蒙元帅推天地之心,以生灵为念,于赵氏中推择其不预前日背盟之议者,俾为藩臣,则奸雄无因而起,元帅好生之德,通于天地"。御史们看罢,又说秦桧议状过于温和,不强调保留宋钦宗的帝位,就不能代表众人之意。最后,竟是马伸和秦桧各自单独上状,而其他人都没有联名。

秦桧回到家里,有女使兴儿说:"硕人在屋内等候中丞。"硕人是贵妇的一种封号。秦桧连忙进入卧室。秦桧妻子王癸癸,今年三十九岁,比秦桧大一岁,她是宋神宗朝宰相王珪的孙女,按秦桧的官位封硕人。王珪政绩不佳,他上殿时口称"取圣旨",宋神宗定夺后称"领圣旨",下殿后称"已得圣旨",被人们讥讽为"三旨相公"。但他的家族却是一个名门望族。十三年前,秦桧中进士,王珪的四子王仲山看中了他,按当时所谓"榜下择婿"的风尚,将一个迟迟未能出嫁的女儿许配给秦桧。秦桧的父亲不过是个县令,他当然乐于结这门亲事。然而婚后的生活却并不美满,这主要是因为王癸癸与他之间很快形成了河东狮吼式的夫妻关系。王癸癸的家规是不许秦桧纳妾,凡是就雇的女使须经她严格审查,不但容貌必须比她丑陋,而且不容有轻佻的模样。每次秦桧出门,回家后的例行公事,是向妻子汇报当天的行止,特别是要保证没有寻花问柳的行为。王癸癸斥骂丈夫的语言并不丰富:"你这厮穷酸饿醋,若无我王家处处护持,与你通关节,你岂有今日!"这句话前后重复了千万次,即使秦桧位居御史中丞的高官,也不例外。

虽然在非常时期,但秦桧听到婢女的话,就明白今天回家较晚,必须经受严格的审讯。王癸癸果然满面怒色,等待着丈夫。秦桧连忙赔着笑脸,说:"下官参见硕人。"王癸癸依然保持怒容,说:"如今大宋已亡,你又有何勾当,而姗姗来迟?"秦桧就向妻子报告当天的事,王氏听了,更加怒不可遏,说:"官家已废,百官如鸟兽散。身家性命尚有可忧,你求甚名节?房人喜怒叵测,你胆敢捋虎须?"秦桧辩解说:"我亦是被逼无奈。闻得官吏军民上状数十封,言语激烈,我底议状,语言温和谦恭,谅不妨事。"王氏上前两记耳光,说:"还不与我跪下!"秦桧只得跪下,连说:"硕人息怒!硕人息怒!"王氏怒气难消,她伸出右手,用长长的指爪在秦桧脸上抓出了五道血痕,又左右开弓,连打了丈夫十多个嘴巴,然后气呼呼地坐下。秦桧熟谙妻子的脾性,他不敢再说,只是长跪不起。

过了一会儿,王氏突然问道:"你腹中饥否?膝下痛否?"按照惯例,这是她得胜收兵的信号,秦桧忙说:"下官腹中虽饥,膝下虽痛,亦须静候硕人息雷霆之怒。"王氏起身上前,将他扶起,说:"还不同去吃饭!"她的好处是在大发雌威以后,还会对丈夫略加温存,可谓是恩威兼济。

秦桧以为,今天的事可以到此收场,不料上床以后,王氏又想起了这件懊恼的事,再次和丈夫吵闹了大半夜。第二天,夫妻俩起床很晚,女使兴儿在屋外通报,说:"王五舅子、郑十八大官人驾到。"秦桧急忙起床梳洗,到厅堂会见。

来客是王氏的亲兄王晙,排行第五,另一个是已故宰相郑居中的次子郑亿年。郑、王两家互攀姻亲,郑亿年的母亲是秦桧岳父王仲山的姐姐,而王晙的妻子又是郑亿年的姐姐。王晙和郑亿年见到秦桧精神疲惫,脸部五道爪痕,已经料到必定是夫妻吵架。由于三人的关系很好,郑亿年就用调侃的口吻说:"秦十,想来必是昨夜受王十三姐底责罚。"秦桧对这两人也无须隐瞒,就将昨天的事和盘托出。王晙感叹说:"自家们亦已风闻,会之行事,思虑欠周,然而十三妹亦煞是暴烈!"郑亿年瞧着两人说:"你们真可谓是同病相怜。"原来王晙妻子的悍妒,也不在王氏之下。

秦桧对王晙叹息说:"不孝有三,无后为大。我与你十三妹结发十三载,尚无一个子嗣,五舅子,你可否劝解硕人,容我纳一二个妾,我唯求子嗣,别无他意。"秦桧对妻子的凶悍,倒是习惯成自然,颇能容忍,最使他伤心的,是王氏已临近终止生育的年龄,却未能给秦家生一个儿子,使自己面临断子绝孙之忧,他对妻子的生育能力已经完全绝望。王晙摇摇头,说:"你须知十三妹底秉性,他岂能听从于我。即便是阿爹修书,他亦未必听取。"原来王仲山还在外任地方官。

正说话间,有开封府派吏卒突入厅堂,说金营要索取秦桧,立即起发,这对三人无异于晴天霹雳,秦桧一时吓得浑身战栗。郑亿年当即吩咐给吏卒们十贯钱,请他们在府外稍等。秦桧的心神稍定,他一面流泪,一面向妻舅嘱托后事:"我家有一个女使,怀孕后便被硕人逐走。我多方打探,得知此婢另嫁一个福建姓林底商人,生下一子,取名林一飞,实乃我底亲骨血。我若有三长两短,请五舅子千方百计,寻觅林一飞,立为后嗣,我亦当感恩于九泉。"王唤说:"当取何名?"秦桧想了一想,说:"便取名熺。"原来秦家秦桧一辈是"木"字旁,而下一辈是"火"字旁。王癸癸听说丈夫要被抓走,也赶到厅堂。不免有一番生离死别之痛,秦桧最终也只能被吏卒们押走。

当时反对立张邦昌的议状达几十份。当刘彦宗、萧庆、高庆裔等向金帅们报告时,完颜粘罕等人懒于逐一听取宣读,完颜粘罕问道:"其中哪个官位最高?"高庆裔说:"御史中丞秦桧。"完颜挞懒说:"秦桧故意违令,可取来军前惩断。余人令开封府重责。"于是,上状语气最为温和的秦桧,反而被抓到了刘家寺。

这次由完颜挞懒单独审问,秦桧向金帅叩头,说:"罪臣秦桧拜见大金国元帅左监军。"完颜挞懒说:"秦桧,你可知罪?"秦桧已准备好了辩解之词,他说:"秦桧自祖、父以来,为大宋臣民已有七世。蒙废主不次拔擢,感荷厚恩,当国破之时,岂能不思报答,伏望监军鉴谅。"完颜挞懒说:"你亦是个忠臣。若投拜大金,可免一死,与你一个孛堇。"秦桧说:"甚感监军死生肉骨之恩,然而我既受大宋官封,亦须稍缓时日,容我拜见废主,稍尽臣子之义。"秦桧没有立即应允投降,却又微露应允之意,反而得到完颜挞懒的好感。

完颜挞懒又问道:"你家中更有老小几人?"秦桧回答说:"家中唯有一个浑家。"完颜挞懒说:"你若有侍妾在大金军中,我可下令搜访,教他与你团圆。"秦桧说:"罪臣家中并无侍妾。"这个回答进一步赢得了完颜挞懒的好感,认为秦桧不是好色之徒。自从攻宋以来,完颜挞懒愈来愈感到,手下需要有一个类似刘彦宗的人,现在算是寻觅到了。他说:"秦中丞，我可将你妻取来军前，与你团圆。"在内心深处，秦桧并不希望在金朝做官，只求金人放他回城，他用恳求的口气说："切望监军开恩，日后放我回城。从今以后，我更不敢与张邦昌立异。"完颜挞懒用不容商量的口吻说："若放你回去，又岂能做张邦昌底臣僚，不如留在我大金军中。"完颜挞懒下令开封府，将王癸癸和婢仆都送到金营。

与秦桧不同的，是前任少宰唐恪，他参加了立张邦昌的议状画押，却又陷入深深的痛苦，而服毒自杀。张邦昌在毫无思想准备的情况下，也被押往刘家寺金营。刘彦宗向他说明原由，张邦昌说："如何教我为此灭天理底事！"他大哭一场，只能以绝食相抗。金人加紧看守，由刘彦宗等人向他反复劝说，张邦昌闭着眼睛，不再说话。

张邦昌绝食到第二天晚上，只觉得又饥又渴，头昏眼花。忽然进来一个美女，张邦昌感到面熟，却一时叫不出名字。那个女子辫发盘头，完全是女真女人的装束，却用汉话娇声嗲气地说："张相公，你虽然不进饭食，也须用汤用茶。"她端上了一盏浓浓的绿豆蜜汤，一股香味，更刺激了张邦昌食欲，但他还是强忍着不喝。那个女子立时滚下两行泪珠，说："张相公，奴便是彭婆底女儿，名叫李春燕。你若不饮此汤，奴便须被鞭笞责打，唯求相公可怜。"

原来宋徽宗在当端王时，府中有一个人称黑牡丹的女使，姓彭，名百哥，一时颇得宠爱。彭百哥恃宠而骄，有一回，竟与当时的端王口角。端王一怒之下，将她逐出王府。张邦昌当时正在京城当监门官，看守南薰门，慕彭百哥的美色，将她纳为妾。两人相处不到一年，彭百哥又被张邦昌的正妻逐出。后来张邦昌听说彭百哥又改嫁了一个姓李的富豪。宋徽宗即位后，不知怎么，又旧情复萌，彭百哥居然可以经常自由出入大内，宫中称她为彭婆。彭婆虽然不可能有名位，却颇有权势，丈夫因而荫补为官，许多宦官以至士大夫都要向她献媚纳贿。张邦昌因为在外做了几任知州，倒与彭百哥没有往来。

现在张邦昌听这个女子说了自己的身世，就问道："小娘子青春几何？"李春燕说："奴家二十一岁。"张邦昌按年龄推算，知道她绝无可能是自己的女儿，又在灯光下仔细观赏了她的容貌，也是肤色黝黑，身材娇小，确实与当年的彭百哥十分相像。他又说："屈指算来，你妈妈今年亦有四十五岁，不知安乐否？"李春燕说："妈妈已辞世二年。她在世时，常与我说及张相公，说张相公只比她年长二岁，是个多情多义底人。"张邦昌望着李春燕，不免追念当年与她母亲的风流事，叹息不已。李春燕走上前去，毕恭毕敬地举着那盏汤说："张相公，饮此汤须趁热，愿相公怜奴是彭婆之女，与奴开一线生机。"到此地步，已不容张邦昌不喝。

李春燕得寸进尺，又转身出去，端来了一盘酒菜。在她娇声细语，撒娇撒痴，百般劝诱下，十分饥饿的张邦昌开始进食。最后，李春燕又侍候张邦昌上床。原来张邦昌的弟弟张邦基任庐州通判，在京城风声很紧的情势下，不但张邦昌的母亲，就是他的妻儿也转移到了庐州。张邦昌家中仅留一个年龄大而只做粗活的女使，今天居然得到一个俏丽女子的侍奉，使张邦昌稍解忧愁。李春燕开始向他坦白，原来她在龙德宫已封为华国夫人，她倾诉衷肠说："那厮亡宋底老主，只是宠幸金贵仪、金淑仪等人，数年之中，难得亲幸几回。奴家独守空阁，好不愁闷。大金国底二太子，全身骚臭，才与奴亲幸数回，便欲将奴奉送与郎主。蒙相公厚爱，奴愿终身侍奉巾栉。"张邦昌不说话，只是叹气，李春燕在他的怀里如泣如诉："唯有相公相救，奴方得免去遥荒，脱得房衣，重换汉装。"

张邦昌感叹说："我自身尚且难保，如何救你？"李春燕说："你若应允金人，便是救我。"张邦昌说："我世受宋恩，世食宋禄，取而代之，岂非大亏臣节？"李春燕说："国祚已尽，还有几个守节底人？赵氏底帝姬、王妃，如今都成了大金将帅底侍妾，改换大金梳妆。龙子凤孙又有甚人守节？宋亡之后，中原岂能无帝。他人见此帝座，无不垂涎三尺。如此大贤大德底相公不称帝，甚人称帝？天与不取，反受其咎。"在李春燕的反复劝说下，张邦昌的决心渐渐有所动摇。

李春燕又说："妈妈送奴入宫之前，曾请人相面，言道奴贵不可言，日后当母仪天下。入宫数年，却自叹命薄，今日方知，奴当随相公而贵。更说与相公，二太子有言，若奴家能说动相公，便立奴家为后。"李春燕到此已将自己的想法和盘托出，而张邦昌仍是沉吟不语。

狡黠的李春燕看出张邦昌的决心已经完全动摇，就使出最后的一招，说："二太子言道，若相公不允，大金当发兵下城，杀全城生灵。相公饱读诗书，熟知圣贤之道，难道不忍屈己，以救全城百姓。此乃是大仁大德底事，相公岂能不做？"张邦昌长吁一声，说："我不能称帝，只可权摄国政，以待后命。"

三月一日，金军骑兵送张邦昌回城，王时雍率百官迎接，范琼以军队护卫，将张邦昌迎到都堂。当夜，张邦昌遣散众人，独自在堂中喝闷酒。此时此刻，他也说不清自己的心境，是悲是喜是忧是愁，酸甜苦辣，百感交集。李春燕率领金军发送回城的十名宫女，来到都堂，他们连哄带拉，将半醉的张邦昌拉进了空荡荡的大内，拉进了坤宁殿。天明酒醒以后，李春燕搂住张邦昌说："官家，如今你已夜宿坤宁殿，尚有何说？"张邦昌惊慌失色，立即推开了李春燕起床，用训斥的口吻说："你煞是大胆，此处如何住得？且与我回你底阁分！"李春燕就是赖着不起床，说："此殿便是我底。"她灵机一动，又飞快起床，搂住张邦昌大哭。但张邦昌还是不让步，只是用好言反复劝解，说："你若随从我，当暂回你底阁分，此事须从长计议，万万不可鲁莽行事。"

张邦昌到底还是不敢明目张胆出入大内，他白天仍然在都堂办公，只是夜晚偷偷地进李春燕的夫人阁。金人准备撤兵，三月三日，吴开和莫俦入城，通知百官，金朝将在七日对张邦昌行册命礼，国号为楚，以建康府为国都。王时雍等加紧筹备新帝登基。一群以知书达理自命的士大夫，争先恐后地趋奉新主。古时臣民有为帝王避名讳的习俗，工部侍郎何昌言和他的弟弟何昌辰说是要避新帝的御讳，预先更名善言和知言。如此之类，不一而足。

[貳柒]
从东平到济州

康王早在正月三日就到达京东东路的东平府。按照元帅府的命令，不仅河北各州的兵马继续向东平府集结，京东各州的兵马也向东平府集结。惟有河北兵马元帅陈遘，因为在中山府被围，一直无法南下赴任。

康王身任大元帅，而元帅府的事务主要委托汪伯彦和黄潜善掌管，自己的大部分时间和精力用在与女子的饮食、调笑之类，纵欲无度，深居简出。康履等宦官前后为他搜罗了二十四名女子。尽管女子愈来愈多，而最受宠爱的还是张莺哥，当然，她一个人也绝不能满足康王的色欲，而享受专房之宠。正当开封上自皇族，下至百姓受难之际，相距仅五百二十宋里的东平府还是比较平静，由于已拿定了拥兵自重的主意，元帅府的日常事务也就相当清闲。大元帅本人的行踪就是最高军事机密，对外扬言只说大元帅在开德府的宗泽军中。汪伯彦、黄潜善和其他幕僚已熟谙康王的脾性，小事尽量不禀报，以免破坏康王的淫兴。为了给康王的行止保密，其他官员更是轻易不得入见。

二月初二下午，耿延禧和高世则匆忙进入康王的深宅大院，向康履等人通报，说有要事求见。康履进入卧室禀报时，康王与第三个女子的房事刚结束，虽然淫兴始浓，也只能穿便衣出屋。耿延禧和高世则拜见礼毕，忙禀告说："闻得虏骑取道兴仁府，径逼广济军定陶县柏林镇。"柏林镇距离东平府只有三百多宋里，康王听了大惊，说："莫非虏人已知我底所在？"他同耿延禧、高世则来到厅堂，并召来了汪伯彦和黄潜善。汪伯彦说："此事非同寻常，当下令全军整装，若有缓急，可命轻兵守城，重兵护卫九大王,南下淮南。"康王说:"此言甚是!"康王命令宦官给自己取来戎装,叫后院女子收拾行装,上驴车待命。元帅府立时乱成一团,延捱到夜晚,又传来急报,说是金军已经退走,原来是一支游骑。一场虚惊算是结束了。

第二天,黄潜善向康王提议说:"大元帅驻军于此,兴仁府、广济军与京师相距咫尺,不可无防,潜善虽不才,愿统兵前往兴仁府,为九大王前卫。"黄潜善进入元帅府后,虽然已得到康王的宠信,但他很快发现,自己前程的真正竞争对手就是汪伯彦。为了取悦于康王,压倒汪伯彦,他经过一夜深思熟虑,才提出此议。康王果然高兴,说:"难得黄元帅如此忠荩,不知何日启程?须多少兵马?"黄潜善说:"自九大王来此,各路兵马奉命会合,已及九万余人,我愿率三万人马前去,而大兵须留驻东平府。"康王说:"我与你增拨五千。"

黄潜善说:"柏林镇当广济军、济州至东平府底门户,须有精兵驻防。宗元帅出兵开德,已获胜捷,然而陈淬为他抽摘元帅府底精兵甚多。愚意以为,可勾抽宗泽属下底刘浩前军,前来柏林镇,另拨冀州知州权邦彦所率二千人与宗元帅。南华县、濮州与开德府相邻,其兵马亦可归宗元帅节制。"黄潜善自从到东平府后,不像汪伯彦,跬步不离地陪伴康王,他曾亲自去兴仁府等地察看一次。他知道兴仁府城高濠深,易于防守,又毗邻南京应天府,一旦有危难,更便于南逃。由于东平府城在绵亘数百里的梁山泺之东,金军如果进攻东平,往北须经濮州,往南须经柏林镇,兴仁府城反而不是必经的要冲。将北路的防守推给宗泽,南路的防守推给刘浩,实际上还是拥兵自重,金蝉脱壳之计,而康王、汪伯彦等人又根本不会察觉。这就是黄潜善的如意算盘。

右文殿修撰、知冀州权邦彦奉命到东平府集结,已有两旬,却还未能见一次康王。现在得到康王破例召见,就受命前往开德府。宗泽在开德十三战后,就移文开封四周各军,建议同时出兵,进逼京城。当时在开封四周的,还有驻南京应天府的宣抚使范讷和北道总管赵野,驻颍昌府的陕西制置使钱盖,知淮宁府赵子崧等军,却没有一支敢于主动进逼开封,向金军挑战。宗泽听说权邦彦率军增援,最初还高兴了一阵,不料竟是元帅府用弱旅交换自己的强兵。宗泽另外得到的援军,是濮州的七千驻军,但他也没有猜透黄潜善的用心。

按照元帅府的军令,刘浩一军只能向广济军转移。二月八日,宗泽与刘浩、岳飞等人依依惜别,这不是通常的离别哀愁,彼此都有一种国难当头,而又无法在战场上生死与共的沉重感和沉痛感。宗泽不说话,只是默默地向刘浩一军的将领敬酒,当他手捧一卮酒,准备递给岳飞时,岳飞忙说:"小将曾有酒失,故老母有戒,滴酒不得入口,乞元帅宽恕。"宗泽不说话,只是投以赞许的目光,就将这卮酒转敬王贵。不料一丈青也手捧一卮酒上前,说:"岳五,此乃宗元帅与众人底心意。只饮一卮,方见彼此真情,岂能便有酒失?"由于彼此已相当熟悉,所以她已不再称岳飞官衔,而改称排行。岳飞面有难色,聪明的张宪抢过酒卮,一饮而尽,说:"我代岳五哥饮酒,亦见彼此真情。"

刘浩一军出开德府东门,宗泽、陈淬、一丈青等人都亲自相送。刘浩推辞说:"下官移屯,何劳元帅相送!"宗泽并不答话,而仍是默默地送行。刘浩、岳飞等人都忍不住掉泪了,陈淬等人也忍不住掉泪了,而一丈青更忍不住大哭起来,宗泽经历了多少沧桑变故,克制感情的能力极强,到此也忍不住落下几滴清泪。岳飞突然忍不住问道:"宗元帅,你以为大宋国运如何?"宗泽悲痛地说:"京师久无音耗,君父蒙尘,尚有何国运可言?"但他又改用激昂而坚定的语调说:"然而楚虽三户,亡秦必楚!我譬如风中残烛,在世之日无多,从头收拾旧山河,全仗你们同心协力!"他用严肃的目光扫视众人,刘浩最后说:"宗元帅,若有缓急,你只须一纸传令,自家们当闻召即行,听命于麾下。"刘浩表示了一种即使违抗元帅府命令,也要听宗泽宣召的强烈意愿,这虽是宗泽不可能做的事,却也使他十分感动。宗泽等人虽然出城相送数宋里,最后也只能忍痛告别。

由于在开德府和广济军之间,金军经常出没,刘浩的一支孤军,只能迂回濮州南下。他们渡过广济河,按照命令,必须先去兴仁府城参见黄潜善。金军有一猛安游骑到兴仁府城下,黄潜善下令紧闭城门,不得与金军交锋。八百多金兵,包括四百多正军,四百多阿里喜,全是契丹人和奚人,在千夫长契丹人耶律速撒的指挥下,绕城耀武扬威。岳飞所统的马兵将仍是刘浩一军的前锋,他得到硬探们的报告,一面派人通报刘浩,一面率军出击。

经历开德之战后，岳飞的马兵将扩充到三百骑，其中二百名是重甲骑士，全部装备缴获的金军重甲，而另一百名仍是宋军原来的轻骑。渡过广济河时，有一名轻甲骑兵不慎，将自己的皮笠掉落水中，岳飞立即脱下自己的兜鍪，戴在那个战士的头上。由于一时没有冠、帽之类，岳飞只是临时用一个木簪，绾着发髻。他一马当先，沿城濠西行，在兴仁府城的南门附近与敌骑遭遇。岳飞马上吩咐副将王贵和准备将张宪、徐庆说："虏骑不知我虚实，利在速战。我与王大哥率重甲骑士为正兵，张四哥与徐二哥率轻骑为奇兵。"他说完，当即戴上一个面目狰狞的铜面具，飞马急驰敌阵，王贵率众骑随后冲锋。

耶律速撒命令金军攒射为首的宋骑，一阵乱箭飞来，岳飞的坐骑胸中四箭，立时倒地，岳飞却从地上一跃而起，披头散发，手持十八斤的四楞铁锏，第一个冲入敌阵，将一名敌军打下马，夺取坐骑，又与金军混战。金军虽多，然而契丹兵和奚兵本来就军纪散漫，战斗力弱，而岳飞所统的精兵屡经鏖斗，作战勇猛。在宋方正兵和奇兵的夹攻下，金军很快败退。刘浩率二千步兵赶来时，战斗已接近尾声。最后，战场上遗留了一百多具敌尸，耶律速撒在交战中受伤，与另外十四人成了俘虏。

刘浩一军入城后，黄潜善不见众将士，只召见刘浩一人。他对胜仗并不褒奖，却用戒饬的口气说："此回姑且与你记功。此去柏林镇，会合白安民一军，同共守御。凡遇虏人前来，你们只须坚守本镇寨栅，不得出兵，惹是生非，更不得追击。保守得柏林镇，便是大功。若出兵交锋，便是获胜，亦依军法'违主将一时之令'，当行处斩！"刘浩听了，心中不服，忍不住问道："不知黄元帅何日与宗元帅会师京城？"黄潜善勃然大怒，咆哮说："此乃军国大计，你身为偏裨，何须问得？"

刘浩不敢再说，黄潜善停顿了一会儿，又突然想起一件事，问道："你可知大元帅底所在？"刘浩说："自家们并不知得九大王底所在，权修撰至开德府言道，九大王今在东平府。"黄潜善拍案顿足，说："权邦彦如此失言，日后必当加罚！"他想了一想，又告诫刘浩说："大元帅身系国家之安危，自今对外扬言，只说九大王在开德府。若你与部属再言东平府事，便依军法'泄漏军事'，须行处斩，决不宽贷！"刘浩只得说："谨遵黄元帅之命！"黄潜善说："柏林镇乃东平府底门户，你与白安民守得此镇，便是护卫九大王安泊,日后当记奇功!如今且在此歇泊一日,明日便去柏林镇屯驻。"刘浩虽然是满腹疑团和不快,也只得禀命而退。

黄潜善又下令带上战俘,亲自审问。耶律速撒的口供,使他第一次得知金人废宋的消息。这其实是他盼望已久的喜讯,旧皇帝不废,新皇帝如何能立,他现在感到康王称帝,自己当新君的开国功臣,已有了七分把握。黄潜善当即下令,将耶律速撒等战俘全部处斩,而敌俘的口供不得泄漏。自己连夜修书一封,派专人飞骑送往东平府,并规定必须面交康王本人。康王亲自拆封后,只见信中写道:

> 虏人猖獗,废我大宋皇帝,身为臣子,五内崩裂,痛不欲生。然而国不可一日无主,今青宫诸王,唯大王一人统兵在外,此殆天意,垂佑我宋。为今之计,大王莫若亲统六军,移屯淮南,仰仗东南之事力,观时应变,徐图恢复。虏人废立一事,以暂不泄漏为上。

康王看后,内心其实也是喜大于忧,但表面上只能颦眉蹙额,装出哀不自胜的模样,将这封信给汪伯彦等人传阅。汪伯彦说:"黄元帅与我意相合,莫须先去宿州。宿州地处汴河之滨,北可入京师,南可下江南,进退自如。"耿南仲马上附和说:"九大王驻东平已久,虏人难免探得,宿州真乃九大王安泊底去处。"宿州就是现在安徽宿县。众人都无异议。于是康王下令,元帅府紧急搬迁。二月二十日,康王一行离开东平府,二十三日抵达济州,即现在山东巨野。

五十年前的一次黄河大水灾,自决口暴溢的河水灌注到钜野古泽,形成了著名的梁山泺,成为北方的最大水产区。康王在东平府时,就天天享用梁山泺所产的美味。当夜,在位于梁山泺南的济州城内,按照宦官康履和蓝珪的安排,康王与二十四个女子的晚宴,还是享受梁山泺的水产。宋时宴会的习惯是先上果品,后进菜肴,而当时果品的概念也与今人不同,如藕、菱、莲等都算是水果。最先上桌面的,正是蜜渍和咸酸的藕、菱、莲等,其中最引人注目的,是一个长约三宋尺的整段蜜渍雪藕,装在一个特制的大木盆内,首先供放在康王案上。康王不由惊讶地说:"如此大藕,实为前所未见!"张莺哥上前,用小刀切取中间的一段,竟如碗口大小,放在一个汝窑豆青色瓣口瓷盆中。康王尝了一口,说:"不料大藕尚如此鲜嫩!"众女子依次上前,每人都切取了一段。

食用果品后,接着供进了一道道菜肴,除作为宫廷标准食品的羊肉外,主要还是各种水产,最令人惊奇的,是一个汝窑粉青瓣口大瓷盘所盛的一只大鳖,烹制特别讲究,色香味俱全,康王尝了一筷,就赞不绝口。众女子一一上前,用当地出产的"宜城"名酒,给康王把盏,有的献上一块无刺的鲜鱼肉,有的献上一段去壳的虾肉,有的献上雪白的蟹腿肉,依次用玉手或牙筷送进康王的嘴里。

自从得到金人废宋的消息后,康王固然感受到另立异姓的威胁,却更有一种幸脱罗网,登基在即的喜悦,说他喜忧参半还是不确切的,如前所述,在康王的内心深处,其实还是喜大于忧。然而迫于古代的伦理,他内心的喜悦,且不说是对汪伯彦,就是对康履等宦官,也不能流露。今夜面对着二十四个女子,在觥筹交错、莺颠燕狂之中,康王却带着醉意说:"朕即位之后,你们皆是朕底妃嫔。"他居然使用皇帝专有的第一人称,不免使所有的女子大吃一惊,因为在正常情况下,这无疑是僭越之罪,罪大而难宥。

由宦官选取的女子,惟一的标准当然是美色,他们的文化水平也必然参差不齐,有的还目不识丁。文化水平最高的张莺哥自然领悟最快,她急忙上前下跪,说:"臣妾叩谢官家圣恩。"她也不顾僭越之罪,称亲王为官家,而自己又使用了后妃面对皇帝的第一人称。其他女子在她的带动下,纷纷下跪,鹦鹉学舌。康王哈哈大笑,说:"朕自幼在妈妈阁中,每见阿爹居九五之尊,享四海之奉,无数佳丽,伏侍左右,方知帝王之乐,却自恨与帝位无缘。朕奉大哥之命,再次出使,其时亦别无大志,只求保全性命。闻得磁州崔府君祠甚为灵验,前往求卜,而得大吉。如今父母兄弟蒙难,而唯有朕一人身任大元帅,统兵在外,此非天意而何?朕即位后,当遣专使去磁州,重修崔府君祠,与神加封王爵。"

张莺哥立即应答说:"只愿官家早日应天承运,再造宋室,拯救万姓于水火,自家们亦可早沐恩波,共享富贵。"愈是为一己一群私利的统治,就愈需要以大公无私、民为邦本之类言词自我标榜。张莺哥的最高理想无非自己早当皇妃,甚至占据皇后的宝座。这也是她出身仕宦之家的好处,对当时冠冕堂皇的政治套语,耳熟能详,信手拈来,不费工夫。她的话却使康王格外高兴,康王得意地说:"天生眇躬,朕日后继统,当戡平祸难,使大宋中兴,生民出得汤火,重沐清泉,岂止你们沐朕底恩波而已。"

一夜欢娱,康王第二天起床,已近正午。他来到州衙,只见汪伯彦、耿南仲等人都已在厅堂等候。耿延禧首先报告说:"诸军战士皆是北人,不乐南迁,诸军怨言籍籍,言道不救京师,而迁路南下,岂非抗旨?"康王听后,火冒三丈,说:"可选取出言不逊者数人,都与处斩,以儆其余!"高世则说:"如今艰难时节,只恐激成兵变,难以弹压。"康王火气更大,说:"若不能弹压,要诸将何用?"汪伯彦说:"自家们已计议多时,为今之计,莫须暂留济州,徐图南下。欲速则不达,切望九大王留意。"有汪伯彦出面谏劝,康王只能说:"便依你们所议。"

汪伯彦又补充说:"自家们商议,自后与宗老汉等人檄书往返,可先传送于兴仁府黄元帅处,使天下更不知九大王新底所在。此亦是兵法'善守者,藏于九地之下','深间不能窥'之意。"康王对这条保密措施自然极口称赞,说:"此计甚妙!"其实,汪伯彦提出此议,另有其不可告人的动机。他也与黄潜善一样敏感,认为在未来的新君朝廷里,自己前程的有力竞争者,正是黄潜善。如果真有三长两短,宗泽固然是康王第一个替死鬼,而黄潜善也就成了第二个替死鬼。这又是汪伯彦十分刁毒的盘算。有一回,他曾教导汪召锡说:"官场即是战场,若心慈手软,当断不断,便须反受其乱。"

[贰捌]
卫南、韦城与南华三战

宗泽送别了刘浩一军,又对所统兵马进行改编,命权邦彦率三千人守开德府城,濮州知州闾丘陞率三千人守州城,其余军马,包括新召募者,共计一万五千人,分为五军,每军三千人,前军统领刘衍、右军统领张㧑、中军统领马皋、左军统领尚功绪、后军统领王孝忠,三千马军全部集中在中军,仍由陈淬任全军统制。在粮草齐备后,宗泽等不及各路军队的回应,他召集军事会议,提出在二月二十一日出兵,渡河进攻卫南县。

这次却是统制陈淬首先表示反对,他说:"探得虏人左都监在卫南集结重兵,王师未可轻举。"宗泽勃然大怒,说:"君父蒙难,开封百姓盼我援师,望眼欲穿。自家们顿兵在此,已及二旬,岂容逗遛不进!"众人还从未见到宗泽如此盛怒,他的瘦削的苍白的脸上,因过分的激动,而泛出红晕。此时此刻,谁都能体会到宗泽心急如焚,陈淬马上改口说:"请宗元帅息怒,我愿统兵为前驱,以赎今日之过。"宗泽也感动地说:"君锐,自非万不得已,我亦岂愿冒此九死一生之险。然而今日出师,须有进无退,若是怯退,便不须见我!"陈淬和众将当然都感受到最后一句话的分量。宗泽又用严峻的目光扫视众将,说:"谁愿与君锐同行?"身为中军副统领的一丈青首先说:"奴家愿应命!"其他统领接着也一一应答。宗泽最后说:"此回便由王、尚两统领前去!"

陈淬率领左军和后军六千人马,按时渡过黄河,兵锋直指卫南。金军自从完颜兀术和完颜阿鲁补兵败以后,决定认真对付开德府的宋军,他们还认为是康王亲统的大军。元帅左都监完颜阇母和完颜奔睹率领了五个万夫长,约有三万人,进屯卫南,准备与宋军一决雌雄。他们所以没有立即出兵攻打开德府城,也是鉴于上次失利的教训,正在商讨对付宋军车阵的战术。

陈淬的军队来到卫南城北八里,就陷入优势金军的包围之中。宋军只能以圆形的车阵,打退敌人一次又一次的进攻。陈淬、尚功绪和王孝忠三人不断激励军士死战,他们反复强调说:"王师已陷入死地,唯有死战,方能求生。王师全是步兵,若要溃围而出,必定被虏人马军蹂践,而无一生还。"在宋军强弓硬弩的抗击下,接连鏖战五天,金军伤亡累累,还是攻不动宋军的车阵。

第六夜天色昏暗,不见星月,狂风卷地,尘土飞扬。经历连续激战之后,金军也相当疲劳,除少量军士手执火把,骑马巡逻,密切监视被围的宋军外,大部分人都披戴甲胄,卧倒在地。不料马皋的中军骑兵和刘衍的前军步兵却乘此黑夜,向敌军发动奇袭,而宗泽亲率张㧑的右军也同时攻入了卫南县城。陈淬、尚功绪和王孝忠发现情况后,也当即组织左、后两军,发起反攻。宋军在一夜之间,就将金军逐出卫南,金军先后战死三千多人,还遗弃大量装备。宗泽接着又派前军和右军乘胜一举收复兴仁府的南华县,逐走了三猛安的敌人。南华属兴仁府,地处卫南以东,本来应属黄潜善管辖,但如前所述,黄潜善却有意将南华的防务推诿给宗泽。宗泽也明白,唯有收复南华,才能消除对本军侧翼的威胁。

三月初一,亲兵将王经报告宗泽说:"开封张察院历尽艰辛,已至卫南,自家们将他迎入城内。"宗泽连忙出县衙迎接,他与张所作揖后,彼此握着对方的手,竟长时间无语凝噎。最后还是宗泽先开口:"正方,'愁思胡笳夕,凄凉汉苑春','所亲惊老瘦,辛苦贼中来'。"他引用的,是当年杜甫经历安史之乱的诗句。张所瞧着宗泽稀疏的白发,感慨地以杜诗回报:"汝霖,'国破山河在,城春草木深。感时花溅泪,恨别鸟惊心'。'白头搔更短,浑欲不胜簪'。"此时此刻,似乎只有这些诗句才能最准确、最透彻地表达彼此的心境和感情。张所向宗泽介绍于鹏、孙显等人,他见到寇成和王经,也格外亲切,向他们报告了家属平安的音讯。

在一盏黯淡的油灯下,张所和宗泽彻夜长谈。两人其实相识很晚,然而半年前宗泽赴任磁州前的一次彻夜长谈,却使彼此相知颇深。论年龄,张所只有四十,面对六十九高龄的宗泽,他也确实有一种以少事长的敬意。宗泽平时对部属,甚至对儿子宗颖,都不愿多说元帅府里的事,今天难得有张所这样的知己,才将自己的满腹牢骚、委屈和愤慨都倾泻无余。尽管如此,凭着宗泽在官场沉浮数十年的修养,他的说话还是很有分寸的。张所注意到,宗泽对康王只是客观地介绍他的所作所为,而由张所自己作出结论,然而对汪伯彦、黄潜善、耿南仲等人却是痛愤之情,溢于言表。他甚至不再称姓道名,径以"微人",即小人作为汪伯彦的代名词,以"佞人"作为黄潜善的代名词。这使张所觉察到,虽然康王尚是亲王,而宗泽已经将他当作未来的皇帝对待,而谨守着自己的臣规。

"虽然太上、主上与青宫诸王被拘,在龙子凤孙之中,当有贤德之人?"张所开始向宗泽发问。宗泽说:"我为此熟虑已久。赵氏宗室,岂无贤德,如知相州不试,便是一个英才。然而天假其便,九大王以皇弟之亲,大元帅握兵之重,不论虏人立何人为僭逆,自家们唯当拥立九大王。国运如此,岂宜更有赵氏兄弟叔侄阋墙,而使虏人、僭逆坐收渔翁之利。"张所不由对宗泽更加钦敬,他说:"汝霖深谋远虑,非我可比!"然而宗泽却以更加沉痛的语调说:"我与虏人交锋数回,深知他们并非三头六臂,尚无灭宋底事力。所可恨者,如王时雍、徐秉哲、汪伯彦、黄潜善辈层出不穷,我大宋江山社稷,只恐难免重蹈西晋东迁之覆辙。"张所明白,宗泽没有指名康王,实际上正是对康王登基后的国势,作出了一个十分悲观的估计和判断。明知康王决非正人,却又必须拥立他为帝,而不能拥立其他贤德的赵氏宗室,这就是身为宋朝臣子的宗泽的苦衷,一种内心极其痛苦和矛盾的抉择。

张所的内心完全同意宗泽的看法,他又想从另一种途径挽回国运,就说:"如此说来,当务之急,更莫过于出兵京师,与吴革里应外合,救取二帝。"宗泽说:"我当于三日提前发兵。"张所说:"我在此亦无补国事,唯有早日见得九大王,恳请发兵。"宗泽苦笑着说:"此说极是。然而我虽是副元帅,却已不知大元帅底所在,你还须去兴仁府,先见那厮闲人。"张所稍事休息,就在第二天傍晚,辞别宗泽,带了于鹏和十名军士,骑马急驰兴仁府,而孙显等人都留在宗泽军中。

张所到兴仁府,与黄潜善经过一番交涉,终于来到济州。他万没想到，在济州郊外竟见到了故人、直龙图阁、淄州知州赵明诚。赵明诚是已故宰相赵挺之的第三子，今年四十七岁。他本是诸城人，后来全家移居益都，而张所正是本地人，彼此有一段交游。原来赵明诚的母亲在江南建康府去世，他只能将本州政务移交通判，自己率一千人马，前来济州，准备将军队交付元帅府，就南下奔丧。不料空等五天，竟无法见到康王。好不容易找到元帅府参议官高世则，方才办理了移交军队的手续。现在他骑着马，后面一辆牛车里坐着妻子李清照，另外还带着人从与十五牛车的书籍和古器，一起南下。

张所和赵明诚两人都匆忙下马作揖，李清照也从牛车里出来相见。在这个男尊女卑的社会里，李清照的诗词却扬名天下，赵明诚虽是名士，而大家公认，李清照的文采更胜过丈夫。她今年四十五岁，也与丈夫一样，全身缟素，其年龄已非徐娘半老，却风韵犹存。由于彼此交情很深，赵明诚按排行称张所为"张十五"，而张所也称赵明诚为"赵十六"，有时更尊称李清照为"易安居士"。张所向赵明诚夫妻介绍于鹏，于鹏特别对李清照说："安人词名冠天下，在钧容直内，每闻安人有新词，便争相传唱。今日获睹尊容，实乃三生有幸，只是相见恨晚。"按赵明诚的官位，李清照拥有"安人"的贵妇封号。

时近正午，于鹏临时找到一个村店，安排军士和人从酒食，张所和赵明诚夫妻也在一个几案周围，随便坐上三张方凳，按守丧的规矩，他们只是要了三碗下层社会饮用的散茶、四个炊饼和两碟蔬菜，而不用酒肉。张所望着门外的一长排牛车说："你们夫妻耽嗜书籍与古器，搜求不遗余力，以至食无重肉，衣无重彩，易安居士无明珠、翡翠之饰。此十五车只恐亦未及所藏底十分之一。"

原来赵明诚夫妻虽是官宦世家，家道并不富裕，他们却宁愿牺牲物质享受，以换取文化享受。在益都的十五间房中，只是堆积书籍和古器，岂止是几案罗列，连枕席之上，也被书籍占据了一半床位，堪称是一对书痴，嗜书如命。他们组织了一个赋诗填词的漱玉社，张所等入社的朋友，每逢赵明诚夫妇召唤，就知道他们一定缺钱，所以总是解囊赴会，准备在与李清照比赛诗词时，充当输家的罚款，以供这对夫妻买书籍和古器的急需。赵明诚夫妻一般只是客来进茶，客去进汤，只是偶尔略备酒食，供朋友们薄酌小饮,朋友们也没有一个为口腹之欲,而苛求于这对夫妻。事实上,在任何一次社会上,还没有出现过须眉男子的作品能压倒李清照的奇迹,朋友们对她的才气,无不心服口服。

赵明诚感叹说:"临行之前,将书籍古器选之又选,凡寻常底画,重复底书,重大底钟鼎,无款识底古器,只得尽锁于益都故居,此十五车煞是精中之精。"李清照更伤心地说:"追忆漱玉社底往事,直如幻梦泡影。此十五车中,又有多少是朋友相赠之物。张十五,你可记得,你曾出资十贯,为我赎取质库中一只金步摇底旧事。"张所哀痛地说:"你们将十五车书籍古器南运,便是上策。中原干戈扰攘,未见有休息之期。我在京师,亲见大内底无数珍本秘笈,一旦委弃于敌人,便如五内俱焚,好不伤痛!"赵明诚说:"自家们此回南下,唯是悬念故居底书籍古器,日后定须搬取江南,免遭兵燹。"

话题自然而然地转到了令人忧心的国事上,李清照对张所说:"夫君乃是文弱书生,虽非临难苟免底人,然而危难时节,委是六神无主,不比张十五,乃慷慨有大志底人。请问大宋国运如何?"张所苦笑着说:"我又有何主见?若论远见卓识,当首推宗元帅。"他介绍了宗泽言谈,赵明诚夫妇都感叹不已,赵明诚说:"元帅府每隔数日,必发檄书,下令各方进军勤王,其实却是拥兵自重。闻知大元帅到得济州,又搜求了多少民间美女,日日宴饮无度。官员们欲见大元帅,便须与康履、蓝珪之流行贿。我无钱献纳,只得在帅府空等五日。"李清照气愤地说:"蓝珪之流奉承康王,无微不至,若到得房人手中,便是第二个邓珪。"赵明诚又说:"高世则言道,耿相公、汪元帅等议事,无非是计议如何逃至江南,以避房人兵锋。张十五来此,切恐亦未必能为太上与主上求得一个援兵。"张所听后,不由拍案而起,三碗茶水也因震动而流溢桌面。正想破口大骂的张所,突然想到宗泽必须拥立康王的话,意识到自己还须对未来的皇帝遵守臣规,又无可奈何地长吁一声,说:"如今亦只得尽人事,以听天命!"

三个故人匆匆会面,又须匆匆告别。临行之前,店主突然手持笔墨,拦住李清照说:"难得易安居士光临,小店蓬荜生辉,敢请居士赐墨,男女便感恩不尽。所有茶酒,不劳居士支付分文。"唐宋时,骚人墨客在酒肆旅舍、佛寺道观等壁上留墨,是一种流行的风尚,李清照当即找到店中一

处较平滑的墙壁,写下了一首五绝:

> 生当作人杰,
>
> 死亦为鬼雄。
>
> 至今思项羽,
>
> 不肯过江东。

于鹏赞叹说:"平日传唱安人底词,只觉清新婉丽,今日得见此诗,真有拔山扛鼎之气概,安人煞是女中豪杰!"张所说:"易安居士之诗,当可羞杀汪元帅、黄元帅、耿相公之流!"当然,另一个更重要的人物康王却已不能在斥骂之列。

不出赵明诚所料,张所到济州后,虽然说得唇焦舌敝,康王却虚与委蛇,汪伯彦更有一套诡辩之术,百般敷衍,元帅府除了发一纸火速救援的空文外,并不向开封发一个援兵。张所在万般无奈之余,只能向康王请求到各地催督救兵。然而他首先来到兴仁府,就遇到黄潜善的支吾搪塞。张所无计可施,只能离开兴仁府,前去南京应天府等地。

三月三日,宗泽一军在经历鏖战,未能适时休整的情势下,开始向金军重兵防守的滑州韦城县出击。这次完颜阇母和完颜奔睹改变战术,他们安排女真军养精蓄锐,只是使用契丹兵、奚兵、渤海兵、汉兵等步战,设立寨栅,节节抵抗。宗泽已无后备兵力,他命令众将说:"将孤兵寡,不深入重地,又如何取胜,救得主上?"亲自督率五军,奋力苦战,前后杀敌数千,直到十日,才克复了韦城县。

十一日上午,完颜奔睹率领金军在韦城县东列阵。宗泽命刘衍率前军守城,自己亲自带领其他四军出战。完颜奔睹还是使用契丹等非女真兵轮番与宋军搏战,又轮番败退。宋军就一直向东追击。陈淬对宗泽说:"观虏人之意,似欲以饵兵诱我军,元帅须防虏人伏兵。"宗泽说:"不论有无伏兵,王师还须追击。"

十二日,宋军追到了南华县附近,完颜阇母才亲率一万五千精骑,以排山倒海之势,从正南方向对行进中的宋军发动总攻,完颜奔睹也回兵反攻。经历连续作战,宋军的战车已损耗不少,不可能组成密集的车阵,有效地抵御敌人的骑兵。首当其冲的是最前列的后军,金军从东、南、北三个方向夹攻,很快撕裂和切割了宋军的圆阵,统领王孝忠挥剑连杀两名敌兵,却被蜂拥而至的敌军乱刀砍死。

后军的溃败又波及到其他三军。宗泽在危急时刻,还是仗剑指挥军队死战。陈淬却当机立断,说:"宗元帅,若不退师,势必全军覆没,京师更无受援之望。"他不等宗泽同意,就指挥撤退。然而一队金骑已经杀来,刚编入亲军的孙显首先抡动一杆铁戟刀,将为首的金军百夫长劈下马来。陈淬急命寇成和王经挟持宗泽,率百骑北撤,自己与孙显等挥兵迎敌。中军骑兵终于杀开一条血路,骁勇的女将一丈青与丈夫马皋,还有张应、李璋、赵宏、岳亨等率军屡次击退追击的金军,使宋军步兵也得以北撤。

宋军退到了南华县以北的濮州临濮县,宗泽招收败兵,总计剩下了近七千人。完颜阇母和完颜奔睹又乘胜进攻韦城县。刘衍却率前军死守县城,金军猛攻三天,损兵折将,只好撤回开封。

宗泽经历这一次败仗后,忧愤成疾,接连两天,不进滴水粒食。众将都十分焦急,最后,陈淬只能拉着宗颖和一丈青,强劝宗泽进食。陈淬知道,在众将中格外受宗泽关照的,正是这员女将,他对众将都可说是严厉有余,对儿子宗颖则要求更严,训斥更多,惟独对一丈青总是和颜悦色。一丈青自幼过惯戎马生涯,一团粗豪之气,从无柔情可言。今天却手捧着一碗粟米稀粥,坐在宗泽病榻之前,她不用平时"宗元帅"的称呼,说:"阿爹,请用此一碗薄粥,全军将士,须你主张,岂能不饮不食?"宗泽眼球布满红丝,其实已经两天两夜没有合眼了。他深情地望着一丈青,显得十分感动。宗泽有五个儿子,却没有一个女儿,自从一丈青来到军中,他实际上是将一丈青当女儿看待。宗泽用低沉的语调说:"感荷你底厚意,我委是不能下咽。"一丈青听后,泪珠忍不住滴落在碗里。

宗颖只能向陈淬使眼色,陈淬激动地说:"宗元帅,你年近七十,本当致仕归老,只为不忍见山河破碎,而暮年统兵。如今大宋社稷尚须人主张,宗元帅不与主张,难道教张邦昌主张?教汪、黄二元帅主张?若宗元帅尚如此轻生,切恐自家们亦只得辫发左衽,投拜于大金军前。"宗泽听了,眼中立时发出感奋的神采,将粥碗取来,一气喝完。他接着又对陈淬下令说:"可自开德与濮州各勾抽一千人马前来,我军岂能久留此处,还须南下韦城。"

三月二十日，宗泽强扶病体，坐着一辆驴车，统率着近九千兵马，终于抵达韦城，与刘衍一军重新会合。

[贰玖]
"假官家"登基前后

在梅执礼等被害和张所逃离后,吴革成了开封军民抗金活动的中心人物。他每天焦心苦虑地筹划暴动。虽然被秘密组织的军民有五万多人,但吴革仍感人力不足,五万多人不可能在占夺开封外城四壁的同时,发动对青城金营的突击,还须分兵对付王时雍等内奸。为了造成攻击的突然性,吴革最后还是放弃直攻青城的计划,为防止泄密,商定在三月八日白天通知,夜间起兵,占据外城四壁,同时诛杀王时雍等人,然后再出兵城外,与青城和刘家寺金营对垒,争取康王援军,解救皇帝和皇族。

三月六日凌晨,天色未明,有诸班直甲士崔广等二百多人来到城西北的咸丰水门附近,闯入吴革的秘密新居之中,唤醒了他。朱梦说、李若虚、吴铢和徐伟四人多日来一直住宿他家,也一同起床。崔广说:"吴太尉,张邦昌定于明日,由房人僭立为帝。太尉起兵勤王底事已有泄漏,若再迟疑,只恐祸且不测。"徐伟说:"先发制人,后发则制于人,自家们莫须今夜起兵?"崔广说:"只恐已是迟缓。"吴革说:"如今唯有先攻尚书省,诛灭王时雍等乱臣贼子,方可号令全城。"他想了一会儿,就命令朱梦说和李若虚说:"你们可速去马察院处,与他起草檄书,通告义士,号召全城军民。"朱梦说和李若虚立即出发,去找监察御史马伸。

在匆忙之中,吴革临时只能集结到三百多人,他命令十七岁的儿子吴昊说:"你平时习练武艺,今日是你报国之时。"说着,就将一口随身利剑交给他,吴昊双手捧剑,说:"孩儿会得!"吴革又对妻子黄妙郎说:"此去不成功则成仁,我与你利剑一柄,你与孩儿断不可污于贼手!"黄妙郎噙着泪,却不接剑,吴革厉声问道:"你为何不受此剑?"黄妙郎说:"此剑当用于杀敌,若有差失,奴家自有成仁之道,断不能有辱家门!"话到此处,吴革也心如刀绞,落下了几滴泪,其余的人也不胜悲伤。黄妙郎叫过了另外未成年的两男两女,说:"孩儿们,且与阿爹忍痛一别!"四个孩子跪倒在地,给父亲与众人叩头,吴革此时再也说不出话。他急速转身,与众人出发。

这支三百多人的队伍,却只有五匹马,分别由吴革、徐伟、吴铢和亲将左时、张知章五人骑乘。他们在黎明时到达金水河西的一片开阔地,正遇范琼率领军队,封锁了东南的路口。范琼见到吴革人马,就大喊道:"吴太尉,你曾有救命底大恩。我亦是大宋底臣子,不得已而屈事虏人。你欲只手堰黄河,亦须与自家们共议。"吴革持剑一马当先,边走边说:"范太尉,你若能反正勤王,当可将功折罪!"不料在范琼背后飞来一箭,吴革眼快,急忙一躲,这支箭正中他的肩头。发暗箭者正是杀害姚友仲的王俊,他抡动一杆两刃掉刀,骑马迎战吴革。两支军队进行混战。在优势敌人的包围和攻击下,吴革、吴铢、徐伟、左时、张知章、崔广、吴昊等三百多名勇士全部牺牲,血水将暮春的金水河染红了一大片。

范琼率军队扑向吴革的居所,只见大门紧闭,王俊命令兵士大呼小叫,里面毫无动静。王俊于是下令兵士撞开大门,只见内屋已升起了烈焰,传出了一个女子的声音:"吴氏七世为大宋臣子,今日便当为国尽忠。奴家到得阴曹,亦要取尔们贼子底性命!"紧接着是四个孩子同样的呐喊声。黄妙郎和四个儿女任凭腾腾烈焰的烧炙,范琼、王俊等人居然听不到一声痛苦的呻吟,房屋转眼间就成为瓦砾灰烬。

突然一阵寒风刮来,范琼只觉毛骨悚然。他的双腿一软,立即跪倒在地,连连叩头,说:"弟子范琼从来敬神礼佛,不敢稍有怠慢。只求神佛保佑,免受鬼魂之害。弟子当专设道场,追荐姚友仲、吴革等人亡魂,多烧纸钱,为他们祈求冥福。"他的这种十分滑稽的做法,引起了王俊和兵士们的哂笑。有一个兵士感叹说:"范太尉,自家们瞑目后,恐不免在太祖官家殿下吃铁棒。"王俊却厉声反驳说:"依你之说,太祖官家还须在周世宗殿下吃铁棒,根问他如何欺负孤儿寡母,占夺江山。如今宋国已亡,新主洪福齐天,自家们岂能受鬼魂之害!"他的话又使众人,特别是范琼本人得到了宽慰。

再说李若虚和朱梦说两人急急奔到马伸家中。马伸不比年富力强的张所,他是三十一年前的进士,今年已经五十二岁,半年之间,须发白了大半,在恶劣的生活条件和心境下,时时卧病。他听了朱梦说和李若虚的报告,连连顿足长叹,说:"吴太尉何须匆忙行事!"在万般无奈之中,三人只能起草檄书。刚写完檄书,只听得街上传来了击柝声。原来开封府衙分派吏卒,到各个大街小巷重复呼喊说:"亡宋统制吴革等谋反,已被官军剿杀。若诸坊巷居民撰造言语,倡说事端,再图谋反,定须收捉赴官,重法断遣!"三人听得这个消息,再也无法自持,只是捶胸恸哭。

当天傍晚,吴开和莫俦回到城里,这是他们的最后一次传话,从此不须再回金营。王时雍和徐秉哲特别在开封府衙设晚宴招待。一张长方形的餐桌,共计十条桌腿,桌腿底部又是一个长方形木框,正好可供十人用餐,如今却只安放了四只圆凳。王时雍坐在东北,徐秉哲坐在西北,吴开坐在正东,莫俦坐在正西。餐桌正南不远,则有十二个妓女奏乐,他们都是在金军索取时,被徐秉哲私自留下者。堂上插着十二枝原先是大内专用的河阳蜡烛,烛光耀目,阵阵幽香袭人。自从金朝正式废宋以后,王时雍、徐秉哲等官员就随便索取大内的各种用品,挑选宫女陪夜,而毫无顾忌,今宵晚宴的相当部分用品和食品都是取自宋宫和御厨。

宾客司吏胥上前,首先询问吴开和莫俦说:"二位内翰莫须点茶?"莫俦说:"我今夜不吃点茶,而吃煎茶。"徐秉哲望了望王时雍和吴开两人,吩咐说:"今夜都吃煎茶。"于是,宾客司吏胥就抬进一盆烧得透红的石炭,一只古色古香的铜鼎盛着清水,放在盆上。一个女使取来一团建州北苑所产"玉叶长春"御茶,经过捣、碾、筛三道程序,然后将茶末撒入沸水,用竹筅搅拌,只待茶水沸如鱼目,宾客司吏胥立即抬开铜鼎。女使用木杓舀茶水,逐一注入钧窑所产的玫瑰紫茶盏中,正好是一杓水,一盏茶。

莫俦一面喝茶,一面感慨地说:"如此极品御茶,一年能吃几回?"王时雍却用略带讥刺的口吻说:"前宋太上享用御茶数十年,如今欲饮一盏,亦不可得。"徐秉哲说:"数十年竭天下以自奉,一朝却成大金底阶下囚。可知人生如梦,得快活处且快活。"他们的话倒提醒了吴开,他取出

了宋钦宗的一封书信,递给了王时雍,其上写道:

> 祖宗创业几二百年,宗庙社稷一朝倾危,父子宗族不能相保,皆因大臣所误,追念痛心,悔恨何及。见已治行,阙少厨中什物,烦于左藏库支钱三千贯,收买津遣至此。惟念卫士蒋宣、李福、卢万忠心体国,由我之不德,一旦处斩,追痛无已。敢请于左藏库取索,追赠其家各三百缣,以赎罪怨。勉事新君,无念旧主。桓上王、徐二公。

王时雍看后,面带哂笑,又将书信递给徐秉哲,说:"此信致王、徐二公,你须一阅。"徐秉哲看了说:"须念旧臣之情,亦须彰废主之过。"王时雍笑着说:"英雄所见略同,追赠蒋宣等人,当待新帝登基之后,除旧宋弊政,布新楚恩典。"吴开和莫俦也哈哈大笑。

他们四人酒兴方浓,范琼来到堂前,他对这四名文官还是按长期形成的重文轻武传统,恭敬地唱喏。王时雍亲自离开餐桌,执着范琼的手说:"范太尉劳苦功高!"将他拉到自己与徐秉哲之间,由吏胥临时再安放一个圆凳和一套食具。范琼今夜居然被安排上座,更有一种受宠若惊之感。徐秉哲说:"闻得范太尉杀吴革之后,又去相国寺做道场?"范琼说:"自家惟恐鬼魅不靖。"莫俦笑着说:"自古建立新朝,岂有不杀生之理。范太尉为新朝立得大功,却胜造七级浮图。"吴开说:"大金国相与二太子褒功,在新楚立国之前,先升你为观察使、殿前都指挥使。"范琼连忙说:"感荷大金国相与二太子。"莫俦说:"大金国相言道,亡宋康王虽拥兵在外,只消发大金五千骑,便可扫灭。"范琼以手加额,说:"此便是新楚底洪福!"

三月七日,张邦昌从都堂恸哭而出,来到宣德门外。金使萧庆等五十多人在午时到达,张邦昌换上金人所赐的冕旒等御服,从人举起了金人所赐的红伞,北向跪拜,接受金太宗的册封。萧庆宣读册文说:"册命尔为皇帝,以理斯民,国号大楚,都于金陵。自黄河以外,除西夏新界,疆场仍旧。世辅王室,永作藩臣。"张邦昌以诚惶诚恐的心理接受册封,眼看天色阴霾,日晕无光,寒风徐吹,环视参加仪式的百官,除了王时雍、徐秉哲、吴开、莫俦、范琼等外,大多数都面露惨淡和沮丧的神色,心里更有一种不祥之感。他脚步越趄地进入大庆殿,接受百官朝贺。

按照张邦昌与金人的事先商议,新立的楚国由王时雍任权知枢密院事、兼权领尚书省,吕好问权领门下省,徐秉哲权领中书省,吴开权同知枢密院事,莫俦权签书枢密院事。这是因为张邦昌和吕好问原先的私人关系不错,他嫌王时雍等人名声很坏,所以特别推举吕好问出任三个宰相之一。当吕好问退朝时,只听得有一个诸班直的卫士讥讽说:"平日唯见伶人做杂剧,装假官人,不料今日却有张太宰装假官家。"吕好问听了,不由一阵心酸,竟流下了两行泪水,连忙用衣袖擦拭,低头而行。吕家是宋朝著名的宦族,吕好问的内心有一种很重的沉痛感和羞辱感,认为自己败坏了吕氏的名誉,他也因为自己朋友的僭逆行为而痛心。

张邦昌离开大庆殿,进入一间早先选定的小屋,立即换下了金人所赐的御服,有一种如释重负之感。在半推半就地当上向金朝称臣的大楚皇帝后,他内心并非全无当皇帝的喜悦,而忧伤却又远远大于喜悦,特别在表面上,更不能表露半点喜悦之情。李春燕适时地来到这里,她满面春风,她穿戴华贵的国夫人服饰,头戴花钗冠,上有花钗五株,冠旁有两片叶状宝钿饰物,时称博鬓,身穿青罗绣翟衣裳,翟是古代一种雉状的图案,眉间和两颊贴着三朵梅花钿,双耳挂着两串珍珠。她恨不能立时就由新皇帝册封为皇后,跪倒在张邦昌脚下,口称:"臣妾恭贺官家身登大宝,大楚国祚绵长!"张邦昌将手一挥,说:"且休,你岂可叫官家,而自称臣妾!"李春燕经过与张邦昌的一段交往,已经完全掌握了他的脾性和心理,她立即改口说:"相公恁地谦逊,奴恭贺相公万福,只愿相公早日救全城生民于水深火热之中。"张邦昌听了,才微微露出一丝笑容。的确,李春燕凭藉她的聪明和手腕,愈来愈得到张邦昌的喜爱,在枕席之上,张邦昌昵称她为"解忧花"。她懂得了欲速则不达的道理,只是用无比的缠绵、温存和体贴,对这个男子施行攻心战术,以求早日登上皇后的宝座。

李春燕当即吩咐宫女和宦官说:"相公朝会辛苦,可从速点茶进膳。"张邦昌说:"不可用御茶御膳。"李春燕向宫女和宦官使了个眼色,于是,"无疆寿龙"御茶和四十品御膳还是逐一进献,供张邦昌和李春燕享用。

晚饭过后,张邦昌还是命令李春燕回阁,自己却又来到尚书省的都堂,下令召见吕好问。张邦昌屏退了人从,待吕好问进入堂内,就抢先作揖,用对方的表字称呼说:"舜徒,我如今竟成了一个肉傀儡!我去虏营之时,唯求速死,以谢天下,以报主恩。然而有人进言,劝我从权达变,以自家底九族保全城生灵,所以含垢负罪,苟活于世!"说完,就大哭起来。吕好问也动了感情,他作揖还礼,一面流泪,一面激动地用张邦昌的表字称呼说:"子能,我与你同病相怜。今日朝罢,我便独自进家庙跪拜,见祖宗请罪。"

张邦昌说:"我亦是个噙齿戴发底男子,岂能与王时雍辈卖国牙郎为伍!如今普天之下,唯有舜徒知我,我亦唯有与舜徒共商救国靖难之策。"他的态度是十分恳切,然而却包藏着诡诈。经过了多日的冥思苦想,张邦昌还是考虑了一个方案,希望自己进可以当皇帝,退可以当委曲求全、兴复宋朝的忠臣。吕好问说:"既是如此,我当与子能共事。然而他日或是伊尹,或是王莽,还须子能审处!"张邦昌说:"我今日与舜徒披肝沥胆,难道舜徒尚不明我底心迹!"两人商量了大半夜,张邦昌对吕好问言听计从。

第二天,张邦昌按照与吕好问的商议,撇开全体宰执官,单独同金使萧庆在延康殿的一间小轩进行谈判。张邦昌说:"邦昌以庸陋之质,误蒙大金册立,然而草昧之初,民心未定。大金军围城半年,城中军民饿莩遍地。萧节使入城多次,颇知民间虚实。如今委是无金银财物,可充犒军。唯有祈求大金国相与二太子底大恩大德,敬乞暂停根括金银。"萧庆皱了皱眉,说:"国相与二太子退军在即,催逼甚急,依我之见,不如陛下亲自作书,恳述委曲之情。"

张邦昌的第一项建议碰壁,又马上提出第二项说:"大金命楚国于江南建康府建都,然而目今命令未通,建康宫府尚须修缮,乞暂借汴京三年。"萧庆说:"国相与二太子之意,亦请陛下暂留汴京,培育新朝根基。大金当命一孛堇,屯驻此处,护卫陛下。"张邦昌连忙推辞说:"南北差异,只恐大金军士不习南朝法令。孛堇乃大金底贵人,南方暑热,若有病恙,南朝负罪岂不更深?"萧庆自然不可能作主,说:"此事当告报国相与二太子。"

张邦昌又提出第三项,说:"前宋臣僚在大金军前,如何㮉等人,切望大国行仁施恩,放他们回城,亦可与骨肉团聚。"萧庆说:"如冯澥、曹辅等,不日即当放还,唯有何㮉、陈过庭、孙傅、张叔夜、秦桧、司马朴六人不服,须留于军中,以免楚国后患。"张邦昌又提出保存宋朝宗庙、陵墓,放还王妃、帝姬等问题。

几经交涉之后,三月十五日,张邦昌穿着金朝所赐的御服,张着红伞,亲自来到青城,金朝除与宋军作战的完颜阇母之外,其他五个元帅在废宋钦宗的端诚殿外迎接。张邦昌行中原跪礼,五个元帅行女真跪礼。进殿之后,双方分宾主坐定,彼此用汉语和女真语谈话,由高庆裔、萧庆和刘彦宗当通事。完颜粘罕首先宣布说:"自家们已商定,念楚国建立之初,民生凋敝,特与免纳金银。楚国献纳大金底岁币,特与免钱一百万贯,减银、绢二十万两、匹,每年只纳银、绢三十万两、匹,以示大金天地无私之恩。"张邦昌听了,一时喜出望外,竟流下了激动的泪水,他连忙北向下跪说:"臣邦昌叩谢大金皇帝天地之恩!"只为金人成全了第一件德政,新皇帝也可对开封百姓有了交待。

完颜斡离不说:"亡宋底宗庙、陵墓,自可不毁,然而王妃、帝姬等已分与大金底孛堇、郎君等人,如何放回?有三个帝姬已死,又如赵构底三个幼女已死于寿圣院,此等人自可依南朝礼俗归葬。"他所说的是宋徽宗第二十一女保福帝姬赵仙郎、第二十二女仁福帝姬赵香雲、第二十五女贤福帝姬赵金儿和康王的第三、四、五宗姬。张邦昌不敢再有异议,说:"保全亡宋底陵庙,足见大金仁恩。然而我昔日为亡宋臣僚,切望与旧主一见,以尽臣子之义。"张邦昌所以提出这项要求,是期望以此收揽人心,增加新政权的合理性和合法性。

完颜粘罕却断然否决了他的请求,说:"你既为皇帝,不须与废主再见。阇母已于南华摧破康王、宗泽底车阵,料他们不敢再犯汴京。自家们议定,此处可不驻孛堇,大金另屯兵于沿河黎阳与河阳,如楚国有急,飞骑来报,大金便发兵渡河。"张邦昌面露一丝十分尴尬的苦笑,却又只能表示感谢,说:"感荷国相与二太子。"完颜粘罕的话实际上说中了张邦昌的心病,他内心深处是希望康王被金军活捉,现在既然不能如愿,如果一旦与康王交战,又以臣皇帝的身份向金求援,岂不比当年的儿皇帝石敬瑭更加可耻。

完颜谷神补充说:"目即中原尚有亡宋余孽,只待秋高马肥,大金须再行发兵过河,一举扫灭,你做皇帝尤可安稳。"这番宽慰的话却更加深了张邦昌内心的忧愁。张邦昌熟知儒家伦理,他总希望在这种特殊的环境下,至少能稍稍维持自己的体面,顾全一些名节,而金人的举动,却一定要将自己的体面全部剥光。张邦昌的内心根本没有王时雍等当卖国牙郎的勇气。

从金营回城以后,张邦昌趁着金军撤退前的最后机会,抓紧做一些得人心的事。开封城里事实上已濒临绝境,米麦价高达二十四贯一斛,猪羊肉一斤好几贯,几茎腌菜就卖三、四百文,价格为平时的几十倍,几乎家家户户都有病人或死人,许多完好的屋宇只能被拆除,而将木料用作薪柴。张邦昌下令官府加紧救济,自己也亲自前往太学慰问。

太学坐落在朱雀门外御街以东,平时有太学生几千人,分住七十七斋。金军围城之初,还剩下七百多人,如今已有二百多人病死。张邦昌带了十名医官,给病人诊治服药。用炒熟的黑豆和甘草熬汤服用,成为围城中流行的有效医方。

张邦昌来到养正斋,见到一个卧病的太学生,名叫黄时偁。他在徐揆被害后,曾继续上书完颜粘罕,请求放还宋钦宗。张邦昌到他床前,这个奄奄一息的病人突然用响亮的声音发问:"古有伯夷、叔齐,耻食周粟,而饿死于首阳山。今日教我服大宋底药,抑或服伪楚底药?"张邦昌在吃惊之余,感到这是一个表白自己的机会,就说:"你乃是服大宋底药。我无意于神器,忍辱负重,只为使万姓免于涂炭,此心此志,可以质于天地鬼神!"黄时偁用微弱的声音说了一句:"感荷大宋底张相公!"就瞑目而逝。张邦昌抚尸哭了一场。

[叁零] 乱世英豪

金军在撤退以前,依然在开封附近从事杀掠。三月十三日,万夫长、渤海人大挞不野率领由非女真族编组的五千人马,杀奔柏林镇。刘浩和白安民两将指挥所部三千人,据守寨栅,用强弓硬弩屡次射退金军。但大挞不野仍不肯退兵,继续组织金军进攻。不料他的背后突然杀来一支宋军,为首的宋将手持双刀,十分悍勇,连劈金兵数人。刘浩乘机指挥岳飞等将出战,在宋军的前后夹攻下,这支战斗力不强的金军当即溃败。

原来直龙图阁、东道副总管、权知应天府朱胜非奉元帅府之令,率军四千,前往济州,带兵作战的则是部将、嘉州防御使韩世忠。他们虽然奉命去济州,却不知康王正在济州。朱胜非是京西路蔡州人,字藏一,今年四十六岁。韩世忠是陕西延安府人,字良臣,今年三十九岁。他为人嗜酒豪纵,不拘小节,人们按他的排行称为泼韩五。他十八岁时犯法,应处死刑,经略使特别为他减刑,然后在面部刺字当兵。韩世忠善使铁槊和双刀,双刀分别重七宋斤和六宋斤,取名大青和小青,勇冠三军。自从金军攻宋以来,他屡立战功,曾率死士三百,在庆源府夜袭金营,迫使敌人退兵。

刘浩和白安民将朱胜非和韩世忠接到镇上,设酒宴招待,按照官位,韩世忠已是从五品,而朱胜非却是正七品,然而依文武的上下级关系,朱胜非还是居上座,韩世忠居次座,而正七品的武德大夫、开州刺史刘浩与武义大夫白安民陪座。韩世忠说话很快,嗓音也大,而且习惯于吐舌头。他在刘浩和白安民面前,尤其显得倨傲,说:"若无我率军到此,只恐你们敌不得虏人,镇上百姓便遭荼毒。"刘浩虽是武人,却比较有修养,白安民的地位在刘浩之下,更不好说什么。朱胜非却说:"韩防御,今日是两军合击,方破得番军。刘刺史亦是元帅府底一员勇将,屡次杀敌立功。"

韩世忠取出一张铁胎弓,说:"此是我所用底弓,可在行阵之中洞贯虏人底重甲,刘刺史、白武义,你们可能挽得此弓?"刘浩取过弓来,稍稍掂量一下,说:"煞是硬弓,我委是开不得,然而我底偏裨中有四人,必可开得此弓。"朱胜非说:"可唤他们前来。"刘浩命令亲兵,将岳飞、王贵、张宪和徐庆四人召来。四人向长官唱喏,韩世忠见到四名武士器宇轩昂,不免有几分喜欢,他不待刘浩开口,就抢先起身,离开饭桌,说:"今日须先看我挽强。"韩世忠站立平地,身材显得略为瘦长,尖下颏上长着一撮浓密的黑髯。他摆开挽弓的架势,就一气开弓二十四次,然后将弓先递给了徐庆。

刘浩用眼色向四人示意,叫他们不必谦退。徐庆说声"小将应命",就一气开弓二十五次,只是最后一次略见勉强。接着张宪也挽弓二十五次,王贵挽弓二十七次,而岳飞竟挽弓三十二次。韩世忠大惊,说:"不料天下竟有如此壮士!岳武翼,你行第几何?"当时岳飞已升官武翼郎,可以简称"武翼",岳飞回答说:"小将行第为五。"韩世忠哈哈大笑:"不想今日泼韩五与勇岳五相逢!"他随即取了一盏酒,递给岳飞,说:"请饮此盏,方见自家们是兄弟!"岳飞面有难色,说:"下官底老母有戒,请韩太尉恕不饮之罪!"

刘浩见到韩世忠面露不悦之色,忙说:"岳武翼是大孝之人,宗元帅敬酒,他犹且不饮。"不料韩世忠更用一种咄咄逼人的语调说:"宗元帅是文臣,自家们是武将,宗元帅底酒自可不饮,我底酒却不可不饮!"岳飞也是个刚烈男子,韩世忠强人所难,引起他的反感,顿时面露怒色。朱胜非连忙出面调解,说:"韩防御,孝为立身之本,你须成全岳武翼底孝道。如今国难当头,文武一体,同心御敌,亦不须分彼此。"

原来韩世忠在军中二十年,至今目不识丁,他打仗全凭经验,不知《孙子兵法》、《武经总要》等为何物。自己没有文化,但对文官凭藉文化,轻慢武将,却积愤已久,现在终于有了发泄的机会。由于文士们经常是"子曰诗云",他就用"子曰"作为文士的代名词,常说:"子曰们底毛锥子,难道便能杀番兵,救国家?""毛锥子"就是指毛笔。今天刘浩提到"宗元帅",又使他得到了发泄感情的机会。朱胜非已经猜透韩世忠的心理,而韩世忠对朱胜非倒有几分敬畏,"文武一体"的一句话,就使韩世忠难以发作。徐庆说:"韩太尉,我愿代岳五哥满饮此盏,以报太尉底厚意。"于是韩世忠恢复了笑脸,他又高兴地给王贵和张宪敬酒。

按照规定,柏林镇的军情只能先报兴仁府的黄潜善,再由黄潜善转报济州。元帅府得知金军进犯柏林镇,就陷入了一片惊慌。康履等宦官向康王建议说:"柏林镇与济州相距仅一百里,九大王可取道徐州,南下宿州。"众人纷纷附议,但也有一些武将主张出战,惟有中军统制、贵州防御使张俊说:"虏骑轻捷,倏来忽往。若虏兵追赶,在平原旷野之中,岂不危殆?不如在此以重兵守御城池,尚能支捂。"康王和汪伯彦又觉得此说有理。直到朱胜非和韩世忠带兵抵达,康王等人方知是一场虚惊。

张俊是陕西秦州成纪县人,成纪县今为甘肃天水市,字伯英,在张氏家族排行第七,今年四十二岁。他本是信德府的武将,到北京大名府归属元帅府后,愈来愈得到康王的信用。

再说淮宁府位于开封府西南,今为河南淮阳。三月二十二日,在兴仁府和南京应天府碰壁的张所,又来到此地,希望劝说知府赵子崧发兵,配合吴革,解救京城。除于鹏等人外,另有宋朝宗室、宁远军承宣使、知南外宗正事赵士㒟同行。赵士㒟今年四十四岁,是宋太宗的五世孙,排行九十九,与宋徽宗平辈,在宗室中颇有贤名。由于赵氏皇族人口的繁衍,宋徽宗将一部分皇族从开封迁到西京河南府和南京应天府,另设西外和南外宗正司,管辖两地的宗室事务。赵士㒟负责着南京的皇族事务。

然而张所和赵士㒟在沿途见到一份赵子崧的檄书,却加重了两人的忧虑。赵子崧是宋太祖的六世孙,与康王平辈。宋太祖实际上是被他的兄弟宋太宗谋杀的,留下了所谓烛影斧声,千古之谜。宋太宗死后,皇位就一直由他的子孙占据着。然而在宫廷以至民间又流传一种迷信的谶言,说是"太祖之后,当再有天下"。赵子崧眼见徽、钦二帝的被俘,已成定局,就迫不及待地发表檄书。檄书中的一段关键性的文字说:"艺祖造邦,千龄而符景运;皇天佑宋,六叶而生眇躬。"明确地宣称帝位应由自己

· 243 ·

继承。

赵士㒟十分泄气,他对张所说:"既是八七侄已有称帝之志,便决无发兵之意,不如且回南京。"他称呼赵子崧还是按皇族的排行。张所说:"他既有称帝之志,尤须前去劝谕。"赵士㒟事实上也听到过自己的五世祖篡位的传闻,说:"我去劝谕,尤为不便。"张所却坚决不允,说:"挽救大宋江山,承宣身为帝胄,岂能袖手旁观!"承宣是赵士㒟的官名简称,按宋时习惯,人们对宗室不称姓。赵士㒟说:"八七侄为人刚决,恐非自家们所能劝谕。"张所叹息说:"社稷危于累卵,便是我不去,承宣亦不可不去!"在张所的激励下,赵士㒟终于继续同行。

徽猷阁直学士赵子崧是二十一年前的进士,论年龄其实还比赵士㒟大两岁。他凭藉自己的学业,在平等竞争的科场中金榜题名,自然是宋太祖后裔中的佼佼者。张所和赵士㒟在淮宁府衙中会见赵子崧,就开门见山地说明来意,赵子崧感慨地说:"宗元帅败于南华,吴太尉殉难于京师,如今开封已成张邦昌伪楚底天下,太上与主上已被虏人劫持北狩,此乃是天数,已非人力所能挽回。"张所和赵士㒟得知这些最新的噩耗,都长久地哽噎不语。最后还是张所打破了沉默,他沉痛地说:"吴太尉天生奇才,生不得展其志,死而得其所,哀哉!痛哉!"他命令吏胥拿来三杯酒,以酒酹地,说:"义夫英灵不泯,歆此薄酌,佑我大宋!"说完,就忍不住嚎啕痛哭,向开封的方向跪拜,两个赵氏宗室也都伤心落泪,陪着跪拜。

祭奠吴革以后,三人的话题自然转到了国事。赵子崧说:"大宋宗社蒙此奇祸,然而也莫非是天道循环,报应不爽。杀兄害侄底事,正值一百五十年前,人道虏主完颜吴乞买之貌,酷似我太祖皇帝。"赵子崧不指名地重提宋太宗篡位的事,使赵士㒟不免有一种理亏心虚之感,他实际上也同意这种天道报应的说法,而难以对答。张所说:"本朝国史中暧昧底事,疑似之迹,岂是子孙与臣子所能妄议?阁学饱读经史,自当深明大义,常言道,小不忍则乱大谋。京师虽破,天下之事,尚有可为。唯是不能齐心御侮,同室操戈,兄弟阋墙,只恐太祖皇帝不得血食于太庙,太祖皇帝底子孙亦不免有噬脐之悔。"

赵子崧说:"然而轻佻好色之人,又如何君天下?"他没有指名,但另外两人都明白他说的是康王。这句话说中了张所的心病,有了宗泽的介绍,又有了在济州的所见所闻,他对康王已有相当的恶感,却又不愿意对任何人,也包括赵士㒟表露。赵士㒟说:"太上即位时,也曾有章丞相异议。然而此一时也,彼一时也,年幼之人,经此一番大难,当能奋发淬砺,以副天下底厚望。"原来当年宋徽宗以端王的身份继承帝位时,丞相章惇曾说:"端王轻佻,不可以君天下。"这句话如今自然是应验了。在宋朝宗室中,私下对康王也早有一个评价,说他"轻佻好色",颇似当年的端王。赵士㒟只能用这番含糊的言词,回答对方。

张所说:"此回东宫诸王无一幸免,唯有九大王单车出使,而未入虏营,重兵在握,此亦是天意。请阁学三思,逆天而行事,只恐不祥。"张所这段话不光是针对赵子崧而言,其实也是对自己矛盾和痛苦心理的一种开脱,古人一般都相信有深不可测的天机,在主宰着人间的万事。赵子崧虽然发表了以"眇躬"自居的檄文,却又不能不考虑自己的各种不利因素,到此也以一种无可奈何的心理,接受了两人的苦劝,他说:"依九九叔与张察院之见,当如何行事?"张所说:"自家们可一同上状劝进。"他没有把事情全部说穿,只希望用劝进的方式,掩饰赵子崧自称"眇躬"的行为,化解争夺帝位的冲突。其他两人当场表示同意。

这份由赵子崧起草,给康王劝进状说:"大王拥兵在外,适遭大变,天意人心,自然推戴。内有逆臣,外有强敌,若犹豫不决,大事去矣!"按照官品,张所画押在前,正四品的赵士㒟居中,而从三品的赵子崧在后。这封拥戴康王登基的公文,用急递直送济州。

四月初,他们接到康王的回信,信中除了一些客气话外,命令张所去西京洛阳,代表自己拜谒皇陵。原来宋将翟进和翟兴已率兵在三月十九日克复了西京。在张所启程的当天,另一宗室、敦武郎赵叔向率领七千人马,从颍昌府抵达淮宁府。

赵叔向是宋太宗弟赵廷美的四世孙,论辈分又比宋徽宗和赵士㒟长一辈,今年只有二十八岁,排行十五,武艺超群。他是在开封外城被攻破的时候,随秦元的保甲突围。赵叔向只身投奔他在颍昌府阳翟县(今河南禹州市)的一个朋友、落第秀才陈烈。他直率地对陈烈说:"天下大乱,已不可免,大丈夫处于乱世,当手提三尺剑,进可以立刘秀之业,退亦须建田单之功。"陈烈对赵叔向的表白并不感到吃惊,但他也明白,赵叔向不过是个地位卑微的皇族,他的高祖父、魏王赵廷美当年就是以谋反的罪名,被宋太宗拘禁而死。太祖的后代尚且没有资格当皇帝,魏王的后代就更不在话下了,要当汉光武刘秀,谈何容易。但陈烈作为一个满腹经纶的科举落第者,也想在乱世成就一番大事业,他用赵叔向的表字称呼说:"志国,你底表字便是你底雄心大志,然而此心此志,天知,地知,你知,我知,切勿泄漏!"陈烈是本地的一家富豪,他就与赵叔向以勤王的名义,招兵买马。赵叔向自称京西义兵总管。

殿前都指挥使王宗濋率一千余骑逃到邓州南阳县,又成了盘踞一方的土皇帝,成天作威作福。一天,他正在县衙,与几个女子饮酒嬉笑,赵叔向和陈烈率几十名壮士突入内宅,赵叔向持剑压在王宗濋的肩头,历数他的罪状,说:"背弃主上,临阵逃脱,依军法该当何罪?"王宗濋吓得浑身颤抖,满头大汗,不敢仰视,不敢答话。赵叔向说:"本当将你立即处斩,念惠恭娘娘大贤大德,权且寄你一颗人头,待事平之后,听主上处分。"他当即命令南阳县令将王宗濋监禁,王宗濋所统一千多马军全部被收编,一县称快。

郭京从开封逃到了襄阳府的洞山寺,又在当地招摇撞骗,居然以勤王的名义,召募到一千多人。赵叔向和陈烈又闻讯赶到那里,说是有义兵总管、宗室十五敦武求见,共商大计。郭京率领他的徒众出来迎接,赵叔向在开封见过郭京,他不待对方开口,就飞步上前,挥剑劈下了郭京的头颅,陈烈对郭京的徒众说:"妖人郭京用幻术在汴京行骗,致使虏人破我京城,祸国殃民,须行军法。总管是大宋宗室,你们若愿勤王,可听总管号令!"当即又收编了郭京的徒众。

从冬到春,赵叔向和陈烈共编练了七千精兵,其中还包括了一千四百骑兵。杨再兴、王兰、高林、李德、姚侑和罗彦六个义兄弟自从开封突围以后,流落京西,他们慕名而至,也参加了赵叔向的部伍。他们得到赵叔向的器重,用为亲将。当这支器甲明亮,军容严整的队伍进入淮宁府城时,赵子崧的内心不能不有一种自愧弗如之感,赵士㒟更是以手加额,当他与全身戎装的赵叔向见面之初,就称赞说:"平世求相,乱世求将,十五叔如此英武,真乃宗社之福!魏王亦当感慰于九泉。"赵叔向却不是一个听到几句赞扬,就忘乎所以的人。在他的内心深处,认为自己的帝业还是千里之行,而方始于足下。他进入府衙就座,问明情况后,就向另外两个宗室建议说:"虏兵退走,当务之急,须是进军汴梁,破伪楚底僭垒。"

赵子崧取出康王的信给赵叔向看,说:"九大王言道,百官从伪,或出于权宜之计。命自家们暂且按兵,先通书信,得其情实,然后相机行事。"赵叔向在宋徽宗的成年儿子中,最看不起的,正是康王,他以一种十分鄙薄的口吻说:"他娴熟弓马,却拥兵深藏于济州,听任宗老元帅孤军苦战,难道便是为子底孝道?为臣底臣道?"赵士㒟却说:"便是他亲统重兵,亦难与虏军相抗。闻得耿相公、汪元帅、黄元帅等人苦劝,稍避番人兵锋,此亦是宗社底长策。"赵叔向又用鄙夷不屑的语调说:"此等人无非是贪生怕死底鼠辈!只图苟全性命,却教一个年近古稀底老臣厮杀,是何心肝!"

赵子崧的内心完全同意赵叔向的分析,但到此地步,已经不便再对康王说长道短,他换了一个话题说:"国不可一日无主,自家们已与张察院一同上状,劝九大王应天承运,早日登基,以救天下急难。"赵叔向听后,更是火冒三丈,但他看到了陈烈传递过来的眼色,还是按捺住怒火。他回避了对这件事的评议,说:"大元帅管辖河北,此处是京西,自可便宜行事。我决计明日进兵开封。早日削平僭伪,方是良图。"

赵士㒟觉得此说也有道理,就对赵子崧说:"十五叔既已决定,我明日便随他一同前去,亦可见机行事。你坐镇本府,供应粮草,另行作书,告报九大王。"赵叔向对赵士㒟还是颇有好感,认为他是一个宅心仁厚的君子,结伴而行,遇事也多一个人商量,就说:"与九九侄同行,煞好!"

第二天,赵叔向就带领杨再兴等将,发兵北上,这是宋朝第一支重返开封的军队。

[叁壹]
宋俘吟

金军的北撤已势在必行,东方败于柏林镇,西方又丧失了洛阳,对宗泽军的战绩也完全不理想。元帅们一致认为,惟有在炎热而多雨的夏季到来以前,及时摆脱与宋军的纠缠,休整军队,才利于在秋高气爽时,再次发动新的攻势。但是,要将大量的宋俘和战利品顺利地押送北方,确实也不是一件易事。由于李固渡之战的失败,东路军的来路已被宗泽军截断,如果由西路军的来路北撤,河东多山,既不便于大批车辆的运输,还须遭受当地民众组织的红巾军的不时袭击。元帅们商议的结果,决定主要还是沿东路军初次攻宋的路线北撤。

早在三月初四,完颜粘罕的弟弟完颜阿懒奉命押送宋朝的礼器和书籍,满载了一千零五十车,公开打着押送宋朝帝后的旗号,由滑州渡河,经汤阴、相州等地,北至真定府,再往北,就是金朝地界。由于河北的大部兵力已被康王抽调到京东,所以这支金军没有受到攻击,一路安然无恙。

三月十八日,开封金军得到完颜阿懒的平安报告,就正式准备撤兵,他们对外扬言,诡称宋朝帝后已经押出宋境。前述赵子崧等人就是得到了这个假情报,误认为宋徽宗、宋钦宗等已经进入金境。三月二十三、二十四、二十五日,金军将被拘押的冯澥等臣僚,连同妇稚三千人放回城中,并宣布定于二十八日,大军撤离开封外城四壁。

二十七日下午,完颜斡离不带着一批分配在刘家寺的帝姬,来到青城,并且在端诚殿单独接见了徽、钦二帝,由刘彦宗任通事。精神处于崩溃状态的宋钦宗,只是呆呆地僵立着,不行一礼,不发一语,宋徽宗头戴逍遥巾，身穿紫道服，见到完颜斡离不，就作揖恳求说："老夫得罪，合当北迁。切望太子与国相宽恕，命嗣子桓与诸子女同去广南一个烟瘴小州，以享祖宗血食，而免于发遣北行。大金便是天地之恩，容赵氏世世补报，而赵佶甘伏刀斧，万诛不辞。"

完颜斡离不听后，通过刘彦宗翻译说："大金灭辽后，所得妃嫔、儿女，尽行分配诸军，亡辽废帝身边不留一男一女。只因你与阿爹有海上之盟，如今你与废帝有后妃、儿子相随，服饰不改。你且放心，到得北境，必有快活。今夜当命你与儿女团圆一回。"他说完，也不容宋徽宗再开口，就吩咐合扎亲兵将两个亡国之君带走。

当夜算是徽、钦二帝临行前的全家宴会。参加所谓"团圆"者，其实只有宋徽宗的儿孙，并不包括他的女婿和已被金朝将帅瓜分的儿媳，而凡是已被金朝将帅瓜分的帝姬，也全部辫发盘头，穿着女真服饰。另有宋徽宗的第二十五子建安郡王赵楧和三名帝姬、十名宗姬已经死在金营。茂德帝姬的儿子道道也已夭亡。

茂德帝姬进入斋宫，拜见郑太后、乔贵妃等人后，就抢先搂住了尚穿汉服的柔福帝姬，两人相偎相抱多时，却一语不发，只是抽泣。接着，她又在众兄弟中首先找到景王，瞧着他全白的须发，感伤地说："六哥，不料你二月之内，竟白了少年头！"景王没有回答，只是在眼睛里射出悲愤的目光。郑太后动情地说："太上气恼得病，全是六哥朝夕伏侍，衣不解带，而每日只是吃素。"茂德帝姬抱住景王大哭，连连喊着"好哥哥"，景王还是不说一句话，也不落一滴泪。茂德帝姬见到在景王身边的田静珠，又说："煞是苍天有目，六哥尚得与六嫂厮守，做得患难夫妻。"话到此处，她又联想到自己的丈夫蔡鞗，问道："我底驸马可好？"乔贵妃回答说："五驸马朝夕伏侍太上官家，甚是孝顺。"茂德帝姬感忉地说："不见煞好，见了枉自断肠！"

茂德帝姬又来到朱后、朱慎妃和郑、狄二才人面前。年仅十五岁的狄玉辉，经历了这次事变后，稚气全消，眼神里也同样埋藏了深沉的痛苦。茂德帝姬特别报告说："大嫂，慎妃娘子，二太子言道，此回大哥由国相亲自护送，取河东一路，二位才人与他相伴，而大嫂、慎妃娘子须与阿爹同行河北一路。"她说完，又望着朱后身边的一男一女说："道郎与侄女亦须取河东一路,然后再去燕山府,与妈妈相会。"赵谌已经相当懂事,也不说什么,而柔嘉公主却紧紧抱住母亲,边哭边说:"我只与妈妈同行!"朱后抚摸着女儿,伤心地说:"自家们底性命,尚在他人之手,此事岂能由自家们做主!"郑、狄二才人又上前搂住柔嘉公主,说:"圣人只管放心,自家们须用心看觑太子与公主。"朱后用感激的眼神望着两人,说:"全仗你们看觑,奴家委实感恩不尽。"狄玉辉说:"圣人何须出此言,圣人待自家们底好处,已是没齿难忘。"茂德帝姬说:"二位才人临危不惧,坚贞守节,护持大哥,请受我一拜。"

茂德帝姬见到邢秉懿的身孕已十分明显,就对她身边的韦贤妃等人说:"九嫂此回北行,但愿九哥底亲骨血平安出世。"韦贤妃对儿媳的怀胎,内心也十分焦虑,但又不愿说任何不吉利的话,只是指着田春罗和姜醉媚说:"自家们同住寿圣院,幸得两个新妇看护,料亦无妨。"茂德帝姬又对仅剩的康大宗姬佛佑和康二宗姬神佑说:"愿上苍保佑你们阿爹平安,日后兴兵,救取阿翁与众人。"

徽、钦二帝回到斋宫,众人上前拜见,接着就是金人安排的一顿赵氏团圆宴。茂德帝姬又成了宴会中最活跃的人物,她到处给人敬酒,并且不断地重复一句话:"人生如梦,终归一死,得欢娱处且欢娱,得快活处且快活。"最后,她又带着醉意,唱起了宋徽宗当年创作的《聒龙谣》词:

紫阙岧峣,绀宇邃深,望极绛河清浅。霜天流月,锁穹隆光满。水晶宫金锁龙盘,玳瑁筵玉钩云卷。动深思,秋籁萧萧,比人世,倍清燕。

瑶阶迥,玉签鸣,渐秘省引水,辘轳声转。鸡人唱晓,促铜壶银箭。拂晨光宫柳烟微,荡瑞色御炉香散。从宸游,前后争趋,向金銮殿。

词中一派帝王歌舞升平、富贵盈溢、志得意满的情调,更使这群龙子凤孙们肝肠寸断,但几乎所有的人都已无泪可挥。按照金人的命令,宋徽宗与绝大多数人必须连夜转移到刘家寺。宋钦宗与众人诀别之前,宋徽宗率领儿女子孙们到斋宫外,北向泰禋门下跪,朝着不可能望见的赵宋宗庙谢罪和辞别,宋徽宗只是伏地不停地叩头,嘴里也只是喃喃地重复一句话:"不肖臣佶罪该万死!死有余辜!叩请祖宗降罚,而佑我皇宋!"最后还是景王将父亲扶掖起身。

宋钦宗在整个团圆晚宴和向宗庙跪拜时,几乎没说什么话,在与亲人分手之际,也只是使用最简单的告别言词,他的感情已近于麻木,却还是痛苦地望着朱后,望着朱慎妃微微隆起的腹部说:"你们切须一路小心!"原来朱慎妃已有了三四个月的身孕,朱后说:"我自须护持十八妹。"她又对郑、狄两才人和儿子、女儿叮咛再三。高庆裔前来安排宋俘迁徙,不料柔嘉公主突然上前,用稚嫩的童声向他哀求说:"我愿与妈妈同行!"高庆裔此时倒也动了恻隐之心,说:"会得!会得!"于是柔嘉公主又重新投入朱后的怀抱。宋钦宗半夜回到空荡荡的斋宫,还是一语不发,却又重新向宗庙的方位下跪。郑、狄两才人和赵谌也陪着他跪到凌晨。

二十八日,金军撤下开封外城四壁,这个濒临死亡的城市开始恢复生机。张邦昌准备了皇帝的仪卫,全身缟素,亲自率百官到南薰门,向徽、钦二帝举行遥辞仪式,跪拜恸哭,很多军民、太学生等也都参加这个仪式。

当天夜里三更,金朝驻青城的西路军,驻刘家寺的东路军同时撤退。完颜粘罕、耶律余睹和高庆裔率西路军的部分兵力,押着宋钦宗和少部分赵氏宗族,以及何㮚、陈过庭、孙傅、张叔夜、司马朴等人,经郑州、河东路北归。西路军的另一部分,则由完颜谷神、真珠大王完颜设野马、宝山大王完颜斜保、万夫长完颜赛里等率领,与东路军共同经河北路北归,秦桧夫妻则跟随完颜挞懒所属的东路军北上。

二十九日,张邦昌身穿红袍,张着红盖,出南薰门,设立香案,为完颜粘罕和完颜斡离不饯行与话别,两位金帅各自只喝了一盏酒,嘱咐了几句,就立即上路,各奔东西。直到翌日四月初一,金军才全部撤离开封城郊,并且放火烧寨,当天刮起了狂风,吹折树木,飞沙走石。开封市民却冒着烈风,纷纷登城,遥望着远处青城和刘家寺两处的火光,悲痛不已。一些大胆的百姓开始出城,只见在这两所金军的营地,满地是遗弃的宝货、绸缎、米麦、羊豕等,许多珍贵的秘阁图书,竟狼藉于粪壤之中。另有不少病废的男女老少还在煨烬与弃物之中挣扎和哭泣,他们大都是汉人,也有契丹人、奚人等。劫后余生者得到了人们的救治,也算是不幸中之大幸。

三月二十八日深夜启程时,金人教宋徽宗、郑太后、乔贵妃等乘坐平时宫女所乘牛车,却又命令所有的年轻妇女骑马。朱后为了给朱慎妃保胎，坚决要求也乘牛车，宝山大王完颜斜保算是特别照顾，临时为这两个堂姐妹和柔嘉公主找来一辆牛车。至于其他女子却没有那份福气，邢秉懿刚上马背，就跌落下来，一个男胎立即流产。

邢秉懿发疯般地抱住这具死胎，哭得死去活来。原来自从康王离开以后，邢秉懿等人百般愁闷无聊，就请人算命问卜，其中一个有名的术士说，康王的未来贵不可言，而邢秉懿也将逢凶化吉。所以邢秉懿等人虽然身处绝境，却一直怀着得到解救的希望。在她的盘算里，自己将来与潘瑛瑛争宠的惟一资本，就是这具术士预言的男胎。这具男胎的夭亡，不能不使她悲痛欲绝。赵氏皇族中骑马坠胎的，也不止邢秉懿一人，在宋徽宗的哀求下，金人又允许部分女子乘车。

其实，像邢秉懿那样的身份，还算是高级宋俘，而较为优待。绝大多数男女俘虏只是步行，他们每五百人组成一队，由一蒲辇金军看押，简直像驱赶羊豕一般。走路不快，掉队稍远者，当即就被金兵洼勃辣骇。

以宋徽宗为首的一群龙子凤孙们，大多还是初次接触到开封以外的世界，而这却是饱受兵燹，目不忍睹的悲惨世界，沿途所至，到处是屋舍灰烬，尸骸腐烂，白骨累累。开封城外数百里之内，金军杀人如刈麻，已全无人烟，只是处处散发着强烈的、难闻的人尸臭味。光是那种臭味，就使很多人感到恶心，以至难以进食，勉强下咽也要呕吐。

四月初二，东路金军来到滑州胙城县界。盖天大王完颜赛里所属的一名千夫长女奚烈国禄，对朱后和朱慎妃不怀好意。他乘着朱慎妃下车解手之时，企图纠缠。朱慎妃只能尖声哀叫，女奚烈国禄悻悻然地走开了。接着，他又强行拉朱慎妃和柔嘉公主下牛车，自己登车，调戏朱后。当朱后挣扎呼号之际，愤怒的朱慎妃找到车旁一把铁锥，向女奚烈国禄的大腿上猛刺一锥，顿时鲜血直冒。女奚烈国禄哀叫一声，跳下车来，拔出佩剑，正准备行凶，宝山大王完颜斜保闻声赶来，他用女真话大喝："你欲怎生底？"女奚烈只得将剑插入鞘中。完颜斜保将他踢倒在地，说："亡宋少主底后妃，阿爹与斡离不下令保全，不得侵犯，你煞是大胆！"他找来一条马鞭，在女奚烈国禄身上乱抽了一阵。事实上，为了抢夺宋朝的妃嫔和帝姬，金军已有好几名千夫长被洼勃辣骇。

由于听说河北有军情，金军暂时在胙城县扎营。他们用一个大毳帐，将宋徽宗等上百名最重要的宋俘安置其中,外面用重兵把守。朱后和朱慎妃第一次受到人身侮辱,两人互相抱持,哭了半夜。朱后说:"我唯求一死,却是求死不能。"朱慎妃还算想得开,她劝堂姐说:"官家尚在,道郎尚在,十二姐便恁地轻生?与姆姆、小姑们相比,你我尚是万幸。"他们的话被处于浅寐状态的柔嘉公主听到,柔嘉公主就用小手紧紧搂抱着母亲,连声喊道:"妈妈,万万死不得!"于是朱后只得安慰女儿,说:"妈妈思念你底阿爹官家与哥哥,如何死得。"

宋徽宗由于女儿和儿媳们受辱的事过多,对于长儿媳所受的小侮辱和哭泣已相当麻木。他趁着夜深,在毳帐的另一角落,与乔贵妃、景王低声商量。宋徽宗说:"我昨夜恍惚梦中,只见有王师杀来,救了众人。闻得河北有军情,虏人罢行,足见此梦非虚。"乔贵妃对景王说:"自到虏营之后,我私制一件绛罗袍,若果有王师救驾,可助太上官家披挂,以便王师识认。"宋徽宗却说:"遇有军情,可由六哥披挂。果能出奔,六哥便是天下主。"景王坚决推辞说:"如何使得,唯有阿爹脱得罗网,方能号令天下。"宋徽宗说:"我罹此大难,方寸已乱,岂能主张国事?"父子互相推让,最后在乔贵妃母子的苦劝之下,宋徽宗算是同意两人的安排。

景王又对父亲说:"阿爹若是倦勤,自可选立宗室贤德之人,却不须传位于九哥。"宋徽宗对康王的感情不深,但也从无恶感,听到此说,颇感惊讶。景王就简单介绍了兄弟在太庙的争论等情况,最后说:"依臣儿之见,若是九哥称帝,大宋无中兴之望,自家们亦难超脱苦海。"宋徽宗对景王的结论将信将疑,说:"若天帝与祖宗垂佑,幸能死里逃生,此事须另作计较。"

在朱后和朱慎妃被辱的同时,宋钦宗一行却受到了更深的折磨。与他同行的有宋徽宗第十一子祁王赵模。宋徽宗第十九女顺德帝姬赵缨络是最末一个已出嫁的女儿,驸马是向子扆,现在却成了完颜粘罕的侍妾。宋钦宗换上青衣,头戴毡笠,骑一匹黑马,太子和郑、狄两才人也骑马跟随,他们周围簇拥着一谋克金骑。宋钦宗等四人不时仰天号泣,女真兵只要听到哭声,就立即用生硬的汉话说:"不得哭!再哭便须鞭打!"

二十九日夜是第一次露营,完颜粘罕在大帐之中,同耶律余睹、高庆裔等饮酒食肉，周围是包括顺德帝姬在内的一大群女子，为他们弹唱卖笑。宋钦宗和太子、两个才人、祁王，还有何桌等五名大臣也出席作陪。志得意满的完颜粘罕微带醉意，瞧着郑、狄两才人说："谷神大恩，饶你们与废主团圆，然而今夜你们亦须为自家歌一曲。"郑庆雲走到完颜粘罕案前，下跪叩头，用哀求的口吻说："奴家自幼从不曾唱曲，乞国相宽饶。"狄玉辉也模仿郑庆雲，上前叩头求饶。

完颜粘罕勃然大怒，他取过一条皮鞭，厉声喝道："你们不唱，便须鞭打！"两个才人只是叩头，却仍拒绝歌唱。于是一顿鞭子就向他们狠狠抽来。宋钦宗只是浑身战栗，泣不成声。

顺德帝姬只得出面，她跪在完颜粘罕面前，苦苦哀求，完颜粘罕还是不依不饶。司马朴实在看不下去，他挺身而出，护住了三个女子，大声喝道："国相，你鞭打弱女子，是甚底好汉！"何桌、陈过庭和孙傅跟着走到了完颜粘罕面前，身体虚弱的张叔夜也脚步踉跄地与四个大臣站在一起。完颜粘罕冷笑一声，扔下皮鞭，命令合扎亲兵将宋钦宗一行全部押出帐外。

宋钦宗一行被押到一个大毳帐中，金军将所有的人，手连手，脚连脚，用麻绳捆成一长串。宋钦宗的左手、左脚与狄玉辉的右手、右脚捆在一起，他的右手、右脚与郑庆雲的左手、左脚捆在一起。郑庆雲的右手、右脚又与何桌的妻子捆在一起，再往右就是何桌等人。狄玉辉的左手、左脚又与太子赵谌捆在一起，再往左则是祁王、陈过庭等人。真是死罪好受，活罪难熬，这群娇生惯养的宋俘，初次受到这种刑罚，不但浑身酸麻，解手更成了一大难事，忍无可忍，只能随地溲溺，尿水又浸透了衣裤。

郑庆雲、狄玉辉、赵谌等人毕竟年轻或年幼，他们忍不住疲乏，还是入睡了。宋钦宗却无论如何不可能入梦。半年之间，他所承受的精神煎熬不断升级，这次又达到一个新的水平。他怀念父亲，在承平时节，他简直没感受到什么父爱，现在反而感受到愈来愈深的舐犊之情。他怀念乔贵妃和她所生的异母弟，更怀念自己的后妃、女儿，又想到朱慎妃的胎儿，如果他们也经受如此折磨……千思万想，肝肠寸断，只是无声地啜泣。其实，另外五个大臣也同样无法入梦，他们的精神痛苦也决不少于皇帝。在漆黑的帐内，突然传出了何桌的低声呻吟：

> 念念通前劫,
>
> 依依返旧魂。
>
> 人生会有死,
>
> 遗恨满乾坤!

接连两夜,他们都被如此捆绑,白天上路,倒成了一种解放。到四月二日夜,因为耶律余睹和高庆裔的劝说,才得以松开手脚,安置在郑州的一个破驿之中,四周仍是重兵看守。其他人忍不住困乏,都先后入睡,惟有宋钦宗和五个大臣围绕着一盏昏暗的小油灯静坐。宋钦宗沉思多时,就撕开了一条衣襟,咬破手指,用血写下了一份手诏:

> 宋德不兴,祸生莫测。朕嗣位以来,莫知寒暑寝食,惟保汝赤子,以卫我社稷,庶几共享太平。不幸用非其人,兵未抵京,谋已先溃。使我道君皇帝而降,全族驱质,百官偷生,势不获已。所不忍闻者,京师之民,舍命不顾,弃金帛宝货,欲以赎朕。此最可伤,恨不得与斯民同生同死。复闻宗社亦非我族,兴言及此,涕泪横流。啮指书襟,播告四方,忠臣义士,奋心一举,犹可为朕报北辕之耻也!毋忘!毋忘!

他写毕,又在血诏之末画上御押㊞。五个大臣都屏声敛息地看皇帝书写,并警惕地注视外面动静。最后,孙傅迅速将血诏折叠收藏,低声说:"臣当设法,使之播告四方!"宋钦宗也不说话,只是回报以感谢的目光。这份血诏最后还是托一个名叫郑安的人,带到了元帅府。

完颜粘罕所率的金军迟至四月十日,才从西京河南府巩县渡河。张叔夜连续十多天不吃粟米饭粥,只是喝汤,他对宋钦宗说:"虏人既已决计灭大宋宗社,臣耻食其粟!"此时自然十分虚弱,只能躺在牛车上。他问车夫:"前方是何地界?"车夫回答:"前方将渡界河。"因为按照宋金和议条款,黄河以北就是金境。张叔夜奋然从车上坐起,望着眼前的滔滔巨流,又仰天悲呼:"难道苍天不佑我大宋?"说完,就使尽最后的力气,用双手扼住自己的咽喉,倒在车上,时年六十三岁。

西路金军押送宋钦宗一行,在五月十七日到代州(治今山西代县),六月二日抵达完颜粘罕的大本营、金朝西京大同府(治今山西大同)。途经太和岭的险峻山路时,金军干脆将宋钦宗等人连头带脚,一个个用粗麻绳缚在马背上,如同驮载货物一样。在大同府休息三天,宋钦宗等人又被押往燕京析津府(治今北京)。迟至七月初九，这群宋俘历尽磨难，总算在那里与另一群宋俘重新团圆。

东路金军在四月初五渡河，他们避开了河北路宋军据守的州县城和官道，由小路尽快北撤。同宋徽宗等人的期盼相反，沿途竟没有一支勤王宋军出来拦截。夏季出现了连日阴雨，每逢夜晚，金兵还可以在帐中避雨，而大群低级宋俘却只能在雨中挨淋。不少尚未被金将瓜分的宗姬、宗妇、族妇、妓女等，企图暂时到金兵帐中躲雨。结果正好成了饿狼们的猎物，这些无辜女子被强嬲毙命。在泥泞的道途中艰难跋涉，车辆损坏，牲口倒毙、俘虏死亡的事层出不穷。

四月十六日，他们行进到庆源府界的都城店，病了一段时期的燕王赵俣终于咽气。宋徽宗闻讯赶来，抚尸恸哭一场。军中并无棺材，临时用马槽敛尸，露出双脚。这对十分重视丧葬的古人，更是最不吉利、最伤心的事。完颜斡离不在茂德帝姬的央求下，也前来看验死人，宋徽宗率燕王妻郭氏、儿子赵有亮、赵有章等下跪，请求由妻儿将燕王的尸体送回河南殡葬。完颜斡离不不耐烦地将手一挥，说：“可将尸体焚化，由妻儿带骨殖前去燕京。”说完，就吩咐了合扎亲兵，径自离去。一名金军五十夫长再不由宋俘们说情，他率一群兵士从附近瓦砾堆捡来了一堆乱木，点火以后，将燕王的尸首扔在火里。宋徽宗、郭氏等只能在旁伏地嚎啕。当时上层社会最忌讳火葬，然而这已经是俘虏之中最优待的葬仪。因为每天有大量的宋俘尸体，都被随便扔弃在荒野。

二十三日，宋徽宗一行被押进真定府城。将近一月的行程，金军将士其实也一直是提心吊胆，惟恐遭受袭击，而人财两空，如今首次进入河北路的一个完全由自己控制的城市，才如释重负，认为由此北上，就可高枕无忧。相反，宋徽宗等人却是最后的一丝希望破灭，陷入了完全的绝望。兴高采烈的完颜斡离不，特意与宋徽宗并马进入东门，并且用一面旗帜为前导，旗上写着"亡宋太上皇"五字。宋徽宗长途跋涉近一月，几乎见不到人烟，而真定府城内虽然也有许多颓垣败屋，却还有不少市民劫后余生，他们已经剃头辫发，不少人也不穿汉服，但见到这面旗帜，就纷纷恸哭。

心情很好的完颜斡离不倒并不计较,他得意地对宋徽宗说:"足见遗民尚自感戴宋恩,然而他们终须伏大金底恩德。"宋徽宗绝望的痛苦也无法流露,他只能随便应付说:"便是老拙与妻儿亦须伏大金底恩德。"完颜斡离不听后更加高兴,他将宋徽宗与他的妻儿、朱后等安顿毗邻府衙的静渊庄。

午饭过后,刘彦宗找宋徽宗、郑太后等人,说是二太子要请他们看打球。宋徽宗年轻时喜欢踢球,死去的高俅就是因为善于踢球,而得到他的亲信和提拔,但对马球却没有多少嗜好。到此地步,又不能不勉强前往。马球场就在静渊庄边,这是金军攻破真定府后,拆除了断垣残壁后所修。宋徽宗和郑太后、乔贵妃、朱后等人进入球场,都被安排在左厅上座,茂德帝姬已经在座,前来见过众人。初夏的一个大晴天,太阳已将连日阴雨的球场晒干,马匹在其中飞驰,却又不会扬起尘土,成为最理想的打球环境。完颜斡离不兴致勃勃,与其他球员纵横驰骋,一个又一个巧妙的进球,赢得了围观金军将士们的阵阵喝彩,连心情郁闷的宋俘们也愁颜稍开,时时叫好。

打球结束,完颜斡离不不耐暑热,脱去丝质绛红绣球衣,只剩一条短裈,吩咐合扎亲兵提来两桶凉水,从头到脚浇透,然后换上紫色襴衫,即是在衫的下裾加接一幅横襴,这是一种汉服。他进入左厅,就通过刘彦宗翻译说:"久闻泰山圣学甚高,欲觅一打球诗。"自从宋徽宗当俘虏以后,完颜斡离不还是第一次使用"泰山",即岳父的称呼。宋徽宗说:"我自逊位以来,久废笔砚。今蒙二太子厚意,老拙勉作一诗,以答台意。"当场由金朝合扎亲兵拿来文房四宝,宋徽宗用瘦金体写下了一首七绝:

　　锦袍骏马晓棚分,

　　一点星驰百骑奔。

　　夺得头筹须正过,

　　无令绰拨入斜门。

刘彦宗取走宋徽宗的诗作,称赞不绝,他又用女真话对完颜斡离不详细解释,完颜斡离不用生硬的汉话连连叫好。他起身走到宋徽宗面前,行女真跪礼,用汉话说:"谢过泰山!"宋徽宗连忙作揖还礼,说:"愧杀老拙!"

完颜斡离不当夜特别举行宴会,在坐的有刘彦宗和茂德帝姬等二十名被虏女子,并邀请宋徽宗全家,除了完颜斡离不外,竟全是汉人。经过了一个月的风餐露宿之苦,宋俘们算是初次享用了一顿佳肴美食,虽然比不上宋宫的御膳,但在真定府已是最上乘的菜肴,饮用的是当地所产的银光美酒。酒到半酣,刘彦宗向朱后和朱慎妃传话说:"二太子闻得两位夫人工于吟咏,请席间作歌,以助酒兴。"朱后和朱慎妃在俘囚的境遇下,长期离开丈夫,度日如年,对女奚烈国禄的调戏事件又一直耿耿于怀,心境极坏,在整个宴会期间,也无半丝笑容,两人都面有难色。宋徽宗出面圆场,说:"两位新妇,你们还须仰承二太子底美意。"朱后想了一想,就吟诵了几句歌词:

昔居天上兮,

珠宫玉阙,

今居草莽兮,

青衫泪湿。

屈身辱志兮恨难雪,

归泉下兮愁绝!

古时这类歌词可以配现成的曲调歌唱,但朱后故意诵而不唱。宋徽宗听了,急忙制止说:"如今大宋虽亡,还须感戴大金宽恩,新妇不宜诵此词!"他又通过刘彦宗,对完颜斡离不表示道歉说:"新妇得罪,乞二太子宽恕。"完颜斡离不今夜却特别开通,他面无愠色,叫刘彦宗传话,命朱慎妃继续和歌。于是,朱慎妃也效仿堂姐,吟诵了几句歌词:

幼富贵兮绮罗裳,

长入宫兮侍当阳。

今委顿兮异乡,

命不辰兮志不强。

两人唱完,竟大哭起来,他们的悲声,又牵动了许多人的愁肠,于是宴会上一片啼泣,这使完颜斡离不大为扫兴,他正想发作,又见到心爱的茂德帝姬也在落泪,就软了下来。他对茂德帝姬说:"你可劝谕两个嫂嫂,大舅子不日当与他们团聚,共度快活时光。"说完,就抽身离开了筵席。

宋徽宗等人回到静渊庄,有宦官白锷带着一个人进入,原来此人是武义大夫、阁门宣赞舍人、管勾龙德宫曹勋,他和已故的父亲曹组都因善于赋诗填词,而得到进用,但按宋时的规矩,虽是文士,却授予武阶官。曹勋进屋,立即跪拜请安,说:"微臣结识金军中一个千夫长,若有可乘之机,当逃脱南归。大河以南,尚有九大王,不知官家有何谕旨?"宋徽宗忍不住垂泪说:"你若能南逃,煞好!"命韦贤妃取来一件绛罗裓领,也就是背心,命韦贤妃当场拆开衣领,用毛笔在里面写上"可便即真,来救父母"八字,另加御押"冊",教韦贤妃立即缝好。

宋徽宗又吩咐曹勋说:"我大宋之祖宗功德未泯,士民推戴,自可应天顺民,保守宗庙。如见得大王,你可告谕,但有清中原之策,便悉予举行,无须顾忌父母安危,唯求洗雪积愤。"曹勋说:"微臣遵命!"宋徽宗想了一想,又说:"艺祖有约,藏于太庙,誓不诛大臣、士大夫及上书言事底人,违者不祥。自祖宗至朕,世世恪守不违,然而官家即位以来,诛罚太甚,今日之祸虽不在此,然而新君即位,亦当知此誓约,而以诛杀为戒。"

宋徽宗嘱咐完毕,又教韦贤妃带曹勋去见邢秉懿等人。韦贤妃和三个儿媳各自取出一件信物,交付曹勋。韦贤妃是一块拭泪的白纱手帕,上面绣一只黄莺,她说:"莺哥必能认得此物,教他不忘我北行拭泪之苦。"邢秉懿是一只当年康王为她打造的金耳环,造型是一对展翅蝴蝶,栩栩如生,俗称为"斗高飞",她哭着说:"请转语大王,愿我夫妇如同此环,遂得相见。"田春罗和姜醉媚则是去年康王出行时,乔贵妃所赐的金钗和项链,他们也说了一番大同小异的话,曹勋不便久留,当即告退。

金军到达真定府后,认为押运俘虏和财宝的工作已是十拿十稳,所以不急于北上。他们的当务之急是攻取毗邻的中山府。中山府是今河北定州,为宋时沿边的雄藩大府。文臣知府陈遘受任为河北兵马元帅,位居汪伯彦和宗泽之上,却一直坚守此城,不能南下赴任。这次金朝完颜挞懒、完颜谷神和完颜阇母三个元帅率重兵前往,劝降不成,又实施猛攻,却仍未能奏效。二十六日天色未明,刘彦宗带金兵闯入静渊庄,将还在睡梦中的宋徽宗押走。宋徽宗得知自己的劝降任务后,就要最孝顺的儿子景王和济王同行,不料这次却遭到他们的婉言回绝,最后是第十二子莘王赵植和十八子信王赵榛自愿陪伴父亲。

经过两天行军,宋徽宗被完颜斡离不亲自押到了中山府城下,金军特别用那面"亡宋太上皇"和一顶紫罗伞作为标志,教宋徽宗骑马来到城下。宋徽宗只得高声喊道:"我是道君皇帝,今宋国已亡,我须北上,朝拜大金国皇帝,你们可从速归降,以免生灵荼毒。"金军屡次劝降,都说宋朝已亡,陈遘却一直不信,现在果然见到宋徽宗,不禁涕泪满面,说:"陛下安得到此?然而臣奉命守城,岂能辜负陛下委任,而不尽守土之责?"不料一个部将沙振突然从旁用剑刺死了陈遘,开门出降。

得意洋洋的完颜斡离不又押着宋徽宗回真定府。他一路上与宋徽宗、刘彦宗并马而行,教刘彦宗传话说:"日后当奏知郎主,言道泰山此次立功。"不料正说话间,突然有一支宋军杀来,完颜斡离不仓促指挥金军应战。那支宋军竟杀到宋徽宗的面前不远,为首一将,骑黄骠马,手抡一杆铁笔刀,连劈五名金军骑士。宋徽宗到此看清了来将的脸,原来竟是从义郎、宋太宗六世孙赵不尤。他真想按排行大喊:"八六侄救我!"然而见到两边已经有两名执剑的金骑挟持和监视,就不敢出声。

两年前,自恃勇武的康王曾要求父亲举行一次宗室的骑射比试。参加者每人驰马射箭七次,以五箭中垛为合格。康王满以为自己在比武中可以一举夺魁,不料最后竟是赵不尤得第一,而赵叔向得第二,康王屈居第三。康王不服,又与他们用木剑比武,结果还是输给他们俩。自从金军南侵,赵不尤和赵叔向都上奏要求参战。按照宋制,宗室入仕一般都是按武官系统升迁,像赵子崧那样有文官头衔者,反而是特例,但宗室的武官又与军事完全无关。宋钦宗批准赵不尤参加救援太原,却又不准赵叔向参军,实际上就有不让赵廷美的子孙掌兵的意思。赵不尤在救援太原失败后,纠合残部,继续在两河抗金。他今天率所部三千人马袭击金军,倒并非是得到了有关宋徽宗的情报,前来救驾。

完颜斡离不见来将勇猛,就亲自催动战骑,手执一杆铁锥枪,上前迎敌。宋徽宗至此才发现,完颜斡离不虽然身材短小,却是膂力惊人,武艺高强,他与赵不尤刀来枪往,竟难分胜负。金军的优长是斗志十分顽强,完颜斡离不的合扎亲兵更是其中的精锐,他们在猝然被袭击之初吃了亏,却能很快地重整旗鼓。完颜谷神、完颜挞懒、完颜阇母等军闻讯,也赶来助战。赵不尤军寡不敌众,只能退出战斗,金军也不敢追赶。

在这次宋军的突然攻击中,金军的伤亡数还是大于宋军,而信王赵榛居然在乱军中逃跑,更使完颜斡离不火冒三丈。他吩咐合扎亲兵对宋徽宗和莘王严加看管,回军途中,再也不愿意对宋徽宗以"泰山"相称。

在真定府的宋俘们听到信王逃脱的消息,无不以手加额。茂德帝姬与信王是一母所生,她作为大姐,非常害怕完颜斡离不将对自己发泄和报复。幸好完颜斡离不不迷恋她的美色,不忍心施加责罚。

由于信王的逃脱,金军又开始加紧押送战俘。四月三十日,完颜斡离不等回到真定府城,不暇休息,五月一日,就将宋徽宗一行押解北上,于十三日到达燕京析津府,宋人称为燕山府。这是辽朝和金朝的第一大城,城周二十七宋里,开八个城门。大群宋俘由外城东的迎春门入城,还是以"亡宋太上皇"的旗帜为先导,迎春门内有一条通衢大道。

原先在辽朝的统治下,不仅让汉儿保持旧有的衣冠风俗,契丹人举行某些重大的典礼,也须汉服,如今在金朝的统治下,城里的汉儿却一律改换辫发左衽。虽然在战乱之余,而城市破坏不大,人口还比较稠密。有一群汉儿父老来到宋徽宗马前,为首者敬献一卮酒,说:"太上皇曾救活燕民十余万,自家们感恩极深,不料今日得睹天颜!皇帝阴德甚多,不须忧悒,不日便可回銮。"原来在辽朝亡国,宋朝短暂收复燕山府期间,当地发生大饥荒,宋徽宗曾下令漕运太仓粳米五十万石,进行救济。宋徽宗听后,感动地说:"你们尚知我当时有救护之力,可知我为此获谤?我今日底困扼,反甚于你们无食之时,岂非是天意!"说着,又落下了伤心的泪水,将那卮酒一饮而尽。

析津府作为完颜斡离不一军的大本营,他和完颜挞懒的家眷就住在城西南的原辽朝行宫内。初兴的金朝,汉化不深,君臣上下名分不严,还没有将行宫看成是皇帝专用。完颜斡离不正妻唐括氏、完颜挞懒正妻乌古论氏等女真女子已经等候多时,他们见到茂德帝姬等新俘汉妾,就纷纷行抱见礼,以示亲热。茂德帝姬等汉族女子却从不知有这种礼节,他们不能不接受拥抱,却又惶窘万状。唐括氏在拥抱之后,又对茂德帝姬从头到脚,仔细观察,用女真话说:"你煞是个美人,此后与我同住,我当好生看觑,不亏负你。"经通事翻译后,茂德帝姬才想到行汉礼跪拜,说:"贱妾今后当伏侍夫人,不敢惶愆。"通事翻译后,唐括氏眉开眼笑,她又对茂德帝姬再次行抱见礼,说:"今后自家们便是姐妹,你自当快活。"

除去在金营中死亡和少部分遣返、遗弃者外,金军这次驱赶北上的开封俘虏计有一万四千人,终于先后抵达了燕云地区。此时开封宋俘中的男子只剩下十分之四,而女子却剩下十分之七,除了大量的死亡者外,也有不少中途逃亡者。

[叁贰]
沮洳场的爱与恨

金朝东路军到达析津府后,元帅们将大部分宋俘拘留在当地,却又指派盖天大王完颜赛里和真珠大王完颜设野马分别押送两批宋俘,前去遥远的东北会宁府。

完颜设野马押送的,是普通女俘一千四百五十人和男俘九百人,完颜赛里则是押送一批特殊宋俘,包括韦贤妃和她的三个儿媳、两个孙女,另加宋徽宗第十四女洵德帝姬赵富金和柔福帝姬。刘贵妃生下三个女儿,长女茂德帝姬,次女安淑帝姬早死,洵德帝姬则是信王的三姐。她本已分配给了完颜奔睹,如今又与韦贤妃等同行,是因为金人未能抓获康王和信王,另加惩罚,而前夫驸马田丕则被扣留在析津府。柔福帝姬是未婚的诸帝姬中年龄最大的一个,按照金朝元帅们的商议,打算将这名处女献纳给金太宗。宋徽宗最不忍割爱的,当然是柔福帝姬,由于派遣宫女侍奉已无可能,他只能派遣宦官,但宦官们听说要去遥远而荒凉的东北,也是人人推辞,最后只有一个人自愿陪伴,他就是白锷。由于语言的隔阂,金朝在完颜赛里身边委派了一名年轻的通事,名叫徐还。他是辽东汉儿,父亲曾任辽朝小官。

完颜赛里和完颜设野马两支金军分别出发。完颜赛里所率两猛安的队伍,出析津府东的安东门,经榆关进入东北。千夫长女奚烈国禄虽然因调戏朱后等挨了鞭打,见到了柔福帝姬,却仍然不能自持。他在出城的第一天,居然跳上了柔福帝姬的坐骑,进行调戏。完颜赛里闻声策马赶来,大怒,说:"你竟敢戏弄进献郎主底处女!"他抽出佩剑,往女奚烈国禄的腰眼刺去，女奚烈国禄落马，却躺在地上打滚挣扎，腰间流出了一股股鲜血。完颜赛里下马取来大棒，用脚踏住他的后背，对准他的后脑狠狠一击，女奚烈国禄方才断气。完颜赛里命令合扎亲兵将女奚烈国禄的尸体扔进路边的一条小河里。

完颜赛里的身边已有十二名女俘，但他得陇望蜀，又觊觎着另外几名汉族女子。事实上，自从邢秉懿流产以后，他在沿途就已屡次调戏，只因邢秉懿以自杀抗拒，而尚未得手。如今这些年轻女子自然更无幸免之理。还未抵达榆关，他就先后奸污了邢秉懿、田春罗、姜醉媚和洵德帝姬四人。

燕山山脉在古时是中原与塞北的天然分界，榆关大致就是现在的山海关，当地只有居民十多家，出关不过几十宋里，就是一片荒凉，关南和关北判若两个世界。满目萧条，山童水浊，白草弥望，即使在辽朝全盛时期，榆关以北的各州也是人烟稀少，其人口还不及中原的一个小镇，这更增加了宋俘们的悲伤和凄凉感。

在十天的行程中，几个宋俘女子不约而同地对通事徐还产生了愈来愈多的好感。徐还面目比较清秀，在大群女真军中显然算是个美男子。他受了儒家文化的熏陶，对宋俘妇女们彬彬有礼，虽然剃头辫发，胡服左衽，对宋俘们还是用汉礼。过榆关后，柔福帝姬设法找机会与徐还并马而行，她贴近徐还，就用汉语低声说："你若能救我，奴家愿以身相许。"徐还感到尴尬，他说："虏人看守甚严，我如何救你？"柔福帝姬到此已不能顾及羞耻，她说："你便不能救我，奴亦愿以身相许，胜似被虏主污辱百倍。"徐还说："公主，你须见国禄字堇底下场，万万不可胡做！"柔福帝姬再也不说话，她只是长吁一声，止不住啜泣。徐还同情地望了她一眼，赶紧与她分开，彼此保持一段距离，却又忍不住再三对她投以同情的目光。

出榆关后，这支队伍一直依傍海岸北上，经过三天行程，来到了海雲寺。这是一座海边的佛寺，其中有和尚二十多人，虽然规模不大，而建筑还算精美，景色更是出奇的秀丽，向东望去，只见海天同碧，浩渺无际，不远处有一小岛，其上楼阁层叠，乃是另一座龙宫寺，恍若神话中的仙山琼宫。海雲寺后还有两股温泉，汇成两个小池，泉声玲琮，喷珠溅玉，碧水涟漪。在荒凉的塞北有如此景致，连那些粗悍的女真将士也感到赏心悦目。熟悉路途的徐还对宋俘们说："此去再无美景，你们在此可荡涤愁闷，稍开心颜。"邢秉懿说:"自家们唯求早日还乡,敢烦徐官人代写一疏文。"徐还面有难色,说:"此事须告报盖天大王,我岂能擅自书写。"徐还去了一会儿,又与完颜赛里一同来到佛殿,他面带喜色,对宋俘们说:"蒙赛里郎君允准,你们可叩谢郎君。"宋俘们谢恩,徐还开始用毛笔写了一篇简单的疏文:

> 天覆地载之间,饮啄皆由于佛荫;男生女育之类,涵濡悉荷于神恩。岂独忠义之心,人人具有;抑亦生成之德,物物皆同。故乡逾四千里路,空手无七十万钱。馨香一枝,敢忘薄荐之诚;丹心一片,唯求旧巢之归。敬祈神通,了此宏愿。

大家看后,都说疏文写得言简意赅,表达了众人的心愿。于是,从韦贤妃到她的两个孙女,还有白锷,一共九人,都洗手焚香,毕恭毕敬地跪在释迦牟尼佛像前,叩头祝告。柔福帝姬见到这篇疏文后,对徐还更加爱慕,她设法单独拉徐还到观音大士像前,叩头祝告说:"罪女命薄,罹此大难,只求菩萨保佑,早日南归,并与徐官人成秦晋之好。"她的话当然不但是说给菩萨听的,也是说给人听的。徐还听后,只能尴尬而惶惑地走开了。

当天海雲寺特别为完颜赛里、徐还和宋俘设宴。宋俘们没有料想到,和尚们供应的竟是酒肉薰炙,而僧徒们也与俗人一起大吃大嚼。饭后,完颜赛里赏赐了白银十锭,寒酸的宋俘也只能给予薄酬。金军在海雲寺多住了一天,大家纷纷到温泉池中洗澡。宋俘们白天当然不敢去温泉,经过商议,只能在黑夜偷偷摸摸前去,由白锷担任望风,才一涤长途跋涉的尘秽。

这支队伍继续北行五天,忽然发现了一个鹿群,完颜赛里立即下令一千二百多金兵围捕,只留下一谋克金军和徐还看守宋俘。徐还闲着无事,就向宋俘们介绍说:"大金国人酷喜游猎,郎主在会宁府,不分四时,率后妃、亲王、近臣出猎,以随驾军兵密布四围,将狐、兔、猪、鹿之类驱入围中,然后由郎主先射。今日底围猎尚不如会宁府底盛大。大金国人平日精于田猎,故战时长于骑射。"柔福帝姬问道:"大金国女子亦是长于骑射?"徐还说:"女子们都骑得烈马,然而未必擅长弓箭。"

围猎是女真人的盛大节日,当天猎杀的鹿竟达六十三只。女真兵个个兴高采烈,他们生起篝火,割鲜烤食。宋俘们也分吃烤鹿肉。不料完颜赛里在酒肉厌饫之余,突然起了一种奇怪的淫心,竟将四十八岁的韦贤妃也拉去强奸。白锷眼见主母被辱,不由痛心落泪。但众人都万万没有料想到,这次强奸却很快变成顺奸。古时的妇女一般都是在四十上下的年龄停经绝育,而身体很健的韦贤妃却至今尚未停经,完颜赛里很快挑逗起韦贤妃旺盛的欲火。韦贤妃事后回到宋俘群中,脸色绯红,而并无哀痛的表情,不能不使所有的成年人感到十分惊讶。

徐还在吃惊之余,开始向宋俘交待往后的艰难行程,他说:"往前行,便是泥淖沮洳之地,极是难行。五百年前,大唐太宗亲征高丽,即是过此辽泽,须翦草填道,水深处以车为桥,太宗皇帝亦是亲自负薪于马鞍,以助军役。大军过往,尚是如此艰难,你们过大泽,尤须小心。辽泽一带,蚊虻极多,不分昼夜,叮咬人畜。"白锷称赞说:"徐官人煞是饱读经史,前朝底事,了如指掌。"

徐还感叹说:"自家底二十一世祖,即是随大唐太宗东征,十九世祖又移居辽东。可叹中原武功不竞,我等汉儿虽是心向大宋,却辫发左衽,先为辽人,后为金人。"这是他第一次表白自己的心迹。柔福帝姬对徐还仍是不死心,她说:"可惜徐官人未曾去得汴京,此处荒凉,非燕京可比,而汴京繁华,又非燕京可比。江南之地,更是人称上界有天堂,下界有苏、杭。"徐还仍是摇头叹气,说:"可惜宋主居富庶之地,却不能藉其事力,一统天下。大唐太宗虽是杀兄逼父,却收揽了多少英豪,武功盖世。大宋太宗亦是杀兄篡位,却不能重用一个杨无敌,而屡败于辽兵。且不说辽东,便是燕雲亦成异域。"白锷听了,不免暗暗吃惊,心想:"好事不出门,坏事传千里。不料国史秘闻,亦未能瞒过北人。"柔福帝姬惊奇地说:"我还不知大宋有个杨无敌。"徐还说:"便是一代名将杨业。他虽身死北国,辽人甚为敬重,汉儿们为他四处立祠,而自来不直呼其名。"韦贤妃等女俘们并不关心国史,而徐还的话却引起白锷内心很深的感慨,尽管宋亡,但白锷却仍恪守臣规,不想对宋朝的列祖列宗公开评议。

第二天,这支队伍来到梁鱼涡,就开始进入沼泽地。遵照徐还的吩咐,宋俘们都戴着盖头或用纱巾蒙脸,身穿几层衣服,不让一寸肌肤外露,以免蚊虻叮咬。他们随金军走过一个又一个沼泽,积水最深处可过马腹,所穿的衣裳全部被泥水浸湿。柔福帝姬暗自统计,当天竟一连走过三十八个沼泽。不料正在走第三十八个沼泽时,她的坐骑突然陷入泥淖之中,幸亏白锷和徐还奋力相救,方才脱险。

当夜,这支队伍找到一块稍干的地方憩息,每个人都是浑身臭泥浆,却谁也不敢脱衣,因为成群的蚊虻,在他们周围嗡嗡乱飞。大家只能围在篝火旁取暖,并且用蒿草薰烟,驱赶蚊虻,啃咬着带泥的食物充饥。且不说娇生惯养的邢秉懿等女子和康王的两个女儿,就是过去家道贫寒的韦贤妃和白锷,也感到实在难以忍受。徐还满脸泥浆,他一面烤火,一面安慰说:"此地委实是地狱,然而再过一日,便可出此地狱。"柔福帝姬听说还有一天行程,很快联想到昔日的富贵生活,又联想到留在燕京的父兄,他们虽然被软禁,也不至于受自己那样的苦楚,不禁恸哭起来,韦贤妃等五个女子和两个四岁的女婴也跟着恸哭。白锷和徐还只能百般劝解。

这支队伍翌日走了大半天,到下午将近走出沼泽地时,田春罗的马也陷入了泥潦之中,经白锷和徐还抢救,田春罗算是脱险,而她所生的康大宗姬佛佑却葬身在沮洳之中。当夜,大家来到一个猛安没咄字董寨,纷纷更衣洗刷,而田春罗却开始发高烧。徐还设法在寨里找到一辆牛车,将田春罗继续载往北方。两天以后,气息奄奄的田春罗只能用最微弱的声音嘱咐后事:"奴曾见燕王火化,心胆皆裂。奴家死后,若无棺椁,只求在道旁掘土埋殡。他日九大王若能收奴家底尸骨,便是万幸。"众人抚尸悲啼,徐还和白锷按她的遗嘱掩埋,并且种了一棵树,作为标识。

这支队伍又走了将近一月。由于有救命之恩,柔福帝姬更是对徐还充满柔情,她再三表示感谢。有一次,又私下送给徐还一个美玉镯,两条雕琢的飞龙和翔凤,头尾相衔,用金线串连,造型别致,玲珑剔透,徐还推拒说:"此是宋宫宝物,价值连城,我如何受得?"柔福帝姬说:"此是阿爹临别所赠,奴不能以身相许,至此唯有以心相许,龙凤玉钏便是我底心。"说着,就泪如泉涌,徐还到此地步,也不容不收。

谁也未曾料想到,韦贤妃作为一个年近五十、容貌平常的老太婆,居然对三十六岁的完颜赛里,有着一种不可思议的魅力,两人愈来愈亲近了。最后到达会宁府的前一天,在大帐之中,完颜赛里当着邢秉懿等女俘的面,公然搂着韦贤妃,要她敬酒喂食。他酒兴大发,带着很浓的醉意,使用生硬的汉语,一会儿说:"自今以后,赵构须唤我阿爹。"一会儿又对邢秉懿和姜醉媚说:"你们须叫我阿舅。"一会儿又逼着康二宗姬神佑叫自己"阿翁"。韦贤妃似乎也焕发了青春,她在完颜赛里面前,忸怩作态,却又撒娇献媚,曲意逢迎。

宴会散后,柔福帝姬忍耐不住,她愤怒地对韦贤妃说:"韦娘子,你直是恁地无耻,难道全不念阿爹底恩德?"韦贤妃却反唇相讥说:"除李侍郎殉国以外,如今又有何人有廉耻?难道太上官家亲去中山府劝降,便是知耻?他对我又有何恩德?"白锷本来是为侍奉韦贤妃而来,他对韦贤妃最近的行为,也愈来愈看不惯,就说:"韦娘子且休,大宋虽亡,自家们尚须知大宋底恩德。"韦贤妃听后大哭,说:"他人不知晓你娘子底苦楚,你难道不知晓娘子底苦楚?"白锷猛然醒悟,后悔自己出来说话。

韦贤妃压抑了三十年的积愤,到此已是不吐不快,她愤怒地对柔福帝姬和洵德帝姬说:"奴跟随你们阿爹三十年,仰赖乔娘子,方得御幸一回。仰赖莺哥,方得为婉容,方得为贤妃,你们底爹爹对我又有何恩何德?奴家追随盖天大王一月,也胜似追随你们爹爹三十年。"她的话使四个年轻女子都目瞪口呆,如果韦贤妃到此收场,还多少能博得柔福帝姬等人的同情。然而心胸狭隘的韦贤妃又反骂柔福帝姬说:"你是个没有羞耻底小妮子,你爹底龙凤玉钏又赠与何人?"柔福帝姬与徐还的事,大家都已觉察,只是都没有说穿。韦贤妃的讥诮,使柔福帝姬立时脸涨通红,大哭起来。邢秉懿等三人都无法说话,还是白锷出面圆场,他说:"自家们如今唯有同生死,共患难,敬请娘子与帝姬且休。"吵闹虽然停止,但韦贤妃却和柔福帝姬互相记仇,不再说话。

队伍抵达了目的地会宁府,在宋俘们的眼里不过是一个小寨。金人用所掳辽朝工匠,修盖了乾元殿,四围栽柳,并无城墙,俗称御寨。金太宗与群臣也没有君臣礼仪,大家坐在大土炕上,高兴时,就互相携手握臂,同歌合舞,有时甚至公开与对方的妻妾嬉闹,也不以为嫌。完颜设野马和完颜赛里先后到达,也加入其中,大家唱着曲调简单的女真歌,饮酒共乐。金太宗乜斜着醉眼,通知完颜赛里说:"赵构底母妻与女儿,须居住洗衣院,那个叫洵德底女子,已被设野马索取,你此回有大功,可另选十个女子,然后去雲中。"完颜赛里听到洵德帝姬已被占夺,就满脸不悦地说:

"待我将赵构底母妻取去。"谙班孛堇、都元帅完颜斜也讥笑说:"赛里,闻得你与一个老妪合欢,你若有情,自可去洗衣院住,与他恩爱终身。"其他人也你一言,我一句,纷纷奚落。

韦贤妃等被分配到洗衣院当女奴,洗衣院其实是一个变相的妓院,任何人都可以到那里淫辱他们。七天以后,柔福帝姬因为触怒了金太宗,也被发落到洗衣院。十多个女真兵闻讯赶来,企图将她轮奸,不料完颜赛里带着徐还也适时来到,完颜赛里喝退了众人,徐还对柔福帝姬说:"赛里郎君闻知帝姬落难,特来娶你,同去雲中。"能免于被轮奸,这对柔福帝姬已是天大的恩赐,她跪在完颜赛里面前,连连叩头,感激涕零。古代女子一般有头饰,下跪而不叩头,如今已无头饰的柔福帝姬,却特别以叩头表示自己特殊的感恩之情。

[叁叁]
孟太后听政

四月一日,在金军全部撤离的当天,监察御史马伸和宦官邵成章就来到吕好问家。吕好问抢先说:"下官已明马察院与邵大官底来意,吕氏世受宋恩,我所以屈己忍耻,正是为今日另谋兴复大计。我昨日已遣人致书于九大王。"马伸说:"自家们知伪楚宰执之中,唯有吕尚书心存忠义,所以特来相访。"他有意不称"相公",而称"尚书",以表明自己决不承认伪楚。邵成章说:"小底受官家深恩,本当随二帝北狩,只为另受圣上重托。今日见吕尚书煞是忠心为国,小底自当和盘托出。"接着,他就说了宋钦宗对宋哲宗废后孟宝红的安排。吕好问以手加额,说:"主上圣明,如今唯有元祐娘娘以母后之尊,方能号令天下!"

第二天,吕好问就迫不及待地找张邦昌商谈。他说:"子能底心迹,已对我明言。如今虏兵已退,你待如何行事?"张邦昌一个多月以来,内心一直经历着痛苦的斗争,他并非完全没有称帝的欲望,但金帅与他的那次谈话,还有太学生黄时偶声称耻食楚粟,给了他极深的刺激,到此已下定了最后的决心,他说:"我本为宋臣,如今却负僭逆底大罪,罪在不赦。我只求赵氏赦我之罪,归养寄居于江南一个小郡,安度余生,便是万幸。"这是他在苦苦思索之后,希望在十分尴尬而危险的政治夹缝中,求一条保全名节的活路,他的内心确已对政治十分厌倦。

吕好问说:"你若能重扶宋室,不但无罪,而且有功,身后尚可扬名史册。"张邦昌摇摇头,感叹说:"我但求无罪,岂求有功?但有兴宋之策,切望舜徒不吝赐教。"吕好问说:"如今元祐皇太后尚在城内,你速归政于太后,便可转祸为福。"张邦昌说:"此说甚是,然而虏人退兵不远,惟恐王时雍等人横生枝节,而乱此大计。你自可先去参拜娘娘,容我稍缓时日,另作计议。"

当夜,张邦昌不再去大内的李春燕阁,而是将她召到都堂,作最后的诀别。他说:"我身为宋臣,被虏人拥立,事出无奈。我深思熟虑,今日事势,唯有及早退位,将江山社稷拱手还于赵氏,方是上策。"李春燕想不到自己朝朝暮暮期盼当皇后,用尽心计,竟是一场短促的幻梦,就跪在张邦昌面前大哭,说:"妾身曾是太上底人,相公一去,奴家又能何处寄身?亦是奴底不是,相公曾于坤宁殿醉卧一夜。仅此一事,切恐赵氏亦不肯轻恕。"张邦昌长吁短叹,说:"我计较再三,若不急流勇退,生则当虏人底臣皇帝,受无边罪苦,死则留千古骂名。"李春燕千方百计,硬哄软骗,张邦昌却已拿定了主意,他最后劝慰李春燕说:"人生相聚,终有一别。若是日后赵氏将你放还民间,我自当娶你,远走他乡。称帝之后,我亦无意恋栈,岂能仕宦于赵氏新朝。"李春燕只能哭哭啼啼,回到大内。

四月四日,张邦昌在都堂,召见了包括吕好问在内的全体伪楚宰执,宣布了自己逊位,请孟太后主持大政的决定,他特别强调说:"自家们同是大宋臣子,当虏人威逼之时,只得行权宜之计。我万不得已,而居不得居之位,故不称朕,而称予,不准你们称陛下,宣旨不称手诏,而称手书,平日不御殿,不受朝,以明我实无僭逆之志。如今开封四围已皆是王师,若尚与虏人通谋,只恐罪在不赦。"王时雍、徐秉哲、吴开和莫俦四人全无思想准备,至此只能面面相觑,特别是当着吕好问的面,不便提出异议。

张邦昌当即率领他们五人,同去孟忠厚的家宅。由于吕好问和邵成章的事先安排,孟家已作了接待的准备。邵成章现在也已公开侍奉孟太后,站立一旁。张邦昌等六人见到孟太后,就一齐跪拜,说:"罪臣张邦昌等叩见娘娘,恭请圣安。"孟太后说:"老婆是亡宋底废后,你们是新楚底君臣,折杀老婆!"她话虽如此,却并不起身,张邦昌与另外五人长跪不起,他悲怆地说:"二帝与宗族北辕,臣等迫于虏人,暂受伪命,而一刻未忘大宋之深恩厚泽。今特请娘娘回宫,垂帘听政,主张国事。臣等当自即日去僭伪之号,复为大宋旧臣。"孟太后说:"老婆罪废已久,唯知在青灯之下读《道德经》,如何能主张国事?"她推诿再三,张邦昌只是伏地不断地叩头,反复说明自己被逼当伪楚皇帝,出于万般无奈,不容孟太后不允。

但是,张邦昌为了自己的身家性命,又特别故作姿态,说:"臣等受僭伪之号,万诛何赎。只待大事已了,臣等当甘伏斧钺,以谢天下,为后世不臣者之戒!"孟太后马上宽慰说:"相公们只为救国救民,事出权宜。如今你们底心迹,已昭示天下,再造大宋,你们皆是功臣,何罪之有?此事相公们只须放心便是。"孟太后的话,使张邦昌吃下了定心丸。孟太后当天就被迎接到大内,住在延福宫,张邦昌上尊号为宋太后,开始听政。

当天夜里,王时雍将徐秉哲、吴开和莫俦三人召到家中,进行密议。王时雍说:"不料张相公竟在数日之内变卦,此事莫须告报大金?"徐秉哲也说:"若是宋朝再造,只恐自家们凶多吉少。"莫俦却不以为然,他说:"彼一时也,此一时也,虏兵围城废宋之际,张邦昌不可不立,如今大宋又不可不复。"吴开说:"我料王尚书亦难得一个信实底人,可去河北报信,若是事机不密,反受其害。既是太后有旨,自家们亦可安心。"四个人形成了两派,各执己见。

王时雍无可奈何,又拉了徐秉哲同去劝说张邦昌。他们在都堂相见后,王时雍屏退从人,就开门见山地说:"相公既已称帝,便成骑虎难下之势,切恐日后有噬脐之悔。"徐秉哲也说:"娘娘底话,亦是权宜之计,岂可轻信!"张邦昌拍案而起,厉声说:"王尚书,徐大尹,事到如今,你们尚出此不臣之言!容我奏禀太后,处分两个逆臣!"王时雍也并不示弱,他用威胁的口吻说:"张相公,你私入大内,轻薄太上底华国夫人,玷污坤宁殿,仅此一端,亦已罪不容诛!"

张邦昌正准备反唇相讥,只见范琼慌忙进入,说:"启禀相公,今有宗室叔向率精兵五万,屯于青城,并已连夜占夺自宣化门至南薰门底城壁。"王时雍和徐秉哲立时大惊失色。张邦昌用讥刺的口吻说:"范太尉,你杀害吴统制,甚是英雄,如今正可与叔向一决雌雄。"范琼说:"叔向兵势厚重,非我所能敌。当时杀吴太尉,亦是事出无奈,唯求相公以一床锦被遮盖。"张邦昌又转向王时雍和徐秉哲两人说:"王尚书,徐大尹,你们又有甚分晓?"徐秉哲也软下来,说:"自家们与相公亦是患难相助,求相公开一线生机。"张邦昌这时根本无意于在官场勾心斗角,只求息事宁人,早早移交政权,退隐田里,他说:"你们不可再萌生异志,同心匡扶大宋,方是正道。"王时雍等三人只能唯唯诺诺。张邦昌立即吩咐吏胥说:"可请吕尚书与邵大官贲夜去南薰门,与叔向备说太后听政之事,以免误伤官兵。"

赵叔向的军队只有七千,却号称五万,先声夺人。他在四月四日夜与吕好问、邵成章会面,商定翌日进城。五日上午,他命令陈烈、姚侑和罗彦守青城营寨,王兰、高林和李德三人分别守宣化门、普济水门和南薰门,自己与赵士㒟、杨再兴统精兵五百,沿御街北上,市民们箪食壶浆,热烈欢迎第一支重返京城的宋军。他们首先进入都堂,同张邦昌和吕好问相见,赵叔向特别警告王时雍等人说:"你们须与张太宰、吕尚书共扶王室,将功折罪,若敢另有贰志,便如此桌!"他一面说,一面拔剑将书案斩去一角。王时雍还算能言善辩,他说:"太尉自可放心,我追随张相公迎请太后,岂能怀有二心?"张邦昌瞧着王时雍,却也不想当众戳穿。

孟太后当天就开始在祥曦殿垂帘听政,张邦昌率百官举行上朝仪式。退朝以后,赵叔向同杨再兴前去广亲宅,开封城里的皇族按支系分居不同的大宅院,广亲宅是赵廷美一系子孙的住所。他步入空无一人的宅院,才知本系宗族,包括自己的兄弟妻儿,已全部被金人所掳,不剩一人。庭院屋宇,萧条破败,在围城期间,由于薪柴奇缺,附近的居民不得不进入空宅,取走家具,用于炊食,所以连完整的家具也不留一件。面对此情此景,赵叔向虽然是一条硬汉,也由不得伤心掉泪,杨再兴等人也陪着掉泪。最后,他跪在庭院,对天发誓说:"我若不能长驱漠北,报仇雪恨,誓不为人!"

孟太后退朝以后,命令邵成章将赵士㒟单独召入延福宫。孟太后被废时,赵士㒟不过是个十多岁的儿童。但她在幽居瑶华宫时,赵士㒟出于同情心,还是多次找机会看望,并且在逢年过节时,又经常教妻子前去请安和送礼。孟太后对宋朝宗室几乎很少相识,惟有对赵士㒟却相当熟识和信赖。两人寒暄过后,孟太后赐坐,并且屏退宦官和宫女,与他单独谈话,她说:"老婆一个女流,岂能主政,国不可一日无主。老婆思忖已久,如九九哥贤能,在危难之际,可受江山社稷之托。"

赵士㒟顿时满头大汗,他慌忙起身,说:"启奏娘娘,微臣是疏属,并无拨乱反正之才,自古以来,承大业当命亲属,以杜内乱之源。"接着,他就详细叙述了自己和张所、赵子崧向康王上劝进状的经过。孟太后说:"老婆并非不知康王有皇弟之亲,然而景王命邵九传言,言道须另择疏属。"赵士儦说:"若是太上或官家有旨,另当别论,景王亦是一介亲王,娘娘自当断以己意。"孟后想了一想,又召邵成章进殿,对他说明情况,问道:"老婆不知,景王此说,是否即官家之旨?"邵成章说:"小底遵祖宗之制,只是传六大王之言,并非是官家之旨。帝位是国家第一大事,岂容小底置喙,自须娘娘主张。"孟太后说:"太上、主上与青宫诸王北辕,唯留下康王一人,亦足见天命有归。老婆当即日下诏,播告天下。你们可择日启程,护送圭宝、乘舆、服御等物,前往济州,请康王登基。"

  由汪藻起草的孟太后手诏,很快就公开发表,传送济州,其中说:"虽举族有北辕之衅,而敷天同左袒之心。乃眷贤王,越居近服,已徇群臣之请,俾膺神器之归。由康邸之旧藩,嗣宋朝之大统。汉家之厄十世,宜光武之中兴;献公之子九人,惟重耳之尚在。兹为天意,夫岂人谋,尚期中外之协心,同定安危之至计。"手诏中引用了东汉光武帝和春秋五霸之一晋文公重耳的典故,强调了"天意",这在古代,当然是令人信服的。张邦昌也派专人,将"大宋受命之宝"的御玺,送往济州。

[叁肆]
从济州到南京

宗泽率军在三月下旬到达韦城县后,很快得到探报,说是金军已拘押徽、钦二帝等北撤。他连忙率本部人马急速渡过黄河,直抵北京大名府,准备西出磁州,拦截金军。北京留守张悫告诉宗泽,说金军拘押二帝,已进入金境,大势无可挽回。宗泽只能北向跪拜,痛哭流涕,说:"臣救援来迟,万诛何赎!"他与张悫商议后,又急于统兵南下,屯驻卫南县,准备出兵开封,消灭伪楚政权。实际上,他和张悫都只是得到了金人以完颜阿懒偏师北撤,而制造的假情报。押送宋徽宗的金军,正是在宗泽进兵北京和回师卫南的间歇,北撤到真定府。

宗泽到达卫南,接到康王一封信,命令他暂且按兵不动,不要急于进攻开封。宗泽见到信上的一段文字说:"二圣、二后、东宫诸王北渡大河,五内殒裂,不如无生,便欲身先士卒,手刃逆胡,身膏草野,以救君父。而僚属不容,谓祖宗德泽,主上仁圣,臣民归戴,天意未改。"就情不自禁地发出一阵惨笑,说:"好一个愿身膏草野,以救君父底九大王!"说着,又情不自禁地迸流着热泪。然而他身为副元帅,竟无在部属、甚至在儿子面前发泄感情的自由,只能独自在空房里哭笑怒骂。他一人在空房中来回踱步,最后又长叹一声,取过文房四宝,亲自写了一份劝进状。写完以后,又觉得言犹未尽,再提笔补写了另一份谏诤的札子,然后先后派人,分两天传递济州。

轻躁的康王在特殊的环境下,经历了半年的磨练,他逐步学会的第一件事,就是如何当口不应心的两面派。他最初学会"奉命出使,不敢辞难"之类豪言,必须经常挂在嘴边,接着又学会"为救君父,虽身膏贼手,死而无憾"之类壮语,必须经常写在笔下。他对父母宗族之难,虽然内心有几分庆幸,而表面上必须装出悲痛欲绝的模样。他学会了在不同场合,必须扮演多种角色,时而垂衣拱手,时而装聋作哑,时而慷慨激昂,时而哀不自胜。诸如此类,虽然还说不上是得心应手,炉火纯青,而其长进之快,也足以使人刮目相看。这是生活给这个年轻而聪明的藩王所上的第一堂政治课。当然,他的长进也有韩公裔等人从旁指点的功劳。

康王正式得到金人立伪楚的诏书后,立即升汪伯彦为元帅,并将黄潜善召到济州。众人谁也没有奇谋妙策,无非是黄、汪两人早就主张的退避江南之策。大家最担心和害怕的,就是金军留驻开封,汪伯彦说得最为直率:"便是虏人留兵二三千,王师亦不可径攻京城,须与通使议和。"黄潜善也说:"矫激沽誉,与虏相抗,此乃负虚名而受实祸。"康王表示完全赞同,说:"虽父兄之仇,不可不报。然而度目今事力,亦可与张邦昌画江为界,暂且休兵息民,另作他图。"不料此后开封却传来了一个又一个喜讯,确实使康王等人喜出望外。

现在是半年以来,康王心境最好的时期。面对纷至沓来的劝进状,他又接受韩公裔的提议,故作姿态,佯装谦逊辞避。他懒于自己披阅劝进状,却又将听读此类文件,当作一种娱乐和享受。虽然康王在半年之内,其实无半点功德可言,而此类文件却大多有一些词藻华丽的奉承话,如"大王孝悌通于神明,忠勇闻于中外","以大元帅之重,节制海内,盛德茂勋,注人耳目","聪明仁信,温恭勤俭,风动海内,忠孝特立,亘古所未尝有,则德孰盛于大王;克敌制胜,虑无遗策,狂虏虽炽,畏威而不敢迩,则功孰高于大王"等谀词,使他感到舒心快意。他有时令韩公裔等人宣读,然后命耿延禧当场起草回函,有时干脆在深宅后院,搂抱着张莺哥,教她宣读,因为在几十名女子中,惟独她有此文化水平。

今天有康履等宦官在场,康王命令韩公裔宣读宗泽的札子,韩公裔粗看一下,就推辞说:"宗元帅底札子言语不顺,下官不敢宣读,须请九大王自阅。"康王取来,只见札子上写道:

天下百姓所注耳目而系其望者,惟在大元帅府康王一人。大元帅行之得其道,则天下将自安,宗庙、社稷将自宁,二帝、二后、诸王将自回,彼之贼虏将自剿绝殄灭。大元帅行之不得其道,则天下从而大乱,宗庙、社稷亦从而倾危,二帝、二后、诸王无夤缘而回,贼势愈炽,亦无夤缘而亡。此事在大元帅行之得其道与不得其道耳。如何可谓之道? 泽谓其说有五:一曰近刚正而远柔邪,二曰纳谏诤而拒谀佞,三曰尚恭俭而抑骄侈,四曰体忧勤而忘逸乐,五曰进公实而退私伪。是五者甚易知,甚易行,然世莫能知,莫能行者,由刚正、谏诤、恭俭、忧勤、公实之事多逆于心也,柔邪、谀佞、骄侈、逸乐、私伪之事多逊于志也。

康王看到这里,就气得不愿意再往下看,他将这份札子撕个粉碎,发怒说:"我尚未即位,宗老汉却先骂我是个无道之主!"韩公裔当即下跪说:"下官启禀大王,闻得仁宗皇帝在盛暑时召对谏官余靖,退入后宫,方说是被一汗臭汉熏杀,喷唾在面。愿大王效法仁祖,恕宗元帅底狂悖,曲示优容,以收揽人心。"

康王想了一想,就命宦官们退出,自己与韩公裔单独谈话。一段时期以来,康王与他商议,可以避开黄潜善和汪伯彦,却不避宦官,如今屏退宦官,足以使韩公裔明白这次谈话的重要性。原来康王已经开始考虑自己称帝后的人事安排。他感到难以安排显要差遣的正是韩公裔,一是他与自己母亲的暧昧关系,二是宋朝对吏胥出身的官员,升迁有严格限制,不能当大官,三是康王经过这段时间的考察,认为他对小事聪明有余,却不可能委任军国大计。康王说:"我行将称帝,你有何见教?"

韩公裔说:"下官不过是庸陋小吏,误辱大王母子底深恩,方得攀龙附凤,然而下官赋分绵薄,当知满盈之戒。如若大王垂怜,日后可赐一个宫祠差遣,使下官得安愚分。"宋时的宫观官是一种以主管道教宫观为名的冗员,坐享俸禄,而全无公务。康王对他主动引退,感到非常满意,说:"韩机宜此说,深得知足不辱,知止不殆之意,甚好! 然而我当命你奉朝请,以辅我之不逮。"韩公裔当即下跪谢恩。

康王又问:"我即位以后,不可无相,你不妨直言,以何人为宜?"韩公裔说:"耿相公追随九大王多时,我知大王恶其为人。"康王说:"他为人奸佞,离间两宫,人所共知,我真欲手剑取他底首级!"韩公裔说:"他既是靖康帝底宫僚，日后责罚，似不可太重，以免彰靖康帝之失。"康王点头，说："此说有理。"

韩公裔说："下官知九大王底意思，当重用汪元帅与黄元帅。"康王说："汪伯彦虽然老成持重，然而图事揆策，似尚逊黄潜善一筹。"韩公裔说："依下官愚见，两人谋身重于谋国。"康王万没有料想到韩公裔会说出这种话，不由大吃一惊，韩公裔连忙作出解释："我观两人底立身行事，以爱护九大王为名，而行苟全性命之实。"康王说："我从不闻你与两人有何异议。"韩公裔说："九大王出使与开元帅府时，须以安泊为上，称帝以后，却须以扶保江山为上。宗元帅尽瘁国事，奋不顾身。大王若能将三个元帅各用其所长……"他言犹未了，康王立即打断他的话，用斩钉截铁般的口气说："宗泽迂拙执拗，决不可任宰执！"

韩公裔说："李纲负天下众望，若只用汪、黄二元帅，而不用李纲，切恐难以服众。"康王说："九九叔来此，也力荐李纲，你可代我为李纲草一信，以明此意。"他所说的"九九叔"就是赵士㒟，他已和邵成章押送皇帝御物，来到了济州。韩公裔马上为康王写一草稿，康王提笔对草稿稍加修改，写道：

  乘舆蒙尘，心如刀割。方今生民之命，急于倒悬，谅非不世之才，何以协济事功。阁下学究天人，忠贯金石，泽被斯人，功垂竹帛，乃公素志。想投袂而起，以振天下之溺，以副苍生之望。构顿首。

康王写完信件，只见站在一旁的韩公裔，又有点口欲言而嗫嚅的模样，问道："你尚有何说？"韩公裔说："下官此言，恐遭怨谤。"康王说："你对我忠心耿耿，直说不妨。"韩公裔说："太上养后宫一万，又动辄进宫女位号，耗竭财力，负谤天下。道路传言，说九大王尚未身登大宝，深宅女子已纷纷请求封号。目今财力虚耗，宫女进一位号，便须增多少俸禄。前事不忘，后事之师，请九大王三思。"韩公裔的话其实还是半吞半吐，但聪明的康王已完全明白他的用意，惟有吝于授予宫女封号，既可避免好色之名传扬远播，也可大大节省内宫开支。尽管他已经对不少女子许愿，但还是听从了韩公裔的劝解，而决定自食其言。然而世上并无不透风的墙，康王虽然与韩公裔密谈，而属垣有耳，康履等宦官出于好奇，还是有所听闻。韩公裔从此内外结怨，幸亏尚有皇帝的庇护，而免遭迫害。

韩公裔走后,康王又想起一件要紧的事,他命令康履说:"你可速去开封,代我参拜元祐娘娘,问候起居,并刺探动静,将我底侍女等人取来。"康履已心领神会,康王所要的并非限于原康王府的女子。

剩下的问题是在哪里登基,元帅府周围的官员七嘴八舌,有的主张回开封,有的主张去扬州,有的主张去徐州,最后,康王还是采纳多数人的意见,认为南京应天府本名宋州,是宋朝兴王之地,而开封在残破之余,他是无论如何没有胆量和兴致前去。康王在临行之前,又将亲统的军队重新编组了先锋军和另外五军,其中张俊任中军统制,刘浩任副统制,岳飞所部马兵将就编入了中军。韩世忠任右军统制。

按照元帅府的命令,驻柏林镇的部队准备移屯济州。扈从康王前去南京的消息已经沸沸扬扬地传开了。有的将士面有喜色,对刘浩说:"此回九大王登基,刘刺史自相州便护送大王,直到南京,又屡立战功,岂不是功臣?"刘浩却面无一丝得意之色,他毕竟受了宗泽、赵不试等人的熏陶,说:"须看新朝如何用人,若能重用宗元帅、四五知州等人,大宋方有兴复之望。"他的说话其实也是半吞半吐,身为偏裨,黄潜善、汪伯彦等人当然不能在他的评议之中。

岳飞说:"自家们投军已有半年,军士们都是河朔人,所以忍痛离别父母妻儿,张四哥新婚只有三日,亦是毅然从军,唯求杀敌报国。将士们追随宗元帅时,战斗不止,虽未能驱除番军,亦且快国仇家恨底万一。如今却闲居三月,除与韩防御厮杀得一阵,只是饱食终日,马肥弓闲,众人唯是日日夜夜思念亲人。"刘浩听了岳飞的话,也只是沉吟不语,他的内心也与部属们同样地痛苦。在紧张战斗之时,人们根本顾不及思亲思乡,然而在柏林镇饱食闲居,将士们无不得了思亲思乡症,而完全无法排遣。刘浩的妻儿住在开封,金军撤兵后,他的妻子周氏历尽艰难,辗转来到柏林镇,然而她带来了一儿一女夭亡的噩耗,又远远胜过了夫妻团圆之喜。张宪说:"但愿九大王即位后,痛定思痛,重用宗元帅,统兵扫灭仇虏,收复两河故乡,救取二帝,大宋中兴,百姓便离此水深火热。"刘浩说:"此是人同此心,心同此理。"

正说话间,有军士报告说,有威武军承宣使、鄜延路马步军副总管刘光世率军前去济州,途经柏林镇。刘光世是开封失守时逃跑被杀的刘延庆的次子,陕西保安军(治今陕西志丹县)人,字平叔,但人们却按排行称他刘三,今年三十九岁。北宋晚年,由于对西夏战争不断,陕西成为宋军的精士健马的集中地。陕西军有推重世族的习惯,刘光世官居高位,倒并非因为他才能出众,而仅仅因为他出身将门。他出战时,大抵并不亲临战场,而是仰仗勇将王德。他带兵四千人,竟另外挟带妇女、儿童之类二千人,许多是沿途掳掠而来的。按刘光世的带兵理论,惟有在平时对将士们放纵,战时才能使他们乐于效力。刘光世妻向氏是宋神宗向后的侄孙女,连同他的侍妾,共十六人,另加财宝,竟满载了二十四车。向氏与几个侍妾颇通文墨,刘光世从来不喜欢学习文化,他的公文自然由幕僚捉笔,而私人信件就由向氏与侍妾捉笔。他本人只是在必要时画押,而画押符号还是由向氏为他设计,自己连"刘光世"的名字也写不好。但他却又偏喜附庸风雅,常在甲胄之外披戴儒服,更显得不伦不类。

当时白安民所部已经移军济州,刘浩将刘光世接入寨内。双方的武将互相参见,刘光世首先就介绍武翼郎、第一正将王德。王德是陕西通远军(治今甘肃陇西)熟羊砦人,字子华,今年四十一岁,长得虎背熊腰,形容丑恶,满脸紫肉,环眼圆睁,黄髯如猬毛,人称王夜叉。刘光世抚着王德的背说:"此是我军中底夜叉,每战所向披靡,煞是第一员虎将!"论官位,刘光世已是正四品,距离号称武将极致的节度使只差一阶,自然非刘浩可比。但刘浩也不甘示弱,他首先推出了岳飞,说:"岳武翼岂但是勇将,直是可比古时底儒将。相州四五知州、宗元帅等屡次称赞他底才武。王、张、徐三将亦是智勇足备。"

经刘浩一说,王德不免产生妒意,他对岳飞等人说:"刘太尉既是凭地说,我愿与岳武翼一比高低。"岳飞认为刘光世和王德新来乍到,正想客套一番,刘浩却说:"不知王武翼意欲如何比武?"王德说:"军中底武技,无非是扛鼎、相扑、弓箭、刀枪四项,我今与你们各自比一项,以角胜负。"徐庆说:"悉听尊便。"

王德看到庭院里有一只三足石香炉,估计足有几百宋斤,就对岳飞说:"我与你先比扛鼎。"他挽起衣袖,大步上前,运足气力,用双手抓住香炉的两足,大喝一声,便将石香炉举过了头顶,赢得了人们的齐声喝彩。

王德还不满足，又手举香炉绕庭院一周，然后轻轻放在原地，只是微微地喘息，而面有矜色，用目光向岳飞示意。岳飞也挽起衣袖，双手举起石香炉，却比王德绕庭院多走一周。王德不由暗自钦佩，心想自己可以勉强走上一周半，但要走上两周，就绝无可能。

王德第一盘比输，更是求胜心切，急欲挽回面子。他立即提出要和王贵相扑。相扑是古代的摔跤，有角觝等多种名称。岳飞等人听说他要找王贵相扑，不由暗喜，原来岳飞等四人之中，惟有王贵最精于此道，即使岳飞的气力大于他，每次相扑，也总是有输无赢。于是王德和王贵都脱光外衣，只剩下一条短裈。两人各自摆开了一个招式，转了几步，王贵故意在左侧露出破绽，王德就向他扑去，不料王贵机警地躲闪，竟扑了个空，接连数扑，王德的脚步和招势开始凌乱，王贵却借着对方猛扑之力，直插王德下裆，使他头重脚轻，摔倒在地。

王德连输两会，更不肯善罢甘休，他又指名要和徐庆比箭。在旷场上立了一个箭垛，其中有一红心，王德骑着烈马，直驰箭靶，左右开弓，两箭都命中红心，接着又驰马左右背射，又是两箭射中红心。最后王德策马狂奔，在战马急转弯时侧射一箭，这枝箭不偏不倚，正插入四箭的当中。两军将士，包括刘浩、岳飞等人都齐声喊道："煞是好箭法！"军士们正准备换靶，徐庆已驰马来到，高喊道："不须换垛！"他也用王德同样的方式，弯弓五发，五枝箭杆涂上红色，以为标记，竟齐齐整整地将王德的五枝箭都挤出了箭垛。这不由不博得更热烈的喝彩。

王德上前握住徐庆的手，说："我虽然连输好汉们三回，却是输得心服口服！然而比武亦不可半途而废，我还须与张太尉一比枪法。"岳飞对刘浩和刘光世说："两虎相争，必有一伤，若用真枪，恐有伤损，轻则残疾，重则致命。不如用毡片包裹木枪头，蘸了石灰，以角胜负。"刘光世说："此说极当！"

于是，在急鼓声中，王德和张宪两人跃马直驰，双枪齐举，恶斗了二十多个照面，却难分高下。不料两人用力过猛，两条木枪相搿，竟一齐折断。刘光世忙下令鸣钲休战，他和刘浩分别检查，只见张宪在左肩和右臂上各有石灰印一处，而王德却是在左胸和左肩上各有石灰印一处。刘浩瞧着刘光世，示意由他裁决，刘光世说："两人比枪，还须以张将官为胜。"

不料陕西军中走出一个效用,名叫傅庆,此人是卫州窑户出身,参军不久,身材魁伟,面皮黑里透红,粗眉大鼻。因为刘光世虽然号称勤王,却畏避金军,他也就没有立功的机会,今天正好是一显身手的机遇。他说:"王、徐二太尉只是比试射亲,我愿与众太尉比试射远。"宋人称"射亲"就是指射箭的准确度。

岳飞见傅庆相貌不凡,先有几分欢喜,他取出了老师周同所赠的良弓。傅庆拿在手中掂量一下,说:"果然是硬弓!"众人一起来到平地,傅庆首先搭箭展弓,嗖的一声,竟射出了一百七十步远,接着王德与王贵、张宪、徐庆四人射远,都不过一百五十步,最后岳飞射远,也只比傅庆远出半枝箭杆。刘光世没有想到自己部下还有如此勇士,就对傅庆说:"我今先与你自白身借补进武校尉,日后奏禀,另行真命。"当时在军兴之际,长官往往临时给部属升官,称为借补,得到朝廷批准后,才算真命。无官衔的傅庆升迁为无品武官的最高一资,这当然是破格提拔,他立即谢恩说:"感荷刘承宣!"

刘光世见刘浩的军伍精锐,部将勇武,就起了并吞之念,他对刘浩说:"待去得济州,我欲启禀九大王,刘刺史若愿与我合为一军,我军便是天下第一胜兵。"岳飞见刘光世初到,带了那么多女子和财宝,就有几分鄙视,但他作为一个偏裨,自然没有资格出面反对,只是用眼神示意刘浩。刘浩说:"我已奉元帅府之命,与张防御合为一军,他任统制,我叨居副统制底差遣。刘承宣若有此意,亦只得与元帅府计议。"刘光世听了,也只能作罢,却又特别取白银六十两,分赐王德、傅庆和岳飞等四人。岳飞等人本待推辞,但刘浩却示意他们谢恩收下。

刘光世与刘浩合军抵达济州。康王定于四月二十一日,由大军护送,前往南京应天府。为统一军政,元帅府特命保大军承宣使王渊为都统制。王渊是陕西熙州(治今甘肃临洮)人,字几道,今年五十一岁。他论官位固然高于众将,而韩世忠与张俊又曾当过王渊的部将。但王渊升官的诀窍还是内结宦官,外托汪伯彦和黄潜善。刘光世初来乍到,虽然对元帅府人情不熟,但他决定的第一件要事,就是前往拜见宦官蓝珪、曾择和冯益。曾择和冯益都是康王府的宦官,金军一退,他们立即护送潘瑛瑛、吴金奴等一批女子来到济州,抢先完成了康王布置给康履的任务,因而也深得康王宠信。

一天晚上,康王内宅已无宦官们的事务,刘光世找到了蓝珪等人。他们正在教女使洗脚,故意傲慢来客,也不请刘光世就坐。刘光世手执一份礼品单,毕恭毕敬地站着,说:"小将远道而来,特备一份薄礼,敬请诸位大官笑纳。"冯益教洗脚的女使取过礼品单,看了一眼,又教这个女使递给了蓝珪和曾择。三个人互相用眼神传话,然后蓝珪说:"刘承宣,蒙你底厚意,自家们已自领情。然而王承宣已得都统制差遣,刘承宣官高位重,自当不应与诸将平列。刘承宣且回,明日须见分晓。"冯益补充说:"日后有肥美差遣,自家们不得忘却刘承宣,然而刘承宣亦不可忘却自家们底恩德。"刘光世再三告谢,准备辞退,曾择又嘱咐说:"汪、黄二元帅处,你亦不可忘了礼数。"刘光世说:"耿相公处,我亦当另备薄礼。"冯益用鼻音发出了嗤笑,说:"你何须枉送他一文钱!"第二天,元帅府果然发表刘光世任提举一行事务,这个头衔作为都统制的助手,协助管理全军,而高于诸统制。

二十日,身为大元帅的康王决定在临行前亲自阅兵。济州的校场不大,还容纳不了太多的军队,所以七军只是各抽三分之一精兵,排列于校场,依次为先锋、前、右、中、左、后与摧锋七军,摧锋军是刘光世所部的新定番号,仍由他直接统率。康王不披戴甲胄,而穿戴亲王的七梁冠、貂蝉笼巾等礼服,一马当先,在他之后,是耿南仲、汪伯彦和黄潜善,他们也是文官打扮,接着是王渊和刘光世,两人各自手擎一柄铁椎,即铁骨朵,作为军礼。康王等人都是满面春风,所到之处,是一片"恭请大王早日登基,再造大宋"的呼喊声。但是,刘浩、岳飞等人总不免联想起去年岁末宗泽的那次阅兵,当时是一片慷慨赴国难的悲壮气氛,如今在国难与国耻当头的情势下,康王一行却是喜气洋洋,这反而使他们内心增加了一重感伤。

二十一日,七军先后出发。张俊的中军承担护送康王和女眷的重任,更不敢有丝毫怠慢。他部下的第一勇将忠翊郎杨沂中,是河东路代州崞县人,字正甫,今年二十六岁。由于此人善于逢迎,后来得了一个绰号,叫髯阉。意思是他虽然长着浓密的美须髯,貌似堂堂男子汉,而其所作所为却像个宦官。杨沂中奉命率领八百人,精心地护卫和安排康王及其女子们的行程,自己披甲佩剑,紧随康王,跬步不离。

康王在济州和开封的两部分女子的会合,免不了互相争宠。然而聪明的张莺哥和吴金奴却对怀孕的潘瑛瑛精心照顾,关怀备至。潘瑛瑛在开封围城的半年间,营养不良,也受了不少惊吓,从开封到济州的沿途,吴金奴就已对她无微不至地侍奉,因而得到康王的褒嘉。张莺哥对康王说:"自家们屡次问卜,潘夫人所怀底是个男胎,沿途若稍有不慎,切恐损动胎气,我愿与她同车,为龙子凤孙保胎。"康王大喜,说:"难得你如此用心,煞好!"杨沂中为潘瑛瑛选了一辆最好的牛车,里面铺满了厚厚的丝绵裀褥,使潘瑛瑛坐卧自如,张莺哥和吴金奴轮流上车陪坐,昼夜侍候。潘瑛瑛自从到康王府后,一直恃宠而骄,但对张莺哥与吴金奴却逐渐亲热起来,以至称呼他们为"张妹妹"和"吴妹妹"。

二十三日,康王来到了应天府界的虞城县,由于县城狭小,大部分军队只能在城郊露营。岳飞还是按追随宗泽用兵行师时的规矩,亲自率领五十骑,在营外巡绰。他只听得远处传来了哭喊声,就率骑士们驰往,原来有十名中军兵士,在民居抢掠和强奸。岳飞自从当了小军官后,最痛恨的就是违犯军纪,荼毒百姓,他下令将十名军士捆绑起来,厉声责问说:"你们大胆,可知军法底罚条,凡是掠取资财,及奸犯居人妇女者,便当处斩!你们身为王师,其所作所为,又与番人何异?"不料为首的一人竟理直气壮地回答:"自家们是张家人,号称自在军,张太尉亦从未拘管,又何须你拘管?"岳飞大怒,马上拨剑,将这名军士斩首。他又将另外九人一起押往刘浩帐前。

刘浩问明情由,吩咐将九名军士各人责打四十军棍,然后私下对岳飞说:"你处分此事,未有不当。然而不看僧面,亦须看佛面,如今张防御是统制,又深得九大王信用,我是副统制,两人名为一军,其实是各统所部。此后若再逢违犯军纪者,可交我处分。此回我自带此九名军士,去见张防御。"岳飞已完全明白刘浩对自己的保护之意,说:"极感刘刺史底厚意,然而一人做事一人当,我愿带此九人面见张防御。"刘浩恳切地用岳飞的表字称呼说:"鹏举,自家们相知已有半年,我不能负相州四五知州与宗元帅底重托,为大宋保全一个将才。你涉世未深,在官场之中,不宜径情直遂,切记!切记!"

二十四日早晨,刘浩带了这九名军士拜见张俊,说:"昨夜有十名长行打家劫舍,污辱妇人,其中一人不伏管教,言语凶悖,凌犯太祖底阶级法,我已将他斩首,其余九人则各责军棍,以为儆戒。"原来宋军中专设有所谓阶级法,相传是周世宗或宋太祖创制,凡是下级凌犯或违忤上级,可以处以极刑。张俊放纵军纪的理论,倒是与刘光世不谋而合。但刘浩抬出了太祖官家的阶级法,使他无言以对,只能眉头一皱,吩咐将这九名军士逐退。刘浩说:"我追随宗元帅征战,元帅执法甚严。他常言道,虏人非有三头六臂,王师所以屡战屡败,实为高俅、童贯之流主兵,军政大坏,军纪废弛,缓急之际,将士贪生,往往不战而溃,实堪痛心。官军若平日奸淫掳掠,又与虏人何异?百姓备受虏人荼毒之苦,岂不更失所望?切望张防御留意。"

张俊其实也听说本军得到了"自在军"的诨名,他曾对杨沂中打趣说:"自在军底军名煞好,人生在世,谁不图个自在快活?我亦自在,你亦自在,全军自在,岂非美事?"但今天面对刘浩义正辞严的指责,却无法油嘴滑舌地对答,他想了一会儿,就说:"自今以后,我底军士违犯军纪,便交我处分,你底军士却交你处分。"刘浩已经完全明白他的用意,但张俊是正统制,自己是副统制,还能再说什么呢。

康王当天到达了南京,应天府作为北宋四京之一,是规模最小的一个,城周只有十五宋里四十步,其规模还不如相州。康王有意不入宫城,只是暂住府衙。

二十五日,张邦昌与王时雍、徐秉哲来到应天府,宦官康履与他们同行。张邦昌在靖康元年初,曾与康王一起出使过完颜斡离不的金营,彼此关系不错。他这次刚进入府衙,就长跪在康王面前,恸哭不起,说:"罪臣邦昌身犯弥天大罪,请九大王速赐诛戮,以为天下后世之戒!"王时雍和徐秉哲也一同下跪,作了同样的表示,康王亲自将他们一一扶起,说:"如今你们底心迹已昭示天下,不但无罪,抑且有功,不须如此。"张邦昌一面流泪,一面继续陈述说:"若蒙恕罪臣一死,罪臣亦无颜再立于朝班。敬请九大王将罪臣贬逐安置于江南一个小郡,容罪臣得安其余年,便是九大王天地再造底大恩。"宋朝有所谓"居住"、"安置"、"编管"之类,都是官员被贬逐流放的处分名称,而有轻重之别。

康王抚慰说:"你们有兴复大宋之功,我即位之后,尚须仰赖你们谋国,只请放心便是。"张邦昌再三请求,康王却坚执不允,态度也显得十分恳切。张邦昌到此也无可奈何,只能接受康王的命令。其实,对处置张邦昌等人,康王在元帅府早有商量,汪伯彦说:"此等人出于权宜之计,自可授以宫祠,亦足以示新朝宽大之政。"黄潜善却说:"不可,此等人与虏人过从甚密,新朝欲与大金通和,还须仰仗他们出使。"康王还是接受了黄潜善的意见。

由于潘瑛瑛等已被冯益等抢先送到,康履又别出心裁,他在后宅单独启禀康王说:"小底在京城为大王选取拆洗女童一百名。"康王还不明白他的用意,说:"洗衣妇何须一百人?"康履只能坦白直说:"小底选女童,必取姝丽。"康王哈哈大笑,说:"会得!会得!此是你底大功。"虽然用所谓"拆洗女童"的名义,掠取民间美女,也不过是掩耳盗铃,但康王对康履的做法还是十分赞赏,宠信有加。

康履又说:"小底另有紧切事启禀。知淮宁府子崧曾发檄书,语言悖逆,而叔向驻兵京师,更图谋不轨,言道他底兵马只愿交付宗元帅,不愿交付九大王。"他说完,就将赵子崧的檄书呈上,康王眉头一皱,命令召汪伯彦和黄潜善前来议事。汪伯彦说:"此事须先下手为强,可速发兵,将两人诛戮,以绝后患。"黄潜善却说:"子崧后已改图,上状劝进,他以太祖官家裔孙自居,又是文官,此事以不张扬为上。依下官之见,可待大王即位之后,另以他罪,贬窜岭南。叔向自恃武勇,为人凶悖,则须立即发兵剿戮。"康王问道:"可用何人为将?"冯益说:"刘光世忠勇,足当此任,然而他所部仅有四千人马。"康王说:"可于各军勾抽一万人马,命他速行,务须斩取叔向!便是大功。"按元帅府的命令,刘光世率军连夜启程。

经康王与众人商议,决定在五月一日登基,将靖康二年改元为建炎元年。新君即位,这无疑是古代最隆重、最神圣的典礼,大家为此作繁忙的准备工作。然而康王本人却反而相当闲空,诸事不用操心,他的主要精力还是发泄在后院的女子身上,他尽管还未正式即位,却已感到帝王之乐,其乐无穷,而难以言喻。

虽然距离登基仅剩五天,不少人都只觉得时光太慢。后院的潘瑛瑛认为皇后的宝座,已经是在自己掌心之中,张莺哥和吴金奴却不敢有这种非分之想,但他们千方百计讨好潘瑛瑛,也无非指望着得到妃一级的高位。耿南仲和耿延禧父子自认为已得康王宠信,宋钦宗的宰执大臣,或者当了俘虏,或者有随从伪楚的污点,耿南仲私下自诩是惟一完人,未来的宰相,似乎已是自己的囊中之物。汪伯彦则自认为是新君的第一功臣,其他人都不在话下,相反,黄潜善虽然也用尽心计,却不能不自认低汪伯彦一头,康王将汪伯彦提升为元帅,而自己却仍是副元帅,这就预示着两人在新朝中的地位高下。惟有韩公裔和高世则两人相当安分守己,韩公裔已经预知了自己在新朝的地位,抱着知足不辱的态度。高世则作为外戚,按宋朝规制,本来就不可能委以重任,更何况他已屡次在元帅府中表示了异议,因此也绝不存宦运亨通的幻想。

驻兵卫南县的宗泽,得到了元帅府的公文,说是帅府行将"结局",即撤销,命令他向朝廷交出兵马,在卫南等待新命。宗泽完全明白,在元帅府的三个元帅和副元帅中,惟独不让自己到南京参加新帝的登基大典,这就是对自己那封谏诤札子的回复。官场的升沉荣辱,宗泽早已置之度外,但他判定新朝已操纵在汪伯彦、黄潜善之流的手中,内心又为国运增加了新的忧愤。张所倒是适时从北宋皇陵赶回了应天府,但他得知宗泽不得前来南京,参加新君登基的盛典,心中也不由增加了新的感伤和忧虞。

尽管如此,许多宋朝臣民仍然将新帝即位视为盛大的节日,无论是宗室赵士㒟、宦官邵成章,还是官卑职小的武将刘浩、岳飞、王贵、张宪、徐庆等人,都热切地盼望着五月初一,期望这一天将真正成为宋朝国运中兴、否极泰来的转捩点。

无论从宋人看来,还是从今人看来,建炎元年五月一日确是天水赵氏皇朝历史的新的一页。但是,正如宗泽的预断,新的历史扉页不可能是劫难和耻辱的终结,而是大多数人新的更惨重的悲剧,与一小撮人新的丑剧和闹剧的交互演出。感兴趣的读者们欲知详情,请留意以后的故事。